建筑企业会计

林见明　游卫华　林华信　等编
梁德仪　庄华强　林功明

中国

图书在版编目(CIP)数据

建筑企业会计/林见明等编. —北京:中国建筑工业出版社,2005
 ISBN 978-7-112-07824-0

Ⅰ.建… Ⅱ.林… Ⅲ.建筑企业—工业会计—基本知识 Ⅳ.F407.967.2

中国版本图书馆CIP数据核字(2005)第129329号

全书23章,分别阐述建筑企业会计核算的特点、基本前提、一般原则和主要内容;建筑企业资产、负债、所有者权益以及费用、成本、收入、利润等环节的核算;债务重组、非货币交易、关联方关系及其交易、会计政策与会计估计变更及会计差错更正、或有事项等特殊会计处理方法;所得税会计的基本概念及账务调整处理方法;企业财务会计报表、汇总会计报表、合并会计报表(含各种主要会计报表及其附表)的基本概念和编制方法;资产负债表日后事项的基本概念及其处理原则和方法。

适用于建筑施工企业及相关机构、单位的会计、审计从业人员学习参考,亦可供大专院校师生教学参考。

* * *

责任编辑:张梦麟
责任设计:董建平
责任校对:李志瑛 张 虹

建筑企业会计

林见明 游卫华 林华信
梁德仪 庄华强 林功明 等编

*

中国建筑工业出版社出版、发行(北京西郊百万庄)
各地新华书店、建筑书店经销
北京千辰公司制作
北京云浩印刷有限责任公司印刷

*

开本:787×1092毫米 1/16 印张:24¾ 字数:613千字
2006年1月第一版 2008年7月第五次印刷
印数:8001—9500册 定价:**42.00**元
ISBN 978-7-112-07824-0
(13778)

版权所有 翻印必究
如有印装质量问题,可寄本社退换
(邮政编码 100037)

参 编 人 员

(按首章顺序排列)

第1、11、17、19、20、23章由林见明主编,梁德仪、林功明、高薇薇编写。

第2、3、5、6、7章由游卫华主编,林斌、陈招文编写。

第4、8、16、18章由林华信主编,苏惠田、张大方编写。

第9、10、15章由梁德仪主编,林立平、魏福福编写。

第12、13、14章由庄华强主编,卓其双、周玉德编写。

第21、22章由林功明主编,欧秀琴、陈晖编写。

前　言

财政部于 2000 年 12 月 29 日颁发了《企业会计制度》，又于 2003 年颁发了《施工企业会计核算办法》，同时先后修订有关企业会计准则。

据悉，当前图书市场上，有关建筑企业会计的图书，大多出版于 20 世纪 90 年代，缺乏反映新会计制度和会计核算办法的图书。有鉴于此，特邀集同好，根据新颁发的《企业会计制度》、《施工企业会计核算办法》和先后修订的《企业会计准则》及财会法规编写本书，以适应当前社会之需。

参加本书编写提纲制定和书稿编写的作者，大多来自大中型建筑企业，都是长期从事建筑企业财会工作，具有高、中级以上职称并担任总会计师、财务部门负责人等重要职务的人员，具有一定的专业理论知识和较丰富的实践经验。因此，在本书的编写中就特别着重于实用性和可操作性，力求概念清楚、符合实际、准确可靠，符合会计核算规范化要求。

在本书的编写过程中，梁德仪、林功明同仁对全部书稿的总纂校对做了大量具体工作；张天任同仁认真审阅了大部分书稿，并提出许多重要的修改意见；黄光泰、林秋美、高丽霞、林健、黄以智、黄启珊、郭孔贵等同仁热情地参加本书编写提纲的起草讨论，特此一并致以深切的感谢。

限于水平，书中难免有疏漏、不完善甚至错误之处，诚恳欢迎广大读者批评、指正。

林见明

2005 年 7 月

目 录

第一章 建筑企业会计概述 ·········· 1
    第一节 建筑企业会计的特点 ·········· 1
    第二节 会计核算的基本前提和一般原则 ·········· 2
    第三节 建筑企业会计核算的主要内容 ·········· 6

第二章 货币资金及应收项目 ·········· 10
    第一节 货币资金 ·········· 10
    第二节 外币业务的核算 ·········· 19
    第三节 应收票据 ·········· 25
    第四节 应收账款与坏账准备 ·········· 27
    第五节 预付账款、其他应收款和备用金 ·········· 29

第三章 建筑企业内部往来和拨付所属资金 ·········· 32
    第一节 内部往来的核算 ·········· 32
    第二节 企业拨付所属资金的核算 ·········· 35

第四章 存货 ·········· 37
    第一节 建筑企业存货的概念、计价及核算 ·········· 37
    第二节 自制和委托加工以及内部调拨材料的核算 ·········· 54
    第三节 低值易耗品的核算 ·········· 58
    第四节 周转材料的核算 ·········· 61
    第五节 存货盘存与清查 ·········· 66
    第六节 存货的期末计量 ·········· 68

第五章 投资 ·········· 71
    第一节 短期投资 ·········· 71
    第二节 长期股权投资 ·········· 73
    第三节 长期债权投资 ·········· 82
    第四节 投资的期末计价 ·········· 88

第六章 固定资产 ·········· 92
    第一节 固定资产概述 ·········· 92
    第二节 固定资产的计价 ·········· 93

  第三节 固定资产折旧 ······ 98
  第四节 固定资产的后续支出 ······ 100
  第五节 固定资产处置与期末计价 ······ 102
  第六节 固定资产租赁 ······ 105

第七章 无形资产及其他资产 ······ 110
  第一节 无形资产及期末计价 ······ 110
  第二节 其他资产 ······ 116

第八章 临时设施的核算 ······ 117
  第一节 临时设施的性质与摊销 ······ 117
  第二节 临时设施的核算 ······ 118

第九章 负债(上)——流动负债 ······ 122
  第一节 短期借款及其核算 ······ 122
  第二节 应付票据及其核算 ······ 124
  第三节 应付账款及其核算 ······ 127
  第四节 预收账款及其核算 ······ 129
  第五节 代销商品款及其核算 ······ 130
  第六节 应付工资及其核算 ······ 132
  第七节 应付福利费及其核算 ······ 137
  第八节 应付股利及其核算 ······ 139
  第九节 应交税金及其核算 ······ 140
  第十节 其他应交款及其核算 ······ 147
  第十一节 其他应付款及其核算 ······ 147
  第十二节 预提费用及其核算 ······ 149
  第十三节 待转资产价值及其核算 ······ 149
  第十四节 预计负债及其核算 ······ 150

第十章 负债(下)——长期负债 ······ 151
  第一节 长期借款及其核算 ······ 151
  第二节 长期债券及其核算 ······ 153
  第三节 可转换公司债券及其核算 ······ 158
  第四节 借款费用及其核算 ······ 159
  第五节 长期应付款及其核算 ······ 167

第十一章 所有者权益 ······ 170
  第一节 实收资本 ······ 170
  第二节 资本公积 ······ 175

第三节　留存收益 ··· 180

第十二章　工程成本核算 ·· 187
第一节　工程成本核算概述 ··· 187
第二节　工程成本核算 ··· 189
第三节　工程成本的结转 ··· 207

第十三章　收入、建造合同收入和合同费用 ······································ 209
第一节　收入 ·· 209
第二节　建造合同收入和合同费用 ·· 216

第十四章　期间费用和利润、利润分配 ·· 232
第一节　期间费用 ··· 232
第二节　利润 ·· 236
第三节　利润分配 ··· 243

第十五章　债务重组 ·· 247
第一节　债务重组概述 ··· 247
第二节　债务重组的会计处理 ·· 248

第十六章　非货币性交易 ·· 264
第一节　概述 ·· 264
第二节　非货币性交易核算 ··· 265

第十七章　关联方关系及其交易 ··· 274
第一节　关联方关系及其交易 ·· 274
第二节　关联方交易及其披露 ·· 277
第三节　关联方交易的会计处理 ··· 279

第十八章　会计政策、会计估计变更和会计差错更正 ························· 286
第一节　会计政策变更 ··· 286
第二节　会计估计变更 ··· 292
第三节　会计差错更正 ··· 294

第十九章　或有事项 ·· 299
第一节　或有事项 ··· 299
第二节　或有事项的会计处理 ·· 300

第二十章　所得税的核算 ·· 303

  第一节 所得税概述 …………………………………………………… 303
  第二节 所得税的会计处理 ………………………………………… 304

第二十一章 财务会计报告 ……………………………………………… 312
  第一节 财务会计报告概述 ………………………………………… 312
  第二节 资产负债表 ………………………………………………… 313
  第三节 利润表和利润分配表 ……………………………………… 324
  第四节 现金流量表 ………………………………………………… 326
  第五节 会计报表附注和财务情况说明书 ………………………… 346
  第六节 外币会计报表折算 ………………………………………… 351
  第七节 企业汇总会计报表简介 …………………………………… 354

第二十二章 合并报表 …………………………………………………… 355
  第一节 合并会计报表的概述 ……………………………………… 355
  第二节 合并会计报表的编制 ……………………………………… 357
  第三节 合并报表的编制举例 ……………………………………… 370

第二十三章 资产负债表日后事项 …………………………………… 376
  第一节 资产负债表日后事项概念和内容 …………………………… 376
  第二节 调整事项的处理原则及方法 …………………………… 377
  第三节 非调整事项处理原则及方法 …………………………… 382

参考文献 ……………………………………………………………………… 385

第一章 建筑企业会计概述

第一节 建筑企业会计的特点

一、建筑企业生产经营特点

建筑企业是指专业从事土木建筑、设备安装等工程和其他专门工程施工的生产性企业，是实行独立核算、自主经营、自负盈亏的经济实体，是具有法人资格的经济组织。包括各类建筑公司、设备安装公司、专业建筑工程公司、装饰装修公司等。

建筑企业的生产经营活动与工业企业、商业企业相比，有许多显著的特点：

1. 建筑产品具有固定性耐久性的特点；同时，其生产周期长和跨年度施工结算，也是一大特点。

2. 由于产品的固定性，具有生产劳动工作面和生产场所变化移动性大的特点。

3. 地质、水文、气象、交通、环境等生产条件变化大；每件建筑产品都具有一定的差异性和单件性。

4. 建筑产品保修期长，保修情况复杂，售后服务具有明显复杂性。

二、建筑企业会计的特点

由于上述建筑企业生产经营活动的特点，决定了建筑企业会计具有以下几个主要特点。

1. 管理核算体制独特，实行分级管理，分级核算。主要形式有三级管理，两级核算；三级管理，三级核算；两级管理、两级核算；两级管理、一级核算等。采取哪种管理核算体制，视各建筑企业的生产具体情况而定，一般来说，全国性乃至跨国性的大型建筑企业，由于分散经营和流动性特别大，多采取三级管理、三级核算或三级管理、两级核算体制；城市型、区域型、分散性、流动性相对小的中小型建筑企业多采取两级管理、两级核算或两级管理、一级核算体制。总的原则是既要有利于资金和劳动力、生产工具等生产要素的合理调配，避免机构臃肿，又要使会计核算与施工生产有机结合，充分调动各级施工单位管理的积极性，有利于加强现场管理和会计核算，提高经济效益。

2. 产品成本核算方法独特，要求单独计算每项工程成本。由于建筑产品的多样性和施工生产的单件性特点，每件产品的大小、规格、设计千差万别，而每项工程的开工日期、竣工日期、施工工期长短等也交错参差，因此，遵循收入与费用的配比原则，必须按每项工程从开工至竣工分别归集生产成本，并充分估计售后服务的复杂性，便于将每项工程的实际成本和预算成本收入进行对比分析、考核和控制。

3. 工程价款的结算方式独特。由于建筑产品的造价高、建造周期长等特点，占用资金量大，有时还需要垫支工程款，因而建筑产品除特殊约定以外，一般都是按已完工程量分次收取和结算工程价款,在竣工后再作竣工决算。同时,由于施工周期长,建筑企业一般每月要根据工程的完工进度,按完工百分比法分别计算和确认各期的结算收入和工程施工费用,以确定各期的经营成果。

4. 利润的形成方法独特。由于产品的单件性显著,其产品的成本只能与预算成本比较,以月结工程价款收入,减工程结算税金及附加和工程结算成本为工程结算利润。

第二节 会计核算的基本前提和一般原则

一、会计核算的基本前提

会计核算的基本前提是对会计核算所处的时间、空间环境的合理设定。包括会计核算对象的确定、会计方法的选择、会计数据的搜集等,都以会计核算的基本前提为依据。会计核算的基本前提包括以下四个方面:

(一)会计主体

会计主体又称会计实体,是指会计信息所反映的特定单位或组织,它规范了会计工作的空间范围。

会计核算应当以企业发生的各项交易或事项为对象,记录和反映企业本身的各项生产经营活动。只有明确规定会计核算的对象,对会计所反映的对象与包括所有者在内的其他经济实体区别开来,才能保证会计核算工作的正常开展,实现会计的目标。

以上规定为会计人员在日常的会计核算中对各项交易或事项做出正确的判断,对会计处理方法和会计处理程序做出正确选择提供了依据。

首先,明确会计主体,才能划定会计所要处理的各项交易或事项的范围。在会计核算工作中,只有那些影响企业本身经济利益的各项交易或事项才能予以确认和计量,那些不影响企业本身经济利益的各项交易或事项则不能加以确认和计量。会计核算工作中通常所讲的资产、负债的确认,收入的取得,费用的发生,都是针对特定会计主体而言的。

其次,明确以上基本前提,才能把握会计处理的立场。

最后,明确以上基本前提,才能将会计主体的经济活动与会计主体所有者的经济活动区分开来。

(二)持续经营

会计核算应当以企业持续、正常的生产经营活动为前提。企业是否持续经营,在会计原则、会计方法的选择上有很大差别。一般情况下,应当假定企业将会按当前的规模和状态继续经营下去,不会停业,也不会大规模削减业务。明确这个基本前提,会计人员就可以在此基础上选择会计原则和会计方法。如果可以判断企业不会持续经营,就应当改变会计核算的原则和方法,并在企业财务会计报告中作相应披露。

(三)会计分期

会计分期又称会计期间,是指将一个企业持续经营的生产经营活动分为一个个连续的、相等的期间。会计核算应当划分会计期间,分期结算账目和编制财务会计报告。会计期间分为年度、半年度、季度和月度。年度、半年度、季度和月度均按公历起讫日期确定。半年度、季度和月度均称为会计中期。

会计分期的目的,在于通过会计期间的划分,将持续经营的生产经营活动划分成连续、相等的期间,据以结算盈亏,按期编报财务会计报告,从而及时向各方面提供有关企业财务状况、经营成果和现金流量的信息。

明确会计分期这个会计核算的基本前提对会计核算有着重要影响。由于会计分期,才产生了当期与其他期间的差别,从而出现权责发生制和收付实现制的区别,才使不同类型的会计主体有了记账的基准,进而出现了应收、应付、递延、预提、待摊等会计处理方法。

(四)货币计量

货币计量,是指会计主体在会计核算过程中采用货币作为计量单位,计量、记录、报告会计主体的生产经营活动。

企业的会计核算以人民币为记账本位币。业务收支以人民币以外的货币为主的企业,可以选定其中一种货币作为记账本位币,但是编报的财务会计报告应当折算为人民币。在境外设立的中国企业向国内报送的财务会计报告,应当折算为人民币。

在会计核算过程中之所以选择货币作为计量单位,是由货币的本身属性决定的。当然,统一采用货币尺度,也有不利之处,影响财务状况和经营成果的因素,并不是都能用货币来计量的,比如,企业经营战略、在消费者当中的信誉度、企业的地理位置、企业的技术开发能力,等等。为了弥补货币计量的局限性,要求企业采用一些非货币指标作为会计报表的补充。

二、会计核算的一般原则

会计核算的一般原则是进行会计核算的指导思想和衡量会计工作成败的标准,具体包括三个方面,即:衡量会计信息质量的一般原则、确认和计量的一般原则、起修正作用的一般原则。

(一)衡量会计信息质量的一般原则

会计工作的基本任务就是为包括所有者在内的各方面提供经济决策所需要的信息,会计信息质量的高低是评价会计工作成败的标准。评价会计信息质量的标准主要有客观性、可比性、一贯性、相关性、及时性、明晰性等。

1. 客观性原则

客观性原则要求会计核算应当以实际发生的交易或事项为依据,如实反映企业的财务状况、经营成果和现金流量。

客观性是对会计工作的基本要求。会计工作提供信息的目的是为了满足会计信息使用者的决策需要,因此,就应做到内容真实、数字准确、资料可靠。在会计核算工作中坚持客观性原则,就应当在会计核算时客观地反映企业的财务状况、经营成果和现金流量,保证会计信息的真实性;会计工作应当正确运用会计原则和方法,准确反映企业的实际情况;会计信息应当能够经受验证,以核实其是否真实。

如果企业的会计核算不是以实际发生的交易或事项为依据,没有如实地反映企业的财务状况、经营成果和现金流量,会计工作就失去了存在的意义,甚至会误导会计信息使用者,导致决策的失误。

2. 可比性原则

可比性原则要求企业的会计核算应当按照国家统一的会计制度的规定进行,使所有企业的会计核算都建立在相互可比的基础上。只要是相同的交易或事项,就应当采用相同的会计处理方法。会计处理方法的统一是保证会计信息可比的基础。不同的企业可能处于不同行业、不同地区,经济业务发生于不同时点,为了保证会计信息能够满足决策的需要,便于比较不同企业的财务状况、经营成果和现金流量,企业应当遵循可比性原则的要求。

3. 一贯性原则

一贯性原则要求企业的会计核算方法前后各期应当保持一致,不得随意变更。如有必要变更,应当将变更的内容和理由、变更的累积影响数,以及累积影响数不能合理确定的理由等,在会计报表附注中予以说明。

保证会计信息一贯性的前提是企业在各个会计期间应尽可能地采用相同的会计核算方法。如果企业在不同的会计期间采用不同的会计核算方法,将不利于会计信息使用者对会计信息的理解,不利于会计信息作用的发挥。

在会计核算工作中要求企业的会计核算方法前后各期保持一致,并不意味着所选择的会计核算方法不能作任何变更,在符合一定条件的情况下,企业也可以变更会计核算方法,并在企业财务会计报告中作相应披露。

4. 相关性原则

相关性原则要求企业提供的会计信息应当能够反映企业的财务状况、经营成果和现金流量,以满足会计信息使用者的需要。

在会计核算工作中坚持相关性原则,就要求在收集、加工、处理和提供会计信息过程中,充分考虑会计信息使用者的信息需求。对于特定用途的会计信息,不一定都能通过财务会计报告来提供,而可以采用其他形式加以提供。如果会计信息提供以后,没有满足会计信息使用者的需要,对会计信息使用者的决策没有什么作用,就不具有相关性。

5. 及时性原则

及时性原则要求企业的会计核算应当及时进行,不得提前或延后。

在会计核算过程中坚持及时性原则,一是要求及时收集会计信息,即在经济业务发生后,及时收集整理各种原始单据;二是及时处理会计信息,即在国家统一的会计制度规定的时限内,及时编制出财务会计报告;三是及时传递会计信息,即在国家统一的会计制度规定的时限内,及时将编制出的财务会计报告传递给财务会计报告使用者。

如果企业的会计核算不能及时进行,会计信息不能及时提供,就无助于经济决策,甚至可能误导会计信息使用者。

6. 明晰性原则

明晰性原则要求企业的会计核算和编制的财务会计报告应当清晰明了,便于理解和利用。

在会计核算工作中坚持明晰性原则,要求会计记录应当准确、清晰,填制会计凭证、登记会计账簿必须做到依据合法、账户对应关系清楚、文字摘要完整;在编制会计报表时,项目勾稽关系清楚、项目完整、数字准确。

(二)确认和计量的一般原则

1. 权责发生制原则

权责发生制原则要求企业的会计核算应当以权责发生制为基础。凡是当期已经实现的收入和已经发生或应当负担的费用,不论款项是否收付,都应当作为当期的收入和费用;凡是不属于当期的收入和费用,即使款项已在当期收付,也不应当作为当期的收入和费用。

2. 配比原则

配比原则要求企业在进行会计核算时,收入与其成本、费用应当相互配比,同一会计期间内的各项收入和与其相关的成本、费用,应当在该会计期间内确认。

配比原则是根据收入与费用的内在联系,要求将一定时期内的收入与为取得收入所发生的费用在同一期间进行确认和计量。在会计核算工作中坚持配比原则有两层含义:一是因果配比,将收入与其对应的成本相配比,如,将主营业务收入与主营业务成本相配比,将其他业务收入与其他业务成本相配比;二是时间配比,将一定时期的收入与同时期的费用相配比,如,将当期的收入与管理费用、财务费用等期间费用相配比等。

3. 历史成本原则

历史成本原则要求企业的各项财产在取得时应当按照实际成本计量。其后,各项财产如果发生减值,应当按照规定计提相应的减值准备。除法律、行政法规和国家统一的会计制度另有规定者外,企业一律不得自行调整其账面价值。

对资产、负债、所有者权益等项目的计量,企业应当基于交易或事项的实际交易价格或成本,这主要是因为历史成本是资产实际发生的成本,有客观依据,便于查核,也容易确定,比较可靠。所以,除法律、行政法规和国家统一的会计制度另有规定者外,企业一律不得自行调整其账面价值。

需要注意的是,如果资产已经发生了减值,其账面价值已经不能反映其未来可收回金额,企业就应当按照规定计提相应的减值准备。

4. 划分收益性支出与资本性支出原则

划分收益性支出与资本性支出原则,要求企业的会计核算应当合理划分收益性支出与资本性支出的界限。凡支出的效益仅及于本会计期间(或一个营业周期)的,应当作为收益性支出;凡支出的效益及于几个会计期间(或几个营业周期)的,应当作为资本性支出。

在会计核算工作中划分资本性支出与收益性支出,将资本性支出计列于资产负债表中,作为资产反映,以真实地反映企业的财务状况;将收益性支出计列于利润表中,计入当期损益,以正确地计算企业当期的经营成果。这主要是因为,资本性支出的效益可在几个连续的会计期间发挥作用,而收益性支出的效益只在当期发挥作用。

如果企业在会计核算工作中没有正确划分资本性支出与收益性支出,将原本应计入资本性支出的计入收益性支出,就会低估资产和当期收益;将原本应计入收益性支出的计入资本性支出,就会高估资产和当期收益;所有这一切,都不利于会计信息使用者正确地理解企业的财务状况和经营成果,不利于会计信息使用者的决策。

(三) 起修正作用的一般原则

除了前述两类一般原则外,还有一些属于对前述原则加以补充、修正性质的一般原则,主要是谨慎性原则、重要性原则和实质重于形式原则。

1. 谨慎性原则

谨慎性原则要求企业在进行会计核算时,不得多计资产或收益、少计负债或费用,不得设置秘密准备。

企业的经营活动充满着风险和不确定性,在会计核算工作中坚持谨慎性原则,要求企业在面临不确定因素的情况下作出职业判断时,应当保持必要的谨慎,充分估计到各种风险和损失,既不高估资产或收益,也不低估负债或费用。例如,要求企业定期或者至少于每年年度终了,对可能发生的各项资产损失计提资产减值准备等,就充分体现了谨慎性原则,体现了谨慎性原则对历史成本原则的修正。

需要注意的是,谨慎性原则并不意味着企业可以任意设置各种秘密准备,否则,就属于滥用谨慎性原则,将视为重大会计差错,需要进行相应的会计处理。

2. 重要性原则

企业的会计核算应当遵循重要性原则的要求,在会计核算过程中对交易或事项应当区别其重要程度,采用不同的核算方式。对资产、负债、损益等有较大影响,并进而影响财务会计报告使用者据以做出合理判断的重要会计事项,必须按照规定的会计方法和程序进行处理,并在财务会计报告中予以充分、准确地披露;对于次要的会计事项,在不影响会计信息真实性和不致于误导财务会计报告使用者做出正确判断的前提下,可适当简化处理。

3. 实质重于形式原则

实质重于形式原则,要求企业应当按照交易或事项的经济实质进行会计核算,而不应当仅仅按照它们的法律形式作为会计核算的依据。

例如,以融资租赁方式租入的资产,虽然从法律形式来讲承租企业并不拥有其所有权,但从其经济实质来看,企业能够控制其创造的未来经济利益,所以,会计核算上将以融资租赁方式租入的资产视为承租企业的资产。

如果企业的会计核算仅仅按照交易或事项的法律形式或人为形式进行,而其法津形式或人为形式又没有反映其经济实质和经济现实,那么,其最终结果将会误导会计信息使用者的决策。

第三节 建筑企业会计核算的主要内容

建筑企业会计核算的内容,也就是对建筑企业会计要素进行确认、计量、记录和报告。

按照《企业会计准则》、《企业会计制度》将会计要素划分为六大要素,即资产、负债、所有者权益、收入、费用、利润。其中,资产、负债、所有者权益是对企业财务状况的静态反映,是反映企业财务状况的要素,亦即成为资产负债表的构成要素;收入、费用和利润是从动态角度反映企业的生产经营成果,是反映经营成果的要素,亦即成为利润表的构成要素。

一、资产

资产是指过去的交易、事项形成并由企业拥有或控制的资源,该资源预期会给企业带来经济利益。包括各种财产、债权和其他权利。资产是企业从事生产经营活动的基础,并以各种形态分布或占用在生产经营过程的各个方面。

(一)资产具有以下基本特征:

1. 资产是由于过去的交易或事项所形成的。资产必须是现实的资产,而不能是预期的资产,是企业在过去一个时期里,通过交易或事项所形成的,是过去已经发生的交易或事项所产生的结果。

2. 资产是企业拥有或者控制的。企业应拥有该资源的所有权,可以按照自己的意愿使用或处置资产。但在一些特殊方式下形成的资产,企业虽然对其不拥有所有权,但能够实际控制的,按照实质重于形式的原则,也应当确认为企业的资产,如融资租入固定资产。

3. 资产最重要的特征是预期会给企业带来经济利益,预期不能带来经济利益的,就不能确认为企业的资产。

(二)资产的分类

建筑企业的资产按照其流动性分为流动资产、长期投资、固定资产、无形资产及其他资产。

1. 流动资产

流动资产是指可以在1年或者超过1年的一个营业周期内变现或耗用的资产,主要包括现金、银行存款、短期投资、应收及预付款项、待摊费用、存货等。

2. 长期投资

长期投资是指除短期投资以外的投资,包括持有时间准备超过1年(不含1年)的各种股权性质的投资,不能变现或不准备随时变现的债券,其他债权投资和其他长期投资。

3. 固定资产

固定资产是指企业使用期限超过1年的房屋、建筑物、机械设备、运输工具以及其他与生产经营有关的设备、器具、工具等。不属于生产经营主要设备的物品、单位价值在2 000元以上,并且使用年限超过2年的,也应当作为固定资产。

4. 无形资产

无形资产是指企业为生产商品或者提供劳务,出租给他人,或为管理目的而持有的,没有实物形态的非货币性长期资产。

5. 其他资产

其他资产是指除流动资产、长期投资、固定资产、无形资产以外的其他资产,如长期待摊费用。

二、负债

负债是指过去的交易、事项形成的现时义务,履行该义务预期会导致经济利益流出企业。

(一)负债具有的特征

1. 负债是基于过去的交易或事项而产生的。也就是说,导致负债发生的交易或事项,才有可能确认为负债。

2. 负债是企业承担的现时义务。

3. 现时义务的履行通常关系到企业放弃含有经济利益的资产,以满足对方的要求。

4. 负债通常是在未来某一时日通过交付资产或提供劳务来清偿。

(二)负债的分类

企业的负债按其流动性,分为流动负债和长期负债,以便于分析掌握企业的财务状况和偿债能力。通常以在1年或超过1年的一个营业周期内偿还的负债为流动负债;偿还期在1年或超过1年的一个营业周期以上的负债为长期负债。

1. 流动负债包括短期借款、应付票据、应付账款、预收账款、应付工资、应付福利费、应付股利、应交税金、其他应付暂收款项、预提费用和一年内到期的长期借款等。

2. 长期负债包括长期借款,应付债券,长期应付款等。

三、所有者权益

所有者权益是指所有者在企业资产中所享有的经济利益,其金额为资产减去负债的余额。

所有者权益包括实收资本(或股本)、资本公积、盈余公积和未分配利润等。

四、收入

收入是指企业在销售商品、提供劳务以及让渡资产使用权等日常活动中形成的经济利益的总流入,包括销售商品收入、劳务收入、利息收入、使用费收入、租金收入、股利收入等,但不包括为第三方或客户代收的款项。这里所讲的日常活动,是指企业为完成其经营目标而从事的所有活动,以及与之相关的其他活动。经济利益是指现金或最终能化为现金的非现金资产。必须注意的是,由企业日常活动形成的收益,即为收入,而源于日常活动以外的活动所形成的收益,通常称作利得。在会计处理上,利得一般在"营业外收入"、"补贴收入"等科目核算,在利润表中通常以净额反映。

建筑企业的收入包括主营业务收入和其他业务收入。主营业务收入也称合同收入或工程结算收入。主营业务收入包括工程合同初始收入、工程合同变更收入、工程合同索赔收入、工程合同奖励收入。其他业务收入是指除工程的结算以外的其他经营业务所实现的营业收入,包括产品销售收入,材料销售收入,劳务销售收入、无形资产出售收入和多种经营收入等。

五、费用

费用是指企业为销售商品,提供劳务等日常活动所发生的经济利益的流出。费用作为会计要素或会计报表要素的构成内容之一,是和收入相对应而存在的。我们在这里所讲的费用仅指成本和期间费用,并非企业的全部费用。费用与成本同时又是两个并行使用的概念,两者之间既有联系也有区别。成本是按一定成本计算对象所归集的费用,是对象化了的费用。

费用按其与收入的关系分为营业成本和期间费用。营业成本按其与主营业务收入和其他业务收入的关系,又可分为主营业务成本和其他业务支出。主营业务成本是指工程结算成本,其他业务支出是指附营业务成本。期间费用是指应由某一会计期间负担的费用,包括管理费用、财务费用、营业费用等。

六、利润

利润是指企业在一定会计期间的经营成果,它是企业在一定会计期间实现的收入减去费用后的净额。利润可以反映企业在一定会计期间的经营业绩和获利能力,是企业经济效益的体现,是企业经营的最终目标。

利润是按其来源可分为营业利润,投资净收益和营业外收支净额。营业利润是指主营业务收入减去主营业务成本和主营业务税金及附加,加上其他业务利润,减去营业费用、管理费用和财务费用的净额。投资净收益(投资收益)是指企业对外投资所取得的收益,减去发生的投资损失和计提的投资损失准备后的净额。在会计处理上营业外收入和营业外支出要分别核算,并在利润表中单列项目反映。营业外收入包括固定资产盘盈、处置固定资产净收益、处置无形资产净收益、罚款净收入等。营业外支出包括固定资产盘亏、处置固定资产净损失、处置无形资产净损失、债务重组损失、计提的无形资产减值准备,计提的固定资产减值准备、罚款支出、捐赠支出、非常损失等。

第二章 货币资金及应收项目

第一节 货币资金

一、现金及其核算

(一)现金的概念及其管理的有关规定

现金是指企业的库存现金,它是流动性最强的一种货币性资产,是立即可以投入流通的交换媒介,可以随时用其购买所需的物资,支付有关费用,偿还债务,也可以随时存入银行。

企业应当严格按照国家有关现金管理的规定收支现金,超过库存现金限额的部分应当及时交存银行,并严格按照《企业会计制度》规定核算现金的各项收支业务。

根据《现金管理暂行条例》规定,开户单位可以在下列范围内使用现金:(1)职工工资、津贴;(2)个人劳务报酬;(3)根据国家规定颁发给个人的科学技术、文化艺术、体育等各种奖金;(4)各种劳保、福利费用以及国家规定的对个人的其他支出;(5)向个人收购农副产品和其他物资的价款;(6)出差人员必须随身携带的差旅费;(7)结算起点以下的零星支出;(8)中国人民银行确定需要支付现金的其他支出。前款结算起点为一千元。结算起点的调整,由中国人民银行确定,报国务院备案。

企业的一切现金收支,都必须取得或者填制原始凭证,作为收付款项的书面证明,并作为记账凭证的附件。

现金收、付款原始凭证,应经单位领导批准,并且由会计主管人员或指定的会计人员负责审核无误后,才能作为填制记账凭证和办理现金收付业务的根据。复印件一律不得作为现金收支的依据。

企业不得"坐支"现金,即不得以本单位的现金收入直接支付现金支出。因特殊情况需要"坐支"现金的,必须报经开户银行批准并在核定的范围,企业应定期向银行报送坐支现金使用情况。

(二)现金的核算方法

现金的序时核算,是通过现金日记账进行的。现金日记账应由出纳人员根据经审核签证的现金收、付款凭证,按照业务发生的顺序,逐日逐笔登记。每日终了时,还应加计当日现金收付合计数和结余数,以便与实际库存数核对。现金日记账应采用"三栏式"订本式账簿。有外币现金的企业,应当分别以人民币和各外币币种设置"现金日记账"进行明细核算。

现金的总分类核算,是通过设置"现金"总账科目进行的。本科目借方核算现金的收入数,贷方核算支付差旅费、零星购物等现金的付款数,借方余额反映现金的库存数。

(三)现金收付业务会计处理举例

1. 从银行提取现金的会计处理

【例2-1】 某建筑公司从开户银行提取现金400元。会计处理如下：
借：现金 400
　　贷：银行存款——××银行×××账号 400

2. 因支付内部职工出差等原因所需现金的会计处理

【例2-2】 支付职工甲借支差旅费1 000元，会计处理如下：
借：其他应收款——备用金——职工甲 1 000
　　贷：现金 1 000

【例2-3】 职工甲出差回来，根据实际情况填制差旅费报销单，报销差旅费300元，报销业务招待费500元，收回现金200元。会计处理如下：
借：管理费用——差旅费 300
　　　　　　——业务招待费 500
　　现金 200
　　贷：其他应收款——备用金——职工甲 1 000

【例2-4】 支付职工乙借支采购用定额备用金1 000元。会计处理如下：
借：其他应收款——备用金——职工乙 1 000
　　贷：现金 1 000

【例2-5】 职工乙报销用定额备用金采购办公用品500元。会计处理如下：
借：管理费用——办公费 500
　　贷：现金 500

3. 因其他原因收支现金的会计处理

【例2-6】 收到职工交来的水电费200元现金，会计处理如下：
借：现金 200
　　贷：其他应收款——水电费——××职工 200

【例2-7】 将收到职工交来的水电费200元现金送存银行，会计处理如下：
借：银行存款——××银行×××账号 200
　　贷：现金 200

（四）现金的清查

为了加强对企业现金的管理，必须对现金进行清查。现金的日常清查，包括定期清查和不定期清查。现金的定期清查，是指出纳人员每日结账后清点库存现金，核对账实，及按旬编制现金流量动态报告表（表2-1），报告表内容包括上旬末余额(A)，本旬总收入(B)，

某建筑公司银行存款及现金流量动态报告表 表2-1

单位： 　　　　　年　月　日至　年　月　日　　　　　单位：元

账户名称	开户银行	银行账号	上旬末余额	本旬总收入	本旬总支出	本旬末余额	银行对账单余额
			A	B	C	D	
库存现金							

　　复核：　　　　　　　　　　　制单：

备注：本表于每月二、十二、二十二日报出

本旬总支出(C),本旬末余额(D),它们之间的关系为 $A+B-C=D$。此报告表由会计主管人员或指定的会计人员负责复核。现金的不定期清查,是指企业领导或审计部门对企业库存现金所进行的突击清查。

现金清查的主要方法是实地盘点,并以库存现金实有数与账面结余额相核对。清查中如果发现库存现金溢余或短缺,应及时查明原因,妥善处理。

(五)现金的清查中发现短缺或溢余的会计处理举例

【例 2-8】 某建筑公司在日常现金清查中发现短缺 100 元。会计处理如下:

借:待处理财产损益——待处理流动资产损益　　　　　　　　100
　　贷:现金　　　　　　　　　　　　　　　　　　　　　　　100

【例 2-9】 沿用【例 2-8】,经过调查,该笔短缺属于应由责任人赔偿。会计处理如下:

借:其他应收款——应收现金短缺款(××个人)　　　　　　100
　　　　　　　(或现金)
　　贷:待处理财产损益——待处理流动资产损益　　　　　　　100

【例 2-10】 沿用【例 2-8】,经过调查,该笔短缺属于应由保险公司赔偿。会计处理如下:

借:其他应收款——应收保险赔款　　　　　　　　　　　　　100
　　贷:待处理财产损益——待处理流动资产损益　　　　　　　100

【例 2-11】 沿用【例 2-8】,经过调查,该笔短缺属于无法查明的原因,根据管理权限,经批准处理。会计处理如下:

借:管理费用——现金短缺　　　　　　　　　　　　　　　　100
　　贷:待处理财产损益——待处理流动资产损益　　　　　　　100

【例 2-12】 在现金的清查中发现溢余 200 元。会计处理如下:

借:现金　　　　　　　　　　　　　　　　　　　　　　　　200
　　贷:待处理财产损益——待处理流动资产损益　　　　　　　200

【例 2-13】 沿用【例 2-12】,经过调查,该笔溢余属于应支付给有关人员或单位。会计处理如下:

借:待处理财产损益——待处理流动资产损益　　　　　　　　200
　　贷:其他应付款——应付现金益余(××个人或单位)　　　200

【例 2-14】 沿用【例 2-12】,经过调查,该笔溢余属于无法查明的原因,根据管理权限,经批准处理。会计处理如下:

借:待处理财产损益——待处理流动资产损益　　　　　　　　200
　　贷:营业外收入——现金益余　　　　　　　　　　　　　　200

二、银行存款及其核算

(一)银行存款的概念和管理要求

银行存款就是企业存放在银行或其他金融机构的货币资金。按照国家有关规定,凡是独立核算的企业都必须在当地银行开设账户。企业除了按《现金管理暂行条例》规定可以用现金直接收付的款项外,在经营过程中所发生的一切货币收支业务,都必须通过银行存款账户结算。

根据《人民币银行结算账户管理办法》的规定存款账户分为四类,即基本存款账户、一般存款账户、临时存款账户和专用存款账户。

一般企事业单位只能选择一家银行的一个营业机构开立一个基本存款账户,主要用于办理日常的转账结算和现金收付。企事业单位的工资、奖金等现金的支取,只能通过该账户办理。企事业单位可在基本存款账户开户银行以外的一个银行营业机构开立一个一般存款账户,该账户可办理转账结算和存入现金,但不能支取现金。临时存款账户是存款人因临时经营活动需要开立的并在规定期限内使用的银行结算账户,如企业异地产品展销、临时性采购资金等。专用存款账户是企事业单位对其特定用途资金进行专项管理和使用而开立的账户,如基本建设项目专项资金、农副产品资金等,企事业单位的销货款不得转入专用存款账户。

为了加强对基本存款账户的管理,企事业单位开立基本存款账户,要实行开户许可证制度,凭中国人民银行当地分支机构核发的开户许可证办理,企事业单位不得为还贷、还债和套取现金而多头开立基本存款账户;不得出租、出借账户;不得违反规定在异地存款和贷款而开立账户。任何单位和个人不得将单位的资金以个人名义开立账户存储。

(二)银行结算方式

银行结算方式主要有银行汇票、商业汇票、银行本票、支票、汇兑、委托收款、信用卡等。各种银行结算方式的主要内容、适用范围和有关规定见表2-2。

(三)银行存款的核算

银行存款的序时核算,是通过银行存款日记账进行的。银行存款日记账应按照企业在银行开设的存款账户分别设置,由出纳人员根据银行存款收、付款凭证和存入银行的现金付款凭证及其所附的银行收付款结算凭证,按照业务发生的顺序逐笔登记,以便掌握各种银行存款的收支动态和结存金额,并便于同开户银行核对账目。银行存款日记账应采用"三栏式"订本式账簿。有外币存款的企业,应分别以人民币和各种外币设置"银行存款日记账"进行明细核算。

银行存款的总分类核算,是通过设置"银行存款"总账科目进行的。"银行存款"科目借方核算存款的收入数,贷方核算存款的支取和支付数,借方余额反映存款的结存数。

企业的外埠存款、银行本票存款、银行汇票存款、信用卡存款、信用证保证金存款等在"其他货币资金"科目核算,不在"银行存款"科目核算。

(四)银行存款收付业务会计处理举例

1. 采用银行汇票方式

【例2-15】 某建筑公司为了向异地A企业购买胶合板,要求银行办理银行汇票53 000元,该公司填送"银行汇票申请书"并将款项交存银行,取得银行汇票。会计处理如下:

借:其他货币资金——银行汇票——A企业　　　　　　　53 000
　　贷:银行存款——××银行×××账号　　　　　　　　　53 000

2. 采用商业汇票方式

举例详见本章第三节应收票据和第九章第二节应付票据的例子。

3. 采用银行本票方式

银行结算

种类		主要内容	适用对象范围	同城或异地	抬头方式	金额起点	付款期限	能否背书转让
银行汇票		是汇款人将款项交存当地银行,由银行签发给汇款人持往异地办理转账结算或支取现金的票据	单位、个体经济户和个人支付各种款项	异地	记名	500元	1个月	收款人为个人的转账银行汇票可在兑付地背书转让一次
商业汇票	商业承兑汇票	是收款人签发、经付款人承兑,或由付款人签发并由承兑人向开户银行申请,并于到期日向收款人或被背书人支付款项的票据	在银行开立账户的法人。合法的订有购销合同的商品交易	异地、同城均可	记名	无起点	最长不超过6个月	允许背书转让
	银行承兑汇票	是由收款人或承兑申请人签发,并由承兑申请人,经银行审查同意,并于到期日向收款人或被背书人支付款项的票据	在银行开立账户的法人。合法的订有购销合同的商品交易。但需与银行签订承兑协议	异地、同城均可	记名	无起点	最长不超过6个月	允许背书转让
银行本票	不定额银行本票	是申请人将款项交存银行,由银行签发给其凭以办理转账结算或支取现金的票据	单位、个体经济户和个人的各种款项的结算	同一票据交换区域	记名	100元	2个月	允许背书转让
	定额银行本票	是申请人将款项交存银行,由银行签发给其凭以办理转账结算或支取现金的票据	单位、个体经济户和个人的各种款项的结算	同一票据交换区域	记名	面额分1 000元、5 000元、10 000元和50 000元四种	2个月	允许背书转让
支票		是银行的存款人签发给收款人办理结算或委托开户银行将款项支付给收款人的票据。分现金支票和转账支票	单位、个体经济户和个人的各种款项的结算	同一票据交换区域	记名	100元	5天(转让地区为10天)	允许背书转让
汇兑		是汇款人委托银行将款项汇给外地收款人的结算方式。分信汇、电汇两种	单位、个体经济户和个人的各种款项支付	异地	记名	无起点		
委托收款		是收款人委托银行向付款人收取款项的结算方式	在银行开户的单位和个体经济户各种应收款项的结算	同城异地均可	记名	无起点	3天	
信用卡		商业银行向个人和单位发行的,凭以向特约单位购物、消费和向银行存取现金,且具有消费信用的特制载体卡片	分为单位卡和个人卡	同城异地均可	记名	金卡最高透支10 000元,普通卡最高透支5 000元	最长透支期限60天	

方式简介 表2-2

能否提现金	有否压印金额	挂失	结算罚款	其他规定
个体经济户或个人申请的"现金"汇票可付现，否则由汇入行审查支付	有	现金汇票可到兑付行或签发行请求挂失		银行汇票不得有任何涂改。银行汇票和解讫通知必须由收款人或被背书人同时提交兑付银行，缺少任何一联均无效。现金汇票一定要指定兑付行。转账的可不指定兑付行，但需指定汇入地。转汇的委托兑付银行办理电、信汇结算或重新办理全额兑付的汇票，但收款人和用途不变
不能提现	无	收付双方联系处理		付款人须在商业汇票正面签署"承兑"字样并加盖预留银行印章。可贴现、转贴现、再贴现。到期收款按委托收款手续办
不能提现	有	备函向承兑银行申请	到期无款，转逾期贷款户，每天按5‰收罚息	可贴现、转贴现、再贴现。汇票到期收款人或被背书人应将汇票解讫通知连同进账单送开户银行办理转账。如承兑申请人未能足额交存票款，由承兑银行无条件支付款项
个体经济户或个人申请的填明收款人姓名的"现金"本票可付现	有	不挂失		背书连续，符合规定，要素完整，见票即付。申请人要求退款，可持本票到签发行办理
个体经济户或个人申请的填明收款人姓名的"现金"本票可付现	无	不挂失		背书连续，符合规定，要素完整，见票即付。申请人要求退款，可持本票到签发行办理
现金支票可付现	无	已签发的现金支票可挂失	空头支票或印章与预留印鉴不符的支票，按票面金额5%，但不低于1 000元罚款	
个体经济户或个人申请的注明"现金"的汇款可付现，否则，由汇入行审查支付	无			转汇的，委托汇入行重新办理电、信汇结算，收款人和用途不变。汇款人确定不得转汇的，应预先注明
不能提现	无			同城特约委托收款，必须凭经济合同，付款人授权，开户行同意，报经人民银行当地支行批准
可提现金		可挂失或销户		透支利息：15日内，每日5‰；超过15日，每日10‰；超过30日或超过规定限额的，每日15‰；不分段，按最高档次计算利息

【例2-16】 某建筑公司为了向同城B企业购买施工现场用工具斗车,要求银行办理银行本票3 000元,该公司填送"银行本票申请书"并将款项交存银行,取得银行本票。会计处理如下:

  借:其他货币资金——银行本票——B企业   3 000
    贷:银行存款——××银行×××账号   3 000

4. 采用支票方式

【例2-17】 某建筑公司购钢筋100t,单价是3 500元/t,总价为350 000元,以转账支票支付。

(1)采用计划成本进行原材料核算的企业,会计处理如下:

  借:物资采购——主要材料   350 000
    贷:银行存款——××银行×××账号   350 000

(2)采用实际成本进行原料核算的企业,会计处理如下:

  借:原材料——主要材料   350 000
    贷:银行存款——××银行×××账号   350 000

【例2-18】 ××工程项目建设单位以转账支票付给某建筑公司工程款100万元。会计处理如下:

  借:银行存款——××银行×××账号   1 000 000
    贷:应收账款——应收工程款——××建设单位   1 000 000

5. 采用汇兑结算方式

【例2-19】 某建筑公司以电汇方式向异地企业支付购办公用品款2 000元。会计处理如下:

  借:管理费用——办公费   2 000
    贷:银行存款——××银行×××账号   2 000

6. 采用委托收款结算方式

【例2-20】 某建筑公司与电业局协议用委托收款方式结算电费。该公司收到银行转来的委托收取电费5 000元的凭证。会计处理如下:

  借:管理费用——办公费   5 000
    贷:银行存款——××银行×××账号   5 000

如拒绝付款时,不作财务处理。

7. 发生的存款利息

【例2-21】 某建筑公司收到银行通知本期银行存款利息为3 000元。会计处理如下:

  借:银行存款——××银行×××账号   3 000
    贷:财务费用——利息支出   3 000

(五)银行存款的清查

银行存款的日常清查,一方面,由出纳人员按旬编制银行存款及现金流量动态报告表(表2-1),报告表的内容和编制方法与现金清查中的银行存款及现金流量动态报告表一致,不再重复。另一方面,为了内部控制需要,由指定的会计人员,而不是出纳人员,在每月终了将银行盖章的对账单,逐笔与企业的银行存款日记账记录进行核对,并编制"银行存款余额调节表"(表2-3),确定有关未达账项和银行存款的实际结余额。

银行存款余额调节表

表 2-3

共　页　第　页

对账所属期间　　年　月　日至　　年　月　日　　　　　　　　　　　　单位:元

开户银行名称							开户银行账号					
银行对账单余额(借、贷):							银行日记账余额(借、贷):					
加:单位已收银行未收	月	日	凭证号	摘要	借	贷	加:银行已收单位未收	月	日	凭证号	摘要	借	贷
	合　计							合　计				
减:单位已付银行未付	月	日	凭证号				减:银行已付单位未付	月	日	凭证号		
	合　计							合　计				
调整后余额							调整后余额					

复核:　　　　　　　　　　　　　　　　　　　　　　　　　　　　对账人:

所谓未达账项,是指一方已经入账,而另一方尚未入账的款项,具体有:

1. 企业已经收款入账,而银行尚未入账的款项;
2. 企业已经付款入账,而银行尚未入账的款项;
3. 银行已经收款入账,而企业尚未入账的款项;
4. 银行已经付款入账,而企业尚未入账的款项。

存在1、4两种情况,会使企业账面存款余额大于银行对账单的存款余额;存在2、3两种情况,会使企业账面存款余额小于银行对账单的存款余额。编制"银行存款余额调节表"后,调节后的双方余额如果相符,一般表明,双方记账没有错误;如果不符,表明记账有差错,应进一步与银行核对,并查明原因、加以更正。对于银行已经入账,企业尚未入账的未达账项,应待结算凭证到达后,再行登记入账。

三、其他货币资金

(一)其他货币资金的概念和种类

其他货币资金,是指采用某种结算方式而具有特定用途的货币资金,包括企业的外埠存款、银行汇票存款、银行本票存款、信用卡存款、信用证保证金存款、存出投资款等。

外埠存款,是指企业到外地进行临时或零星采购时,汇往采购地银行开立采购专户的款项。

银行汇票存款,是指企业为取得银行汇票按规定存入银行的款项。

银行本票存款,是指企业为取得银行本票按规定存入银行的款项。

信用卡存款,是指企业为取得信用卡按规定存入银行的款项。

信用证保证金存款,是指企业为取得信用证按规定存入银行的保证金。

存出投资款,是指企业已存入证券公司但尚未进行短期投资的现金。

(二)其他货币资金的核算

其他货币资金的总分类核算,是通过设置"其他货币资金"总账科目进行的。本科目借方核算其他货币资金的收入数,贷方核算其他货币资金的付出数,借方余额反映其他货币资金的结存数。

其他货币资金应在其总账科目下设置"外埠存款"、"银行汇票"、"银行本票"、"信用卡"、"信用证保证金"、"存出投资款"等明细科目,并按外埠存款的开户银行、银行汇票或本票、信用证的收款单位,信用卡的开出银行和信用卡种类、存出投资款的证券公司等设置明细账。

(三)其他货币资金收付业务会计处理举例

【例2-22】 某建筑公司委托开户银行汇出采购资金40 000元,在采购地××银行开设采购专户。会计处理如下:

借:其他货币资金——外埠存款——××银行　　　　　　　40 000
　　贷:银行存款——××银行×××账号　　　　　　　　　　40 000

【例2-23】 收到采购员寄来购入水泥100t,单价350元/t,金额35 000元的发票账单,办理外地采购资金存款报销手续。会计处理如下:

借:物资采购——主要材料(或原材料—主要材料)　　　　35 000
　　贷:其他货币资金——外埠存款——××银行　　　　　　35 000

【例2-24】 采购员完成了采购任务,将采购资金余款5 000元,转回开户银行,会计处理如下:

借:银行存款——××银行×××账号　　　　　　　　　　5 000
　　贷:其他货币资金——外埠存款——××银行　　　　　　5 000

【例2-25】 沿用【例2-15】,该公司使用银行汇票向A企业购买胶合板1 000片,单价为50元/片,金额为50 000元。会计处理如下:

借:物资采购——周转材料　　　　　　　　　　　　　　　50 000
　　(或周转材料——在库周转材料)
　　贷:其他货币资金——银行汇票——A企业　　　　　　　50 000

【例2-26】 银行汇票使用完毕,开户行转来的银行汇票第四联(多余款收账通知)。会计处理如下:

借:银行存款——××银行×××账号　　　　　　　　　　3 000
　　贷:其他货币资金——银行汇票——A企业　　　　　　　3 000

【例2-27】 沿用【例2-16】,该公司使用银行本票向B企业购买斗车10辆,每辆300元,总额为3 000元。会计处理如下:

借:物资采购——低值易耗品　　　　　　　　　　　　　　3 000

(或低值易耗品——生产工具)
　　　贷:其他货币资金——银行本票——B企业　　　　　　　　　3 000

【例2-28】 若该公司因银行本票超过付款期而要求退款时,应当填制进账单一式两联,连同本票一并送交银行。会计处理如下:
　　　借:银行存款——××银行——××账号　　　　　　　　　　3 000
　　　贷:其他货币资金——银行本票——B企业　　　　　　　　　3 000

【例2-29】 某建筑公司为了通过A证券公司进行短期投资,从开户银行划出100 000元资金,转入该证券公司,但尚未投资。会计处理如下:
　　　借:其他货币资金——存出投资款——A证券公司　　　　　100 000
　　　贷:银行存款——××银行×××账号　　　　　　　　　　100 000

"信用卡"、"信用证保证金"的明细核算与"外埠存款"、"银行汇票"、"银行本票"的明细核算基本一致,不再重复举例。

第二节　外币业务的核算

一、外币业务的概念

外币业务,是指企业以记账本位币以外的货币进行的款项收付、往来结算等经济业务。主要包括企业购买和销售以外币计价的商品或劳务,企业借入或借出外币资金、企业承担或清偿以外币计价的债务等。外币业务会计处理的主要内容:一是企业外币业务发生时外币金额折算及其相关的账务处理;二是外币业务引起的外币债权债务因市场汇率变动所产生的外币折算差额的处理。

企业会计制度规定,企业的会计核算以人民币为记账本位币。业务收支以人民币以外的货币为主的企业,可选定其中一种货币作为记账本位币,但是编报的财务会计报告应当折算为人民币。在境外设立的中国企业向国内报送的财务会计报告,应当折算为人民币。这就是说记账本位币可以是人民币,而对于以外币收支业务为主的企业,其记账本位币也可以是其选定的一种外币,但必须对其报送的报表按规定进行折算。由此产生了外币业务的两种记账方法,一是外币统账制,是指企业在发生外币业务时,即折算为记账本位币入账(这里的本位币指人民币)。二是外币分账制,是指企业在日常核算时按照外币原价记账,分别币种核算损益和编制会计报表;在资产负债表日将外币会计报表折算为记账本位币(即人民币)表示的会计报表,并与记账本位币会计报表进行汇总、编制企业整体业务的会计报表。目前我国绝大多数企业采用外币统账制,只有少数银行或部分外商投资企业采用外币分账制。本节主要介绍外币统账制下的账户设置及会计处理,外币分账制下外币会计报表的折算参见第二十一章财务会计报告的第六节外币会计报表折算。

二、外汇汇率和记账汇率

(一)外汇汇率

外汇汇率是两种货币之间的比价,也就是用一种货币单位表示另一种货币单位的价格。

汇率有直接标价法(也称直接汇率法)和间接标价法(也称间接汇率法)两种表示方法。

直接标价法是以一定单位的外国货币为标准来计算折合若干单位的本国货币。例如1美元可兑换8.11元人民币等。

间接标价法是以一定单位的本国货币为标准来计算折合若干单位的外国货币。例如1元人民币可兑换0.123美元等。

我国目前采用的是绝大多数国家所采用的直接标价法。

(二)外汇汇率的种类

1. 按外汇管理情况分为官方汇率和市场汇率。官方汇率是一国货币当局确定并公布的汇率。市场汇率是外汇市场上进行外汇买卖的实际汇率,随市场外汇供求情况而自由波动。

2. 按银行买卖外汇的角度为买入汇率(也称买入价)和卖出汇率(也称卖出价),买入汇率是银行向客户或同业买入外汇时所使用的汇率。卖出汇率是银行向客户或同业卖出外汇时所使用的汇率。

此外,按汇率制度还可分为固定汇率,浮动汇率,按计价时间还可分为历史汇率和现行汇率等。

3. 记账汇率是企业确定外汇业务记账时所采用的折合汇率。按照现行财务制度规定,企业发生的外币业务除用外币记账外,还要按选定的汇率将外币折合为记账本位币统一记账。这样,在记账时所采用的将外币折合为记账本位币的汇率,称为记账汇率。对已经登记入账的汇率称为账面汇率。企业将外币折合为记账本位币时,可以采用业务发生时的市场汇率作为折合汇率,也可以采用业务发生当期期初的市场汇率为折合汇率。企业采用的汇率一经确定,不得随意变更,如需变更,须经主管财政机关批准。

三、期末汇兑损益的确定及核算原则

(一)汇兑损益的确定

汇兑损益产生的两种情形:一是外币兑换中由于所采用的外币买入价和卖出价与入账价值不同而产生的,其中入账价值往往采用当日的市场汇率;二是在持有外币货币性资产和负债期间,由于汇率变动而引起的外币货币性资产和负债价值变动所产生的损益。其中,外币货币性资产(如外币银行存款、应收账款等)在汇率上升时,产生汇兑收益;在汇率下降时,产生汇兑损失。外币货币性负债则完全相反,汇率上升时,产生汇兑损失;在汇率下降时,产生汇兑收益。

期末(指月末、季末和年末,下同),要对各种外币账户(包括外币现金、外币银行存款和以外币结算的债权债务)的期末余额,按照期末市场汇率折合为记账本位币金额,并将外币账户期末余额折合为记账本位币的金额与相对应的记账本位币账户的期末余额之间的差额,确认为汇兑损益。

(二)汇兑损益的核算原则

1. 企业筹建期间发生的汇兑损益,计入长期待摊费用。

2. 企业生产经营期间发生的汇兑损益,计入财务费用。

3. 与购建固定资产直接有关的汇兑损益,在资产达到预定可使用状态前,应予资本化,计入购建固定资产的价值。在资产达到预定可使用状态后,计入财务费用。

4. 清算期间发生的汇兑损益,计入清算损益。

四、外币业务账户的设置

有外币业务的企业,应在相关总账科目下分别设置外币账户,如外币现金、外币银行存款和以外币结算的债权债务(包括外币应收票据、应收账款、其他应收款,各种预付款项、短期借款、应付票据、应付账款、应付工资、应付股利、其他应付款、各种预收款项、长期借款和外币应付债券等),以及以外币结算的有价证券、长期投资等。例如:在"现金"总账科目下按外币种类设置外币现金明细科目;在"银行存款"总账科目下按外币种类设置外币存款明细科目等。不允许开立现汇账户的企业,可以设置外币现金和外币银行存款以外的其他外币账户。

以上账户均应分币种或分债权人、债务人名称设立明细账,或者按企业会计制度的规定进行明细分类核算。

五、外币业务的会计处理

(一)接受投入外汇资本的会计处理

外商投资企业接受外币投资时,采用收到外币款项时的市场汇率将外币折算为记账本位币入账。对于实收资本账户如何登记入账,按照《企业会计制度》的规定,应当分别投资合同是否有约定汇率进行处理:

(1)在投资合同中对外币资本投资有约定汇率的情况下,应当按照合同中约定的汇率进行折算,以折算的金额作为实收资本的金额入账;外币资本按约定汇率折算的金额与按收到时的市场汇率折算的金额之间的差额,作为资本公积处理;

(2)在投资合同中对外币资本投资没有约定汇率的情况下,按收到外币款项时的市场汇率进行折算。

【例2-30】 某建筑股份有限公司收到外方投资2 000 000美元,收到外币款项时的市场汇率为1美元=8.12元人民币,投资合同约定的汇率为1美元=8.26元人民币。

本例中:该建筑股份有限公司对于收到的外币资本投资,一方面应按照收到时的市场汇率折算为人民币登记相应的资产账户,并按照美元的金额登记相应的外币账户,另一方面应按照投资合同中约定的汇率折算为人民币股本入账;两者之间的折算差额,作为资本公积处理。会计处理如下:

借:银行存款——××银行——××账号美元户(2 000 000美元)
　　　　　　　　　2 000 000×8.12　　　　　　16 240 000
　　资本公积　　　　　　　　　　　　　　　　　　280 000
　　贷:股本　　　　2 000 000×8.26　　　　　　16 520 000

假设上例中,投资合同没有约定汇率,其他条件不变,则会计处理如下:

借:银行存款——××银行——××账号美元户(2 000 000美元)
　　　　　　　　　2 000 000×8.12　　　　　　16 240 000
　　贷:股本　　　　2 000 000×8.12　　　　　　16 240 000

(二)外币借款业务的会计处理

企业借入外币时,按照借入外币时的市场汇率折算为记账本位币入账,同时按照借入外币的金额登记相关的外币账户。

【例 2-31】 某建筑股份有限公司外币业务采用业务发生时的市场汇率折算。2月1日从中国银行借入美元 100 000 元,期限为半年,利率为 5%,还款时一次还本付息。借入的外币暂存入银行。借入时的市场汇率为 1 美元=8.26 元。会计处理如下:

借:银行存款——××银行——××账号美元户(100 000 美元)
　　　　　　　　　　　100 000×8.26　　　　　　826 000
　贷:短期借款——××银行——美元借款(100 000 美元)　　826 000

7月31日,该建筑股份有限公司按期向中国银行归还借入的美元本金 100 000 元,利息 2 500 美元,归还借款时的市场汇率为 1 美元=8.26 元人民币。会计处理如下:

借:短期借款——××银行——美元借款(100 000 美元)
　　　　　　　　　　　100 000×8.26　　　　　　826 000
　　财务费用　　　　　　2 500×8.26　　　　　　 20 650
　贷:银行存款——××银行——××账号美元户(102 500 美元)　8 466 500

(三)外币兑换业务的会计处理

外币兑换业务是指企业从银行等金融机构购入外币(对于银行来说,则是卖出外币)或向银行等金融机构售出外币(对于银行来说,则是买入外币)。企业卖出外币时,一方面将实际收取的记账本位币(按照外币买入价折算的记账本位币金额)登记入账;另一方面将卖出的外币实际收到的记账本位币金额,与付出的外币按当日市场汇率(或当期期初市场汇率,下同。不包括外币资本折算)折算为记账本位币之间的差额,作为汇兑损益。

【例 2-32】 某建筑股份有限公司外币业务采用业务发生时的市场汇率折算。8月10日将 10 000 美元到银行兑换为人民币,当日的美元买入价为 1 美元=8.26 人民币,当日市场汇率为 1 美元=8.35 元人民币。

本例中,企业应当在银行存款美元账户记录美元的减少,同时按当日的市场汇率将售出的美元折算为人民币,在银行存款美元账户对应的人民币账户记录美元减少;按实际收到的人民币金额,在银行存款人民币账户记录人民币的增加;两者之间的差额作为当期的财务费用。

会计处理如下:

借:银行存款——××银行——××账号人民币户
　　　　　　　　　　　10 000×8.26　　　　　　82 600
　　财务费用　　　　　　　　　　　　　　　　　　 900
　贷:银行存款——××银行——××账号美元户(10 000 美元)
　　　　　　　　　　　10 000×8.35　　　　　　83 500

企业买入外币时,要按外币卖出价折算应向银行支付的记账本位币,并记录所支付的金额;另一方面按照当日的市场汇率将买入的外币折算为记账本位币,并登记入账;同时按照买入的外币金额登记相应的外币账户。实际付出的记账本位币金额与收取的外币按照当日市场汇率折算为记账本位币金额之间的差额,作为当期汇兑损益。

【例 2-33】 某建筑股份有限公司外币业务采用业务发生时的市场汇率折算。本期因外币支付需要,从银行购入 120 000 美元,当日的美元卖出价为 1 美元=8.34 人民币,当日市场汇率为 1 美元=8.26 人民币。

本例中,应对银行存款美元账户作增加记录,按照当日的市场汇率折算为人民币,对该银行存款相对应的人民币账户作增加记录;按照实际付出的人民币金额对银行存款人民币账户作减少的记录。两者之间的差额作为当期财务费用。会计处理如下:

借:银行存款——××银行——××账号美元户(120 000 美元)
 　　　　　　　　　　120 000×8.26　　　　　　　991 200
 　财务费用　　　　　　　　　　　　　　　　　　　9 600
 贷:银行存款——××银行——××账号人民币户
 　　　　　　　　　　120 000×8.34　　　　　　 1 000 800

(四)期末汇兑损益的会计处理

1. 对于采用外币业务发生当期期初的市场汇率进行外币金额折算的企业,当期发生的经济业务均以期初的市场汇率进行折算,待月末再按月末的市场汇率进行折算调整,产生的折算差额按期末汇兑损益的核算原则进行会计处理。这种方法可使会计核算更加简便。

2. 对于采用外币业务发生时的市场汇率进行折算的企业,应对各种外币账户的期末余额,按照期末市场汇率折合为记账本位币金额,并将外币账户期末余额折合为记账本位币的金额与相对应的记账本位币账户的期末余额之间的差额,确认为汇兑损益。

3. 汇兑损益会计处理举例如下:

【例 2-34】 某建筑股份有限公司外币业务按发生时市场汇率进行折算,并按月计算损益。该企业 2002 年 11 月 30 日市场汇率为 1 美元＝8.27 元人民币,该日有关外币账户期末余额如表 2-4:

表 2-4

金额单位:元

项　目	外币账户金额(美元)	汇率	记账本位币账户金额(人民币)
银行存款	300 000	8.27	2 481 000
应收账款	100 000	8.27	827 000
应付账款	80 000	8.27	661 600

(1)该建筑股份有限公司 12 月发生如下外币业务:

1. 12 月 10 日,从银行借入短期外币借款 10 万美元,款项存入银行,当日市场汇率为 1 美元＝8.26 元人民币。

2. 12 月 15 日从国外进口设备一件,全部价款(包括关税等)为 16 万美元,已由外币存款支付,当日的市场汇率为 1 美元＝8.27 元人民币。

3. 12 月 18 日赊购进口水卫材料一批,价款总计 9 万美元,款项尚未支付,当日市场汇率为 1 美元＝8.25 元人民币。

4. 12 月 22 日收到对外承包工程款 5 万美元,当日的市场汇率为 1 美元＝8.26 元人民币。

5. 12 月 25 日偿还借入的短期外币借款 10 万美元,当日市场汇率为 1 美元＝8.27 元人民币。

6. 12 月 31 日对外承包工程,确认收入 20 000 美元,当日的市场汇率为 1 美元＝8.25

元人民币。

(2)该企业12月份的外币业务会计处理如下：

1)12月10日借入短期外币借款10万美元。

借：银行存款——××银行——××账号美元户（100 000美元）
　　　　　　　　100 000×8.26　　　　　　826 000
　贷：短期借款——××银行——美元借款（100 000美元）　　826 000

2)12月15日进口设备一件16万美元。

借：固定资产——施工机械　　　　　　　　1 323 200
　贷：银行存款——××银行——××账号美元户（160 000美元）
　　　　　　　　160 000×8.26　　　　　　1 323 200

3)12月18日赊购进口水卫材料一批9万美元。

借：原材料　　　　90 000×8.25　　　　　742 500
　贷：应付账款——××单位——美元户（90 000美元）
　　　　　　　　90 000×8.25　　　　　　742 500

4)收到对外承包工程款5万美元。

借：银行存款——××银行——××账号美元户（50 000美元）
　　　　　　　　50 000×8.26　　　　　　413 000
　贷：应收账款——××单位——美元户（50 000美元）
　　　　　　　　50 000×8.26　　　　　　413 000

5)12月25日归还款借入的短期外币借款10万美元。

借：短期借款——××银行——美元借款（100 000美元）
　　　　　　　　100 000×8.27　　　　　827 000
　贷：银行存款——××银行——××账号美元户（100 000美元）
　　　　　　　　100 000×8.27　　　　　827 000

6)12月31日确认对外承包工程收入20 000美元。

借：应收账款——××单位——美元户（20 000美元）
　　　　　　　　20 000×8.25　　　　　165 000
　贷：工程结算　　20 000×8.25　　　　165 000

期末汇兑损益的计算：

1)应收账款账户汇兑损益。

　70 000×8.25－[(100 000×8.27＋20 000×8.25)－50 000×8.26]＝－1 500

2)应付账款账户汇兑损益。

　　　170 000×8.25－(80 000×8.27＋90 000×8.25)＝－1 600

3)银行存款账户汇兑损益。

(90 000×8.25－[(300 000×8.27＋100 000×8.26＋50 000×8.26)－(160 000×8.27＋100 000×8.24)]＝－5 300

4)短期借款账户汇兑损益。

　　　　　　100 000×8.27－100 000×8.26＝1 000

该企业12月汇兑损益：

$-1\ 500-(-1\ 600)-5\ 300-1\ 000=-6\ 200$

期末汇兑损益的会计处理：

借：应付账款　　　　　　　　　　　　　　　1 600
　　财务费用　　　　　　　　　　　　　　　6 200
　　贷：应收账款　　　　　　　　　　　　　　　1 500
　　　　银行存款　　　　　　　　　　　　　　　5 300
　　　　短期借款　　　　　　　　　　　　　　　1 000

12月31日编制会计报表时，有关科目的外币账户和记账本位币账户金额见表2-5。

表 2-5

金额单位：元

项　目	外币账户金额	汇　率	记账本位币账户金额
银行存款	190 000	8.25	1 567 500
应收账款	70 000	8.25	577 500
短期借款	0	8.25	0
应付账款	170 000	8.25	1 402 500

第三节　应收票据

一、应收票据的特点与分类

应收票据是企业持有的、尚未到期兑现的商业汇票。商业汇票是指收款人或付款人（或承兑申请人）签发，由承兑人承兑，并于到期日向收款人或被背书人支付款项的票据，它是一种载有一定付款日期、付款地点、付款金额和付款人的无条件支付的流通证券。

商业汇票按承兑人的不同，可分为由银行以外的付款人承兑的商业承兑汇票和由银行承兑的银行承兑汇票；按支付本息额的不同，可分为到期时根据票据面值和利率收取本息的带息票据，和到期时根据票据面值收款的不带息票据；按可否背书转让，分为可背书转让票据和不可背书转让票据。应收票据一律按照面值入账。

二、应收票据的核算

应收票据的总分类核算，是通过设置"应收票据"总账科目进行的。本科目借方核算企业收到的商业汇票的票面价值及应计利息，贷方核算企业因商业汇票的贴现、背书转让、到期而结转的票面价值及应计利息，借方余额反映企业持有的商业汇票的票面价值和应计利息。

应收票据应在总账科目下设置"银行承兑汇票"、"商业承兑汇票"等明细科目。

三、应收票据业务会计处理举例

(一)银行承兑汇票的会计处理

【例2-35】　某建筑公司收到A建设单位4月30日为支付工程款而开出并由银行承兑

的面值为 100 000 元,10 月 30 日到期的不带息银行承兑汇票,贴现率为 12%,会计处理如下:

借:应收票据——银行承兑汇票　　　　　　　　　　　　100 000
　　贷:应收账款——应收工程款——A 建设单位　　　　　　　　100 000

【例 2-36】　沿用【例 2-35】,10 月 30 日该银行承兑汇票到期,并收到该款项,会计处理如下:

借:银行存款——××银行×××账号　　　　　　　　　100 000
　　贷:应收票据——银行承兑汇票　　　　　　　　　　　　100 000

【例 2-37】　沿用【例 2-35】,假定该建筑公司于 7 月 30 日将该票据向银行贴现,则贴现息和贴现所得计算如下:

票据到期值 = 100 000(元)
贴现息 = 100 000 × 12% × 90/360 = 3 000(元)
贴现所得 = 100 000 − 3 000 = 97 000(元)

会计处理如下:

借:银行存款——××银行×××账号　　　　　　　　　　97 000
　　财务费用——利息支出　　　　　　　　　　　　　　　3 000
　　贷:应收票据——银行承兑汇票　　　　　　　　　　　　100 000

(二)商业承兑汇票的会计处理

【例 2-38】　沿用【例 2-35】,但假定该票据为年利率 6% 的带息商业承兑汇票,则月息计算如下:

月息 = 100 000 × 6% × 30/360 = 500(元)

收到该票当月,会计处理如下:

借:应收票据——商业承兑汇票　　　　　　　　　　　　100 000
　　贷:应收账款——应收工程款——A 建设单位　　　　　　　　100 000

收到该票据次月,会计处理如下:

借:应收票据——商业承兑汇票　　　　　　　　　　　　500
　　贷:财务费用——利息支出　　　　　　　　　　　　　　500

【例 2-39】　沿用【例 2-38】,该商业承兑汇票到期,并收到该款项,带息票据到期值计算如下:

带息票据到期值 = 100 000 × (1 + 6% × 180/360) = 103 000(元)

会计处理如下:

借:银行存款——××银行——××账号　　　　　　　　103 000
　　贷:应收票据——商业承兑汇票　　　　　　　　　　　　102 500
　　　　财务费用——利息支出　　　　　　　　　　　　　　500

【例 2-40】　沿用【例 2-38】,该商业承兑汇票到期,但因某种原因不能收到该款项,应将其转入"应收账款"科目核算,期末不再计提利息,该商业承兑汇票的账面值计算如下:

票据的账面值 = 100 000 × (1 + 6% × 150/360) = 102 500(元)

会计处理如下:

借:应收账款——应收工程款——A 建设单位　　　　　　　102 500

贷:应收票据——商业承兑汇票　　　　　　　　　　　　　　102 500

【例2-41】　沿用【例2-38】,假定该建筑公司于7月30日将该票据向银行贴现,则贴现息和贴现所得计算如下:

贴现息 = 103 000 × 12% × 90/360 = 3 090(元)

贴现所得 = 103 000 - 3 090 = 99 910(元)

会计处理如下:

借:银行存款——××银行×××账号　　　　　　　　　　　99 910
　　财务费用——利息支出　　　　　　　　　　　　　　　　 1 090
　　贷:应收票据——商业承兑汇票　　　　　　　　　　　　　101 000

【例2-42】　沿用【例2-41】,贴现的商业承兑汇票到期,因承兑人的银行账户不足支付,某建筑公司收到银行退回的应收票据、支票通知和付款人未付票款通知书。会计处理如下:

借:应收账款——应收工程款——A建设单位　　　　　　　103 000
　　贷:银行存款——××银行×××账号　　　　　　　　　　103 000

为了加强对应收票据的管理,企业应当设置"应收票据备查簿",逐笔登记每一应收票据的种类、号数和出票日期、票面金额、票面利率、交易合同号和付款人、承兑人、背书人的姓名或单位名称、到期日、背书转让日、贴现日期、贴现率和贴现净额、未计提的利息,以及收款日期和收回金额、退票情况等资料。应收票据到期结清票款或退票后,应当在备查簿内逐笔注销。

第四节　应收账款与坏账准备

一、应收账款及其核算

(一)应收账款及其核算范围和确认时间

建筑企业的应收账款是企业承建工程应向建设单位收取的工程价款和列入营业收入的其他款项以及销售产品、材料、提供劳务、作业,应向购货单位或接受劳务、作业单位收取的款项。企业为购货单位或接受劳务、作业单位代垫的包装费、运杂费,也在本科目核算。

应收账款入账时间与确认收入的时间是一致的,它们的入账时间可以根据确认收入实现的时间来定,具体确定方法,将在第十三章中论述。

(二)应收账款的核算

应收账款的总分类核算,是通过设置"应收账款"总账科目进行的。本科目借方核算登记企业应向建设单位、购货单位或接受劳务、作业单位收取的结算或销售款项,贷方核算登记已经收取的款项,以及按照规定从应收账款中扣还的预收款项,借方余额反映表示尚未收到的应收账款。

应收账款应在其总账科目下设置"应收工程款"、"应收销货款"等明细科目,并分别按建设单位和购货单位或接受劳务、作业的单位设置明细账。

(三)应收账款业务会计处理举例

【例2-43】　某建筑公司期末根据其A工程实际完成量,确认A工程的当月收入为100万元,会计处理如下:

借:应收账款——应收工程款——A建设单位　　　　　1 000 000
　　　贷:工程结算　　　　　　　　　　　　　　　　　　　　　1 000 000

【例2-44】　某建筑公司将价值10万元的材料赊销给A企业,并以支票形式代A企业垫付运费2 000元,会计处理如下:

　　借:应收账款——应收销货款——A企业　　　　　　102 000
　　　贷:其他业务收入——材料销售收入　　　　　　　　　100 000
　　　贷:银行存款——××银行×××账号　　　　　　　　　　2 000

收回应收账款的例子详【例2-18】、【例2-35】、【例2-38】。

二、坏账准备及其核算

(一)坏账准备及其计提方法

企业应当定期或者至少于每年年度终了,对应收款项进行全面检查,预计各项应收款项可能发生的坏账,对于没有把握收回的应收款项,应当计提坏账准备。

企业计提坏账准备的方法由企业自行确定。企业应当制定计提坏账准备的政策,明确计提坏账准备的范围、提取方法、账龄的划分和提取比例,按法律、行政法规的规定报各方备案,并备置于企业所在地。

企业持有的未到期应收票据,如有确凿证据证明不能收回或收回的可能性不大时,应将其账面余额转入应收账款,并计提相应的坏账准备,坏账准备的计提方法有:账龄分析法、余额百分比法、个别认定法等。企业无论采取何种方法都应当在制定的有关会计政策和会计估计目录中明确,不得随意变更,如需变更,应当按会计政策、会计估计变更的程序和方法进行处理,并在会计报表附注中予以说明。

(二)坏账准备的核算

在我国企业只能采用备抵法核算坏账损失。

坏账准备的总分类核算,是通过设置"坏账准备"总账科目进行的。本科目借方核算经批准作为坏账损失的确实无法收回的应收款项,及应提取的坏账准备小于账面余额的差额,贷方核算本期提取的坏账准备,及收回的已作为坏账核销的应收账款。贷方余额反映企业已提取的坏账准备。

坏账准备应在其总账科目下设置"应收账款"、"其他应收款"等明细科目。

(三)坏账准备业务会计处理举例

【例2-45】　某建筑公司经经理会议批准,确定坏账准备的计提基数和比例为应收账款期末余额的5‰,该公司2003年年末应收账款余额为2 000万元,本期坏账准备未提取前的贷方余额为7万元,本期应提取的坏账准备计算如下:

坏账准备 = 20 000 000×5‰ - 70 000 = 30 000(元)

会计处理如下:

　　借:管理费用——坏账损失　　　　　　　　　　　　　30 000
　　　贷:坏账准备——应收账款　　　　　　　　　　　　　　30 000

【例2-46】　B建设单位欠某建筑公司1万元的工程款,有确凿证据表明确实无法收回,经经理会议批准,作为坏账损失,冲销提取的坏账准备,会计处理如下:

　　借:坏账准备——应收账款　　　　　　　　　　　　　10 000

　　　　贷：应收账款——应收工程款——B建设单位　　　　　　　　10 000

【例2-47】 仍沿用【例2-46】但假定后来又收回了B建设单位5 000元的工程款，会计处理如下：

1. 借：应收账款——应收工程款——B建设单位　　　　　　　　5 000
　　贷：坏账准备——应收账款　　　　　　　　　　　　　　　　5 000
2. 借：银行存款——××银行×××账号　　　　　　　　　　　　5 000
　　贷：应收账款——应收工程款——B建设单位　　　　　　　　5 000

　　企业应当定期或者至少于每年年度终了，对应收账款进行全面检查，并合理地计提坏账准备。企业对于不能收回的应收账款应当查明原因，及时处理。对确实无法收回的，应当取得有关证明，按照企业的管理权限，经股东大会或董事会，或经理（厂长）会议或类似机构批准作为坏账损失，冲销提取的坏账准备。建筑企业应重点检查应收工程款情况，特别是已竣工工程和停工工程。

　　对决算未送审的已竣工工程和停工工程，企业应组织人员编制决算，及时送审；对决算已送审的竣工工程和停工工程，除了经办人员日常催审外，对拖而不审的决算，企业还应定期向建设单位致函催审决算；对决算已审定的竣工工程和停工工程，企业应每年向建设单位致函催讨工程款，并要求对方签收，以保持催讨工程款的诉讼时效性。

第五节　预付账款、其他应收款和备用金

一、预付账款及其核算

（一）预付账款及其核算方法

　　建筑企业的预付账款是指企业按照分承包合同或购货合同规定预付该分包单位或供货单位的款项。

　　除转入"其他应收款"科目的预付账款外，其他预付账款不得计提坏账准备。

　　预付账款的总分类核算，是通过设置"预付账款"总账科目进行的。本科目借方核算预付的款项，贷方核算按实结转的预付账款及不符合预付账款性质，而转入"其他应收款"的款项，借方余额反映企业实际预付的款项，贷方余额反映企业尚未补付的款项。

　　预付账款应在其总账科目下设置"分包单位款"、"供应单位款"等明细科目，并按分包单位或供应单位设置明细账。

（二）预付账款业务会计处理举例

【例2-48】 某建筑公司按照分承包合同预付3万元给C公司，会计处理如下：

借：预付账款——分包单位款——C公司　　　　　　　　　　　30 000
　贷：银行存款——××银行——××账号　　　　　　　　　　　30 000

【例2-49】 沿用【例2-48】，C公司按合同完成任务，并办理决算，决算额为10万元，扣除预付款，某建筑公司补付7万元，会计处理如下：

借：应付账款——应付工程款——C工程　　　　　　　　　　　100 000
　贷：预付账款——分包单位——C公司　　　　　　　　　　　　30 000
　　　银行存款——××银行×××账号　　　　　　　　　　　　70 000

二、其他应收款及其核算

(一)其他应收款及其核算方法

其他应收款是指企业发生的非购销活动的应收债权。其他应收款包括企业除应收票据、应收账款、预付账款等以外的其他各种应收、暂收款项;不设置"备用金"科目的企业拨出的备用金;应收的各种赔款、罚款;应向职工收取的各种垫付款项;以及已不符合预付账款性质而按规定转入的预付账款等。

其他应收款的总分类核算,是通过设置"其他应收款"总账科目进行的。本科目借方核算支付的其他应收款以及从预付账款转入,贷方核算收回的其他应收款,借方余额反映企业尚未收回的其他应收款。

其他应收款应在其总账科目下按其他应收款的项目分类设置明细科目,并按不同的债务人设置明细账。

(二)其他应收款会计处理举例

【例2-50】 某建筑公司为了投标按规定付给D公司5万元的投标保证金,会计处理如下:

借:其他应收款——投标保证金——D公司　　　　　　　　50 000
　　贷:银行存款——××银行×××账号　　　　　　　　　50 000

【例2-51】 沿用【例2-50】,投标结束后,D公司退回投标保证金5万元,会计处理如下:

借:银行存款——××银行×××账号　　　　　　　　　　50 000
　　贷:其他应收款——投标保证金——D公司　　　　　　50 000

三、备用金及其核算

(一)备用金及其核算方法

备用金是指企业拨付给非独立核算的内部管理部门(如职能部门、施工单位、车间等)备作差旅费、零星采购或零星开支等使用的款项。

对不设置"备用金"科目的企业拨出的备用金,在"其他应收款"总账科目下核算。

对于备用金业务较多,需单独设置"备用金"总账科目的,本科目借方核算企业向各内部单位拨付的备用金,贷方核算企业向各内部单位收回的备用金,期末借方余额反映各内部单位占用的备用金。本科目应按备用金领用单位或个人设置明细账。

(二)备用金会计处理举例

1. 非定额备用金的会计处理

【例2-52】 沿用【例2-2】。会计处理如下:

借:备用金——职工甲　　　　　　　　　　　　　　　　1 000
　　贷:现金　　　　　　　　　　　　　　　　　　　　　1 000

【例2-53】 沿用【例2-3】。会计处理如下:

借:管理费用——差旅费　　　　　　　　　　　　　　　300
　　　　　　——业务招待费　　　　　　　　　　　　　500
　　现金　　　　　　　　　　　　　　　　　　　　　　200
　　贷:备用金——职工甲　　　　　　　　　　　　　　　1 000

2. 定额备用金的会计处理

【例2-54】 某建筑公司财务部单独拨给公司内部单位行政部周转使用的备用金2 000元。会计处理如下：

借：备用金——行政部　　　　　　　　　　　　　　2 000
　　贷：现金　　　　　　　　　　　　　　　　　　　　　　　2 000

【例2-55】 行政部自备用金中支付购办公用品款600元，应根据有关的支出凭单，定期编制备用金报销清单，财务部门根据内部单位提供的备用金报销清单，定期补足备用金。除了增加或减少拨入的备用金外，使用或报销有关备用金支出时，不再通过"备用金"科目核算。会计处理如下：

借：管理费用——办公费　　　　　　　　　　　　　600
　　贷：现金　　　　　　　　　　　　　　　　　　　　　　　600

第三章 建筑企业内部往来和拨付所属资金

第一节 内部往来的核算

一、概述

内部往来是指企业与所属内部独立核算单位之间,或各内部独立核算单位之间,由于工程价款结算,产品、作业材料销售、提供劳务等业务所发生的各种应收、应付、暂收、暂付往来款项。

各内部独立核算单位之间的往来款项,可以通过企业集中结算,以便掌握所属内部单位之间的结算情况,也可以由各内部单位直接结算,月终通过企业集中对账,以简化结算手续。

下列各项结算业务不在本科目核算:

1. 企业与内部独立核算单位之间有关固定资金、定额周转资金的下拨、上交,在"拨付所属资金"和"上级拨入资金"科目核算。

2. 企业拨给非独立核算的内部单位的周转金,应在"其他应收款—备用金"科目核算。

为了保证内部往来对账的准确性,内部往来应该逐笔制作凭证及逐笔记账。

二、内部往来结算的凭证

内部往来结算的凭证主要是"代付(或代收)款通知单"及其所附的原始凭证。在集中结算方式下,"代付(或代收)款通知单"应填制一式三联,一联由填制单位自留,其余两联连同原始凭证送交企业,由企业集中办理结算,将其中一联连同原始凭证转送对方单位,另一联留于企业据以记账。在直接结算方式下,"代付(或代收)款通知单"只需填制一式两联,一联由填制单位自留,作为记账依据,另一联连同原始凭证送交对方单位,作为内部往来结算依据。它们的参考格式见(表3-1)和(表3-2)。在印制通知单时还可以用不同颜色加以区别,如用蓝色印制"代付款通知单",用红色印制"代收款通知单"。

三、内部往来的核算方法

内部往来的总分类核算,是通过设置"内部往来"总账科目进行的。本科目借方核算企业与所属内部独立核算单位及各内部独立核算单位之间发生的各种应收、暂付和转销的应付、暂收的款项,贷方核算企业与所属内部独立核算单位及各内部独立核算单位之间应付、暂收和转销的应收、暂付款项。本科目的期末余额应与所属内部独立核算单位各明细科目的借方余额合计与贷方余额合计的差额相等。借方余额反映应收内部单位的款项;贷方余额反映应付内部单位的款项。各明细科目的期末余额合计,若为借方余额,应在"资产负债表"中的资产类列示;若为贷方余额,应在"资产负债表"中的负债类列示。期末企业及各独立核算单位内部往来余额汇总数应为零,所以在期末汇总的资产负债表中无内部往来余额。若汇总数不为零,说明企业或某独立核算单位有未入账项,应及时查明并处理。

内部往来应在其总账科目下按内部单位的户名设置明细账进行明细核算。

某建筑公司代付款通知单　　　　　　　　　　　表 3-1

通知单号数_____

填发日期　年　月　日　　　　　　　　　　　　　附件　张

项目	摘要	金　　　　额						
		百	十	万	千	百	十	元	角	分
合计										
合计金额人民币(大写)　百　拾　万　千　百　拾　元　角　分正										

上列款项已代付讫,请记我部往来账户。此致

_____单位　　　　　通知单位　　　　　(印章)

某建筑公司代收款通知单　　　　　　　　　　　表 3-2

通知单号数_____

填发日期　年　月　日　　　　　　　　　　　　　附件　张

项目	摘要	金　　　　额						
		百	十	万	千	百	十	元	角	分
合计										
合计金额人民币(大写)　百　拾　万　千　百　拾　元　角　分正										

上列款项已代收讫,请记我部往来账户。此致

_____单位　　　　　通知单位　　　　　(印章)

四、内部往来业务会计处理举例

(一)企业与内部独立核算单位间往来结算的会计处理

【例 3-1】 某建筑公司财务科为第一分公司的工程支付 A 公司履约保证金 10 万元,由公司财务部填制"某建筑公司代付款通知单"一式两联。

(1)公司财务部会计处理如下:

借:内部往来——第一分公司　　　　　　　　　　　　　　　100 000
　　贷:银行存款——××银行×××账号　　　　　　　　　　　100 000

(2)第一分公司收到公司代付款通知单。会计处理如下:

借:其他应收款——履约保证金——A 公司　　　　　　　　100 000
　　贷:内部往来——公司财务部　　　　　　　　　　　　　　100 000

【例 3-2】 沿用【例 3-1】，该工程竣工后，公司财务部代第一分公司收回 A 公司的履约保证金 10 万元。由公司财务部填制"某建筑公司代收款通知单"一式两联。

(1)公司财务部会计处理如下：

借：银行存款——××银行——××账号　　　　　　　　100 000
　　贷：内部往来——第一分公司　　　　　　　　　　　　　100 000

(2)第一分公司收到公司代收款通知单。会计处理如下：

借：内部往来——公司财务部　　　　　　　　　　　　　100 000
　　贷：其他应收款——履约保证金——A 公司　　　　　　　100 000

(二)各内部独立核算单位间往来结算的会计处理

【例 3-3】 内部独立核算的第二分公司调拨给第三分公司水泥 5 万元。

1. 在直接结算方式下，由第二分公司填制"某建筑公司代付款通知单"一式两联。

(1)第二分公司会计处理如下：

借：内部往来——第三分公司　　　　　　　　　　　　　50 000
　　贷：原材料——主要材料　　　　　　　　　　　　　　　50 000

(2)第三分公司会计处理如下：

借：原材料——主要材料　　　　　　　　　　　　　　　50 000
　　贷：内部往来——第二分公司　　　　　　　　　　　　　50 000

(3)月末(或季末)，通过总公司集中对账、转账，将各分公司的内部往来余额全部结转总公司。

1)由第三分公司填制"某建筑公司代收款通知单"一式两联，一联留存，一联交公司财务部，将与第二分公司内部往来余额转给公司财务部。第三分公司会计处理如下：

借：内部往来——第二分公司　　　　　　　　　　　　　50 000
　　贷：内部往来——公司财务部　　　　　　　　　　　　　50 000

2)公司财务科根据第三分公司的通知单，也填制"某建筑公司代收款通知单"一式两联，一联留存，一联交第二分公司。公司财务部会计处理如下：

借：内部往来——第三分公司　　　　　　　　　　　　　50 000
　　贷：内部往来——第二分公司　　　　　　　　　　　　　50 000

3)第二分公司收到公司财务部的"某建筑公司代收款通知单"，将与第三分公司内部往来余额转给公司财务部。第二分公司会计处理如下：

借：内部往来——公司财务部　　　　　　　　　　　　　50 000
　　贷：内部往来——第三分公司　　　　　　　　　　　　　50 000

2. 在集中结算方式下，由第二分公司填制"某建筑公司代付款通知单"一式三联。

(1)第二分公司会计处理如下：

借：内部往来——公司财务部　　　　　　　　　　　　　50 000
　　贷：原材料——主要材料　　　　　　　　　　　　　　　50 000

(2)公司财务部会计处理如下：

借：内部往来——第三分公司　　　　　　　　　　　　　50 000
　　贷：内部往来——第二分公司　　　　　　　　　　　　　50 000

(3)第三分公司会计处理如下：

借:原材料——主要材料	50 000	
贷:内部往来——公司财务部		50 000

五、内部往来的对账与调节

企业与所属单位之间、所属单位与所属单位之间对本科目的记录应相互一致。

为了保证往来单位之间往来款项的记录相一致,并及时地发现错误,每月(或季)终了,公司及所属各内部独立核算单位应各指定一名会计人员将本单位的内部往来账,逐笔与其他各单位的内部往来账进行核对,据以编制"内部往来余额调节表",确定有关未达账项和内部往来的实际余额。"内部往来余额调节表"可利用"银行存款余额调节表"(表2-3)进行编制,只要将表格中银行方的有关内容改为对方单位即可,内部往来的未达账项也与银行存款的未达账项一致。

通过对账发现的未达账项、串户和因借贷方(或金额)的错误,应查明原因,及时调节或更正,这样可以提高会计报表的准确性和真实性。若发现问题不及时调节或更正,会使得对账失去它的作用,在下次对账中还是存在着同样的问题,加大了对账的难度。

第二节　企业拨付所属资金的核算

一、拨付所属资金的核算方法

拨付所属资金是指企业拨付所属内部独立核算单位用于生产和经营的资金。

企业拨付所属资金的总分类核算,是通过设置"拨付所属资金"总账科目进行的。本科目借方核算企业拨付给内部独立核算单位的资金,贷方核算从所属内部独立核算单位收回的资金,借方余额反映企业拨付给所属内部独立核算单位的资金的期末数额。

拨付所属资金应在总账科目下按内部独立核算单位的户名设置明细账进行明细分类核算。

企业所属内部独立核算单位收到上级企业拨给的用于生产经营使用的资金。应设置"上级拨入资金"总账科目进行总分类核算。本科目借方核算上级企业从本单位收回的拨入资金,贷方核算上级企业实际拨入的资金,贷方余额反映上级企业拨入资金的数额。

所属内部独立核算单位与上级企业之间因购销和其他业务而发生的债权债务和收付款项等,应在"内部往来"科目核算,不在以上两个科目核算。

二、拨付所属资金与上级拨入资金业务会计处理举例

【例3-4】 某建筑公司将一台生产设备调给第一分公司,该设备的账面价值为6万元,已提折旧为2万元,则账面净值为4万元。

1. 公司财务部会计处理如下:

借:拨付所属资金——第一分公司	40 000	
累计折旧	20 000	
贷:固定资产——生产用固定资产——生产设备		60 000

2. 第一分公司会计处理如下:

借:固定资产——生产用固定资产——生产设备　　　　　60 000
　　贷:累计折旧　　　　　　　　　　　　　　　　　　20 000
　　　　上级拨入资金　　　　　　　　　　　　　　　　40 000

【例 3-5】 第二分公司通过银行转账方式,归还某建筑公司拨给的用于生产经营的资金 50 万元。

1. 第二分公司会计处理如下:
借:上级拨入资金　　　　　　　　　　　　　　　　　500 000
　　贷:银行存款——××银行第二分公司账号　　　　　500 000

2. 公司财务部会计处理如下:
借:银行存款——××银行×××账号　　　　　　　　500 000
　　贷:拨付所属资金——第二分公司　　　　　　　　　500 000

三、拨付所属资金与上级拨入资金的对账与调节

上级企业的"拨付所属资金"科目的记录应与各所属内部独立核算单位的"上级拨入资金"科目的有关记录相互一致。

拨付所属资金的对账与调节与内部往来的对账与调节方法相同。

第四章 存 货

第一节 建筑企业存货的概念、计价及核算

一、存货的概念和分类

(一)存货的概念

《企业会计准则——存货》规定,存货是指企业在日常生产经营过程中持有以备出售的产品或商品,或者为了出售仍然处在生产过程中的在产品,或者将在生产或提供劳务过程中将耗用的材料或物资等。包括库存的、加工中的、在途的各类材料、商品、在产品、半成品、产成品、包装物、低值易耗品等。它属于企业的流动资产范畴。建筑企业的存货除上述内容外,还包括周转材料和委托加工物资等。

财政部 2001 年 10 月 9 日颁布的《企业会计准则——存货》第四条明确规定,企业的存货必须同时满足以下两个条件时,才能予以确认。

1. 该存货包含的经济利益很可能流入企业。
2. 该存货的成本能够可靠地计量。

(二)存货的分类

建筑企业的存货,品种复杂,收发频繁,为了便于管理和核算,必须按照统一的标准,对各种存货进行科学的分类。按照存货的经济用途不同,建筑企业的存货一般可分为以下几类:

1. 原材料,是指企业用于工程施工或产品制造并构成工程或产品实体的材料物资。如主要材料、结构件、机械配件、其他材料等。

(1)主要材料,指在施工生产耗用后,构成工程或产品实体的各种材料。如钢材、木材、水泥、砖、瓦、灰、砂、石以及小五金、水卫设备、电器材料、化工油漆材料、陶瓷材料等。

(2)结构件,指经过吊装、拼砌和安装就能构成房屋建筑物实体的各种金属、钢筋混凝土的混凝土的和木质的结构件和构件等,如钢窗、木门、铝合金门窗、塑钢门窗、钢筋混凝土预制构件等。

(3)机械配件,指施工机械、生产设备、运输设备等各种机械设备替换、维修使用的各种零件和配件等。

(4)其他材料,指虽不构成工程或产品实体,但有助于工程或产品形成或便于施工生产进行的各种材料。如燃料、油料、饲料等。

2. 周转材料,指企业在施工生产过程中,能够多次使用,并可基本保持原有的物资形态,但价值逐渐转移到建筑产品中去的各种材料。如钢模板、木模板、钢脚手架、竹脚手架、外爬架等。

3. 低值易耗品,指不能作为固定资产核算的各种用具物品,如生产用具、管理用具、劳动保护用品、各种包装容器等。

4. 委托加工物资,指企业因技术和经济原因而委托外单位代为加工的各种物资。

5. 在产品,指企业已经投入人工、材料等进行施工生产,但尚未完成预算定额规定的全部工序和工作内容的未完工程。

6. 产成品,指企业已经完成预算定额规定的全部工序并验收合格,可以按照合同规定的条件移交建设单位或发包单位的工程。

二、存货计价

(一)存货取得的计价

存货应当按其实际成本入账。存货成本包括采购成本、加工成本和其他成本。但是由于建筑企业取得存货的途径不同,存货的实际成本内容也有差异。

1. 外购存货的实际成本,是指存货的采购成本,其组成内容包括:

(1)买价,包括原价、供销部门手续费和增值税、关税等有关税金。

(2)运杂费,包括运到工地仓库(或施工现场堆放材料的地点)以前所发生的包装、运输、装卸、保险以及合理的运输损耗等费用。

对于采购过程中发生的物资毁损、短缺等,除合理的损耗应作为存货的采购费用计入采购成本外,其余的应区别不同情况进行会计处理:①应从供应单位、外部运输机构等收回的物资短缺或其他赔款,冲减物资的采购成本;②因遭受意外灾害发生的损失和尚待查明原因的途中损耗,不得增加物资的采购成本,应当作为待处理财产损益进行核算,在查明原因后再作处理。

2. 建设单位(或发包单位)供料的实际成本,应按合同确定的价值计价,即按双方办理材料交接时材料的预算价格计价。若这部分材料是施工企业负责保管的,则在确定结算价格时,应从材料预算价格中扣除这部分保管费。

3. 自制存货的实际成本,应包括自制过程中所耗用的各种工、料实际成本和其他费用。

4. 委托外部加工存货的实际成本,应包括加工中耗用材料的实际成本、加工费和往返运杂费,以及按规定计入成本的税金等。

5. 投资者投入存货的实际成本,按照投资各方确认的价值计价。

6. 接受捐赠存货的实际成本,按以下规定确定其实际成本:

(1)捐赠方提供了有关凭据(如发票、报关单、有关协议)的,按凭据上标明的金额加上应支付的相关税费作为实际成本。

(2)捐赠方没有提供有关凭据的,按如下顺序确定其实际成本:

1)同类或类似存货在活跃市场的,按同类或类似存货的市场价格估计的金额,加上应支付的相关税费,作为实际成本;

2)同类或类似存货不存在活跃市场的,按该接受捐赠的存货的预计未来现金流量现值作为实际成本。

7. 盘盈存货的实际成本,按照同类或类似存货的市场价格确定。

8. 以非货币性交易换入的存货,按换出资产的账面价值加上应支付的相关税费作为实际成本。涉及补价的,按以下规定确定换入存货的实际成本。

(1)收到补价的,按换出资产的账面价值加上应确认的收益和应支付的相关税费,减去补价后的余额作为实际成本。

(2)支付补价的,按换出资产的账面价值加上支付的相关税费和补价,作为实际成本。

9.通过债务重组方式接受债务人以非现金资产抵偿债务方式取得的存货,或以应收债权换入存货的,按照应收债权的账面价值加上应支付的相关税费作为实际成本。涉及补价的,应按照以下规定确定其实际成本。

(1)收到补价的,按应收债权的账面价值减去补价,加上应支付的相关税费,作为实际成本。

(2)支付补价的,按应收债权的账面价值加上支付的补价和应支付的相关税费,作为实际成本。

需要说明的是,建筑企业所属的预制构件加工和建材销售等单位,如属于增值税一般纳税人的有关存货取得的计价及核算参照第九章"应交增值税"的会计处理方法。通过非货币性交易换入存货的计价和债务重组取得存货的计价所涉及的增值税进项税额,如属可抵扣的,应按如下进行计价:

通过非货币性交易换入资产应按换出资产的账面价值扣除可能抵扣的增值税进项税额,加上应支付的相关税费,作为换入资产的入账价值。

通过债务重组取得的存货,应按重组债权的账面价值与支付的相关税费之和(及支付的补价),减去可抵扣的增值税进项税额(及收到的补价)后的差额,作为入账价值。

(二)存货发出的计价

企业不断地发出存货用于施工生产耗用,由于存货的品种多、单位成本多变等原因,即使是相同品种规格的存货,由于购入时间不同或厂家的不同,取得成本也可能不同。这样,企业在发出存货时,首先要解决的问题是如何确定发出存货的成本。

企业存货发出的计价可以按实际成本计价,也可以按计划成本计价。

1.存货发出按实际成本计价

按照《企业会计制度》的规定,企业领用或发出存货,用实际成本计价的,可以根据实际情况选择先进先出法、加权平权法、移动平均法、个别计价法、后进先出法等方法确定其实际成本。

(1)先进先出法

先进先出法是指以先购入的存货先发出这样一种存货实物流转假设为前提,对发出存货进行计价的一种方法。采用这种方法,先购入的存货成本在后购入存货成本之前转出,据此确定发出存货和期末存货的成本。

现举例说明先进先出法的具体做法:

某建筑公司2003年1月份甲种材料明细账见表4-1所示:

在明细账中,采用先进先出法,计算发出材料和期末结存材料的实际成本。

采用先进先出法,存货的期末结存成本比较接近现行市场价格,但核算的工作量比较大,同时,在物价波动较大时,会高估或低估企业当期利润和期末存货价值。

(2)加权平均法

加权平均法是指以本月全部进货数量与月初存货结存数量作为权数,去除本月全部进货成本加上月初存货成本,计算出存货的加权平均单位成本,从而确定存货的发出成本和期末库存成本的方法。计算公式如下：

甲材料明细账 表4-1

2003年		凭证编号	摘要	收入			发出			结存		
月	日			数量	单价	金额	数量	单价	金额	数量	单价	金额
1	1		期初余额							20	350	7 000
1	6		购入	50	380	19 000				20 50	350 380	7 000 19 000
1	8		发出				20 30	350 380	7 000 11 400	20	380	7 600
1	15		购入	100	400	40 000				20 100	380 400	7 600 40 000
1	16		发出				20 50	380 400	7 600 20 000	50	400	20 000
1	25		发出				30	400	12 000	20	400	8 000
1	31		本月合计	150	——	59 000	150	——	58 000	20	400	8 000

$$存货单位成本 = \frac{月初结存存货的实际成本 + \sum[本月各批进货的实际单位成本 \times 本月各批进货的数量]}{月初结存存货数量 + 本月各批进货数量之和}$$

本月发出存货成本＝本月发出存货数量×存货单位成本

月末结存存货成本＝月末结存存货数量×存货单位成本

以表4-1的甲种材料明细账为例，采用加权平均法计算其存货成本如下：

甲材料加权平均单价＝(7 000＋19 000＋40 000)÷(20＋50＋100)＝388.235(元/t)

本月发出材料成本＝150×388.235＝58 235(元)

月末结存材料成本＝20×388.235＝7 765(元)

采用加权平均法，日常工作量较少，只在月末计算一次加权平均单位成本，比较简单，且单位成本平均化，对存货成本的分摊较为折中，当物价上涨时，加权平均单位成本将会小于现行成本，当物价下降时，加权平均单位成本将会超过现行成本。但是这种方法平时无法从账上提供发出和结存存货的单价及金额，不利于对存货的日常管理。

(3)移动平均法

移动平均法，亦称移动加权平均法，是指本次进货成本加上原有库存的成本，除以本次进货数量加原有进货数量，据以计算加权平均单价，并对发出存货进行计价的方法。计算公式如下：

$$移动加权平均单价 = \frac{原有库存存货的实际成本 + 本次进货的实际成本}{原有库存存货的数量 + 本次进货的数量}$$

本次发出存货的成本＝本次发出存货的数量×本次发货前存货的移动加权平均单价

月末结存存货成本＝月末结存存货的数量×本月月末移动加权平均单价

以表4-1的资料为例，采用移动平均法计算，其发出存货数量、金额和结存存货数量、金额计算如表4-2所示：

甲材料明细账　　　　　　　　　　　　　　表 4-2

2003年		凭证编号	摘要	收入			发出			结存		
月	日			数量	单价	金额	数量	单价	金额	数量	单价	金额
1	1		期初余额							20	350	7 000
	6		购入	50	380	19 000				70	371.429	26 000
	8		发出				50	371.429	18 571	20	371.429	7 429
	15		购入	100	400	40 000				120	395.242	47 429
	16		发出				70	395.242	27 667	50	395.242	19 262
	25		发出				30	395.242	11 857	20	395.242	7 905
	31		本月合计	150	——	59 000	150	——	58 095	20	395.242	7 905

采用移动加权平均法能够随时结转发出存货的成本,便于对存货的日常管理。且计算的平均单位成本以及发出和结存的存货成本比较客观。但是,由于每次收入存货都要重新计算一次加权平均单价,计算工作量较大。因此,对收发货频繁的企业不适用。

(4) 个别计价法

个别计价法是指假设存货的成本流转与实物流转相一致,按照各种存货,逐一辨认各批发出存货和期末存货所属的购进批别或生产批别,分别按其购入或生产时所确定的单位成本作为计算各批发出存货和期末存货成本的方法。

采用这种方法计算出的存货发出成本和期末结存成本准确、合理,但需要对发出和结存存货的批次进行具体认定,分别记录各批存货的数量和单价,实务操作的工作量较大且困难,进货批次多时不宜采用。一般只适用于贵重物品的计价。

(5) 后进先出法

后进先出法对成本流转的假设与先进先出法相反,它是以后收进的存货先发出为假定前提,对发出存货按最近收进存货的单价进行计价的方法。

采用这种方法,在物价持续上涨时期,本期发出存货按最近一次进货的单位成本计算,从而使当期成本升高、利润降低,且期末存货的账面价值反映的是最早购进存货的实际成本,可以减少通货膨账给企业带来的不利影响。该方法符合会计实务中的稳健性原则。

仍以表 4-1 甲材料明细账为例,采用后进先出法计算材料成本,如表 4-3 所示:

甲材料明细账　　　　　　　　　　　　　　表 4-3

2003年		凭证编号	摘要	收入			发出			结存		
月	日			数量	单价	金额	数量	单价	金额	数量	单价	金额
1	1		期初余额							20	350	7 000
	6		购入	50	380	19 000				20 50	350 380	7 000 19 000
	8		发出				50	380	19 000	20	350	7 000
	15		购入	100	400	40 000				20 100	350 400	7 000 40 000

续表

2003年		凭证编号	摘要	收入			发出			结存		
月	日			数量	单价	金额	数量	单价	金额	数量	单价	金额
	16		发出				70	400	28 000	20 30	350 400	7 000 12 000
	25		发出				30	400	12 000	20	350	7 000
	31		本月合计	150	——	59 000	150	——	59 000	20	350	7 000

企业可以根据实际情况,选择上述五种方法确定各种存货发出时的实际成本。但是,不论选择何种方法,一经确定,不得随意变更。

2. 存货发出按计划成本计价

存货发出按计划成本计价,是指对各种存货的收入、发出、结存都按照预先确定的计划成本进行计价。

一般情况下,企业可利用地区材料预算价格作为存货计划成本。对于没有规定预算价格的存货,可由企业根据当地存货采购情况,自行制定计划成本。

企业自行制定的存货计划成本,其组成内容应与地区材料预算价格一致。计划成本制定后,在年度内一般不宜变动。

必须指出,按照存货的计划成本计价,虽然不需要计算每种存货的实际成本,但仍要核算各类存货的实际成本,以便确定各类存货实际成本与计划成本的差异,并采用一定的方法,在各耗用存货对象之间进行分摊,将领用存货的计划成本调整为实际成本。任何企业都不得任意少摊或多摊材料成本差异。

采用计划成本法进行材料存货的日常核算,不仅可以简化材料存货的日常核算工作,而且便于考核材料存货供应、管理工作的成果。

三、存货取得的核算

(一)存货取得的凭证手续

企业取得的存货,主要有外购材料,委托外单位加工完成的材料,自制材料以及施工生产过程中的废旧材料回收等。在材料采购过程中,要办理货款结算和验收入库两方面的凭证手续。由于货款结算方式不同,验收情况复杂,需要使用的凭证多种多样。一般情况下,有银行提供的各种结算凭证,供应单位出具的发票和账单,运输单位提供的运费单或提货单,以及本企业的收料单、赔偿请求单、短缺损坏清单、材料数量和质量不符通知单。收料单的一般格式见表4-4所示。

"收料单"一般一式三联,一联送财务部门据以记账;一联送材料管理部门,据以检查供货合同的履行情况;一联留在仓库,据以进行材料明细分类核算。

企业从外地采购材料,财会部门应按银行结算有关规定办理结算,材料部门按规定办理验收手续。

企业在当地采购材料,一般可使用转账支票支付货款,也可用银行本票、商业汇票等其他银行结算方式支付货款,不论采用何种方式支付货款,均应取得发票,材料部门才能据以填制收料单,经仓库验收签证后,连同支票存根,银行回单,发票等原始凭证,向财务部门办理报销手续。

收 料 单 表4-4

收料仓库：_____
供应单位：_____   年   月   日   料单编号第   号

材料类别	材料名称	规格	计量单位	实收量	实际成本					计划成本	
					买价	运输费	其他	合计	单位成本	单位成本	金额

会计：   仓库保管员：   验收：

(二)存货取得按实际成本计价的核算

1. 存货取得按实际成本计价的总分类核算方法

采用按实际成本计价组织存货日常核算时，各种材料的采购实际成本直接通过各有关材料科目核算。存货按实际成本计价核算的特点是：从存货收发凭证到明细分类账和总分类账全部按实际成本计价。在实际成本法下，企业应按《企业会计制度》规定分别设置以下总账科目进行总分类核算。

"在途物资"科目，借方核算已经付款或已开出、承兑商业汇票而尚未到货或未验收入库的各种在途材料物资的实际成本，贷方核算已经到货并已验收入库的各种在途材料物资的实际成本，月末借方余额表示尚未到货或未验收入库的各种在途材料物资。

企业除了设置"在途物资"总账科目外，还应按照材料物资大类分别设置"原材料"、"低值易耗品"、"周转材料"等总账科目，以分别核算各种材料物资收入、发出和结存数量的实际成本。

2. 存货取得按实际成本计价的明细核算方法

采用此法时，企业应设置"多栏式"或"三栏式"的在途物资和库存材料物资三级明细账，以及"数量金额式"的库存材料物资明细账。

"在途物资"科目应按材料物资类别设置明细分类科目进行明细分类核算。

"原材料"科目应按原材料保管地点(仓库)、类别、品种和规格，设置明细账(或原材料卡片)。材料明细账应根据收料凭证和发料凭证逐笔登记。

"周转材料"和"低值易耗品"两个总账科目，应分别设置"在库"、"在用"二级科目进行核算。具体做法，见本章"周转材料"和"低值易耗品"核算的内容。

3. 按实际成本计价的材料物资采购核算举例

(1)外购材料物资的核算

1)货款已支付，材料物资已经验收入库

【例4-1】 某建筑公司2003年6月10日，在当地购入普通圆钢一批，买价200 000元，运杂费5 000元，货款已通过银行转账支付，材料已同时验收入库。

这是一项当地采购、钱货两清的经济业务，可根据有关原始凭证作会计处理如下：

借：原材料——主要材料——钢材   205 000
　　贷：银行存款   205 000

【例4-2】 某建筑公司到异地某水泥厂采购普通水泥一批,2003年6月15日收到水泥厂转来的发票、代垫运杂费等单据,结算该批水泥买价42 000元,代垫运费2 100元。同月17日经材料部门审核无误,开出商业承兑汇票,材料已验收入库,这是一项异地采购的经济业务,由于材料已同时验收入库,所以可根据银行结算凭证、发票账单和收料单等凭证,会计处理如下:

借:原材料——主要材料——水泥　　　　　　　　　　　　44 100
　　贷:应付票据　　　　　　　　　　　　　　　　　　　　44 100

2)货款已支付,材料物资尚未到达。即付款和收料不在同一时间,付款在先,收料在后。

【例4-3】 某建筑公司2003年6月25日收到异地建材公司转来从外地采购一批机械配件和生产工具(低值易耗品)的结算发票、代垫运费等单据,配件买价54 500元,生产工具买价53 500元,建材公司代垫运杂费2 000元,其中机械配件和生产工具所应负担的运杂费各为1 000元。经审核无误,货款已通过银行电汇支付,月末机械配件和生产工具尚未到达。会计处理如下:

借:在途物资——机械配件　　　　　55 500(含运费1 000元)
　　　　　　——低值易耗品　　　　54 500(含运费1 000元)
　　贷:银行存款　　　　　　　　　　110 000

3)材料物资已验收入库,发票账单未到,货款尚未支付。即付款和收料时间不在同一个月份,收料在先,付款在后。在这种情况下,由于购入材料的价值不确定,因而平时收到材料时只登记明细分类账,暂不进行总分类核算。等到发票账单到达并付款后,再进行有关会计处理。如果月末发票账单仍未收到,则应按合同价格或计划价格等暂估入账;下月初用红字做同样的会计处理,予以冲销。待下月收到发票账单付款后,按正常的购入材料物资的程序进行会计处理。

【例4-4】 某建筑公司于2003年6月26日向某水泥股份有限公司购入一批普通水泥,水泥已到并验收入库,月末发票账单仍未到。该批水泥的计划价为71 200元,作会计处理如下:

借:原材料——主要材料——水泥　　　　　　　　　　　　71 200
　　贷:应付账款　　　　　　　　　　　　　　　　　　　　71 200

下月初用红字作相同记录冲回

借:原材料——主要材料——水泥　　　　　　　　　　　　71 200
　　贷:应付账款　　　　　　　　　　　　　　　　　　　　71 200

收到发票账单,并支付货款75 000元时

借:原材料——主要材料——水泥　　　　　　　　　　　　75 000
　　贷:银行存款　　　　　　　　　　　　　　　　　　　　75 000

4)材料物资采购短缺和毁损的处理

购入材料物资过程中发现的短缺和毁损应按损失材料的价款及其应负担的税金、运杂费等,根据不同情况分别作如下处理:

属于合理的定额内运输损耗,应相应地提高入库材料物资的单位采购成本,不必另作账务处理。

应由运输单位负责的短缺或毁损,应向运输部门索赔,其赔偿款通过"其他应收款"账户

核算。

属于供应单位责任事故造成的短缺,则应视货款是否已经支付而做出相应的会计处理。在货款未支付时,应按短缺的数量和发票单价计算拒付金额(如有代垫运杂费,也应按比例分配拒付),填写拒付理由书,向银行办理拒付手续;在货款已经支付,并已记入"在途物资"账户的情况下,则应填制"赔偿请求单"向供货单位索赔,通过"应付账款"账户核算。

属于运输途中发生的非常损失和尚待查明原因的途中损耗,在查明原因前,先转入"待处理财产损益"账户,待查明原因后,再分别不同情况处理。属于应由供应单位、运输部门、保险公司或其他过失人负责赔偿的损失,通过"应付账款"、"其他应收款"等账户核算;属于自然灾害等非常原因造成的损失,则在扣除材料价值和过失人、保险公司赔偿后的净损失,记入"营业外支出——非常损失"账户;属于无法收回的其他损失,经批准后,记入"管理费用"账户。

【例 4-5】 某建筑公司 2003 年 6 月 28 日向某钢铁厂购圆钢 30 吨,每吨 3 550 元,代垫运费杂费 1 800 元,本月 30 日运到,验收入库时,发现短缺 2 吨。

① 如在货款承付期内,填制部分拒绝承付理由书,通知银行,经银行同意拒付,收到"部分拒绝承付理由书"回单时会计处理如下:

借:原材料——主要材料——钢材($\frac{30 \times 3\,550 + 1\,800}{30} \times 28$)　　101 080
　　贷:银行存款　　　　　　　　　　　　　　　　　　　　　　　　101 080

② 如发现短缺钢材 2 吨时货款已付,属于供货单位责任,根据有关凭证作如下会计处理。

借:原材料——主要材料——钢材　　　　　　　　　　　101 080
　　应付账款　　　　　　　　　　　　　　　　　　　　　　7 220
　　贷:在途物资——主要材料　　　　　　　　　　　　　108 300

③ 如果短缺 2 吨圆钢属于运输途中丢失,应运输部门赔偿,货款已付,根据有关凭证会计处理如下:

借:原材料——主要材料——钢材　　　　　　　　　　　101 080
　　其他应收款——运输部门　　　　　　　　　　　　　　7 220
　　贷:在途物资——主要材料　　　　　　　　　　　　　108 300

④ 如果短缺属于运输途中意外事故造成,在批准处理之前,货款已付,根据有关凭证会计处理如下:

借:原材料——主要材料——钢材　　　　　　　　　　　101 080
　　待处理财产损益——待处理流动资产损益　　　　　　　7 220
　　贷:在途物资——主要材料　　　　　　　　　　　　　108 300

(2)建设单位供料的核算

【例 4-6】 某建筑公司 2003 年 6 月 30 日收到甲建设单位拨来抵备料款的钢材 50 吨,合同约定结算价格每吨 3 550 元,钢材已运到现场并验收入库。

这是一项转账供料结算业务,一般收料在先,结算在后。因此,在收到结算账单时,可根据有关原始凭证,作会计处理如下:

借:原材料——主要材料——钢材　　　　　　　　　　　177 500

贷：预收账款　　　　　　　　　　　　　　　　　　　　　　　　177 500

　　(3)① 企业接受捐赠和通过债务重组以及非货币性交易方式取得存货的核算,分别参见本书第十一章"所有者权益"、第十五章"债务重组"和第十六章"非货币性交易"。

　　(三)存货取得按计划成本计价的核算

　　1．存货取得按计划成本计价的总分类核算方法

　　按计划成本组织存货日常核算时,应设置"物资采购"和"材料成本差异"两个总账科目,对采购业务进行总分类核算。

　　"物资采购"科目借方核算发票账单已经到达,并据以支付货款或抵作备料款的验收入库或尚未验收入库的材料买价、运杂费,贷方核算已付款或抵作备料款并已验收入库的材料计划成本；货款已付并已验收入库的实际成本大于计划成本的差异(借方差额),应从本科目的贷方转入"材料成本差异"科目的借方；如果上述材料实际成本小于计划成本,其差异(贷方差额)则应从本科目的借方转入"材料成本差异"科目的贷方；月末借方余额表示货款已经支付,但尚未验收入库的在途材料实际成本。

　　"材料成本差异"科目借方核算购入、自制、委托加工材料实际成本大于计划成本的差异,贷方核算购入、自制、委托加工材料实际成本小于计划成本的差异。结转发出材料应负担的材料成本差异,均在本科目贷方登记,实际成本小于计划成本的分配结转数用蓝字,实际成本大于计划成本的分配结转数用红字,本科目期末借方余额,表示库存存货实际成本大于计划成本的差异；期末贷方余额,表示库存存货实际成本小于计划成本的差异。

　　为了分别地总括地核算和监督企业原材料、委托加工物资、周转材料和低值易耗品等存货的收、发、结存情况,企业还必须设置"原材料"、"委托加工物资"、"周转材料"、"低值易耗品"四个总账科目。

　　(1)"原材料"科目的借方核算各类材料收入的计划成本,贷方核算各类材料发出的计划成本,期末借方余额分别表示各类库存材料的计划成本。

　　(2)"委托加工物资"按加工单位设置二级科目进行核算,具体做法见本章"委托加工物资"核算的内容。

　　(3)"低值易耗品"和"周转材料"科目的明细核算与用实际成本计价核算相同。

　　2．存货取得按计划成本计价的明细核算

　　(1)"物资采购"明细账的设置和登记

　　"物资采购"一般应按材料类别(主要材料、结构件、机械配件、其他材料等)设置账户,如果某些主要材料数量过多、比重大,需要分别计算其材料成本差异的,则应按材料的明细分类或品种分设账页。"物资采购明细账"的一般格式如表4-5所示。

　　"物资采购"明细账的借方,应按照材料付款或转账的日期和付款凭证或转账凭证的编号顺序逐笔逐行进行登记；贷方应根据收料单等有关凭证按借方记录的同批材料,"横线登记"在同一行内；其中实际成本与计划成本的差异,在"成本差异"栏内登记(实际成本大于计

---

　　① 建筑企业的工程结算收入,目前仍实行营业税制,除附属的预制加工和建材销售等单位外,采购材料物资的价格中所含的增值税进项税额不能抵扣,也不能取得增值税专用发票,所以采购的材料物资按取得的普通发票金额作为采购成本入账。本章举例均不涉及增值税进、销项税额的会计处理。

　　建筑企业所属的预制加工和建材销售等单位若被税务机关确认为增值税的一般纳税人,在材料物资采购和销售核算中涉及的增值税核算的会计处理方法,参见本书第九章"负债(上)"中的"应交税金"有关会计处理。

划成本的差异用红字);转出的其他金额(如向供应单位、运输单位收款的赔款等)在"其他"小栏内登记。月终对已付款或开出承兑汇票但尚未收到的在途材料物资,应逐笔抄至下月的物资采购明细账内,待材料物资入库时再"横线登记"。

物资采购明细账　　　　　　　　　　　　　　　　　　　　　表 4-5

明细科目:主要材料

凭证		发票号码	收料日期	供应单位	摘要	借方				贷方			
年						买价	运杂费	采购保管费	合计	计划成本	成本差异	其他	合计
月	日	编号											

(2)材料成本差异的明细账设置和登记

"材料成本差异"明细账是用来登记本月收入的各类材料发生的成本差异,并作为调整本月发出材料计划成本的依据。"材料成本差异"明细账与"物资采购"明细账的设置口径应当保持一致(即按材料类别设置明细账)。其一般格式如表4-6所示。

材料成本差异明细账　　　　　　　　　　　　　　　　　　　表 4-6

材料类别:主要材料

年		凭证编号	摘要	收入		发出		结存		差异率(%)
月	日			计划成本	成本差异	计划成本	成本差异	计划成本	成本差异	

"材料成本差异明细账"中的本月收入和本月发出材料的计划成本、成本差异,应分别根据"收料凭证汇总表"和"发料凭证汇总表"填列;本月收入材料成本差异,超支差记入"借方栏",节约差记入"贷方栏";发出材料应负担的成本差异均从"材料成本差异"明细账的贷方转出,超支用蓝字,节约用红字。

3. 物资采购按计划成本计价的会计处理举例

(1)外购材料物资的核算

企业外购的材料物资,由于采购地点和货款的结算方式不同,收料和付款的时间往往不一致,因而会计处理也不一样。

1)货款已经支付,材料物资已验收入库:

【例 4-7】 某建筑公司 2003 年 6 月 10 日在当地购入普通圆钢一批,买价 200 000 元,运杂费 5 000 元,款项已通过银行转账支付,材料已验收入库,该批圆钢计划成本 190 000

元。根据发票、账单和转账支票存根，会计处理如下：

  借：物资采购——主要材料——钢材   205 000
   贷：银行存款   205 000

2)货款已经支付，材料尚未收到：

【例4-8】某建筑公司2003年6月25日收到外地建材公司转来从外地采购一批机械配件和生产工具(低值易耗品)的结算发票、代垫运费等单据，配件买价54 500元，生产工具买价53 500元，建材公司代垫杂费2 000元，其中机械配件和生产工具所应负担的运杂费各为1 000元，经审核无误，货款已通过银行电汇支付，月末机械配件和生产工具尚未到达。会计处理如下：

  借：物资采购——机械配件   55 500
    物资采购——低值易耗品   54 500
   贷：银行存款   110 000

3)材料已验收入库，发票账单尚未到，货款暂未支付。这种情况在月份内可暂不入账，待发票账单到达时再入账，如月终发票账单仍未到，则应按合同价格或计划价格暂估入账。

【例4-9】某建筑公司于2003年6月26日向某水泥股份有限公司购入一批普通水泥，水泥已到并验收入库。月末发票账单仍未到，货款尚未支付。该批水泥的计划成本71 200元。会计处理如下：

  借：原材料——主要材料——水泥   71 200
   贷：应付账款   71 200

    下月初：用红字作相同的会计处理冲回

  借：原材料——主要材料——水泥   71 200
   贷：应付账款   71 200

待该批水泥的发票账单到达企业时，再按【例4-7】的方法正常入账。

4)验收入库时，发现材料物资短缺或毁损，应根据不同情况作相应的账务处理。属于定额内合理损耗的进入材料物资的采购成本；属于供应单位、运输机构、保险公司或其他过失人负责赔偿的损失的应根据赔偿请求单所列的索赔金额，借："应付账款"、"其他应收款"等，贷："物资采购"等账户。

【例4-10】某建筑公司2003年6月28日，向某机砖厂购入空心砖一批100 000块，每块0.50元，机砖厂代垫运费1 500元，本月29日运到，货款已开出转账支票支付，验收入库时，发现毁损2 000块，应由运输公司赔偿，该批空心砖每块计划单价0.60元，会计处理如下：

①支付货款时：

  借：物资采购——主要材料——空心砖   51 500元
   贷：银行存款   51 500元

②应向运输公司索赔：

  借：其他应收款——×运输公司   1 000
   贷：物资采购——主要材料——空心砖   1 000

(2)建设单位供料的核算

在实行由建设单位组织采购，供应部分材料的承包方式下，对按照规定可以收取工程备料款的项目,由建设单位拨入抵作备料款的材料,应根据结算凭证,借记"物资采购"科目、贷记"预收账款"科目。

【例4-11】 某建筑公司2003年6月30日收到甲建设单位拨来抵作备料款的钢材50吨,合同约定结算价格每吨:3 550元,该批钢材计划成本:180 000元,钢材送至施工现场并验收入库。会计处理如下:

结算材料价款时:

借:物资采购——主要材料——钢材　　　　　　　　　　　　　　177 500
　　贷:预收账款　　　　　　　　　　　　　　　　　　　　　　　　177 500

(3)验收入库材料计划成本和材料成本差异的结转

月份终了,应将仓库转来已经验收入库的材料收料凭证,按照材料科目分别按下列情况进行汇总登记入账:

1)对于已经付款(建设单位拨入抵作备料款的材料,视同已经付款)或已经开出承兑商业汇票的收料凭证(包括本月付款的上月收料凭证),应按实际成本和计划成本分别进行汇总并计算材料成本差异。

2)对于尚未收到发票账单的收料凭证,应按材料类别、品种列出清单,并按计划成本暂估入账。下月初用红字做同样的记录,予以冲回。实际支付货款时,按正常程序记账。

3)对于发票账单已经到达,但尚未付款或尚未开出承兑商业汇票的"收料凭证",也应结转入库材料的计划成本,按实际成本和计划成本分别进行汇总并计算材料成本差异。

【例4-12】 月末,将本月付款和已开出商业汇票并验收入库的材料和建设单位供应的材料,根据"收料凭证"和"物资采购明细账"提供的有关资料,编制"收料凭证汇总表",如表4-7所示。

收料凭证汇总表　　　　　　　　　　　　　　　　　　　　　　　　　　表4-7
2003年6月30日

材料类别	实际成本	计划成本	成本差异
主要材料			
——钢材	382 500	370 000	12 500
——空心砖	50 500	58 800	-8 300
合　计	433 000	428 800	4 200

根据"收料凭证汇总表",会计处理如下:

(1)结转已验收入库材料的计划成本:

借:原材料——主要材料——钢材　　　　　　　　　　　　　　　370 000
　　　　　　——主要材料——空心砖　　　　　　　　　　　　　　58 800
　　贷:物资采购——主要材料——钢材　　　　　　　　　　　　　370 000
　　　　　　　　——主要材料——空心砖　　　　　　　　　　　　58 800

(2)结转已验收入库材料成本差异:

1)结转入库材料实际成本大于计划成本的差异:

借:材料成本差异——主要材料——钢材　　　　　　　　　　　　12 500
　　贷:物资采购——主要材料——钢材　　　　　　　　　　　　　12 500

2)结转入库材料实际成本小于计划成本差异：
借：物资采购——主要材料——空心砖　　　　　　　　　　　8 300
　　贷：材料成本差异——主要材料——空心砖　　　　　　　　8 300

(3)通过以上记录，"物资采购"科目月末借方如有余额，即为货款已经支付，但材料尚未到达或尚未验收入库的"在途材料"。

四、存货发出的核算

(一)存货发出的凭证手续

施工企业发出存货，主要用于施工生产，另外还有委托加工、让售以及非生产领用等。无论何种原因发出存货，都必须严格按照领料制度规定，填制领料凭证，办理领料手续，作为存货发出核算的依据。常用的发货凭证有以下几种。

1. 领料单

领料单是一次性有效的领料凭证。每次领用材料，应由领料单位根据施工生产用料计划填制领料单，经领料单位负责人审批，交施工生产班组，据以向仓库办理领料手续。领料单一般应填制一式三联。一联由领料单位存查；一联由仓库发料后作为登记材料明细账或材料卡的依据；一联由仓库送财会部门，作为材料领用核算的原始凭证。"领料单"的一般格式如表 4-8 所示。

领　料　单　　　　　　　　　　　　　　　　　　表 4-8

领料单位：　　　　　　　　　　　　　　　　　凭证编号：
材料用途：　　　　　年　月　日　　　　　　　发料仓库：

材料编号	材料类别	材料名称	材料规格	数量			材料成本	
				计量单位	请领数	实发数	单位成本	金额

领料单位负责人：　　　　　　　　领料人：　　　　　　　　保管人：

2. 限额领料单

又称定额领料单，是可供多次使用的累计领料凭证。使用限额领料单，既有利于控制材料耗用，降低材料费用，又可以简化核算手续。

限额领料单，一般应于每月初由施工生产部门或施工人员根据施工生产计划和材料消耗定额等有关资料计算填制，经用料单位负责人审批，交施工生产班组向仓库办理领用材料手续。限额领料单的一般格式如表 4-9 所示。

限额领料单一般一式四联。其中一联由签发单位留存备查；一联由施工生产班组留存，作为分次领料和班组核算的依据；一联由仓库留存，作为分次发料后月终累计记账的依据；一联经月末累计结算后，由仓库送交财会部门，作为核算发出材料的依据。

3. 大堆材料耗用计算表

是计算施工现场堆放的砖、灰、沙、石等大堆材料耗用数量的凭证。大堆材料耗用计算表于每月月终由材料员根据有关资料进行填制，一般为一式三联。其中：一联由材料员留存,作为发料记账依据;一联交施工生产班组留存,作为班组核算的依据;一联送交财会部门作为核算工程成本的依据,大堆材料耗用计算表的参考格式如表4-10所示。

限额领料单　　　　　　　　　　　　　　　　　　　　　　　　　表4-9

领料单位：　　　　　　　　　　　　　　　　　　凭证编号：
用途：　　　　　　　年　月　日　　　　　　　发料仓库：

编号	名称	规格	单位	领用限额	调整后限额	实际耗用		
						数量	单价	金额

领料日期	请领数量	实　　发			退　　料			备注
		数量	发料人	领料人	数量	发料人	领料人	

供应部门负责人：　　　　　　生产计划部门负责人：　　　　　　仓库负责人：

大堆材料耗用计算表　　　　　　　　　　　　　　　　　　　　　表4-10

编制单位：某工程项目部　　　　2003年6月30日

材料名称	规格	计量单位	单位计划成本（或实际成本）	月初结存	本月收料（已扣除调出）	月末结存	本月实际耗用	计划成本（或实际成本）合计
中砂		m³	24	200	300	140	360	8 640
碎石		m³	53	150	450	220	380	20 140
合计								28 780

本月实际耗用量分配的以下各用料对象

材料名称	中　　砂			碎　　石						计划（或实际）成本合计
分配率	90%			95%						
用料对象	定额用量 m³	实际用量 m³	计划（或实际）成本	定额用量 m³	实际用量 m³	计划（或实际）成本	定额用量	实际用量	计划（定额）成本	
101工程	250	225	5 400	250	237.5	12 587.5				17 987.5
102工程	150	135	3 240	150	142.5	7 552.5				10 792.5
合计	400	360	8 640	400	380	20 140				28 780

材料员：　　　　　　　　　　施工班组：　　　　　　　　　　记账：

上表有关数字计算公式如下：

(1)某种大堆材料本月实际耗用量＝该种大堆材料月初结存数量＋月收料数量－月末结存数量

(2) 某种大堆材料本月定额耗用量 = $\sum$(本月完成的有关工程实物量 × 材料消耗定额)

(3) 某种大堆材料分配率 = $\dfrac{\text{该种大堆材料本月实际耗用量}}{\text{该种大堆材料本月定额耗用量}} \times 100\%$

(4) 某用料对象应分配的某种大堆材料本月实耗量 = 该用料对象某种大堆材料本月定额耗用量 × 该种大堆材料分配率

4. 退料单

各施工生产单位领用的材料,如有剩余时,要填制"退料单",及时办理退料手续。"退料单"的格式如表 4-11 所示。

退料单　　　　　　　　　　　　　　　　　　　表 4-11

退料原因:

原领用途:　　　　　　年　月　日　　　　　　　收料仓库

材料编号	材料名称	规格	计量单位	数量		计划(或实际)成本		备注
				交库	实收	单价	总额	

记账:　　　　　　　　　　收料人:　　　　　　　　　　退料人:

(二)存货发出按实际成本计价的核算

存货发出按实际成本计价核算时,可根据"领料单"直接填制记账凭证分别计入各用料核算对象。但在实际工作中,由于企业材料的日常发出业务频繁,为了简化日常核算工作,平时可以不按领料单直接填制记账凭证,而是到月末根据当月按实际成本计价的发料凭证,按领用部门和用途,汇总编制"发料凭证汇总表",据以进行会计处理。如有退料凭证,应在"发料凭证汇总表"中减除。"发料凭证汇总表"的格式如表 4-12 所示。

发料凭证汇总表　　　　　　　　　　　　　　　表 4-12

某建筑公司　　　　　　2003 年 6 月 30 日

用料对象	主要材料	结构件	机械配件	其他材料	合　计
工程施工	750 000	250 000			1 000 000
在建工程	55 000			10 000	65 000
机械作业			20 000		20 000
管理费用			10 000	20 000	30 000
合　计	805 000	250 000	30 000	30 000	1 115 000

【例 4-13】 根据本月各种领料凭证,按用途编制"发料凭证汇总表"如表 4-12 所示。
根据表 4-12 所列"发料凭证汇总表"有关资料,会计处理如下:

借:工程施工　　　　　　　　　　　　　　　1 000 000
　　在建工程　　　　　　　　　　　　　　　　65 000
　　机械作业　　　　　　　　　　　　　　　　20 000
　　管理费用　　　　　　　　　　　　　　　　30 000

贷:原材料——主要材料			805 000
——结构件			250 000
——机械配件			30 000
——其他材料			30 000

(三)存货发出按计划成本计价的核算

存货发出按计划成本计价的核算,应于每月终了,根据各种领料凭证,按照领料部门、材料的用途和类别、品种进行整理计算,编制"发料凭证汇总表",如有退料凭证,应在"发料凭证汇总表"中减除。

由于发出材料是按计划成本计价,编制"发料凭证汇总表"时应一并按一定的方法分配材料成本差异,把发出耗用材料的计划成本调整为实际成本。

材料成本差异率的计算有两种方法

1. 本月材料成本差异率

指本月月初结存和本月收入材料的成本差异与本月初结存和本月收入材料计划成本的比率。计算公式如下:

$$本月材料成本差异率 = \frac{月初结存材料成本差异 + 本月收入材料成本差异}{月初结存材料计划成本 + 本月收入材料计划成本} \times 100\%$$

本月领用材料应分配的成本差异 = 本月领用材料的计划成本 × 本月材料成本差异率

2. 上月材料成本差异率

指本月月初结存的材料成本差异与本月月初结存材料计划成本的比率。计算公式如下:

$$上月材料成本差异率 = \frac{月初结存材料成本差异}{月初结存材料计划成本} \times 100\%$$

本月领用加工材料分配的成本差异 = 本月领用加工材料的计划成本 × 上月材料成本差异率

采用上月材料成本差异率可以及时分配发出材料的成本差异,但精确度较差;因此,除委托加工材料可以按上期的差异率计算外,其余的材料原则上都应使用当期的实际差异率。不论采用何种差异率分配材料成本差异,方法一经确定,不得随意变更。如确需变更,应在年度财务会计报告中加以说明。

【例4-14】 根据本月各种领料凭证,按用途归类,并计算发出材料应负担的成本差异,编制"发料凭证汇总表"如表4-13所示。

发料凭证汇总表 表4-13

某建筑公司 2003年6月30日

用料对象	主要材料		结构件		机械配件		其他材料		合计	
	计划成本	成本差异 1%	计划成本	成本差异 2%	计划成本	成本差异 3%	计划成本	成本差异 -5%	计划成本	成本差异
工程施工	400 000	4 000	200 000	4 000					600 000	8 000
机械作业					15 000	450			15 000	450
临时设施	20 000	200							20 000	200

续表

用料对象	主要材料		结构件		机械配件		其他材料		合 计	
	计划成本	成本差异 1%	计划成本	成本差异 2%	计划成本	成本差异 3%	计划成本	成本差异 -5%	计划成本	成本差异
管理费用							10 000	-500	10 000	-500
合 计	420 000	4 200	200 000	4 000	15 000	450	10 000	-500	645 000	8 150

根据表4-13所示资料，作会计处理如下：

(1)结转发出材料的计划成本：

借：工程施工　　　　　　　　　　　　　　　600 000
　　机械作业　　　　　　　　　　　　　　　 15 000
　　临时设施　　　　　　　　　　　　　　　 20 000
　　管理费用　　　　　　　　　　　　　　　 10 000
　　贷：原材料——主要材料　　　　　　　　420 000
　　　　　　——结构件　　　　　　　　　　200 000
　　　　　　——机械配件　　　　　　　　　 15 000
　　　　　　——其他材料　　　　　　　　　 10 000

(2)结转发出材料的成本差异：

借：工程施工　　　　　　　　　　　　　　　8 000
　　机械作业　　　　　　　　　　　　　　　 450
　　临时设施　　　　　　　　　　　　　　　 200
　　管理费用　　　　　　　　　　　　　　　 500
　　贷：材料成本差异——主要材料　　　　　4 200
　　　　　　　　　——结构件　　　　　　　4 000
　　　　　　　　　——机械配件　　　　　　 450
　　　　　　　　　——其他材料　　　　　　 500

第二节　自制和委托加工以及内部调拨材料的核算

一、自制材料的核算

(一)自制材料的概念及其核算方法

自制材料是指企业自行组织所属非独立核算的辅助生产部门，为满足施工生产需要，利用某些材料加工制作而成的另一种材料。企业在加工、制作过程中发生的各项费用，通过"生产成本——辅助生产成本"账户，并按照自制材料类别、品种分别进行核算。

自制材料完工，应办理验收入库手续，填制"自制材料交库单"一式三联。一联由填制人留存备查；一联作为仓库收料记账的依据；一联送财会部门作为收料核算的原始凭证。"自制材料交库单"参考格式见表4-14。

自制材料交库单

表 4-14

生产部门：　　　　　　　　　　　　　　　　　　　　　　　编　　号：
收料仓库　　　　　　　　年　月　日　　　　　　　　　　　材料类别：

材料编号	材料名称	规格	单位	数量		实际成本		计划成本		备注
				交库	实收	单价	金额	单价	金额	

单位主管：　　　　　　　收料人：　　　　　　　交库人：　　　　　　　填单人：

(二)自制材料按实际成本计价验收入库的会计处理举例

【例 4-15】 某建筑公司所属的辅助生产部门领用钢材一批,用于加工制作预制构件,钢筋的实际成本 86 700 元,该批构件的制作加工,应负担加工制作人员工资 12 000 元,应计入构件的固定资产折旧 3 000 元,该批构件已加工完成,并验收入库。会计处理如下：

(1)领用钢材时
　　借：生产成本　　　　　　　　　　　　　　　　　　　　86 700
　　　　贷：原材料——主要材料——钢材　　　　　　　　　　　　86 700

(2)结算制作加工人员工资时：
　　借：生产成本　　　　　　　　　　　　　　　　　　　　12 000
　　　　贷：应付工资　　　　　　　　　　　　　　　　　　　　12 000

(3)计提固定资产折旧时
　　借：生产成本　　　　　　　　　　　　　　　　　　　　 3 000
　　　　贷：累计折旧　　　　　　　　　　　　　　　　　　　　 3 000

(4)加工制完成验收入库时：
　　借：原材料——结构件——预制构件　　　　　　　　　　101 700
　　　　贷：生产成本　　　　　　　　　　　　　　　　　　　　101 700

(三)自制材料按计划成本计价验收入库的会计处理举例

【例 4-16】 某建筑公司所属的辅助生产部门领用钢材一批计划成本 85 000 元,材料成本差异率 2%,用于加工制作预制构件。加工制作过程中,应支付加工、制作该构件的人员工资 12 000 元,应计入构件的固定资产折旧费 3 000 元。该批构件已加工完成并验收入库,该批预制构件计划成本 108 000 元。会计处理如下：

1. 领用材料时
　　借：生产成本　　　　　　　　　　　　　　　　　　　　86 700
　　　　贷：原材料——主要材料——钢材　　　　　　　　　　　　85 000
　　　　　　材料成本差异——主要材料(85 000×2%)　　　　　　 1 700

2. 分配加工、制作人员工资时
　　借：生产成本　　　　　　　　　　　　　　　　　　　　12 000

贷：应付工资　　　　　　　　　　　　　　　　　　　　12 000
　3. 计提固定资产折旧时
　借：生产成本　　　　　　　　　　　　　　　　　　　　3 000
　　贷：累计折旧　　　　　　　　　　　　　　　　　　　　3 000
　4. 加工制作完成验收入库时
　借：原材料——结构件——预制构件　　　　　　　　　　108 000
　　贷：生产成本　　　　　　　　　　　　　　　　　　　101 700
　　　　材料成本差异——结构件　　　　　　　　　　　　　6 300

二、委托加工物资的核算

（一）委托加工物资的概念及其核算方法

委托加工物资是指企业因施工生产需要，委托外单位或内部独立单位正在进行加工中的各种材料物资。

企业委托外单位加工材料物资，应根据施工生产需要与加工单位签订加工合同，明确规定委托加工材料物资的名称、规格、数量、加工用料损耗率、成品率以及加工后的成品材料物资名称、规格、数量、交货日期、加工费和结算方式等，财会部门应认真监督加工合同的贯彻执行。

企业发出委托加工物资时，材料供应部门应填制"委托加工物资出库单"，送仓库据以发料。受托单位加工完成后，企业的材料供应部门应填制"委托加工物资入库单"，通知仓库验收加工材料物资，并根据加工合同和仓库签收的"委托加工物资入库单"，对加工费结算凭证签署付款意见，并送交财会部门，财会部门审核后，据以付款和承兑。

为了核算企业委托外单位加工的各种材料物资的实际成本，应设置"委托加工物资"账户。该账户的借方核算发给外单位加工的材料物资的实际成本或计划成本、材料成本差异以及支付的加工费和应负担的往返运杂费等；贷方核算加工完成并验收入库的材料物资实际成本。期末借方余额，反映企业委托单位加工尚未加工完成物资的实际成本和发出加工材料物资的运杂费等。本账户应按加工合同和委托加工单位设置明细账户进行核算。

（二）委托加工物资按实际成本计价的会计处理举例

【例4-17】　某建筑公司根据加工合同发出原木一批交某加工厂加工木构件，该批原木计划成本23 000元，通过银行转账支付加工费及往返运费1 800元，本月加工完成并验收入库，会计处理如下：

　1. 发出加工材料物资时
　借：委托加工物资——某加工厂　　　　　　　　　　　　23 000
　　贷：原材料——主要材料——木材　　　　　　　　　　23 000
　2. 支付加工费和往返运费时
　借：委托加工物资——某加工厂　　　　　　　　　　　　1 800
　　贷：银行存款　　　　　　　　　　　　　　　　　　　1 800
　3. 验收入库结转加工成本时
　借：原材料——结构件——木构件　　　　　　　　　　　24 800
　　贷：委托加工物资——某加工厂　　　　　　　　　　　24 800

(三)委托加工物资按计划成本计价的会计处理

按计划成本计价下,委托加工物资的核算与按实际成本相比,应注意以下两个方面问题:

1. 委托加工发出的材料,应改为按计划成本计价并结转应负担的材料成本差异,作如下会计处理:

借:委托加工物资
　　贷:原材料
　　　　材料成本差异

2. 加工物资加工完成验收入库时,也应改为按计划成本计价并结转已验收入库委托加工物资应负担的材料成本差异,作如下会计处理:

借:原材料
　　材料成本差异(实际成本大于计划成本的差异)
　　贷:委托加工物资
　　　　材料成本差异(实际成本小于计划成本的差异)

三、材料物资内部调拨的核算

(一)材料物资内部调拨的概念及其核算

材料物资内部调拨,是指企业内部单位之间互相调拨材料物资。包括各内部独立核算单位之间的相互调拨,以及非内部独立核算单位之间的相互调拨,凡在企业内部相互调拨材料物资都必须填制"材料物资调拨单",据以进行材料物资内部调拨核算。

"材料物资调拨单"一般应填制一式五联。一联由填制人留存备查;一联作为发料仓库记账根据;一联作为收料仓库记账根据;其余两联由发料仓库交发料单位财会部门作为材料物资内部调拨核算的原始凭证。"材料物资调拨单"的参考格式见表4-15。

材料物资调拨单　　　　　　　　　　表4-15

调入单位:
调出单位:　　　　　　　年　月　日　　　　　　　　编号:

材料编号	材料类别	名称	规格	计量单位	数量		单价	金额	备注
					发料	实际			

收料:　　　　　　　　　　　发料:　　　　　　　　　　　制单:

(二)材料物资内部调拨按实际成本计价的会计处理

1. 内部独立核算单位之间调拨的账务处理

(1)调出单位填制"内部往来结算通知单"并附一联"材料物资调拨单"向调入单位结算价款,会计处理如下:

1)结算内部调拨材料价款

借:内部往来——××单位

贷：其他业务收入——材料销售收入
　2)结转内部调拨材料的实际成本时
　　借：其他业务支出——材料销售支出
　　　贷：原材料等
　(2)调入单位根据"内部往来结算通知单"和所附"材料调拨单"，作如下会计处理：
　　借：原材料等
　　　贷：内部往来——××单位
　2.内部非独立核算的仓库或工地之间调拨材料物资的账务处理
　由核算单位财会部门根据"材料物资调拨单"作如下会计处理：
　　借：原材料等——调入单位（仓库、工地）
　　　贷：原材料等——调出单位（仓库、工地）
　(三)材料物资内部调拨按计划成本计价的会计处理
　按计划成本计价下，材料物资内部调拨的核算与按实际成本相比，应注意以下两个方面问题：
　1.不论内部独立核算单位之间材料物资的调拨还是内部非独立核算单位之间的材料物资的调拨，均应改为按计划成本计价。
　2.内部调拨的会计处理除内部独立核算单位之间调拨的结转内部调拨材料的成本按借记"其他业务支出"科目，贷记"原材料"，贷："材料成本差异"科目外，其余的会计处理均与按实际成本计价下的会计处理一样。

第三节　低值易耗品的核算

一、低值易耗品的概念及特点

　　低值易耗品是指不能作为固定资产核算和管理的各种用具物品，如工具、管理用具、劳保用品、玻璃器具以及在经营过程中周转使用的包装容器等。它具有劳动资料的明显特征，在施工生产过程中能够多次周转使用而不改变原有的实物形态。但由于价值较低，易于损坏，使用期限较短，需要经常补充和更换，为了便于管理与核算，把低值易耗品纳入流动资产，视同存货进行核算和管理。

二、低值易耗品的分类

　　施工生产和管理上经常使用的低值易耗品品种繁多，型号、规格复杂，按其主要用途可以分为以下几类：

　(一)生产工具

　　指在施工生产过程中使用的各种生产用具，如铁铲、铁镐、手推车、灰桶、钳子、板手、冲击电钻、木工钻、手提式切割机、移动式开关箱、后提式小型电焊机、钢卷尺、测电笔、电工刀、电焊钳等。

　(二)劳保用品

　　即发给工人在施工生产过程中使用的各种劳动保护用品，如工作服、工作鞋、安全帽、安全带、手套、面罩等。

（三）管理用具

即在管理和服务工作中使用的价值较低而又易于损耗的各种管理用具，如办公使用的桌、椅、橱、柜、计算器、灭火器等。

（四）其他用具

不属于以上各类的用具和器具，如试验用的玻璃量具、炊事用具等。

三、低值易耗品的摊销方法

低值易耗品可以在施工生产经营过程中多次使用，其价值在使用过程中也随其实物形态的磨损而逐渐转移，因此，对其转移的价值应采取摊销的方法计入有关成本费用。建筑施工企业目前常用的低值易耗品摊销方法一般有以下几种：

（一）一次摊销法

在领用低值耗品时，将其全部价值一次转入有关成本费用；低值易耗品报废时，收回残料的价值作为当月低值易耗品摊销额的减少，冲减当月有关的成本费用。

这种方法适用于一次领用数量不多，价值较低和易损坏的用具物品及玻璃器皿等低值易耗品。

（二）五五摊销法

在领用低值易耗品时，按其全部价值摊销50%，在报废时，扣除收回残料的价值摊销另外50%的方法。

这种方法一般适用于每月领用数和报废数比较均衡或单位价值较低，使用期限较短的低值易耗品，如生产用工器具等。

（三）分次摊销法

领用低值易耗品时，根据其价值和预计使用次数，将其价值分次计入有关成本费用，报废时，将摊余价值扣除收回残料价值后的差额，计入有关成本费用的方法。

这种方法适用于价值较高，一次大量领用或使用期限较长的低值易耗品。

企业低值易耗品的摊销方法由企业根据实际情况自行决定，但要遵循一致性原则。方法一经确定，不得随意变更，如确有必要变更，应在年度财务报告中予以说明变更的原因，变更的情况以及因此对企业财务状况和经营成果的影响。

四、低值易耗品的核算

（一）低值易耗品核算的账户设置

为了核算企业库存和在用低值易耗品的实际成本或计划成本，企业应设置"低值易耗品"科目，其借方核算企业库存及在用低值易耗品的实际成本或计划成本，以及报废低值易耗品的累计已提摊销额；贷方核算低值易耗品摊销价值，以及盘亏、报废、毁损等原因减少的低值易耗品价值。期末借方余额反映企业所有在库低值易耗品的计划成本或实际成本，以及在用低值易耗品的摊余价值。本科目应按低值易耗品的类别、品种规格进行数量和金额的明细核算。

企业对在用低值易耗品按使用的工程或部门进行数量和金额明细核算时，也可以采用"五五摊销法"核算，在这种情况下，"低值易耗品"科目应设置"在库低值易耗品"、"在用低值易耗品"、"低值易耗品摊销"三个明细科目进行核算。

(二)低值易耗品领用、摊销、报废的会计处理举例

企业购入、自制、委托外单位加工完成并已验收入库的低值易耗品等的核算方法与材料的核算方法相同,不再赘述。领用的低值易耗品,应根据所采用的摊销方法不同作相应的会计处理。

1. 一次摊销法的会计处理

【例 4-18】 某建筑公司施工生产领用一次性摊销的玻璃器皿一批,其计划成本 30 000 元,材料成本差异率为 1%,会计处理如下:

(1)领用低值易耗品时:

借:工程施工　　　　　　　　　　　　　　　　　　　30 000
　　贷:低值易耗品——其他用具　　　　　　　　　　　　　　30 000

(2)月终分摊材料成本差异时:

借:工程施工　　　　　　　　　　　　　　　　　　　300
　　贷:材料成本差异——低值易耗品　　　　　　　　　　　　300

2. "五五摊销法"的会计处理

【例 4-19】 某建筑公司施工生产领用生产工具一批,其计划成本 60 000 元;采用"五五摊销法",使用一段时间后,工具全部报废,回收残料作价 800 元,应负担的材料成本差异率为 2%,会计处理如下:

(1)领用时:

借:低值易耗品——在用低值易耗品　　　　　　　　　60 000
　　贷:低值易耗品——在库低值易耗品　　　　　　　　　　60 000

(2)领用时摊销 50% 的价值时

借:工程施工　　　　　　　　　　　　　　　　　　　30 000
　　贷:低值易耗品——低值易耗品摊销　　　　　　　　　　30 000

(3)月终分摊材料成本差异额 600 元(30 000×2%)

借:工程施工　　　　　　　　　　　　　　　　　　　600
　　贷:材料成本差异——低值易耗品　　　　　　　　　　　600

(4)报废时补提摊销额为 29 200 元(60 000×50% - 800)

借:工程施工　　　　　　　　　　　　　　　　　　　29 200
　　贷:低值易耗品——低值易耗品摊销　　　　　　　　　　29 200

(5)残料作价入库,并转销报废低值易耗品的已提摊销额:

借:原材料——其他材料　　　　　　　　　　　　　　800
　　低值易耗品——低值易耗品摊销　　　　　　　　　59 200
　　贷:低值易耗品——在用低值易耗品　　　　　　　　　　60 000

(6)月终分配报废低值易耗品材料成本差异 600 元(30 000×2%)时:

借:工程施工　　　　　　　　　　　　　　　　　　　600
　　贷:材料成本差异——低值易耗品　　　　　　　　　　　600

3. 分次摊销法的会计处理

【例 4-20】 某建筑公司施工生产领用生产工具一批,实际成本 50 000 元,分 5 次摊销,

实际使用4次时,工具即报废,收回残料作价2 000元,作如下会计处理:
(1)领用时:
借:待摊费用   50 000
　　贷:低值易耗品——生产工具   50 000
(2)领用当月计提摊销额10 000元(50 000÷5)
借:工程施工   10 000
　　贷:待摊费用   10 000
第2、3、4次摊销时会计处理与(2)相同
(3)报废时
借:工程施工   8 000
　　原材料——其他材料   2 000
　　贷:待摊费用   10 000

第四节　周转材料的核算

一、周转材料的概念和特征

周转材料是指企业在施工过程中能够多次使用,并可基本保持原来的形态而逐渐转移其价值的材料,主要包括钢模板、木模板、脚手架和其他周转材料等。

企业的周转材料大多是直接从外部购买,也有由本单位用自有材料自制而成或委托外单位加工制成。周转材料具有类似固定资产和存货的双重特征。周转材料以类似原材料和低值易耗品的形态存在,在施工生产过程中起着劳动资料的作用,能多次使用,并基本保持原有的实物形态,其价值则通过成色的减少而逐步分摊到工程成本中去。但同时由于周转材料的单位价值较低,使用期限较短,品种繁多且易于损坏,需要经常补充和更换,因此,会计上一般将它作为存货对待,将其列入流动资产进行管理,"周转材料"科目余额也相应列入资产负债表中的"存货"项目。

二、周转材料的分类和计价

(一)周转材料的分类

周转材料按其在施工生产过程中的用途不同,一般可分为以下四类:

1. 模板

浇灌混凝土用的木模、组合钢模,以及配合模板使用的支撑材料、滑模材料和扣件等。按固定资产管理的固定钢模板和现场大模板则不包括在内。

2. 挡板

在土方工程使用的挡土板等,包括支撑材料在内。

3. 架料

搭设脚手架用的竹竿、木杆、竹木跳板、钢管及其扣件、脚手架及其附件外爬架等。

4. 其他周转材料

除上述周转材料以外,其他作为流动资产管理的周转材料,如塔吊使用的轻轨、枕木(不

包括附属于塔吊的钢轨)施工过程中使用的护栏、安全网等。

周转材料按其使用情况可分为在库周转材料和在用周转材料两种。

(二)周转材料的计价

周转材料应按其成本入账,周转材料的成本包括采购成本、加工成本以及其他成本。周转材料的日常核算,一般有按实际成本计价和按计划成本计价两种方法。另外,由于周转材料的价值随着它的使用,磨损逐渐转移到工程成本中去了,使用中的周转材料不再等于其刚转入时的原值,因此,要正确反映在用周转材料的价值,必须考虑它的摊销值,以反映其净值。

三、周转材料的摊销

(一)周转材料摊销方法

周转材料在施工生产过程中可以反复使用,并保持原有的实物形态,其价值逐渐转移到工程成本中去。因此,需要采用一定的方法,将其价值摊销计入有关工程成本。目前,常用的摊销方法有以下几种:

1. 一次摊销法

在领用周转材料时,将其全部价值一次性计入工程成本或相关费用的方法。这种方法适用于易腐、易糟等价值较低且期限较短的周转材料,如安全网等。

2. 分期摊销法

根据周转材料的预计使用的期限计算每期应承担的摊销额并计入工程成本费用的一种方法。这种方法适用于经常使用或使用次数较多的周转材料,如脚手架、塔吊轻轨、跳板和枕木等。其计算公式如下:

$$周转材料每期摊销额 = \frac{周转材料账面价值 \times (1 - 残值占账面价值\%)}{预计使用期限}$$

【例 4-21】 某建筑公司甲工程领用脚手架一批,其账面价值 20 000 元,预计使用 15 个月,预计残值占账面价值的 10%,采用分期摊销法核算。计算每月摊销额。

$$脚手架每月摊销额 = \frac{20\ 000 \times (1 - 10\%)}{15} = 1\ 200(元)$$

3. 分次摊销法

根据周转材料的预计使用次数,计算每次应承担的摊销额,并分次摊入工程成本费用的方法。这种方法适用于使用次数较少或不经常使用的周转材料,如土方工程中使用的挡板等。

其计算公式如下:

$$周转材料每次摊销额 = \frac{周转材料账面价值 \times (1 - 残值占账面价值\%)}{预计使用次数}$$

$$周转材料本期摊销额 = 本期使用次数 \times 周转材料每次摊销额$$

【例 4-22】 某建筑公司乙工程领用挡板一批,其账面价值 6 000 元,预计残值率为 10%,预计使用 12 次,本月实际使用 2 次,计算本月挡板摊销额。

$$挡板每次使用的摊销额 = \frac{6\ 000 \times (1 - 10\%)}{12} = 450(元)$$

$$本月挡板摊销额 = 450 \times 2 = 900(元)$$

4. 定额摊销法

根据实际完成的实物工程量和预算定额规定的周转材料消耗定额,计算确认本期周转材料摊销额,并计入本期工程成本费用的一种方法。这种方法适用于各种钢、木模板等周转材料。其计算公式如下:

周转材料本期摊销额 = 本期完成的实物工程量 × 单位工程量周转材料的消耗定额

【例 4-23】 某建筑公司丙工程本月领用木模板浇灌混凝土楼面和柱子等 1 000 m^3,根据预算定额规定完成每 m^3 工程量木模板的消耗定额为 10 元,计算其摊销额。

木模板本月摊销额 = 1 000 × 10 = 10 000(元)

周转材料的摊销具体采用哪种方法,由企业根据实际情况自行决定,但采用的方法一经确定,就不能随意变更,如确有必要变更摊销方法,应当在当期财务报告中加以说明。

(二) 周转材料的补提摊销

在实际工作中,无论采用哪种摊销方法,周转材料计算出的摊销额,都不能与实际损耗完全一致,甚至有较大的偏差。这是由于建筑施工企业的周转材料大都在露天使用、堆放,发生的自然损耗较大,另外,施工生产过程安装拆卸周转材料的技术水平和施工生产工艺的高低,对周转材料的使用寿命也有较大影响;周转材料的不断搬运,改换堆放和使用地点也会造成周转材料的损耗;还有在摊销时,由于对周转材料的使用期限、次数的估计不准也会造成摊销额与实际损耗的价值不符。因此,企业无论采用哪种摊销方法,都应在年终或工程竣工时,对周转材料进行盘点清理,根据实际损耗情况调整已提摊销额,以保证工程成本费用的准确性。

1. 企业在清查盘点中如发现短缺、报废周转材料,应及时办理报废手续,并办理补提摊销额。其计算公式如下:

报废短缺周转材料应补提摊销额 = 应提摊销额 − 已提摊销额

应提摊销额 = 报废短缺周转材料的期初账面价值 − 残料价值(短缺的周转材料无残值)

【例 4-24】 某建筑公司期末盘点周转材料时,发现一批钢脚手架弯曲、断裂或锈蚀严重不能继续使用,应予以报废,其期初账面价值 20 000 元,已提摊销额 16 000 元,残值率 10%。计算应补提摊销额。

钢脚手架应提摊销额 = 20 000 − (20 000 × 10%) = 18 000(元)

报废钢脚手架应补提的摊销额 = 18 000 − 16 000 = 2 000(元)

2. 对工程竣工或不需用退库的周转材料,应及时办理退库手续并确定成色(即新旧程度),对那些成色低于原先预定退库成色的周转材料,按以下方法补提摊销额。

退库降低成色的周转材料应补提的摊销额 = 应提摊销额 − 已提摊销额

应提摊销额 = 退库周转材料的期初账面价值 × (1 − 退库时确定的成色%)

【例 4-25】 某建筑公司工程竣工退回一批挡板,预定成色应为 70%,已提摊销额 4 000 元,实际成色只有 40%,跳板的期初账面价值为 10 000 元。计算应补提的摊销额。

挡板应提摊销额 = 10 000 × (1 − 40%) = 6 000(元)

挡板应补提摊销额 = 6 000 − 4 000 = 2 000(元)

3. 对于转移到其他工程的周转材料,也应及时办理转移手续,并比照上述方法,确定转移的成色以及应补提的摊销额。

四、周转材料的核算

(一)周转材料核算账户的设置

为了核算企业库存和在用的各种周转材料的实际成本或计划成本,应设置"周转材料"科目,用来总括地核算和反映周转材料的收发、结转及其价值的摊销。其借方核算企业库存与在用周转材料的计划成本或实际成本;贷方核算周转材料的摊销以及盘亏、报废、毁损、短缺等原因减少的周转材料价值;期末借方余额反映施工企业在库周转材料的实际成本或计划成本,以及在用周转材料的摊余价值。

"周转材料"科目应设置"在库周转材料"、"在用周转材料"和"周转材料摊销"三个明细科目,并按周转材料的种类设置明细账进行明细核算。其中,"在库周转材料"明细科目用来核算购入、自制、委托加工取得周转材料的实际成本或计划成本;"在用周转材料"明细科目用来核算企业领用,退回周转材料时,结转周转材料的实际成本和计划成本;"周转材料摊销"明细科目用来核算企业在用周转材料计提摊销额的增减变化情况,以及退库和转移的周转材料已经提取的摊销额。

(二)周转材料的核算

企业购入、自制、委托加工完成并已验收入库周转材料的核算方法,可比照存货方法进行核算,接受债务人以非现金资产抵偿债务方式取得的周转材料和非货币性交易取得的周转材料,可比照本书第十五章《债务重组》和第十六章《非货币性交易》的核算方法进行核算。

1. 周转材料领用的核算

施工现场领用周转材料时,如果领用的周转材料是一次性摊销的,领用时,应将周转材料的价值一次性全部计入工程成本费用;

如果领用的周转材料是分次摊销的,领用时应将周转材料从在库转为在用;如果领用主要材料等原材料作为周转材料的,应将其成本从"原材料"账户转入"在用周转材料"二级账户。

【例 4-26】 某建筑公司的 A 工程项目领取安全网一批,其实际成本为 15 000 元;采用一次摊销核算。作会计处理如下:

借:工程施工   15 000
　　贷:周转材料——在库周转材料——其他周转材料   15 000

【例 4-27】 某建筑公司的 B 工程项目领用多次周转使用的钢脚手架及扣件一批,其实际成本 35 000 元。会计处理如下:

借:周转材料——在用周转材料——脚手架   35 000
　　贷:周转材料——在库周转材料——脚手架   35 000

【例 4-28】 某建筑公司 C 工程项目领用木板材一批用作周转材料的木模板,其实际成本 22 000 元。会计处理如下:

借:周转材料——在用周转材料——木模   22 000
　　贷:原材料——主要材料——木材   22 000

2. 周转材料摊销的核算

企业领用需要摊销的周转材料,应按所采用的摊销方法计算摊销额。在实际工作中,在用周转材料的摊销是通过编制"周转材料摊销计算表"进行会计处理的。周转材料计算表的参考格式见表 4-16。

周转材料摊销计算表　　　　　　　　　　　　　　　　表 4-16
2003 年 6 月 30 日

摊销对象	脚手架(1 200元/月)		挡板(450元/次)		木模(10元/m³)		合计
	账面价值(实际或计划成本)	摊销额	使用次数	摊销额	工程量(m³)	摊销额	
甲工程	20 000	1 200					1 200
乙工程			2	900			900
丙工程					1 000	10 000	10 000
合计	20 000	1 200	2	900	1 000	10 000	12 100

【例 4-29】 根据本月在用周转材料，编制"周转材料摊销计算表"。根据"周转材料计算表"会计处理如下：

借：工程施工　　　　　　　　　　　　　　　　　　　12 100
　　贷：周转材料——周转材料摊销——脚手架　　　　　　1 200
　　　　——周转材料摊销——挡板　　　　　　　　　　　900
　　　　——周转材料摊销——木模　　　　　　　　　　10 000

3．周转材料报废和回收的核算

周转材料报废时，应由使用部门负责填制周转材料报废单，财会部门应根据报废单进行检查核对，并计算报废周转材料的已提摊销额和应补提的摊销额。

（1）采用一次摊销法的，将报废周转材料的残料价值作为当月周转材料摊销额的减少冲减有关成本费用，借记"原材料"等科目，贷记"工程施工"科目。

【例 4-30】 采用【例 4-26】的资料，并假设工程完工后安全网全部报废收回残料作价 1 500 元。会计处理如下：

借：原材料——其他材料　　　　　　　　　　　　　　1 500
　　贷：工程施工　　　　　　　　　　　　　　　　　　1 500

（2）采用其他摊销法的，需补提摊销额，借记"工程施工"，贷记"周转材料——周转材料摊销"科目，将报废周转材料的残料价值作为当月周转材料摊销额的减少，冲减有关成本费用，借记"原材料"等科目，贷记"工程施工"等有关科目，并同时将已提摊销额借记"周转材料——周转材料摊销"贷记"周转材料——在用周转材料"。

【例 4-31】 某建筑公司期末盘点周转材料时，发现一批钢脚手架已锈蚀、变形严重不能继续使用，应予以报废，在用周转材料期初账面价值 20 000 元，已提摊销额 16 000 元，残值率 10%，会计处理如下：

计算报废脚手架应补提的摊销额：

　　　　应提摊销额 = 20 000 − 20 000 × 10% = 18 000(元)
　　　　应补提摊销额 = 18 000 − 16 000 = 2 000(元)

会计处理如下：

借：工程施工　　　　　　　　　　　　　　　　　　　　2 000
　　贷：周转材料——周转材料摊销——脚手架　　　　　　2 000

将残料验收入库:会计处理如下

借:原材料——其他材料　　　(20 000×10%)　　　　　2 000
　　周转材料——周转材料摊销——脚手架　　　　　　18 000
　贷:周转材料——在用周转材料——脚手架　　　　　　　　　20 000

第五节　存货盘存与清查

一、存货数量的盘存方法

企业存货的数量需要通过盘存来确定,常用的存货数量盘存方法主要有实地盘存制和永续盘存制两种。

(一)实地盘存制

实地盘存制又称定期盘存制,是在每一会计期间结束时,对存货进行实地盘点以确定存货数量,再乘以其单位价格,计算出期末存货价值的方法。在这种盘存制下,平时只记录存货购进的数量和金额,不记录减少的数量和金额,期末通过实地盘点,确定存货的实际结存数量,据以计算期末存货成本,并以"期初结存+本期购入-期末结存=本期发出"的公式倒算出本期该项存货耗用或销售的数量及成本。这种盘存制的优点是核算工作比较简单,但由于企业销售或耗用成本是倒算出来的,这样就容易把计量、收发、保管过程中产生的差错,甚至任意挥霍浪费、非法盗用等,全部计入销售成本或耗用成本,同时不便于对存货进行随时控制。

(二)永续盘存制

永续盘存制又称账面盘存制,是指对存货的收入、发出,按种类、品名等在平时逐笔或逐日在明细账中进行连续登记,并随时结出结存数量的方法。在永续盘存制下,要以账面记录为依据,计算当期发出成本和期末结存成本,并仍需要对存货进行定期或不定期的实地盘存,以保证账实相符。这种盘存制为存货设置了一整套完整的明细分类账户,因而能够通过账面记录及时反映存货的增减变动及结存情况,并有利于对存货的控制,也为正确计算生产和销售成本提供了基础。其缺点是核算工作量大。

二、存货的清查及其会计处理

存货的清查是指通过对存货的实地盘存,确定存货的实有数量,并与账面资料核对,从而确定存货实存数与账面数量是否相符的一种专门方法。企业对存货应当定期盘点,全面盘点一般每半年一次,但每年年终至少盘点一次,以保证年度财务会计报告的真实性。年度内还应进行定期的或不定期的全面清查或重点抽查,对贵重存货每月至少清查一次。

(一)存货清查的方法和内容

存货清查通常采用实地盘点的方法,清查的内容包括:(1)核对存货账面结存数量和实际结存数量,查明盘盈、盘亏存货的品种、规格与数量;(2)查明变质、毁损存货以及超储积压和长期闲置的呆滞存货的品种、规格和数量。

清查发现账实不符的存货,要查明原因,并编制"存货盘点报告表"作为存货清查核算的原始凭证。发现属于个人责任的,或者有偷盗行为的,要按规定处理。

(二)存货清查的会计处理

为核算企业存货的盘盈、盘亏和毁损的发生和处理情况,应设置"待处理财产损益——待处理流动资产损益"科目。其借方核算盘亏和毁损的存货和经批准后转销的存货盘盈数;贷方核算盘盈的存货和经批准后转销的存货盘亏及毁损数。本科目处理前的借方余额,反映企业尚未处理的各种财产的净损失;处理前的贷方余额,反映尚未处理的各种财产的净益余。期末处理后本账户应无余额。

对盘盈、盘亏或毁损的存货,应于期末前查明原因,并根据企业管理权限,经股东大会或董事会或经理(厂长)会议或类似机构批准后,在期末结账前处理完毕。在清查结果未经批准处理时,应先将盘盈、盘亏或毁损存货的金额,记入"待处理财产损益——待处理流动资产损益"科目。如果清查的各种财产的损益,在期末结账前尚未经批准的,在对外提供财务会计报告时先进行处理,并在会计报表附注中作出说明;如果其后批准处理的金额与已处理的金额不一致,应按其差额调整会计报表相关项目的年初数。

1. 存货盘盈的会计处理举例

发生盘盈的存货,经有关部门批准后冲减管理费用。

【例 4-32】 某建筑公司在财产清查盘点中发现盘盈钢材一批,按同类钢材市场价格确定其实际成本 20 000 元,经查明属于收发计量方面的错误造成的。会计处理如下:

(1)批准处理前:

借:原材料——主要材料——钢材　　　　　　　　　　20 000
　　贷:待处理财产损益——待处理流动资产损益　　　　20 000

(2)批准处理后:

借:待处理财产损益——待处理流动资产损益　　　　　20 000
　　贷:管理费用　　　　　　　　　　　　　　　　　　20 000

2. 存货盘亏、毁损的会计处理举例

发生盘亏和毁损的存货造成的损失,在扣除过失人或保险公司赔款和残料价值后的净损失报经批准后,再根据造成盘亏和毁损的原因,分别以下情况进行处理:

(1)属于施工生产单位在施工生产过程中发生的,以及企业行政管理部门、仓库保管过程发生的,计入管理费用。

(2)属于自然灾害和意外事故等原因造成的损失部分,计入营业外支出。

(3)属于无法收回的其他损失,计入管理费用。

【例 4-33】 某建筑公司在财产清查中发现盘亏和毁损材料一批,其计划成本为 60 000 元,应负担的材料成本差异为 2%,经查明,上述盘亏和毁损属于定额内损耗 8 000 元,属于收发计量方面的误差 20 000 元,自然灾害造成的损失 22 000 元,应由过失人负责赔偿损失 2 000 元,属于一般其他损失 9 200 元,已按规定报经批准,予以转销。作会计处理如下:

(1)报经批准前:

借:待处理财产损益——待处理流动资产损益　　　　　61 200
　　贷:原材料——主要材料　　　　　　　　　　　　　60 000
　　　　材料成本差异——主要材料　　　　　　　　　　 1 200

(2)报经批准后:

借:管理费用　　　　　　　　　　　　　　　　　　　37 200

其他应收款	2 000
营业外支出——非常损失	22 000
贷:待处理财产损益——待处理流动资产损益	61 200

第六节 存货的期末计量

会计期末,为了客观、真实、准确地反映企业期末存货的实际价值,企业在编制资产负债表时,要确定"存货"项目的金额,即要确定期末存货的价值,正确地进行存货的计价,关键取决于存货数量的确定是否正确。

一、存货的期末计价原则

存货在取得时,应以实际成本入账。但是在市场经济条件下,受市场价格变动、市场供需情况变化等影响,已入账的存货可能由于存货市价的下跌以及存货陈旧、过时、毁损等原因而发生减值,如果已入账的存货在会计期末仍按历史成本计价,则在资产负债表中所反映的存货的价值不一定能够真实体现其实际拥有的价值。为此,我国企业会计制度规定,会计期末,存货应当按照成本与可变现净值孰低法计量。

成本与可变现净值孰低法是指对期末存货按照成本与可变现净值两者之间较低者进行计量的方法。即当存货成本低于可变现净值时,期末存货按成本计价;当存货成本高于可变现净值时,期末存货按可变现净值计价。这里所说的"成本"是指期末存货的实际成本,如企业存货成本的日常核算采用计划成本计价进行核算,则"成本"为经调整后的实际成本。"可变现净值"是指在正常生产经营过程中,以存货的估计售价减去至完工估计将要发生的成本、估计的销售费用以及相关税金后的金额。

企业确定可变现净值一般应遵循的原则

1.用于出售的原材料等直接用于出售的存货,其可变现净值根据正常生产经营过程中,以存货的估计售价减去估计的销售费用和相关税金后的金额。

2.用于施工生产的材料,在建施工产品等需要经过加工的存货,其可变现净值根据在正常生产经营过程中,以存货的估计售价减去至完工估计将要发生的成本、估计的销售费用以及相关税金后的金额。

3.如果属于按定单生产,则应按协议价而不是估计售价确定可变现净值。

企业在确定存货的可变现净值时应考虑:应当以取得可靠证据为基础,持有存货的目的以及资产负债表日后事项影响等因素。

二、存货跌价准备的会计核算

(一)计提存货跌价准备的概述

根据《企业会计制度》和《会计准则—存货》的规定,企业应当在期末对存货进行全面清查,如由于存货毁损,全部或部分陈旧过时或销售价格低于成本等原因,使存货成本高于可变现净值的,应按可变现净值低于存货成本部分,计提存货跌价准备。

1.存货跌价准备的计提范围

(1)如果存货存在以下一项或若干项情况时,应当将存货账面价值全部转入当期损益。

1)已霉烂变质的存货;
2)已过期且无转让价值的存货;
3)生产中不再需要,并且已无使用价值和转让价值的存货;
4)其他足以证明已无使用价值和转让价值的存货。
(2)当企业存在下列情况之一时,应当计提存货跌价准备:
1)市价持续下跌,并且在可预见的未来无回升的希望;
2)企业使用该项原材料生产的产品的成本大于产品的销售价格;
3)企业因产品更新换代,原有库存材料已不适应新产品的需要,而该原材料的市场价格又低于其账面成本;
4)因企业所提供的商品或劳务过时或消费者偏好改变而使市场的需求发生变化,导致市场价格逐渐下跌;
5)其他足以证明该项存货实质上已经发生减值的情形。

2. 存货跌价准备的计提方法

(1)存货跌价准备应当按照单个存货项目计提。即将每个存货项目的成本与可变现净值逐一进行比较,取其低者计量存货,并且按成本高于可变现净值的差额,计提存货跌价准备。企业应根据管理要求及存货的特点,具体规定存货项目的确定标准。

(2)如果某些存货具有类似目的或最终用途并与在同一地区生产和销售的产品系列相关,且实际上难以将其与该产品系列的其他项目区别开来进行估价的存货,可以合并计提存货跌价准备。

(3)对于数量繁多、单价较低的存货,可以按存货类别计提存货跌价准备。

(二)存货跌价准备的会计处理及其举例

为了核算企业提取的存货跌价准备,应设置"存货跌价准备"科目。其借方核算已计提跌价准备的存货价值,以后又得以恢复的增加数以及存货减少时的冲销数;其贷方核算期末存货可变现净值低于存货账面成本的差额,即提取的存货跌价准备;本科目期末贷方余额,反映企业已提取的存货跌价准备。

建筑施工企业还应在"存货跌价准备"科目下设置"合同预计损失"明细科目,以核算工程施工合同计提的损失准备。其借方核算合同完工确认工程合同收入、费用时,应转销的合同预计损失准备;其贷方核算合同预计总成本将超过合同预计总收入的预计损失;期末贷方余额,反映尚未完工工程施工合同已计提的损失准备。

应该注意的是:(1)如果以前减记存货价值的影响因素已经消失,则减记的金额应当予以恢复,并将原已计提存货跌价准备的金额转回,但转回的金额已将余额冲减至零为限。(2)已计提了跌价准备的存货,如果部分存货已经出售,则企业在结转销售成本的同时,应结转对其已计提的存货跌价准备,以结转的存货跌价准备冲减当期的管理费用。

现举例说明存货跌价准备核算的会计处理:

【例4-34】 某建筑公司2002年12月30日,甲材料的账面成本500 000元,预计可变现净值为460 000元,公司首次计提存货跌价准备。会计处理如下:

借:管理费用——计提的存货跌价准备　　　　　　　　40 000
　　贷:存货跌价准备　　　　　　　　　　　　　　　　　40 000

【例4-35】 假设上例2003年6月30日,甲材料由于市场供求关系的原因,使得甲材料

的预计可变现净值为 475 000 元,会计处理如下:

  借:存货跌价准备   15 000
    贷:管理费用——计提的存货跌价准备   15 000

【例 4-36】 假设【例 4-33】,2003 年 12 月 30 日,甲材料的预计可变现净值为 510 000 元。作会计处理如下:

  借:存货跌价准备(500 000 - 475 000)   25 000
    贷:管理费用——计提的存货跌价准备   25 000

施工企业核算工程施工合同计提的损失准备的会计处理参见本书第十三章《收入》的方法处理。

第五章 投 资

第一节 短 期 投 资

一、短期投资及其核算方法

短期投资,是指企业取得另一项资产,能够随时变现并且持有时间不准备超过1年(含1年)的投资。它包括短期持有的股票和债券等。

为了核算短期投资的有关业务,企业应设置以下会计科目。

(一)"短期投资"科目

核算企业购入能够随时变现并且持有时间不准备超过1年(含1年)的投资。包括各种股票、债券等。借方核算短期投资的投资成本;贷方核算短期投资持有期间所获得的现金股利和利息以及处置短期投资时结转的投资成本;期末借方余额反映结存的短期投资的投资成本。本科目应分别按短期投资的种类设置明细科目进行明细分类核算。

(二)"应收股利"科目

核算企业因股权投资而应收取的现金股利或利润。借方核算应收未收的现金股利或利润;贷方核算实际已收的现金股利或利润;期末借方余额反映企业尚未收回的现金股利或利润。本科目应按被投资单位设置明细科目进行明细分类核算。

(三)"应收利息"科目

核算企业因债权投资而应收取的利息。借方核算应收未收到的利息;贷方核算实际已收的利息;期末借方余额反映企业尚未收到的利息。本科目应按债券种类设置明细科目进行明细分类核算。

(四)"投资收益"科目

核算企业对外投资取得的收益或发生的损失。贷方核算取得的收益;借方核算发生的损失。期末应将该科目余额转入"本年利润"科目,结转后本科目应无余额。

二、短期投资成本的确定及其会计处理举例

按照《企业会计准则——投资》、《企业会计制度》规定,短期投资取得的成本是指取得短期投资时实际支付的全部价款,包括税金、手续费等相关费用。但不包括实际支付的价款中包含已宣告但尚未领取的现金股利和已到付息期但尚未领取的债券利息。

【例5-1】 某建筑公司2003年8月5日以银行存款购入A股票100 000股,每股实际支付的价款为16.5元,A股票的发行单位2003年7月28日宣告分配上年股利,分配方案为每10股送2股,并每股发放现金股利0.5元(该分配方案需在9月2日股东大会通过后予实施),另支付相关费用12 000元。会计处理如下:

已宣告但尚未领取的现金股利　　　　100 000×0.5＝50 000(元)
已宣告但尚未发放的股票股利不影响投资总成本,无需账务处理。
短期投资的成本:100 000×16.5＋12 000－50 000＝1 612 000(元)

借:短期投资——股票投资——A 股票　　　　　　　　　　1 612 000
　　应收股利——A 股票　　　　　　　　　　　　　　　　　　50 000
　　贷:银行存款　　　　　　　　　　　　　　　　　　　　　　　　1 662 000

9月2日后收到现金股利 50 000(元),股票股利 20 000 股。

借:银行存款　　　　　　　　　　　　　　　　　　　　　　　　50 000
　　贷:应收股利——A 股票　　　　　　　　　　　　　　　　　　　50 000

收到股票股利无需账务处理,只要在备查薄中登记 A 股票增加 20 000 股。

【例5-2】 某建筑公司 2003 年 1 月 25 日经统筹安排,决定于 2003 年 2 月 28 日以银行存款 2 000 000 元购入 W 公司 2002 年 1 月 1 日发行三年期的债券,同时支付相关税费 5 000 元,该债券面值为 1 800 000 元,已到付息期但尚未领取债券利息(2002 年 1 月 1 日至 2003 年 1 月 1 日)1 800 000×10%＝180 000。

短期投资成本＝实际支付的全部价款－已到付息期但尚未领取的债券利息＝(2 000 000＋5 000－180 000)＝1 825 000 元;尚未到付息期(2003 年 1 月 2 日至此 2003 年 2 月 28 日)的债券利息(180 000÷12)×2＝30 000 元(应包括在投资成本中不需作会计处理。)有关其会计处理如下:

借:短期投资——债券投资——W 债券　　　　　　　　　　1 825 000
　　应收利息——W 债券　　　　　　　　　　　　　　　　　　80 000
　　贷:银行存款　　　　　　　　　　　　　　　　　　　　　　　　2 005 000

2003 年 3 月 5 日收到 2002 年度的债券利息 180 000

借:银行存款　　　　　　　　　　　　　　　　　　　　　　　　180 000
　　贷:应收利息——W 债券　　　　　　　　　　　　　　　　　　180 000

三、短期投资损益的确认、短期投资的处置及其会计处理

(一)短期投资收益取得的现金股利和利息及其会计处理

短期投资取得的现金股利和利息按以下方法处理:

1. 短期投资取得时实际支付的价款中包含的已宣告而尚未领取的现金股利,或已到期尚未领取的债券利息,因属于在购买时暂垫付的资金,是在投资时所取得的一项债权,因此,在实际收到时冲减已记录的应收股利或应收利息,不确认为投资收益。

2. 短期投资持有期间所获得的现金股利或利息,除取得时已记入应收项目的现金股利或利息外,其他实际收到时作为短期投资成本的收回,冲减短期投资的账面价值,不确认为投资收益,只有在处置短期投资时才确认收益。

【例5-3】 假如例 5-1 中,该建筑公司 2004 年 7 月收到 A 股票发行单位发放的现金股利 0.3 元/股时,会计处理如下:

借:银行存款　　　　　　　　(100 000×0.3)　　　　　　　30 000
　　贷:短期投资——股票投资——A 股票　　　　　　　　　　　30 000

(二)短期投资的处置及其会计处理举例

短期投资的处置,主要指短期投资的出售、转让等情形。处置短期投资时,按所收到的处置收入与短期投资账面价值的差额确认为当期短期投资收益,处置短期投资是否同时结转已计提的短期投资跌价准备,应视具体情况而定。

1. 如果短期投资跌价准备按单项投资计提,由于跌价准备与单项投资有着直接对应关系,因此,处置短期投资时可以同时结转已计提的该项投资的跌价准备。此时确认投资损益的金额为所获得的处置收入与短期投资的账面价值的差额。但也可以在处置时不结转跌价准备,到期末时一并调整。

2. 如果短期投资跌价准备按投资类别或总体计提,由于无法确定每项短期投资应分摊多少短期投资跌价准备,因此处置短期投资时不同时结转已计提的短期投资跌价准备,待期末时再予以调整。此时确认的损益的金额,为所获得的处置收入与短期投资账面余额的差额。

3. 在处置短期投资时,当初取得短期投资实际支付的价款中所包含的已宣告但尚未领取的现金股利,或已到期尚未领取的债券利息,还应按扣除该部分现金股利或利息后的金额,确认为处置损益。

【例 5-4】 某建筑公司 2004 年 2 月出售 B 公司的股票,B 公司此时的股票市价为 420 000 元,购入的 B 公司股票账面成本 450 000 元。则处置时的损益为:

假如该建筑公司按类别或总体计提跌价准备,此时不考虑短期投资跌价准备对处置损益的影响,待期末时与其他短期投资一并调整,则处置损益为损失 30 000 元,即 420 000 - 450 000 = - 30 000(元)。会计处理如下:

借:银行存款   420 000
  投资收益——B 股票   30 000
 贷:短期投资——股票投资——B 股票 450 000

假如该建筑公司按单项计提跌价准备,此时应考虑跌价准备对处置的影响,已计提跌价准备 50 000 元,已超过实际损失 30 000 元,应冲回损失 20 000 元,即此时表现为收益 20 000 元。则处置损益为:420 000 - 450 000 + 50 000 = 20 000(元)。会计处理如下:

借:银行存款   420 000
  短期投资跌价准备——股票投资——B 股票 50 000
 贷:短期投资——股票投资——B 股票 450 000
  投资收益——B 股票   20 000

第二节 长期股权投资

一、长期股权投资及其核算方法

长期股权投资通常为长期持有不准备随时出售,投资企业作为被投资的单位股东,按所持股份比例享有权益并承担责任和风险。为了核算长期股权投资的有关业务,企业应设置以下会计科目进行总分类核算。

(一)"长期股权投资"科目

核算企业投出的期限在 1 年以上(不含 1 年)各种股权性质的投资,借方核算长期股权的增加,贷方核算长期股权的减少,期末借方余额反映企业持有的长期股权投资的价值。本科目应按被投资单位设置明细账,进行明细核算。

在"长期股权投资"一级科目下按股票投资其他股权投资、设置二级明细科目后,应分两种情况设置三级明细科目。

1. 按成本法核算的股权投资,按被投资单位设置三级科目。

2. 按权益法核算的股权投资,在被投资单位明细科目下,再设四个四级明细科目:

(1)"投资成本"明细科目:核算初始投资成本,调整的投资成本,其余额表现为总的投资成本。

(2)"股权投资差额"明细科目:根据投资者的持股比例乘以被投资单位的所有者权益,计算出投资方应享有的份额,减去初始投资成本后的差额,即为股权投资差额。差额为正数表明本次投资增值,则该差额必须结转到资本公积的股权投资准备二级科目,差额为负数表明本次投资减值,则该差额必须根据摊销年限逐年结转到投资收益的借方。

(3)"损益调整"明细科目:核算被投资单位实现的利润(或损失)。

(4)"股权投资准备"明细科目:核算因被投资企业接受捐赠而增加的所有者权益。

(二)"投资收益"科目

核算企业投资所收到的收益或发生的损失。借方核算投资损失,贷方核算投资收益,期末应将本科目余额全部转入"本年利润"科目,结转后本科目应无余额。本科目应设置股票投资、债券投资、其他投资二级明细科目。在按权益法核算长期股权投资时,应在二级明细科目下设置两个三级明细科目。

1. "股权投资差额摊销"科目,核算每期应摊销的股权投资差额。

2. "股利损益"科目,核算股权投资的收益或损失。

(三)"应收股利"科目

其核算内容可参照短期投资中的"应收股利"科目的核算内容。

二、长期股权投资初始成本的确定及其会计处理举例

长期股权投资在取得时应当按照初始投资成本入账,初始投资成本按以下方法确定。

(一)以现金购入的长期股权投资,按实际支付的全部价款(包括支付的税金、手续费等相关费用)作为初始投资成本,实际支付的价款中包含已宣告但尚未领取的现金股利,应先扣除后再形成初始成本。

【例5-5】 2003年3月某建筑公司以5 000 000元购入A水泥厂4 500 000股,发生相关的税费54 000元,手续费8 000元,该款项以银行存款支付。(A水泥厂2003年2月28日宣告每股发放现金股利0.05元/股,但尚未发放)。该企业应作如下会计处理:

初始投资成本:5 000 000+54 000+8 000-(4 500 000×0.05)=4 837 000(元)

借:长期股权投资——股票投资——A水泥厂(投资成本)　　4 837 000
　　　应收股利——A水泥厂　　　　　　　　　　　　　　　　 225 000
　　贷:银行存款　　　　　　　　　　　　　　　　　　　　　　　　　5 062 000

(二)企业接受以非现金资产抵偿债务方法或以非货币性交易取得的长期股权投资,按应收债权的账面价值或换出资产的账面价值加上应支付的相关税费作为初始投资成本。如涉及补价的,按以下规定确定受让长期股权投资的初始投资成本:

1. 收到补价的
   初始投资成本＝换出资产账面价值＋应确认的收益＋相关税费－补价
2. 支付补价的
   初始投资成本＝换出资产的账面价值＋支付的相关税费＋补价

应收债权换入的长期股权投资应确认的收益为零。

以非货币性交易取得的长期股权投资有关实例见第十五章。

三、长期股权投资核算的成本法和权益法

企业长期股权投资核算，应当根据不同情况分别采用成本法或权益法核算。符合下列情况的，企业一般采用成本法进行核算，否则应按权益法核算。

(1)投资企业对被投资单位无控制、无共同控制且无重大影响。通常企业对其他单位的投资占该单位有表决权资本总额的20%以下。

(2)被投资单位在严格的限制条件下经营，其向投资企业转移资金的能力受到限制。例如，投资到国外的企业，外汇受到所在国管制，外汇汇出受到限制。

(一)成本法的定义、要点及会计处理

成本法，指投资按成本计价的方法。

1. 成本法的核算要点

(1)被投资单位宣告分派的利润或现金股利时，投资企业按应享有的份额确认为当期的投资收益。

(2)投资企业所分到的利润或现金股利，超过被投资单位在接受投资后产生的累积净利润的分配额时，超过部分应作为初始投资成本的收回，冲减投资账面价值。

(3)长期股权投资按成本法核算时，除追加或收回投资外，长期股权投资的账面价值一般保持不变。

2. 初始投资冲减与投资收益计算

投资年度以后的利润或现金股利，确认投资收益或冲减初始投资成本的金额，一般可按以下公式计算：

应冲减初始投资成本的金额＝(投资后至本年年末止被投资单位累积分派的利润或现金股利－投资后至上年年末止被投资单位累积实现的净损益)×投资企业的持股比例－投资企业已冲减的初始投资成本。

应确认的投资收益＝投资企业当年获得的利润或现金股利－应冲减初始投资成本的金额。

在具体运用上述公式时应注意以下几点。

第一，在"应冲减初始投资成本的金额"的公式中，如果前者(即投资后至本年年末止被投资单位累积分派的利润或现金股利，下同)大于后者(即投资后至上年年末止被投资单位累积实现的净损益，下同)，即差额为"正数"，则按上述公式计算应冲减初始投资成本的金额；如果前者小于后者即差额为"负数"，则投资企业当年获得的现金股利，应于当期全部确认为投资企业的投资效益。另外，如果已冲减初始投资成本的股利，以后又由被投资单位实现的未分配的净利润弥补，应将原已冲减初始投资成本以后又由被投资单位实现的未分配的净利润弥补的部分予以转回，并确认当期投资收益。

第二,如果被投资单位在年度中间宣告分派利润或现金股利的,投资企业无法取得被投资单位投资后至本年末止累积分派的利润或现金股利,应当用投资后至本次发放股利止累积分派的利润或现金股利计算。

第三,如果被投资单位当期没有分派股利,则无需进行账务处理。

【例5-6】 某建筑公司2003年1月1日以银行存款购入甲公司10%的股份,并准备长期持有,初始投资成本1 100 000元,甲公司于2003年5月2日宣告分派2002年度的现金股利1 000 000元。假设甲公司2003年1月1日股东权益合计为12 000 000元,其中股本为10 000 000元,未分配利润为2 000 000元。2003年实现净利润4 000 000元,2004年5月1日宣告2003年利润分配方案分派现金股利3 000 000元,某建筑公司的会计处理如下:

(1)2003年1月1日投资时

借:长期股权投资——其他股权投资——甲公司　　1 100 000
　　贷:银行存款　　　　　　　　　　　　　　　　　1 100 000

(2)2003年5月2日宣告发放现金股利1 000 000×10% = 100 000(元)时

借:应收股利——甲公司　　　　　　　　　　　　　　100 000
　　贷:长期股权投资——其他股权投资——甲公司　　　100 000

(3)2004年5月1日宣告发放现金股利时

应冲减初始投资成本(4 000 000 - 4 000 000)×10% - 100 000 = -100 000(元)

应确认的投资收益 = 3 000 000×10% - (-100 000) = 400 000(元)

借:应收股利——甲公司　　　　　　　　　　　　　　300 000
　　长期股权投资——其他股权投资——甲公司　　　　100 000
　　贷:投资收益——其他投资——股利损益　　　　　　400 000

【例5-7】 假设上述例5-6甲公司于2004年5月1日分派现金股利4 500 000元,则应冲减初始投资成本金额50 000元

[(1 000 000 + 4 500 000) - 4 000 000]×10% - 100 000

应确认投资收益400 000元,即(4 500 000×10%) - 50 000

借:应收股利——甲公司　　　　　　　　　　　　　　450 000
　　贷:投资收益——其他投资——股利损益　　　　　　400 000
　　　　长期股权投资——其他股权投资——甲公司　　　50 000

(二)权益法的定义、要点及会计处理举例

权益法,指投资最初以初始投资成本计价,以后根据投资企业享有被投资单位所有者权益份额的变动对投资的账面价值进行调整的方法。

投资企业对被投资单位具有控制、共同控制或重大影响的,投资企业长期股权投资应采用权益法核算,通常企业对其他单位的投资占该单位有表决权资本总额20%以上。

权益法核算的要点是:投资企业对被投资企业投资的账面价值等于应享有的被投资单位的权益份额。在会计核算上要解决的主要问题有:

1. 股权投资差额的计算

初始投资成本与应享有的被投资单位所有者权益份额的差额,形成股权投资差额。

初始投资成本高于应享有被投资单位所有者权益的差额,投资企业的利润会虚增;初始投资成本小于应享有被投资单位所有者权益的差额,投资单位的利润会虚减。可通过对股

权投资差额的摊销,调整利润,避免利润的虚增或虚减。

对于股权投资差额(初始投资成本减应享有的被投资单位所有者权益份额的差额)的处理,差额为"正数"的,我国规定应按一定期限平均摊销[合同规定了投资期限的,按合同投资期限摊,合同没有规定投资期限的,按不超过10年(含10年)为期限摊销],计入投资损益;差额为"负数"的,计入资本公积。

股权投资差额及新的投资成本可按以下公式计算:

股权投资差额=初始投资成本-投资时被投资单位的所有者权益×投资持股比例

新的投资成本=初始投资成本+(或-)股权投资差额

在会计处理时,股权投资差额作为初始投资成本的调整项目,当初始投资成本高于应享有被投资单位所有者权益份额时,应按其差额相应调减初始投资成本;当初始投资成本低于应享有被投资单位所有者权益份额时,应按其差额相应调增初始投资成本。新的投资成本(即初始投资成本加或减股权投资差额后的余额)应等于按持股比例计算的应享有被投资单位的所有者权益的份额,所以,新的投资成本加减股权投资差额应等于初始投资成本。

【例5-8】 A建筑公司于2003年4月1日以480 000元投资B企业普通股,占B企业普通股的20%,并对B企业有重大影响,A建筑公司按权益法核算B企业的投资,B企业接受投资后,所有者权益的合计为1 500 000,A建筑企业应作相关的会计处理。

1)A企业享有B企业所有者权益的份额300 000(1 500 000×20%)

2)初始投资成本与应享有B企业所有者权益份额的差额180 000(元)(480 000-300 000)

借:长期股权投资——股票投资——B企业(投资成本)　　　　300 000
　　长期股权投资——股票投资——B企业(股权投资差额)　　180 000
　　贷:银行存款　　　　　　　　　　　　　　　　　　　　　　480 000

3)股权投资差额假设按10年摊销,每年摊销18 000元。

2003年应摊销差额=180 000÷10÷12×9=13 500(元)

借:投资收益——股票投资——股权投资差额摊销　　　　　　13 500
　　贷:长期股权投资——股票投资——B企业(股权投资差额)　13 500

【例5-9】 假设A建筑企业于2003年4月1日以200 000元投资B企业,其他条件与例5-8相同,则A建筑企业的会计分录

1)A企业应享有的企业所有者权益份额数为1 500 000×20%=300 000

2)初始投资成本与应享有企业所有者权益份额的差额-100 000(200 000-300 000)

借:长期投权投资——股票投资——B企业(投资成本)　　　　300 000
　　贷:银行存款　　　　　　　　　　　　　　　　　　　　　　200 000
　　　　资本公积——股本溢价　　　　　　　　　　　　　　　　100 000

2.投资单位对被投资单位实现净损益的会计处理

在权益法下,被投资单位当年实现的净利润或发生净亏损均引起所有者权益的变动,因此投资单位长期股权投资的账面价值也需要作相应的调整。具体处理时:投资单位应根据投资后被投资单位产生的净利润(或净损失),按享有的份额增加(或减少)长期股权投资的账面价值,并确认当期投资收益(或损失);宣告分派利润或现金股利时,投资单位冲减长期股权投资的账面价值;连续发生净损失时,冲减长期股权投资的账面价值应以投资账面价值

减至零为限,不能出现负数。超过部分应在备查簿上登记;如果被投资单位将来实现净利润,应先行冲减原在备查簿上登记的亏损数后,如果有剩余再恢复长期股权投资的账面价值;投资企业享有被投资单位损益的份额,如果会计年度内投资比例发生变动,应计算股权平均持有比例。

股权平均持股比例=原持股比例×当年投资持股月份÷12个月+追加持股比例×当年投资持有月份÷12个月

投资企业计算应享有的被投资单位损益的份额时,应扣除被投资单位净利润中法规或企业章程规定不属于投资企业的部分,如外商企业从净利润中提取一定比例的职工奖励及福利基金。

【例5-10】 某建筑公司2002年1月2日向X企业投出如下资产:固定资产原值950 000元,累计折旧200 000元;土地使用权价值150 000元。建筑公司的投资占X企业有表决权份额的70%,其初始投资成本与应享有X企业所有者权益份额相等。2002年X企业全年实现净利润550 000元;2003年2月份宣告分派现金股利350 000元;2003年X企业全年净亏损2 100 000元;2004年X企业全年实现净利润850 000元。根据以上资料,某建筑公司的会计处理如下:

1)2002年投资时

借:长期股权投资——其他投资——X企业(投资成本)   900 000
　　累计折旧   200 000
　　贷:固定资产   950 000
　　　　无形资产——土地使用权   150 000

2)2002年12月31日,因投资X企业而确认的投资收益(550 000×70%=385 000)

借:长期股权投资——其他投资——X企业(损益调整)   385 000
　　贷:投资收益——股其他投资——股利损益   385 000

3)2002年末"长期股权投资——X企业"科目反映的账面余额为900 000+385 000=1 285 000(元)

4)2003年宣告分派股利(350 000×70%=245 000)

借:应收股利——X企业   245 000
　　贷:长期股权投资——其他投资——X企业(损益调整)   245 000

宣告分派股利后"长期股权投资——其他投资——X企业"科目反映的账面余额为:1 285 000-245 000=1 040 000(元)

5)2003年度亏损1 040 000元,X企业长期股权投资账面价值按规定减记至零为限。

借:投资收益——其他投资——利损益   1 040 000
　　贷:长期股权投资——其他投资——X企业(损益调整)   1 040 000

6)2003年12月31日"长期股权投资——X企业"科目的账面余额为零,备查簿中登记投资亏损430 000元(2 100 000×70%-1 040 000)。

7)2004年度盈利850 000元,2004年12月31日,首先冲销备查簿中登记亏损的430 000元,再恢复"长期股权投资——其他投资——X企业"科目账面价值=850 000×70%-430 000=165 000(元)

借:长期股权投资——其他投资——X企业(损益调整)   165 000

贷:投资收益——其他投资——股利损益　　　　　　　　　　　　165 000

【例5-11】 某建筑公司是A公司的子公司。A公司的投资占某建筑公司股份的60%,某建筑公司2003年实现净利润1 000 000元,按公司章程规定,以净利润的5%计提职工奖励及福利基金。A公司在计算应享有的投资收益时,应按扣除提取的职工奖励及福利基金后的金额计算,A公司的会计处理如下:

应享有的投资收益 = 1 000 000 × (1 - 5%) × 60% = 570 000(元)
借:长期股权投资——其他投资——某建筑公司(损益调整)　　570 000
　　贷:投资收益——其他投资——股利损益　　　　　　　　　　570 000

3. 投资单位对被投资单位除净损益外的其他所有者权益变动的会计处理

被投资单位的所有者权益除净损益的影响外,其他如接受捐赠、外币折算差额等,也会引起被投资单位所有者权益的变动,投资企业也需相应地对被投资企业长期股权投资的账面价值进行变动。

被投资单位接受捐赠(包括固定资产、现金及专项拨款等)所引起所有者权益的变动,投资企业应按持股比例计算应享有的份额,增加长期股权投资(股权投资准备),并增加资本公积(股权投资准备)。

【例5-12】 某建筑公司对B企业的投资占B企业注册资本的60%,2000年12月B企业接受其他单位捐赠的设备一台,价值180 000元,预计使用年限4年,预计净残值为5%,B企业2003年12月出售设备,所得出售收入12 000元,假设所得税率为33%,某建筑公司的会计处理。

1) B企业接受捐赠增加净资产。
　　　　　　　　　180 000 - 180 000 × 33% = 120 600
建筑公司因此增加长期股权投资:120 600 × 60% = 72 360
借:长期股权投资——其他投资——B企业(股权投资准备)　　72 360
　　贷:资本公积——股权投资准备　　　　　　　　　　　　　　72 360

2) 2003年B公司出售该项设备时,建筑公司不作会计处理。

四、成本法与权益法的转换

(一)权益法转为成本法的基本条件、会计处理方法及其举例

投资企业对被投资单位的持股比例下降,或其他原因对被投资单位不再具有控制、共同控制和重大影响时,应中止采用权益法,改按成本法核算。投资企业应在中止采用权益法时,按投资账面价值作为新的投资成本,与该项长期股权投资有关的资本公积准备项目,不作任何处理。其后,被投资单位宣告分派利润或现金股利时,属于已记入投资账面价值的部分作为新的投资成本的收回,冲减投资成本。

【例5-13】 某建筑公司2001年对乙公司投资,为乙公司注册资本的20%,该建筑公司按权益法核算对乙公司的投资,至2002年12月31日,该建筑公司对乙公司投资的账面价值为6 000 000元,其中,投资成本4 000 000元,损益调整2 000 000元。2003年1月5日,乙公司的另一股东—A企业收购了除该建筑公司以外的其他投资者对乙公司的股权,同时以3 200 000元收购了该建筑公司对乙公司投资的50%股份。至此,A企业持有乙公司90%的股份,并控制乙公司,该建筑公司持有乙公司10%的股份,并失去影响力,为此,该建

筑公司改按成本法核算。2003年3月1日,乙公司宣告分派2002年现金股利,该建筑公司可获得现金股利600 000元,建筑公司会计处理如下:

(1)出售10%股权

借:银行存款　　　　　　　　　　　　　　　　　　　　　3 200 000
　　贷:长期股权投资——其他投资——乙公司(投资成本)　　2 000 000
　　　　　　　　　　——其他投资——乙公司(损益调整)　　1 000 000
　　　　投资收益——股权投资损益　　　　　　　　　　　　　200 000

(2)出售部分股权后投资的账面价值=6 000 000-3 000 000=3 000 000元,即新的投资成本为3 000 000元

借:长期股权投资——其他投资——乙公司　　　　　　　　3 000 000
　　贷:长期股权投资——其他投资——乙公司(投资成本)　　2 000 000
　　　　　　　　　　——其他投资——乙公司(损益调整)　　1 000 000

(3)2003年3月1日,乙公司分派2002年度的现金股利,该建筑公司获得现金股利600 000元,由于乙公司分派的现金股利属于某建筑公司采用成本法前实现净利润分配额,该部分分配额已记入该建筑公司对乙公司投资的账面价值。因此,该建筑公司应作为冲减投资账面价值处理。

借:应收股利——乙公司　　　　　　　　　　　　　　　　600 000
　　贷:长期股权投资——其他投资——乙公司(损益调整)　　600 000

(二)成本法转为权益法的基本条件、会计处理方法及其举例

投资企业对被投资单位的持股比例增加,或其他原因使长期股权投资核算由成本法改为权益法核算的,投资企业应在中止采用成本法时,按追溯调整后长期股权投资的余额(不含股权投资差额)加上追加投资成本作为初始投资成本,初始投资成本经调整股权差额后为新的投资成本,与该长期股权投资有关的资本公积准备项目,不作任何处理。

【例5-14】　某建筑公司于2003年1月以520 000元购入B公司股票,占B公司实际发行在外股数的10%;另支付2 000元相关税费等。该建筑公司采用成本核算,2003年5月2日,B公司宣告分派2002年度的股利,每股分派0.1元为现金股利,该建筑公司可以获得40 000元现金股利。2004年1月5日该建筑公司再以1 800 000元购入B公司实际发行在外的股数的25%,另支付9 000元相关税费。至此持股比例达35%,应改用权益法核算此项投资。如果2003年1月1日B公司所有者权益合计为4 500 000元,2003年度实现的净利润为400 000元,2004年度实现净利润为400 000元,该建筑公司与B公司所得税率均为33%,股权投资差额按10年摊销,该建筑公司的会计处理如下:

(1)2003年1月1日投资时(520 000+2 000)=522 000

借:长期股权投资——股票投资——B公司　　　　　　　　522 000
　　贷:银行存款　　　　　　　　　　　　　　　　　　　　522 000

(2)2003年宣告分派股利

借:应收股利——B公司　　　　　　　　　　　　　　　　40 000
　　贷:长期股权投资——股票投资——B公司　　　　　　　40 000

(3)2004年1月5日再次投资时

第一,对原按成本法核算的对B公司投资采用追溯调整法,调整原投资的账面价值。

2003年投资的产生的股权投资差额＝522 000－(4 500 000×10%)＝72 000(元)
2003年应摊销股权投资差额＝72 000÷10＝7 200(元)
2003年应确认的投资收益＝400 000×10%＝40 000(元)
成本法改为权益法的累积影响数＝40 000－7 200＝32 800
B公司投资成本＝522 000－40 000－72 000＝410 000
B公司股权投资差额＝72 000－7 200＝64 800
 借：长期股权投资——股票投资——B公司(投资成本)   410 000
     ——股票投资——B公司(股权投资差额)   64 800
     ——股票投资——B公司(损益调整)   40 000
  贷：长期股权投资——股票投资——B公司   482 000
    利润分配——未分配利润   32 800
第二，追加投资(1 800 000＋9 000)＝1 809 000(元)
 借：长期股权投资——股票投资——B公司(投资成本)   1 809 000
  贷：银行存款   1 809 000
(4)计算再次投资的投权投资差额
 借：长期股权投资——股票投资——B公司(投资成本)   40 000
  贷：长期股权投资——股票投资——B公司(损益调整) 40 000
成本法改为权益法时初始投资成本＝410 000＋40 000＋1 809 000
          ＝2 259 000(元)
股权投资差额＝1 809 000－(4 500 000－400 000＋400 000)×25%
    ＝684 000(元)
 借：长期股权投资——股票投资——B公司(股权投资差额) 684 000
  贷：长期股权投资——股票投资——B公司(投资成本)   684 000
改为权益法时新的投资成本＝410 000＋40 000＋1 809 000－684 000＝1 575 000(元)，即为B公司股权投资成本的账面余额。
建筑公司应享有B公司所有者权益份额＝(4 500 000－400 000＋400 000)×35%＝1 575 000(元)，即，新的投资成本等于建筑公司应享有B公司所有者权份额。
股权投资差额按10年摊销，由于2003年已经摊销了1年，原股权投资差额尚可摊销年限为9年；追加投资时产生的股权投资差额按10年摊销。
2000年应摊销额75 600(64 800÷9＋684 000÷10)
 借：投资收益——股权投资差额摊销   75 600
  贷：长期股权投资——股票投资——B公司(股权投资差额) 75 600
  注：长期股权投资从成本法改为权益法时，因追溯调整而形成的股权投资差额，应在剩余股权投资差额的摊销年限内摊销；因追加投资新产生的股权投资差额，再按会计制度规定的年限摊销。即，股权投资差额应按次分别计算、摊销。但如追加投资新形成的股权投资差额金额不大，可以并原来未摊销完毕的股权投资差额，按剩余年限一并摊销。处置长期股权投资时，未摊销的股权投资差额一并结转。
(5)计算2004年应享有的投资收益400 000×35%＝140 000(元)
 借：长期股权投资——股票投资——B公司(损益调整)   140 000
  贷：投资收益——股权投资收益   140 000
2003年12月31日，长期股权投资的账面价值：

$[(410\,000+40\,000)+(180\,900-684\,000)]+140\,000+[(64\,800+684\,000)-75\,600]=2\,388\,200(元)$

五、股票股利的处置

股票股利是企业用增发的股票代替现金派发给股东的股利。当作股利发放的股票,俗称送股。当企业实现净利润但现金不足时,为了满足股东的要求,通常派发股票股利。分派股票股利,不会使所有者权益总额发生变动,而仅仅是所有者权益各项目结构发生内部的调整,也不需要企业支付现金。

投资企业收到的股票股利不能作为一种收益加以确认。但为了反映收到股票股利的情况,企业应在备查簿中登记所增加的股数,以表明每股投资成本的减少,处置该项收到股票股利的投资时,应按投资成本与全部股份计算的平均每股成本结转处置部分的成本。

六、长期股权投资的处置

处置长期股权投资的投资损益应当在符合股权转让的条件时才能确认。处置长期股权投资,按所收到的处置收入与长期股权投资账面价值和已确认但尚未收到的应收股利的差额作为当期投资损益。处置长期股权投资时,应同时结转已计提的减值准备(长期投资减值准备在本章第四节介绍),原计入资本公积股权投资准备项目的金额转入"资本公积——其他资本公积"科目。处置部分该项长期股权投资时,应按该项投资的总平均成本确定其处置部分的成本,并按相应比例结转已计提的减值和资本公积金准备项目。尚未摊销的股权投资差额也应按比例转销。

第三节 长期债权投资

一、长期债权投资及其核算方法

长期债权投资:是指企业购入并准备长期持有的国家或其他单位发行的期限超过1年的债券,是通过投资拥有被投资单位的债权。

为了核算企业长期债权投资的有关业务,企业应设置"长期债权投资"一级科目进行总分类核算,借方核算长期债权投资的增加,贷方核算长期债权投资的减少,期末借方余额反映长期债权投资的账面价值。该一级科目下按债权的种类设置"债券投资"、"其他债权投资"二级明细科目。

"债券投资"二级科目,核算企业投资的各种债券。在"债券投资"二级科目下设置"面值"、"溢折价"、"应计利息"、"债券费用"三级明细科目进行明细核算。

"其他债权投资"二级科目,核算企业投资的各种其他债权性的投资。在"其他债权投资"二级科目下应设置"本金"、"应计利息"三级明细科目进行明细核算。

二、长期债权投资初始投资成本的确定及其会计处理举例

长期债权投资取得时的初始成本,是指取得长期债权投资时支付的全部价款,包括税金、手续费等相关费用。但实际支付的价款中包含的已到付息期但尚未领取的利息,应作为

应收项目单独核算,不构成债权投资的初始投资成本。如果实际支付的价款中包含尚未到期的债券利息,构成初始投资成本,并在长期债权投资的应计利息中单独核算。

购买长期债券时,实际支付的税金,手续费等相关费用,一般应当构成初始投资成本。但支出金额较小时,可于购买时一次计入投资损益,当支出金额较大时应计入初始投资成本,并单独核算,于购买债券后至到期前的期间内在确认相关债券利息收入时予以摊销,计入当期投资损益。

【例 5-15】 某建筑公司年 2003 年 7 月 1 日以 560 000 元价格购入 B 企业 2002 年 1 月 1 日发行的五年期到期还本,债券每年末付息,债券年利率为 8%,债券面值 500 000 元(2002 年度的利息尚未支付),另发生相关税费 800 元,则

1. 建筑公司购买该债券中,包含已到付息期(2002 年 1 月 1 日至 2002 年 12 月 31 日)但尚未领取的利息 500 000×8% = 40 000 元。

2. 该债券的实际价款中 560 000 元中,包含债券面值 500 000 元、尚未领取的利息 40 000 元和尚未到期(2003 年 1 月 1 日至 2003 年 6 月 30 日)债券的应收利息 20 000(500 000×8%÷2)

会计分录:

借:长期债权投资——债券投资——面值(B 企业债券)　　　500 000
　　　　　　　　——债券投资——应计利息(B 企业债券)　　 20 000
　　应收利息——B 企业债券　　　　　　　　　　　　　　　　40 000
　　投资损益　　　　　　　　　　　　　　　　　　　　　　　　　800
　贷:银行存款　　　　　　　　　　　　　　　　　　　　　　560 800

注:800 元金额较小直接进入投资损益。

三、长期债券溢折价及利息的计提及其会计处理举例

(一)长期债券溢价或折价

长期债券的购入,有的按债券面值购入,有的按高于或低于债券面值的价格购入,溢价或折价购入是由于债券的名义利率(即票面利率)与实际利率(即市场利率)不同而引起的,当债券票面利率高于市场利率,投资者将按高于面值的价格购入,即溢价购入。当票面利率低于市场利率,投资者将按低于债券面值的价格购入即折价购入。溢价发行和折价发行是为了对投资者今后多得利息和少得利息而事先得到的补偿。

长期债券投资溢价或折价公式计算

债券投资溢价或折价 = (债券初始投资成本 - 相关费用 - 应收利息) - 债券面价

企业在购入债券时,应按债券的面值,借记"长期债权投资——债券投资——面值(××债券)"。按支付的税金,手续费等相关税费,借记"长期债权投资——债券投资——债券费用(××债券)"(是指金额较大的相关税费),或借记"投资收益"(指金额较小的相关税费)。按实际支付的全部价款贷记"银行存款"。

溢价或折价购入的债券,其溢价或折价在债券购入后至到期前期间内在确认相关债券利息收入时按直线法摊销,也可以采用实际利率法摊销。在采用直线法摊销溢折价时,每期溢价或折价的摊销数额相等。

【例 5-16】 某建筑公司 2003 年 1 月 3 日购入 B 企业 2003 年 1 月 1 日发行五年期债

券,票面利率12%,每张债券面值1 000元,企业按1 050元的价格购入80张,另支付有关税费400元,该债券每年付息一次,到期还本并付最后一次利息,假设该建筑公司按年计算利息,利息按直线法摊销溢价。会计处理如下:

(1)投资时,投资成本(80×1 050)= 84 000(元),债券面值(80×1 000)= 80 000(元),则债券溢价 84 000 - 80 000 = 4 000(元)

(2)购入债券的会计处理:

借:长期债权投资——债券投资——面值(B企业债券)   80 000
　　　　　　——债券投资——溢价(B企业债券)   4 000
　　投资收益——债券费用摊销   400
　贷:银行存款   84 400

(分录中,有关税费400元金额不大,所直接冲减投资收益,若金额较大,则应计入投资成本分期摊销。)

(二)长期债权投资利息的计算及溢折价的摊销

长期债权投资利息按以下规定处理:

1. 长期债权投资应当按期计提利息,计提的利息按债券面值及利率计算,并计入当期投资收益。

2. 持有的一次还本付息的债券投资,应计未收利息于确认投资收益时增加投资账面价值;分期付息的债权投资,应计未收利息于确认投资收益时作为应收利息单独核算,不增加投资的账面价值。

3. 实际收到的分期付息长期债权投资利息,冲减已计的应收利息,实际收到的一次还本付息债权利息,冲减长期债权投资的账面价值。

长期债券投资溢价或折价的摊销,应与确认的相关债券利息收入同时进行,调整各期投资收益。当期按债券面值和适用利率计算的应计利息扣除当期摊销的溢价和债券费用,或当期按债券面值和适用利率计算的应计利息与摊销的折价的合计扣除摊销的债券费用,确认为当期投资收益。

(三)长期债权投资的处置

处置长期债权投资时,按所收到的处置收入与长期债权投资账面价值和已确认但尚未收到的应收利息的差额确认为当期投资损益。由于长期投资减值准备是按单项投资计提的,因此,在处置长期债权投资时,应同时结转已计提的减值准备。处置部分某项长期债权投资时,应按该项投资的总平均成本确定其处置部分成本,并按相应比例结转已计提减值准备。

【例5-17】 某建筑公司2003年1月3日购入B公司2003年1月1日发行的五年期债券,票面利率10%,债券面值100 000元,企业按106 000元的价格购入,另支付有关税费1 000元,该债券每年付息一次,最后一年还本金并付最后一次利息。假设该企业按年计算利息,该企业计提利息并按直线法摊销溢价的会计处理如下:

(1)计算初始投资成本:107 000 - 1 000 = 106 000(元)

由于有关税费1 000元金额不大,所以直接计入损益。

(2)计算债券溢价:106 000 - 100 000 = 6 000(元)

(3)会计处理

借:长期债权投资——债券投资——面值(B企业债券)   100 000

——债券投资——溢价(B企业债券)	6 000
投资收益	1 000
贷：银行存款	107 000

(4)年度终了计算利息并摊销溢价，会计处理(每年相同)

借：应收利息	10 000
贷：长期债权投资——B企业债券——溢价	1 200
投资收益——债券利息收入	8 800

(5)各年收到债券利息(除最后一次付息外)

借：银行存款	10 000
贷：应收利息	10 000

(6)到期还本并收到最后一次利息

借：银行存款	110 000
贷：长期债权投资——债券投资——面值(B企业债券)	100 000
应收利息	10 000

【例5-18】 某建筑公司2003年1月3日购入B公司2003年1月1日发行的五年期债券，票面利率6%，债券面值100 000元，企业按94 000元的价格购入，另支付有关税费1 000元，该债券每年付息一次，最后一年还本金并付最后一次利息。假设该企业按年计算利息，该企业计提利息并按直线法摊销溢价的会计处理如下：

(1)计算初始投资成本：95 000－1 000＝94 000(元)

(2)计算债券溢折价：94 000－100 000＝－6 000(元)

借：长期债权投资——债券投资——面值(B企业债券)	100 000
投资收益	1 000
贷：银行存款	95 000
长期债权投资——债券投资——折价(B企业债券)	6 000

(3)年度终了计算利息并摊销溢价

借：应收利息	6 000
长期债权投资——债券投资——折价(B企业债券)	1 200
贷：投资收益	7 200

(4)各年收到债券利息(除最后一次付息外)

借：银行存款	6 000
贷：应收利息	6 000

(5)到期还本并收到最后一次利息

借：银行存款	106 000
贷：长期债权投资——债券投资——面值(B企业债券)	100 000
应收利息	6 000

四、长期债权投资损益的确认、处置及其会计处理

(一)长期债权投资损益的确认

长期债权投资损益包括债权持有期间的利息收入、处置收入与其账面价值的差额等。

具体按以下办法处理:

1.按债权面值取得的投资,在债权持有期间按期计提的利息收入扣除应摊销的债权费用,确认为当期投资收益。

【例5-19】 某建筑公司于2003年1月1日购进某公司当日发行的面值为1 000 000元两年期到期还本付息债券,票值利率为8%,其支付价款1 008 000元,其中8 000元为相关税费等。建筑公司应作如下会计处理:

(1)进行投资时

借:长期债权投资——债券投资——面值(××债券)　　　　1 000 000
　　　　　　　　——债券投资——债券费用(××债券)　　　　　 8 000
　　贷:银行存款　　　　　　　　　　　　　　　　　　　　　1 008 000

(注:债券费用8 000元金额较大,应进行分期摊销。)

(2)2003年12月31日,应计利息1 000 000×8%＝80 000(元),应摊销的债券费用8 000÷2＝4 000(元)。

借:长期债权投资——债券投资——应计利息(××债券)　　　　80 000
　　贷:长期债权投资——债券投资——债券费用(××债券)　　　 4 000
　　　　投资收益　　　　　　　　　　　　　　　　　　　　　　76 000

2.溢价或折价取得的债券投资,在债券持有期间按期计提的利息收入,经调整溢价或折价及摊销的债权费用后的金额,确认为当期投资收益。

【例5-20】 某建筑公司2003年1月3日购入B公司2003年1月1日发行的五年期债券,票面利率6%,债券面值50 000元,建筑公司按47 000元的价格购入,另支付有关税费500元,该债券每年付息一次,最后一年还本金并付最后一次利息。假设该公司按年计算利息,并按直线法摊销折价。会计处理如下:

(1)初始投资债券时,税费金额仅500元可直接计入当期损益,实际支付价款47 000元,债券折价:50 000－47 000＝3 000(元)

借:长期债权投资——债券投资——面值(××债券)　　　　　50 000
　　投资收益　　　　　　　　　　　　　　　　　　　　　　　　500
　　贷:银行存款　　　　　　　　　　　　　　　　　　　　　47 500
　　　　长期债权投资——债券投资——折价(××债券)　　　　3 000

(2)年终计算利息并摊销折价并确认收益,应计利息:50 000×6%＝3 000(元);应摊销折价:3 000÷5＝600(元)

借:应收利息　　　　　　　　　　　　　　　　　　　　　　　3 000
　　长期债权投资——债券投资——折价(××债券)　　　　　　　600
　　贷:投资收益　　　　　　　　　　　　　　　　　　　　　　3 600

(在未到期前,每年终的会计处理与上同)

(3)收到债券利息

借:银行存款　　　　　　　　　　　　　　　　　　　　　　　3 000
　　贷:应收利息　　　　　　　　　　　　　　　　　　　　　　3 000

(二)长期债权投资的处置

到期收回或未到期提前处置的债权投资,实际取得的价款与其账面价值(包括账面摊余价值,计提的减值准备)及已计入应收项目的债券利息后的差额,确认为收到或处置债券当期的收益或损失。

【例5-21】 假设【例5-19】某建筑公司于2001年7月1日处置该项债券投资,实际收到银行存款1 120 000元,则会计处理如下:

处置时:应计利息账面金额80 000元;债券摊销余额:8 000 - 4 000 = 4 000(元);债券面值余款1 000 000元

借:银行存款　　　　　　　　　　　　　　　　　　　　　　　1 120 000
　　贷:长期债权投资——债券投资——面值(××债券)　　　　1 000 000
　　　　　　　　　　——债券投资——应计利息(××债券)　　　80 000
　　　　　　　　　　——债券投资——债券费用(××债券)　　　 4 000
　　　　投资收益　　　　　　　　　　　　　　　　　　　　　　　 36 000

【例5-22】 按【例5-20】,债券到期时的收到本金及最后一年利息53 000元的处理如下:(1)应收最后一年(第五年)的利息50 000×6% = 3 000(元)。(2)债券折价账面余额已为0元。(3)债券面值仍为50 000元。(4)应确认的效益53 000 - 3 000 - 50 000 = 0(元)。

借:银行存款　　　　　　　　　　　　　　　　　　　　　　　　53 000
　　贷:长期债权投资——债券投资——面值(××债券)　　　　　50 000
　　　　应收利息　　　　　　　　　　　　　　　　　　　　　　　3 000

五、委托贷款及其会计处理

指企业按规定委托金融机构向其他单位贷出的款项。《企业会计制度》将委托贷款视为投资,但在具体核算时又有别于短期和长期债权投资。其核算有如下特点:

(1)企业应设置"委托贷款"会计科目,核算企业按规定委托金融机构向其他单位贷出的款项。借方核算委托贷款的金额和应收的利息;贷方核算收回的本金、利息和提取的委托贷款减值准备;期末借方余额,反映企业委托贷款的账面价值。在"委托贷款"科目下设置"本金"、"利息"、"减值准备"等明细科目。

(2)委托贷款按期计提应收利息,计提的应收利息,借记本科目(利息)科目,贷记"投资收益"科目。但是,如果委托贷款应收利息到期末能收回的,应停止计提利息并将已确认的利息收入额冲回,借记"投资收益"科目,贷记本科目(利息)。且在备查簿中登记冲回的利息金额。委托贷款已计的利息不计提坏账准备。

(3)期末,检查委托贷款本金的可收回性,如果委托贷款本金可能部分不能收回,应当计提减值准备,计提的减值准备冲投资收益。

【例5-23】 某建筑公司2003年7月1日,委托银行贷款给乙公司3 000 000元,年利率为6%,贷款期限为2年,利息于每季度终了后15日支付,到2003年12月31日,建筑公司尚未收到第三季度利息(建筑公司于季末计提利息)。

根据乙公司的财务状况预计其本金的可回金额为2 000 000元,建筑公司的会计处理如下:

(1)第三季度计提利息 = 3 000 000×6%×25% = 45 000元

借:委托贷款——利息　　　　　　　　　　　　　　　　　　　45 000
　　贷:投资收益——委托贷款利息收入　　　　　　　　　　　　45 000

(2) 建筑公司 10 月 15 日未收到利息,冲减已确认的利息

借:投资收益——委托贷款利息收入　　　　　　　　　　45 000
　　贷:委托贷款——利息　　　　　　　　　　　　　　　　45 000

(3)年度终了,计提委托贷款本金减值准备

借:投资收益——委托贷款减值准备　　　　　　　　　1 000 000
　　贷:委托贷款——减值准备　　　　　　　　　　　　　1 000 000

第四节　投资的期末计价

一、短期投资的期末计价

短期投资的期末计价,就是指短期投资在期末资产负债表上反映的价值,根据《企业会计制度》和《企业会计准则——投资》要求企业应当在期末时对短期投资按成本与市价孰低原则计价:对市价低于成本的按差额计提短期投资跌价准备,按市场价计价;当市价高于成本时则按成本计价。

企业应设置"短期投资跌价准备"一级科目,用以核算短期投资市价低于成本时计提的跌价准备。该科目的贷方核算短期投资市价低于成本的差额;借方核算已计提跌价准备的短期投资的市价以后又回升的数额,期末贷方余额,反映市价尚低于成本的数额。期末不可能为借方余额,当余额为零时,表明短期投资的市场与成本相等。

由于企业的短期投资项目较多,应如何提取短期投资跌价准备,《企业会计准则——投资》指出,要根据企业的具体情况分别采用以下方法:

(1)按短期投资总体计提:将短期投资的总成本与总市价比较,如果市价低于总成本,以其差额计提跌价准备。

(2)按短期投资类别计提:将短期投资的各类成本与各类市价比较,如果市价低于成本,以其差额计提各类跌价准备。

(3)按单项短期投资计提:将每一项短期投资成本与市价比较,如果市价低于成本,以其差额计提跌价准备。

对于短期投资项目较少的企业,或某项短期投资成本占整个短期投资成本 10% 及以上的项目,应按单项投资计提的方法确定计提短期投资跌价准备。

【例 5-24】　某建筑公司 2003 年 12 月 31 日,短期投资项有以下 5 个项目。a. 以现金方式在年初投入 A 公司 200 000 元,约定以 A 公司本年净资本收益率获取收益,A 企业经营较好;b. 购入的 B 公司股票账面成本 450 000 元,市价 400 000 元;c. 购入的 C 公司股票账面成本 150 000 元,市价 170 000 元;d. 购入的 B 公司债券账面成本 200 000 元,市价 170 000 元;e. 购入的 F 公司债券账面成本 180 000 元,市价 230 000 元。应如何计算短期投资跌价准备。

(1)如果按短期投资总体计提的方法计提则:

应计提跌价准备 = 总体成本 – 总市价

即:(200 000 + 450 000 + 150 000 + 200 000 + 180 000) – (200 000 + 400 000 + 170 000 + 170 000 + 230 000) = – 10 000(元)

借:投资收益——短期投资跌价准备　　　　　　　　　　10 000

　　　　贷:短期投资跌价准备　　　　　　　　　　　　　　　　　　　　10 000
　　(2)如果按类别计提的方法计提则:
　　本例中类别分为三类:股权投资,股票投资,债券投资。
　　股权投资产生的市价与成本差额:0(元)
　　股票投资产生的市价与成本差额: − 30 000(元)
　　债券投资产生的市价与成本差额: − 20 000(元)
　　按类别形成的总差额:0 + (− 30 000) + (− 20 000) = − 50 000(元),应计提跌价准备50 000元。会计处理如下:
　　　借:投资收益——短期投资跌价准备　　　　　　　　　　　　　50 000
　　　　贷:短期投资跌价准备——股票投资　　　　　　　　　　　　　　30 000
　　　　　　　　　　　　　　——债券投资　　　　　　　　　　　　　　20 000
　　(3)如果按单项投资计提的方法计提则:
　　A公司股权投资市价与账面成本差额:200 000 − 200 00 = 0(元)
　　B公司股票市价与账面成本差额:400 000 − 450 000 = − 50 000(元)
　　C公司股票市价与账面成本差额:170 000 − 150 000 = 20 000(元)(涨价不提)
　　D公司债券市价与账面成本差额 170 000 − 200 000 = − 30 000(元)
　　F公司债券市价与账面成本差额 230 000 − 180 000 = 50 000(元)(涨价不提)
　　按单项投资计算形成的总差额:0 + (− 50 000) + (− 30 000) = − 80 000(元),应计提跌价准备80 000元
　　会计处理如下:
　　　借:投资收益——短期投资跌价准备　　　　　　　　　　　　　80 000
　　　　贷:短期投资跌价准备——股票投资——B股票　　　　　　　　50 000
　　　　　　　　　　　　　　——债券投资——D债券　　　　　　　　30 000
　　如果本期计提短期投资跌价准备前,账面已有计提短期投资跌价准备,则当期应提取的短期投资跌价准备按以下公式计算。
　　当期应提取的短期投资跌价准备 = 当期期末短期投资市价低于成本的金额 − 短期投资跌价准备的账户贷方余额

二、长期投资减值

　　长期投资的减值,是指长期投资未来可收回金额低于账面价值所发生的损失。"可收回金额"是指企业资产的出售净价与预期从该资产的持有和投资到期处置中形成的预计未来现金流量现值两者之中的较高者。其中,出售净价是指资产的出售价格减去所发生的资产处置费用后的余额。
　　企业应设置"长期投资减值准备"一级科目进行总分类核算,贷方核算计提的长期投资减值准备的增加,借方核算长期投资减值的恢复或减少,期末贷方余额反映已计提的长期投资减值准备。并按投资项目设置二级科目进行明细分类核算。
　　(一)计提减值准备的条件及判断标准
　　《企业会计制度》要求,企业应对长期投资的账面价值定期或者至少每年年度终了时,逐项进行检查,如果市价持续下跌或被投资单位经营状况恶化等原因导致其可收回金额低于

投资的账面价值,应当计提减值准备。

1. 有市价的长期投资是否计提减值准备判断

可根据下列迹象判断:

(1)市价持续2年低于账面价值;

(2)该项投资暂停交易1年或1年以上;

(3)被投资单位当年发生严重亏损;

(4)被投资单位持续2年发生亏损;

(5)被投资单位进行清理整顿,清算或出现其他不能持续经营的迹象。

注意:有时市价并未降低,甚至还高于成本的,但被投资企业已出现上述迹象,投资企业应按被投资单位实际的财务状况预计未来可收回金额,并计提减值准备。

2. 无市价的,是否计提减值准备判断

按下列迹象判断:

(1)影响被投资单位经营的政治或法律等环境的变化,如税收、贸易等法规的颁布或修订,并能导致被投资单位出现巨额亏损。

(2)被投资单位所供应的商品或提供的劳务因产品过时或消费者偏好改变而使市场的需求发生变化,从而导致被投资单位财务状况发生严重恶化。

(3)被投资单位所从事产业的生产技术等发生重大变化,被投资单位已失去竞争力,从而导致财务状况发生严重恶化,如进行清理整顿,清算等。

(4)有证据表明该项投资实质上已经不能再给企业带来经济利益的其他情形。

(二)计提减值准备的会计处理

长期投资的减值可以分为暂时性减值和永久性减值,暂时性减值是由于被投资单位暂时的财务状况不佳,或由于市价发生暂时下跌所产生的减值;永久性减值是在预计的未来不可能恢复的长期投资减值。投资准则规定,无论是暂时性还是永久性的价值减值,均将减值直接计入当期损益。在计提长期投资减值准备时,应注意以下几个问题:

(1)长期投资减值准备的计提只能按个别投资项目计算确定。

(2)计提的减值准备直接计入当期损益。

(3)已被确认的减值准备,将来价值得已恢复,应转回。

【例5-25】 某建筑公司2002年1月1日对B公司长期股权投资的账面价值为450 000元,持有B公司为股份为75 000股。同年7月5日,由于B公司所在地区发生洪水,企业被冲毁,大部分资产已损失,并难有恢复的可能,使其股票市价下跌为每股2元,建筑公司提取该项投资减值准备的会计处理如下:

应提减值准备:450 000 - 2×75 000 = 300 000(元)

借:投资收益——长期投资减值准备　　　　　　　　　　300 000
　　贷:长期投资减值准备——股票投资(B公司)　　　　　　　300 000

假如以后上述B公司股票市价回升至每股3元,应将已恢复的金额,在原计提减值准备的范围内冲回。

应转回的减值准备 75 000 = 300 000 - (450 000 - 3×75 000)

借:长期投资减值准备——B公司　　　　　　　　　　　75 000
　　贷:投资收益——长期投资减值准备　　　　　　　　　　75 000

三、短期投资转换为长期投资

企业由于投资目的改变或其他原因,可以将短期投资划转为长期投资,企业是否可将投资进行划转,应当满足下列条件。

(1)企业管理当局经营策略和投资目的的改变。如原为短期股票投资,后因投资企业为长期持有被投资单位的股份,从而达到控制或对被投资单位实施重大影响,而将短期投资转变为长期投资等。

(2)如果企业管理当局投资意图的改变,必须有合理的理由,并经过内部工作程序,得到董事会或股东大会等企业管理当局的批准。

(3)通常只有在期末对外提供财务会计报告时,在满足上述两个条件的情况下,才可将短期投资划转为长期投资。

短期投资划转为长期投资时,应按成本与市价孰低结转。但长期投资不划转为短期投资,而是待处置时按处置长期投资的规定进行会计处理。

第六章 固定资产

第一节 固定资产概述

一、固定资产的概念

《企业会计制度》对固定资产的定义为：企业使用期限超过1年的房屋、建筑物、机器、机械、运输工具以及其他与生产经营有关的设备、器具、工具等，不属于生产经营主要设备的物品，单位价值在2 000元以上，并且使用年限超过2年的也应当作为固定资产。

以上定义概括地说，就是对企业的房屋、建筑物、机器、机械、运输工具以及与生产有关的设备、器具、工具等，只规定了使用时间一个条件；对不属于生产经营主要设备的物品，同时规定了使用时间和单位价值标准两个条件。企业在会计核算中，正确地掌握固定资产的这个概念，具有重要意义。

二、固定资产的分类

《企业会计制度》规定，企业应当根据固定资产定义，结合本企业的具体情况，制定适合于本企业的固定资产目录、分类方法，每类或每项固定资产的折旧年限、折旧方法。作为进行固定资产核算的依据。

企业制定的固定资产目录、分类方法、每类或每项固定资产的预计使用年限、预计净残值、折旧方法等，应按管理权限，经股东大会或董事会或经理（厂长）会议或类似机关批准，并按法律、行政法规的规定报送有关各方备案。以上所述固定资产目录、分类方法等，一经批准不得随意变更，如需变更，仍然应当按照上述程序，经批准后报送有关各方备案，并在会计报表附注中予以说明。

（一）综合分类法

建筑企业固定资产种类很多，根据不同的分类标准，可以分成不同的类别，下面介绍建筑企业常用的固定资产按经济用途和使用情况进行综合分类的方法。

这种综合分类的方法，首先把建筑企业的固定资产分为七大类：

1. 生产经营用固定资产

是指直接服务于企业生产经营过程的各种固定资产，如生产经营用的房屋、建筑物、机器、设备、器具、工具等。

2. 非生产经营用固定资产

是指不直接服务于生产经营过程的各种固定资产，如职工宿舍、食堂、浴室、理发室等使用的房屋，设备和其他固定资产等。

3. 租出固定资产

是指经营性租赁方式下出租给外单位使用的固定资产。

4．不需用固定资产

是指本企业多余或不适用的各种固定资产。

5．未使用固定资产

是指已完工或已购建的尚未正式使用的新增固定资产,以及因进行改建、扩建等原因暂停使用的固定资产。如企业购建的尚未正式使用的固定资产、经营任务变更而停止使用的固定资产以及备用设备等。

6．土地

是指过去已经估价单独入账的土地。因征地而支付的补偿费,应计入与土地有关的房屋、建筑物的价值内,不单独作为土地价值入账。企业取得的土地使用权不能作为固定资产处理,应作为无形资产处理。

7．融资租入固定资产

是指企业以融资租赁方式租入的固定资产,在租赁期内应视同自有固定资产进行管理。

(二)企业具体分类

在上述七大类的基础上,企业还可以根据具体情况将固定资产进一步作更细分类。例如:生产经营用固定资产,可细分为:

1．房屋及建筑物

是指企业为经营所使用的房屋建筑以及与房屋建筑物不可分割的各种附属设备,如水、暖、电、卫生、通讯电梯等设备,其价值均应包括在房屋价值之内。

2．施工机械

是指企业为施工所使用的各种施工机械。如起重机械,挖掘机械,土方铲运机械,凿岩机械,桩机机械,基础及凿井机械、钢筋及混凝土机械等。

3．运输设备

是指企业运载物料用的各种运送设备,如汽车、输送机械等。

4．生产设备

是指企业加工、维修用的各种机械设备,如木材加工机械,金属切削机床、锻压设备,焊接及切割设备,动力设备,维修专用设备及其他加工设备等。

5．仪器及试验设备

是指企业对材料、工艺等进行研究、试验及测量器和设备,如计量仪器、测绘仪器、探伤仪器等。

6．其他经营用固定资产

是指不属于以上各类,为其他经营用固定资产,如办公用具(如计算机、复印机、文字处理机、传真机等),消防用具以及行政管理用车等。

第二节　固定资产的计价

一、固定资产的计价基础

(一)按历史成本计价

固定资产的历史成本,是指企业购建某项固定资产达到使用状态前所发生的一切合理、必要的支出。这些支出既有直接发生的,如支付的固定资产的价款、运杂费、包装费和安装成本等;也有间接发生,如应予以资本化的借款利息和外币借款折合差额以及应予分摊的其他间接费用等。

(二)按重置完全价值计价

固定资产的重置完全价值计价,是指固定资产在全新情况下按现行市价重新购建该项固定资产所发生的支出来确定固定资产价值。

(三)按净值计价

固定资产净值也称为折余价值,是指固定资产原始价值或重置完全价值减去已提折旧后的净额。它可以反映企业实际占用在固定资产上的资金数额和固定资产的新旧程度,这种方法主要用于计算盘盈、盘亏、毁损固定资产的溢余或损失等。

二、固定资产价值组成

(一)购置的固定资产

购置的固定资产,按实际支付的买价、增值税、装卸费、运输费、保险费、安装费、专业人员服务费、各项税金,以及为达到可使用状态而发生的其他费用作为购入固定资产的入账价值。

(二)自行建造的固定资产

施工企业自行建造的固定资产,应按建造该项资产达到预定可使用状态前所发生的全部支出,作为固定资产的入账价值。

(三)投资者投入的固定资产

施工企业对于投资者投入的固定资产,应按投资各方确认的价值入账。

(四)融资租赁的固定资产

企业应在租赁开始日,按最低租赁付款额作为固定资产的入账价值(除当租赁资产占企业资产总额的30%以上时外)。

(五)改建、扩建的固定资产

按原固定资产的账面价值,加上由于改建、扩建而使该项资产达到预定可使用状态前发生的支出,减去改建、扩建过程中发生的变价收入作为入账价值。

(六)以非现金资产抵债或以应收债权换入固定资产

按应收债权的账面价值加上应支付相关税费作为入账价值。如:涉及补偿的,按以下规定确定受让固定资产的入账价值。

1. 收到补价的,按应收债权的账面价值,减去补价,加上应支付的相关税费作为入账价值。

2. 支付补价的,按应收债权的账面的价值加上支付的补价和应支付的相关税费,作为入账价值。

(七)接受捐赠的固定资产

1. 捐赠方提供了有关凭证的,按凭证上标明的金额加上应支付的相关税费作为入账价值。

2. 捐赠方没有提供有关凭据的,按下列顺序确定其入账价值。

(1)同类或类似固定资产存在活跃市场的,按同类或类似固定资产的市场价格估计的金额,加上应支付的相关税费,作为入账价值。

(2)同类或类似固定资产不存在活跃市场的,按该接受捐赠的固定资产的预计未来现金流量现值,作为入账价值。

(八)盘盈的固定资产

盘盈的固定资产,按同类或类似固定资产的市场价格,减去按该项资产的新旧程度估计的价值损耗后的余额,作为入账价值。如果同类或类似固定资产不存在活跃市场的,按该项固定资产的预计未来现金流量现值,作为入账价值。

(九)经批准无偿调入的固定资产

无偿调入的固定资产,按调出单位的账面价值加上发生的运输费、安装费等相关费用,作为入账价值。

固定资产的入账价值中,还应包括企业为取得固定资产而交纳的契税,耕地占用税,车辆购置税等相关税费,但不包括每期都应支付的各项费用。

企业购置计算机硬件所附带的、未单独计价的软件,与所购置的计算机硬件一并作为固定资产管理。单独计价的软件,作为无形资产管理。

三、固定资产增加的会计核算方法及会计处理举例

(一)购置的固定资产核算方法及其举例

企业购置的固定资产,按实际支付的买价、增值税、装卸费、运输费、保险费、安装费、专业人员服务费、各项税金,以及为达到可使用状态而发生的其他费用作为购入固定资产的入账价值。购置的固定资产分为不需要安装的固定资产和需要安装的固定资产。

1. 不需要安装的固定资产的各项支出直接计入"固定资产"账户。

【例6-1】 某建筑公司购入一台施工机械,以银行存款支付买价及运费共计1 187 000元,验收合格投入使用。会计处理如下:

借:固定资产——生产经营用——施工机械　　　1 187 000
　　贷:银行存款　　　　　　　　　　　　　　　　　1 187 000

2. 需要安装的固定资产安装前发生的各项支出,先通过"在建工程——××设备"科目归集核算,待设备验收合格后,再由"在建工程——××设备"科目结转到"固定资产"科目。

【例6-2】 某建筑公司购入一台需要安装的生产设备,支付设备价款450 000元(含增值税),支付运费16 000元,委托外单位安装支付安装费20 000元,设备经调试后,验收合格投入使用。

(1)以银行存款支付设备价款运费和安装费

借:在建工程——××设备　　　　　　　　　　486 000
　　贷:银行存款　　　　　　　　　　　　　　　　　486 000

(2)验收合格交付使用经转固定资产

借:固定资产——生产经营用——施工机械　　　486 000
　　贷:在建工程——××设备　　　　　　　　　　486 000

(二)自行建造的固定资产核算方法及其举例

企业自行建造的固定资产,应按建造该项资产达到预定可使用状态前所发生的全部支出,作为固定资产的入账价值。

自行建造的固定资产在发生各项支出时,借记"在建工程"科目,贷记"银行存款"、"原材料"、"应付工资"、"机械费"等科目。工程达到预定可使用状态时,则形成固定资产,借记"固定资产",贷记"在建工程"科目,将剩余或短缺的物质按以下方法处理。

1. 对于固定资产达到预定可使用状态后剩余的工程物质

按其实际成本或计划成本(按计划成本核算),转作企业的库存材料,并运至企业中心库或直接转运其他工程项目使用。

2. 对于盘盈、盘亏、报废、毁损的工程物质

工程尚未达到预定可使用状态时,工程物质的盘盈或损失,应冲减或计入所建工程项目的成本;工程已经完工并达到预定使用状态后,计入当期营业外收支项目。

【例 6-3】 某建筑公司自行建造仓库一座,购入为工程准备的各种物资 2 000 000 元,支付的增值税额为 340 000 元,实际领用工程物资 2 340 000 元,库存材料 1 160 000 元,应分配人工费 600 000 元,机械费 750 000 元,仓库已完工剩余 50 000 元的工程物质。会计处理:

(1)购入为工程准备的物资

借:工程物质——×物质　　　　　　　　　　　　　　2 340 000
　贷:银行存款　　　　　　　　　　　　　　　　　　　　　　2 340 000

(2)领用工程物资及施工材料

借:在建工程——×仓库　　　　　　　　　　　　　　3 500 000
　贷:工程物质——×物质　　　　　　　　　　　　　　　　2 340 000
　　原材料　　　　　　　　　　　　　　　　　　　　　　1 160 000

(3)分配施工人工费和机械费

借:在建工程——×仓库　　　　　　　　　　　　　　1 350 000
　贷:应付工资　　　　　　　　　　　　　　　　　　　　　　600 000
　　机械作业　　　　　　　　　　　　　　　　　　　　　　750 000

(4)剩余施工材料,退料入用红字冲账

借:原材料　　　　　　　　　　　　　　　　　　　　－50 000
　贷:在建工程——×仓库　　　　　　　　　　　　　　　　－50 000

(5)经验收合格后投入使用

借:固定资产——生产经营用——房屋建筑物　　　　4 800 000
　贷:在建工程——×仓库　　　　　　　　　　　　　　　　4 800 000

(三)出包建造固定资产核算方法及其举例

企业按规定预付承包单位的工程款时,借记"在建工程",贷记"银行存款",工程完工收到承包单位经本企业认可的决算书后,补付工程款时,借记"在建工程"科目,贷记"银行存款"等科目;工程完工交付使用时,按实际发生的全部支出,借记"固定资产"科目,贷记"在建工程"科目。

【例 6-4】 某建筑公司出包建造一幢自用办公大楼,交纳土地使用费 200 000 元,该项目由甲施工企业承建,按合同规定以银行存款预付工程款 1 500 000 元,并按工程进度支付进度款 2 500 000 元;工程竣工时,经双方签证的工程决算价款 4 600 000 元,扣除以上已支付预付款和进度款后,余额 600 000 元于工程竣工经验收合格 6 个月后支付。工程竣工经

验收合格并交付使用,有关会计处理如下:

(1)交纳土地使用费

借:在建工程——办公楼　　　　　　　　　　　　　　　200 000
　　贷:银行存款　　　　　　　　　　　　　　　　　　　　　　200 000

(2)预付承建方甲施工企业工程款及进度款(假设一次性支付)

借:在建工程——办公楼　　　　　　　　　　　　　　4 000 000
　　贷:银行存款　　　　　　　　　　　　　　　　　　　　　4 000 000

(3)竣工验收合格,形成固定资产并交付使用

借:固定资产——生产经营用——房屋及建筑物　　　　4 800 000
　　贷:在建工程——办公楼　　　　　　　　　　　　　　　4 200 000
　　　　应付账款——甲企业　　　　　　　　　　　　　　　　600 000

(4)6个月后按合同规定支付工程尾款

借:应付账款——甲企业　　　　　　　　　　　　　　　600 000
　　贷:银行存款　　　　　　　　　　　　　　　　　　　　　　600 000

(四)投资者投入的固定资产核算方法及其举例

企业对于投资者投入的固定资产,应按投资各方确认的价值入账,一方面反映本企业固定资产的增加,另一方面反映投资者投资额的增加。

【例6-5】 某建筑公司收到B公司投入的固定资产生产设备一台,该固定资产的账面原价800 000元,已提折旧80 000,净值720 000,甲企业接受投资时,经双方同意按600 000元确认固定资产的价值,有关会计处理如下:

借:固定资产——生产经营用——生产设备　　　　　　600 000
　　贷:实收资本　　　　　　　　　　　　　　　　　　　　　600 000

(五)接受捐赠的固定资产核算方法及其举例

1.捐赠方提供了有关凭证的,按凭证上标明的金额加上应支付的相关税费作为入账价值。

2.捐赠方没有提供有关凭据的,按下列顺序确定其入账价值。

(1)同类或类似固定资产存在活跃市场的,按同类或类似固定资产的市场价格估计的金额,加上应支付的相关税费,作为入账价值。

(2)同类或类似固定资产不存在活跃市场的,按该接受捐赠的固定资产的预计未来现金流量现值,作为入账价值。

3.如受赠的系旧的固定资产,按照上述方法确定的价值,减去按该项资产的新旧程度估计的价值损耗后的余额,作为入账价值。

接受捐赠的固定资产,按确定的入账价值,借记"固定资产"科目,按未来应交的所得税,贷记"递延税款"科目,按确定入账价值减去未来应交所得税及相关税费后的余额,贷记"资本公积"科目,按应支付的相关税费,贷记"银行存款"科目。

【例6-6】 某建筑公司接受外单位捐赠的生产设备一台,根据捐赠的发票,报关单等进口的设备价值340 000元,发生的运输费5 000元,该企业适用的所得率为33%。企业在收到捐赠的设备时的有关会计处理如下。

借:固定资产——生产经营用——生产设备　　　　　　345 000

贷：资本公积——接受非现资产准备　　　　　　　227 800
　　银行存款　　　　　　　　　　　　　　　　　5 000
　　递延税款——所得税　　　　　　　　　　　112 200

（六）盘盈的固定资产核算方法

盘盈的固定资产，按同类或类似固定资产的市场价格，减去按该项资产的新旧程度估计的价值损耗后的余额，作为入账价值。如果同类或类似固定资产不存在活跃市场的，按该项固定资产的预计未来现金流量现值，作为入账价值。

盘盈的固定资产入账时，借记"固定资产"科目，贷记"待处理财产损益"科目。

第三节　固定资产折旧

固定资产折旧，是对固定资产由于磨损和损耗而转移到产品中去的那一部分价值的补偿。企业应设置"累计折旧"科目进行核算，贷方核算每期应计提的固定资产折旧额，借方核算转出固定资产时转出的累计折旧，本科目是固定资产的备抵科目。期末贷方余额反应账面固定资产已计提的折旧额。

一、计提折旧的固定资产范围[①]

根据《企业会计制度》的规定，建筑企业所持有的固定资产，除以下情况外，都应计提折旧。

(1)房屋、建筑物以外的未使用、不需用固定资产；
(2)以经营租赁方式租入的固定资产；
(3)已提足折旧仍继续使用的固定资产；
(4)按照规定单独估价作为固定资产入账的土地。

二、固定资产的折旧方法

企业在计提固定资产折旧时，应当按期计提，并根据用途分别计入相关的成本或当期费用。企业在当月增加固定资产时不提折旧，从下月起计提折旧；当月减少固定资产时照提折旧，从下月起停止计提折旧。固定资产提足折旧后，不管能否继续使用，均不再提取折旧；提前报废的固定资产，也不再补提折旧。

建筑企业应当根据固定资产所含经济利益预期实现方式选择折旧方法，一般采用平均年限法和工作量法。对技术进步较快、使用强度大、设备在恶劣环境下工作等原因导致使用寿命缩短的固定资产，也可以采用双倍余额递减法或年数总和法计提折旧。折旧方法一经确定，不得随意变更。如需变更，应履行有关程序审批。

（一）平均年限法

平均年限法又称直线法，是将固定资产的折旧额均衡地分摊到各期，按固定资产预计使用年限平均计算折旧的一种方法，采用这种方法计算的每期折旧额均是等额的，其计算公式

---

① 执行《企业会计准则——固定资产》的股份有限公司等企业，应遵守准则的规定，对未使用、不需用的固定资产必须计提折旧。

如下:

$$年折旧率 = \frac{1-预计净残值率}{预计使用年度} \times 100\%$$

$$月折旧率 = 年折旧率 \div 12$$

$$月折旧额 = 固定资产原价 \times 月折旧率$$

【例 6-7】 某建筑公司有一台施工电梯,原价为 500 000 元,预计可使用 10 年,按照有关规定,该设备报废的净残值为 3%,该设备的折旧率的月折旧额计算如下:

$$年折旧率 = (1-3\%) \div 10 = 9.7\%$$

$$月折旧率 = 9.7\% \div 12 = 0.808\ 3\%$$

$$月折旧额 = 500\ 000 \times 0.808\ 3\% = 4\ 041.66(元)$$

(二)工作量法

工作量法是根据实际工作量计提折旧额的一种方法,这种方法弥补平均年限法只重使用时间,不考虑使用强度的缺点,其计算方式为:

$$每单位工作量折旧额 = \frac{固定资产原价(1-净残值率)}{预计总工作量}$$

$$月折旧额 = 设备当月工作量 \times 每单位工作量折旧额$$

【例 6-8】 某建筑公司有一辆货运车原价为 80 000 元,预计总行驶里程为 200 000km,其报废时残值率为 3%,本月行驶 4 000km,该辆汽车本月折旧额为:

$$单位里程折旧额 = \frac{80\ 000(1-3\%)}{200\ 000} = 0.388(元/km)$$

$$本月折旧额 = 4\ 000 \times 0.388 = 1\ 552(元)$$

(三)双倍余额递减法

双倍余额递减法是加速折旧的一种方法,是在不考虑固定资产净残值的情况下,根据每期期初固定资产账面余额和双倍的直线法折旧率计算固定资产折旧的一种方法。公式如下:

$$年折旧率 = \frac{1}{预计的使用年限} \times 100\% \times 2$$

$$月折旧率 = 年折旧率 \div 12$$

$$月折旧额 = 固定资产账面净值 \times 月折旧率$$

注意:由于双倍余额递减法,不考虑固定资产净残值,因此不能使账面折余价值降低到预计残值收入以下,应当在固定资产折旧年限到期以前两年内,将固定资产净值扣除预计净残值后的余额平均摊销。

【例 6-9】 某建筑公司一台混凝土搅拌机原价为 50 000,预计使用年限为 5 年,预计净减值为 3%,按双倍余额递减法计算折旧,每年折旧额为

$$双倍直线率折旧率 = 1/5 \times 100\% \times 2 = 40\%$$

$$第一年应提的折旧额 = 50\ 000 \times 40\% = 20\ 000(元)$$

$$第二年应提的折旧额 = (50\ 000 - 20\ 000) \times 40\% = 12\ 000(元)$$

$$第三年应提的折旧额 = (50\ 000 - 20\ 000 - 12\ 000) \times 40\%$$
$$= 7\ 200(元)$$

从第四年起改按平均年限法(直线法)计提折旧

第四、第五年的年折旧额＝[(50 000－20 000－12 000－7 200)－1 500]÷2
＝4 650(元)

(四)年数总和法

年数总和法也是加速折旧的方法之一，它又称会计年限法，是将固定资产的原值减去净残值后的净额乘以一个逐年递减的分数计算每年的折旧额，公式如下：

年折旧率＝(尚可使用年数÷预计使用年限的年数总和)×100％

月折旧率＝年折旧率÷12

月折旧额＝(原值－预计净残值)×月折旧率

【例6-10】 某项固定资产的原值为100 000元，预计使用年限为5年，预计净残值为4 000元。采用年数总和计算的各年折旧率如表6-1。

各年折旧率　　　　　　　　　　　　表6-1

年份	尚可使用年限 (年)	原值——净残值 (元)	每年折旧率 (％)	每年折旧额 (元)	累计折旧 (元)
1	5	96 000	5/15	32 000	32 000
2	4	96 000	4/15	25 600	77 600
3	3	96 000	3/15	19 200	76 800
4	2	96 000	2/15	12 800	89 600
5	1	96 000	1/15	6 400	96 000

加快折旧的目的是使固定资产成本在估计耐用年限内加速得到补偿。

三、固定资产折旧的核算

建筑企业应每月对应计提折旧的固定资产提取折旧，根据使用设备的对象，将折旧费用记入该对象的成本或费用。企业按月计提固定资产折旧时，借记"工程施工"、"机械作业"、"间接费用"、"管理费用"等科目，贷记"累计折旧"科目。"累计折旧"账户只进行总分类核算。固定资产卡片上应对该项固定资产原价、折旧率和实际使用年数每年的折旧额，每年的净值等资料进行计算、记载。

会计实务中，各月计提折旧的工作一般通过编制"固定资产折旧计算表"来完成。

第四节　固定资产的后续支出

一、费用化的后续支出

固定资产使用之后，由于固定资产磨损，各组成部分耐用程度不同，可能导致固定资产的局部损坏，为了维护固定资产的正常运转和使用，充分发挥其使用效能，企业应对固定资产进行必要的维护。发生固定资产维护支出只是确保固定资产的正常工作状况，因它并不可能使流入企业的经济利益超过原先的估计，则应在发生时确认为费用。

【例6-11】 某建筑公司管理机构使用的车辆委托汽车修理厂进行经常性维护修理，支付修理费用2 000元，用银行存款支付，会计处理如下：

借：管理费用——修理费　　　　　　　　　　　　　　　　　2 000

　　　　贷:银行存款　　　　　　　　　　　　　　　　　　　　2 000

二、资本化的后续支出

　　如果固定资产的后续支出,可能使流入企业的经济利益超过原先的估计,则应当计入固定资产的账面价值,其增计后的金额不应超过该固定资产的可收回金额,超过部分直接计入当期营业外支出。在处理具体实务时,可比照《企业所得税扣除办法》中的规定,符合下列情况之一应记入固定资产的账面价值。

　　1. 发生的修理支出达到固定资产原值的 20% 以上。
　　2. 经过修理有关固定资产的使用寿命延长二年以上。
　　3. 经过修理后的固定资产被用于新的和不同用途。

　　对发生可资本化的固定资产后续支出,企业应将该固定资产的原价、已计提的累计折旧和减值准备转销,将固定资产的账面价值转入在建工程,而后发生的可资本化的后续支出,通过"在建工程"科目核算。在固定资产发生的后续支出完工并达到预计可使用状态时,应将后续资本化后的固定资产账面价值在不超过其可收回金额的范围内,从"在建工程"科目转入"固定资产"科目。超过部分直接转入当期营业外支出。

　　对于更新改造过程而停止使用的固定资产,因已转入在建工程,因此不计提折旧,待更新改造项目达到预定可使用状态转入固定资产后,再按新确定的折旧方法和尚可使用年限计提折旧。因进行大修理而停用的固定资产,应当照提折旧,计入相关成本费用。

　　固定资产装修费用,符合资本化原则的,应当在"固定资产"科目下单设"固定资产装修"明细科目核算,并在两次装修期间和固定资产尚可使用年限两者中较短的期间内,采用合理的方法单独计提折旧。下次再装修时,如果"固定资产装修"明细科目尚有余额,应一次性全计入当期营业外支出。

　　经营租赁的固定资产发生的改良支出,应单设"经营租入的固定资产改良"一级科目核算,并在剩余租赁期与租赁资产尚可使用年限两者较短的期间内,采用合理的方法单独摊销支出。融资租赁的固定资产发生的固定资产后续支出,比照自有固定资产的后续支出原则处理。

　　【例 6-12】　某建筑公司投资建立一混凝土搅拌站,有关业务资料如下:
　　(1)2000 年 12 月,投资这一项目建造成本 5 680 000 元,采用年限平均法计提折旧,预计净残值率为 3%,预计使用年限为 6 年。
　　(2)2003 年 1 月 1 日,公司决定对现有生产线进行改建,以提高生产能力。
　　(3)2003 年 1 月 1 日至 3 月 31 日,经过三个月的改扩建,完成了对这条生产线的改扩建工程,共发生支出 2 689 000 元,全部以银行存款支付。
　　(4)该生产线扩建工程达到预交可使用状态后,预计可继续使用 10 年。假定改扩建后生产线的预计净残值为改扩建后的固定资产价值的 3%,折旧方法仍为年限平均法,改扩建工程达到预定可使用状态后,预计能给企业带来的可收回金额为 7 000 000 元。
　　(5)整个过程不考虑其他相关税费,公司按年度计提固定资产折旧。
　　有关会计处理如下:
　　1)2001 年 1 月 1 日至 2002 年 12 月 3 日两年间
　　　　　　年折旧额 = 5 680 000(1 − 3%) ÷ 6 = 918 266.70 元
　　各年计提折旧的会计分录为:

借:生产成本 918 266.70
  贷:累计折旧 918 266.70

2)2003年1月1日,固定资产账面的价值为:
$$5\ 680\ 000-(918\ 266.70\times2)=3\ 843\ 466.67\ 元$$
固定资产转入改扩建时的会计分录

借:在建工程——混凝土站 3 843 466.67
  累计折旧 1 836 533.40
  贷:固定资产——混凝土站 5 680 000.00

3)2003年1月1日至3月31日,该固定资产不提折旧,其后续支出发生时的会计分录为:

借:在建工程——混凝土站 2 689 000.00
  贷:银行存款 2 689 000.00

4)2003年3月31日,生产线改扩建工程达到预定可使用状态,如将后续支出全部资本化的固定资产账面价值为:
$$3\ 843\ 466.67+2\ 689\ 000=6\ 532\ 466.67\ 元$$
不超过改扩建工程达到预定可使用状态后固定资产预计能给企业带来可收回金额7 000 000元,所以,可将后续支出全部予以资本化,会计分录为:

借:固定资产——混凝土站 6 532 466.67
  贷:在建工程——混凝土站 6 532 466.67

5)2003年3月31日,混凝土生产线改扩建工程达到预定可使用状态后,固定资产的账面价值为:6 532 466.67元。

固定资产应计折旧额为:$6\ 532\ 466.6(1-3\%)=6\ 366\ 492.60\ 元$

每月计提固定资产折旧额为:$6\ 336\ 492.60\div(10\times12)=52\ 804.10\ 元$

2003年计提固定资产折旧:$52\ 804.10\times9=475\ 236.9$

借:生产成本 475 236.90
  贷:累计折旧 475 236.90

在2004年后每年计提固定资产折旧额为:$52\ 804.10\times12=633\ 649.20$

每年计提固定资产折旧的会计分录为:

借:生产成本 633 649.20
  贷:累计折旧 633 649.20

第五节 固定资产处置与期末计价

一、固定资产的处置

企业固定资产的处置,即对账面固定资产价值的处理,包括以下几种情况。

(1)由于使用而不断磨损,直至最终不能使用而报废。

(2)对一些不适用或不需用的固定资产,为盘活资金,而将其出售或转让。

(3)由于遭受自然灾害等非常损失而使固定资产发生毁损。

(4)以固定资产作投资、捐赠、抵债、调拨等转移到其他单位。

企业对固定资产应当定期或者至少每年实地盘点一次。对盘盈、盘亏、毁损的固定资产，应当查明原因，写出书面报告，并根据企业的管理权限，经股东大会或董事会，或经理(厂长)会议或类似机构的批准后，在期末结账前处理完毕。盘盈的固定资产，计入当期的营业外收入；盘亏或毁损的固定资产，在减去过失人或者保险公司等的赔偿和残料价值之后，计入当期营业外支出。

如盘盈、盘亏或毁损的固定资产，在期末结账前尚未经批准的，在对外提供财务报告时应当按照上述规定进行处理，并在会计报表附注中作出说明；如果其后批准处理的金额与已处理的金额不一致，应按其差额调整会计报表相关项目的年初数。

固定资产的处置，在企业账务上反映为，对原来记录固定资产的有关账户的清销，一般通过"固定资产清理"科目进行核算。本科目借方核算转出固定资产的账面净值及清理过程中所发生费用和税金以及净收益等；贷方核算出售固定资产的价款、残料价值、变价收入以及由保险公司、过失人赔偿的收入和净损失等，期末一般无余额。

(一)施工企业出售、报废和毁损等原因减少的固定资产

会计核算按以下几个步骤。

1. 固定资产的账面价值转入清理

借：固定资产清理(尚余净额)
　　累计折旧(已提折旧)
　　固定资产减值准备(已提准备)
　　贷：固定资产(原值)

2. 发生的清理费用(发生的清理费用含应交税费)

借：固定资产清理
　　贷：银行存款(清理过程中所发生的费用支出)
　　　　应交税金(清理所应交纳的税金)

3. 固定资产的变价收入和残料价值，应冲减清理支出

借：银行存款(变价收入)
　　原材料(残料的利用)
　　贷：固定资产清理

4. 由于固定资产的损失而获得保险公司或过失的赔偿收入，应冲减清理支出

借：银行存款(获得赔偿收入)
　　其他应收款(获得赔偿收入)
　　贷：固定资产清理

5. 固定资产清理后的净损益，计入当期营业外收入或支出

借：固定资产清理(本设备清理账户余额)
　　贷：营业外收入(净收益)

或：借：营业外支出(净损失)
　　　　贷：固定资产清理(本设备清理账户余额)

(二)投资转出的固定资产

1. 首先清销固定资产有关账户

借：固定资产清理(净值)

　　　　累计折旧(已提的折旧)
　　　　固定资产减值准备(已计提的减值准备)
　　　贷：固定资产(原值)
　2．清理发生的有关费用
借：固定资产清理
　　　贷：银行存款(拆装费、运输费等)
　　　　　应交税金(应交纳的相关税费)
　3．转作投资
借：长期投资(投资各方确认的价值)
　　资本公积(差额)
　　　贷：固定资产清理(本设备清理账户余额)
(三)捐赠转出的固定资产
1．清销该项固定资产的有关账户
借：固定资产清理(净值)
　　　累计折旧(已计提了折旧)
　　　固定资产减值准备(已计提准备金额)
　　　贷：固定资产(原值)
2．发生的清理费用
借：固定资产清理
　　　贷：银行存款(安装费、运费等)
　　　　　应交税金(应交有关税费)
3．清理账户余额转入当期营业外收支
借：营业外支出
　　　贷：固定资产清理(本设备清理账户余额)
或借：固定资产清理(本设备清理账户余额)
　　　贷：营业外收入
(四)盘亏的固定资产
1．清销该项固定资产的有关账户
会计分录同上
2．"固定资产清理"余额的处理
借：待处理财产损溢
　　　贷：固定资产清理(本设备清理账户余额)
以上经有关管理机构批准后，按确定的处理方案处理。

二、固定资产的期末计价

(一)固定资产减值准备的计提

《企业会计制度》规定企业应当定期或者至少在每年年度终了，对固定资产逐项进行检查，发现除折旧以外的固定资产价值减少，应计提减值准备。固定资产减值准备应按单项资产计提。

固定资产减值＝账面净值－可收回金额

1. 计算固定资产的可回收金额

如发现下列情况,应当计算固定资产的可收回金额,以确定资产是否已经发生减值。

(1)固定资产市价大幅度下跌,预计在近期不可能恢复。

(2)企业所处经营环境,如技术、市场、经济或法律环境,或者产品营销市场在当期发生重大变化,并对企业产生负面影响。

(3)同期市场利率等大幅度提高,进而很可能影响企业计算固定资产可收回金额的折现率,并导致固定资产的可收回金额大幅度降低。

(4)固定资产陈旧过时或发生实体损坏等。

(5)固定资产预计使用方式发生重大不利变化,如企业计划终止或重组该资产所属经营业务,提前处置资产等情形,从而对企业产生负面影响。

(6)其他有可能表明资产已发生减值的情况。

2. 按账面余额全额计提减值准备

当存在下列情况之一时,应按账面余额,全额计提减值准备。

(1)长期闲置不用,在可预见的未来不会再使用,且无转让价值的固定资产。

(2)由于技术进步等原因,已不可使用的固定资产。

(3)虽然固定资产尚可使用,但会产生大量不合格品的固定资产。

(4)已遭毁损,以至于不再具有使用价值和转让价值的固定资产。

(5)其他实质上已经不能再给企业带来经济利益的固定资产。

(二)固定资产减值准备的核算方法

企业计提的固定资产减值时,借记"营业外支出—计提的固定资产减值准备"科目,贷记"固定资产减值准备"科目,如已计提减值准备的固定资产价值又得以恢复,应借记"固定资产减值准备"科目,贷记"营业外支出—计提的固定资产减值准备"科目。

企业已全部计提减值准备的固定资产,不再计提折旧,在资产负债表中,固定资产减值准备为固定资产净值的减项反映。

第六节 固定资产租赁

一、固定资产租赁概述

(一)固定资产租赁的基本概念

1. 租赁

是指在约定的期间内,出租人将资产使用权出让给承租人以获取租金的协议。

2. 最低租赁付款额

是指在租赁期内,承租人应支付的各种款项,加上由承租人或与其有关的第三方担保的租赁资产租赁期届满时的资产公允价值。

3. 最低租赁收款额

是指最低租赁付款额加上与承租人和出租人均无关,但在财务上有能力担保的第三方出租人担保的资产余值。

(二)租赁分类的判断

固定资产的租赁分为:经营租赁和融资租赁

一项资产租赁如果出租人将租赁资产的风险和报酬转移给承租人,则为融资租赁,否则为经营租赁。在具体判断时,应按实质重于形式的原则。如果满足以下一条或数条标准,就应认定为融资租赁。

(1)在租赁期届满时,租赁资产的所有权转移给承租人。

(2)承租人有购买租赁资产的选择权,且购价低于行使选择权时租赁资产的公允价值的5%(含5%)。

(3)租赁期占租赁资产尚可使用年限的大部分(75%或75%以上)。

需要注意的是,如果租赁资产是一项旧资产,在开始此次租赁前其已使用年限超过资产全新时可使用年限的75%,则该条判断标准不适用。

(4)租赁开始日最低租赁付款额现值占租赁资产原账面价值90%以上(租赁前其已使用年限超过资产全新时可使用年限的75%不适用)。

(5)租赁资产性质特殊,如果不作重新改制,只有承租人才能使用。

二、固定资产承租人的会计处理

(一)固定资产承租人对经营租赁的会计处理

在经营租赁下,与租赁资产所有权有关的风险和报酬并没有实质上转移给承租人,承租人不承担租赁资产的主要风险,承租人对经营租赁的会计处理比较简单。即总支付的租金在租赁期内按直线法摊销,并确认为各期间的费用。

【例6-13】 2002年1月1日,某建筑公司向B公司租入管理设备一台,租期为3年。设备价值1 000 000元,预计使用年限10年。租赁合同规定,租赁开始日(2002年1月1日)建筑公司向B公司一次性预付租金150 000元。第一年年末支付租金150 000元,第二年年末支付租金200 000元,第三年年末支付租金250 000元。租赁期届满后B公司收回设备,三年的租金总额为750 000元。有关会计处理如下:

由于此项租赁不满足融资租赁的任何一条标准,应作为经营租赁处理,确认租金费用时,不能依据各期支付的实际金额确定,而应采用直线法分摊确认各期的租金费用。

每年应分摊的租金费用(150 000 + 150 000 + 200 000 + 250 000)÷3 = 250 000(元)

2002年1月1日预付租金150 000元时

借:长期待摊费用——×设备租金　　　　　　　　　150 000
　　贷:银行存款　　　　　　　　　　　　　　　　　　　　150 000

2002年12月31日支付租金150 000元

借:管理费用——租金　　　　　　　　　　　　　　　250 000
　　贷:长期待摊费用——×设备租金　　　　　　　　　　100 000
　　　　银行存款　　　　　　　　　　　　　　　　　　　　150 000

2003年12月31日支付租金200 000元

借:管理费用——租金　　　　　　　　　　　　　　　250 000
　　贷:长期待摊费用——×设备租金　　　　　　　　　　 50 000
　　　　银行存款　　　　　　　　　　　　　　　　　　　　200 000

2004年12月31日支付租金250 000元
借:管理费用——租金　　　　　　　　　　　　　　　　　　　　250 000
　　贷:银行存款　　　　　　　　　　　　　　　　　　　　　　　　　250 000

(二)固定资产承租人对融资租赁固定资产的会计处理

承租人融资租赁的会计处理主要涉及以下几个问题:

1. 租赁资产的资本化及其金额的确定

如果在租赁开始时,融资租赁资产总额等于或小于承租人资产总额的30%,那么在租赁开始日,承租人也可按最低租赁付款额,借记"固定资产——融资租入固定资产"科目,贷记"长期应付款——应付融资租赁款"科目。

如果在租赁开始时,融资租入资产总额大于承租人资产总额的30%(不包括30%),按租赁开始租赁资产的原账面价值与最低租赁付款额的现值两者中的较低者,借记"固定资产——融资租入固定资产"科目,按最低租赁付款额,贷记"长期应付款——应付融资租赁款"科目,按上述两者差额,借记"未确认融资费用"科目(对于建筑公司发生这种情况的可能性较小,这里不作详细叙述)。

如果融资租赁的固定资产在租赁开始日需要经过安装,应先通过"在建工程"科目核算,安装完毕交付使用时,再由"在建工程"科目转入"固定资产——融资租入固定资产"科目。

2. 初始直接费用

是指在租赁谈判和签定租赁合同过程中承租人发生的可直接归属于租赁项目的费用,如印花税、佣金、律师费、差旅费、谈判费等。初始直接费应直接计入当期费用处理。其会计处理为:借记"管理费用"等科目,贷记"银行存款"、"现金"等科目。

3. 租赁资产折旧的计提

融资租入的固定资产与企业自有的其他同类固定资产的折旧方法相同,只是折旧期间的确定应按租赁期与租赁资产尚可使用年限两者中较短者作为折旧期间。

4. 履约成本的会计处理

履约成本名目较多,承租人在实际中可以根据其内容进行处理。例如:对于融资租入固定资产的改良支出,技术咨询和服务费,人员培训等,应予递延分摊计入各期费用。借记"长期待摊费用",贷记"银行存款"科目;对于固定资产的经常性修理费、保险费等,可直接计入当期费用,借记"制造费用"、"管理费用"等科目,贷记"银行存款"等科目。

5. 或有租金的会计处理

由于或有租金的金额不固定,无法采用系统合理的方法对其进行分摊。因此,或有租金应在实际发生时确认为当期费用,或有租金是以销售百分比、使用量等为依据计算。发生时借记"营业费用"等科目,贷记"银行存款"等科目;当或有租金是以物价指数为依据计算,借记"财务费用"科目,贷记"银行存款"等科目。

6. 租赁期届满时的会计处理

租赁期届满时,承租人对租赁资产的处理有如下三种:

(1)返还租赁资产

1)如果存在承租人担保余值,借记"长期应付款——应付融资租赁款"、"累计折旧"科目,贷记"固定资产——融资租金固定资产科目"。

2)如果不存在承租人担保余值,借记"累计折旧"科目,贷记"固定资产——融资租金固定资产"科目;如果还存在净残值,还应借记"营业外支出——处置固定资产净损失"科目。

(2)优惠续租租赁资产

1)如果承租人行使优惠续租选择权,则应视同该项租赁一直存在而做出相应的财务处理。

2)如果租赁期届满时承租人没有续租,承租人向出租人返还租赁资产时其会计处理同上述返还租赁资产的会计处理。根据合同规定向出租人支付违约金时,借记"营业外支出"科目,贷记"银行存款"科目。

(3)留购租赁资产

在承租人享有优惠购买选择权的情况下,在付购买价款时,借记"长期应付款——应付融资租赁款"科目,贷记"银行存款"等科目,同时,将固定资产从"融资租入固定资产"的明细科目转入有关明细科目。

【例 6-14】 融资租赁资产占公司总资产 30% 及以下的融资租赁业务的例子见【例 10-7】。

三、固定资产出租人对经营租赁的会计处理

在经营租赁时,租赁资产的所有权始终归出租人所有,因此出租人仍应按自有资产处理,将租赁资产反映在资产负债表上,对于租赁的固定资产,应当按出租人对同类资产采用的折旧政策计提折旧。出租人在经营租赁下收取的租金应当在租赁期内的各个期间按直线法确认为收入。

有时,出租人可能对经营租赁提供激励措施,如免租期承担承租人某些费用等。在出租人提供了免租期的情况下,应将租金总额在整个租赁期内分配,而不是在租赁期扣除免租期后的期间进行分配。在出租人承担了承租人的某些费用的情况下,应将该费用在租金总额中扣除,并将租金余额在租赁期内进行分配。

【例 6-15】 2002 年 1 月 1 日,某建筑公司向 B 公司租入施工设备一台租期为 3 年,设备价值 1 000 000 元,预计使用年限 10 年,不计残值,租赁合同规定,租赁开始日(2002 年 1 月 1 日)建筑公司向 B 公司一次性预付租金 150 000 元,第一年年末支付租金 150 000 元,第二年年末支付租金 200 000 元,第三年年末支付租金 250 000 元,租赁期间满后 B 公司收回设备。三年的租金总额为 750 000 元,B 公司有关会计处理如下:

(1)2002 年 1 月 1 日收到预付租金　　　　　　　　　　　　　　150 000
　借:银行存款　　　　　　　　　　　　　　　　　　　　　　　150 000
　　贷:其他应收款——A 公司　　　　　　　　　　　　　　　　　　　150 000
(2)第一年末收到租金　　　　　　　　　　　　　　　　　　　　150 000
　借:银行存款　　　　　　　　　　　　　　　　　　　　　　　150 000
　　其他应收款——A 公司　　　　　　　　　　　　　　　　　　100 000
　　贷:其他业务收入——经营租赁收入　　　　　　　　　　　　　　　250 000
同时,计提折旧
每年应计提折旧 = 1 000 000 ÷ 10 = 100 000
　借:其他业务支出——经营租赁支出　　　　　　　　　　　　　100 000
　　贷:累计折旧　　　　　　　　　　　　　　　　　　　　　　　　100 000

(3)第二年末收到租金   200 000
借:银行存款   200 000
    其他应收款——A公司   50 000
    贷:其他业务收入——经营租赁收入   250 000
同时,计提折旧,同上
(4)第三年末收到租金   250 000
借:银行存款   250 000
    贷:其他业务收入——经营租赁收入   250 000
同时,计提折旧同上。

第七章　无形资产及其他资产

第一节　无形资产及期末计价

一、无形资产概述

无形资产是指企业为生产商品或者提供劳务出租给他人,或为管理目的而持有的没有实物形态的非货币性长期资产。

无形资产分为可辨认无形资产和不可辨认无形资产。可辨认无形资产包括专利权、非专利技术、商标权、著作权、土地使用权等。不可辨认无形资产是指商誉。

(一)无形资产的一般特征

1. 没有实物形态。无形资产所表现的是一种权力或获得超额利润能力,没有实物形态,却具有价值。不具有实物形态是无形资产区别于其他资产的显著标志。

2. 能在较长时期内使企业获得经济效益。无形资产能在多个生产经营期内使用,使企业长期受益,因而,属于一项长期资产。企业为取得无形资产所发生的支出属于资本性支出。

3. 持有的目的是使用而不是出售。

4. 能够给企业提供未来经济效益的大小,具有较大的不确定性。无形资产的经济价值在很大程度上受到企业外部因素影响,其取得成本不能代表其经济价值。

5. 通常是企业有偿取得的。只有花费了支出的无形资产,才能作为无形资产入账,否则,不能作为无形资产入账。

(二)无形资产的确认必须具备的条件

1. 该资产为企业获得的经济利益很可能流入企业。
2. 该资产的成本能可靠地计量。

二、无形资产的内容

无形资产一般包括专利权、土地使用权、著作权、特许权、非专利技术、软件和商誉等。

(一)专利权

专利权是指权利人在法定期限内对某一发明创造所拥有的独占权和专有权,专利权的主体是依据专利法被授予专利权的个人或单位。专利权的客体是受专利法保护的专利范围。企业不需将其所有的专利权都予以资本化,作为无形资产核算,只有那些能够给企业带来较大经济价值,并且企业为此花费了支出的专利才能作为无形资产核算。

(二)商标权

商标权是指企业专门在某种指定的商品上使用特定的名称、图案、标记的权利。根据我国商标法的规定,经商标局核准注册的商标为注册商标,商标注册人享有商标专用权,受法律保护。商标权的内容包括独占使用权和禁止使用权。商标权的价值在于它能使享有人获得较高的盈利能力。我国商标法规定,商标权的有效期限为10年,期满前可继续申请延长注册期。

(三)土地使用权

土地使用权是指国家准许某一企业在一定期间对国有土地享有开发、利用、经营的权利。企业在取得土地使用权时,要发生土地出让金支出,则将其资本化,作为无形资产核算,否则无需资本化。

(四)著作权

著作权是指著作权人对其著作依法享有出版、发行等方面的专有权利。著作权可以转让、出售或者赠予。著作权包括发表权、署名权、修改权、保护作品完整权、使用权和获得报酬权等。

(五)特许权

特许权也称为专营权,指在某一区域经营或销售某种特定商品的权利或是一家企业使用另一家企业的商标、商号、技术秘密等权利。前者是由政府机构授权,准许企业使用或在一定区域享有经营某种业务的特权。如水、电、邮电通讯等经营权,烟草专卖权等等;后者是指企业间依照签订的合同,有限期或无限期使用另一家企业的某些权利,如连锁店的分店等。会计上的特许权主要是指后一种情况。只有支付了费用取得的特许权才能作为无形资产入账。

(六)非专利技术

非专利技术也称专有技术,是指发明人垄断的、不公开的、具有实用价值的先进技术、资料、技能、知识等。非专利技术有经济性、机密性、动态性等特点。

非专利技术有的是自创的,有的是外购的,自创时由于胜败难定,所支付的费用一般计入当期费用处理,不作为无形资产核算。只有从外部购入的,才予以资本化。

(七)商誉

商誉是指企业获得超额收益的能力。通常是指企业由于所处的地理位置优越,或由于信誉好而获得了客户的信任,或由于组织得当、生产经营效益高,或由于技术先进、掌握了生产的诀窍等原因而形成的无形价值。这种无形价值具体表现在该企业的获利能力超过了一般企业的获利水平。

商誉有自创的,也有外购的,自创的由于不能确定开支数,不确认为无形资产。只有外购的才能作为无形资产入账,即只有企业在购买另外一个企业时,才能将另一企业的商誉作为无形资产进行核算。

三、无形资产的核算

核算无形资产应设置"无形资产"、"无形资产减值准备"科目进行核算。

"无形资产"科目,借方核算无形资产的增加;贷方核算无形资产的减少、减值和摊销。期末借方余额反映无形资产的折余价值。

"无形资产减值准备"科目,贷方核算计提的无形资产减值准备;借方核算减值准备得以恢复的价值及转出资产时无形资产减值的结转额。期末贷方余额反映已提取的无形资产减值准备。

(一)现金方式取得无形资产的计量

企业的无形资产在取得时,应按取得时的实际成本计量。取得的实际成本按以下规定确定。

1. 购入的无形资产,按实际支付的价款作为实际成本。

2. 投资者投入的无形资产,按投资各方确定的价值作为实际成本。但是,为首次发行股票而接受投资者投入的无形资产,应按该项无形资产在投资方的账面价值作为实际成本。

【例 7-1】 某建筑公司购入一项专利技术,发票价格为 200 000 元,款项已通过银行支付。会计分录如下:

借:无形资产——××专利　　　　　　　　　　　　　　200 000
　　贷:银行存款　　　　　　　　　　　　　　　　　　　200 000

【例 7-2】 某建筑公司接受 A 公司以其拥有的非专利技术投资,双方商定的价值为 860 000 元,已办妥相关手续。会计分录如下:

借:无形资产——××技术　　　　　　　　　　　　　　860 000
　　贷:实收资本——A 公司　　　　　　　　　　　　　　860 000

(二)非现金方式取得无形资产的计量

企业接受的债务人以非现金资产抵偿债务方式取得的无形资产,按应收债权的账面价值加上应支付相关税费作为实际成本。如涉及补价的,按以下规定确定受让的无形资产的实际成本。

1. 收到补价的,按应收债权的账面价值减去补价,加上应支付的相关税费作为实际成本。

2. 支付补价的,按应收债权的账面价值加上支付的补价和应支付的相关税费,作为实际成本。

【例 7-3】 某建筑公司为 A 公司建造房屋一座,应收工程款 850 000 元。由于 A 公司亏损不能按期支付款项,经双方协商,建筑公司同意 A 公司以其自有一项无形资产抵偿并支付给建筑公司 50 000 元。A 公司无形资产的账面价值为 900 000 元。建筑公司应作会计处理如下:

无形资产的入账价值 = 850 000 - 50 000 = 800 000

借:无形资产——××专利　　　　　　　　　　　　　　800 000
　　银行存款　　　　　　　　　　　　　　　　　　　　 50 000
　　贷:应收账款——A 公司　　　　　　　　　　　　　　850 000

(三)以非货币性交易换入的无形资产

按换出资产的账面价值加上应支付的相关税费作为实际成本。如涉及补价的,按以下规定确定换入无形资产的实际成本。

1. 收到补价的,按换出资产的账面价值加上应确认的收益和应支付的相关税费减去补价后的余额,作为实际成本。

2. 支付补价的,按换出资产的账面价值加上应支付的相关税费和补价,作为实际成本。

(四)接受捐赠的无形资产

应按以下规定确定其实际成本:

1. 捐赠方提供了有关凭据的,按凭据上标明的金额加上应支付的相关税费作为实际成本。

2. 捐赠方没有提供有关凭据的,按如下顺序确定其实际成本:

(1)同类或类似无形资产存在活跃市场的,按同类或类似无形资产的市场价格估计的金额,加上应支付的相关税费,作为实际成本。

(2)同类或类似无形资产不存在活跃市场的,按接受捐赠的无形资产的预计未来现金流量现值,作为实际成本。

【例7-4】 某建筑公司接受B公司捐赠的特许权,按税法规定确定的价值为1 200 000元。相关手续已办妥。不考虑有关税费,建筑公司的会计处理如下:

借:无形资产——××特许权　　　　　　　　　　　　　　　1 200 000
　　贷:资本公积　　　　　　　　　　　　　　　　　　　　　　1 200 000

(五)自行开发的无形资产

1. 依法申请时发生的注册费、律师费等费用,作为无形资产的实际成本。

2. 在研究与开发过程中以及确认无形资产后发生的各种支出,都计入当期损益。

【例7-5】 某建筑公司试制成功并依法申请取得了一项专利技术,在申请专利权过程中发生专利登记费34 000元,律师费用4 600元。应作会计分录如下:

借:无形资产——××专利权　　　　　　　　　　　　　　　38 600
　　贷:银行存款　　　　　　　　　　　　　　　　　　　　　　38 600

四、无形资产的摊销

无形资产属于企业的长期资产,能在较长的时间里给企业带来效益。但无形资产也有一定的有效期限。无形资产的成本,应当自取得当月起在预计使用年限内分期平均摊销,处置无形资产的当月不再摊销。如预计使用年限超过了相关合同规定的受益年限或法律规定的有效年限,该无形资产的摊销年限按以下原则确定。

1. 法律没有规定有效年限的,如果合同规定了受益年限的,按不超过合同规定的受益年限摊销,如果合同也没有规定受益年限的按不超过10年的期限摊销。

2. 法律规定了有效年限的,如果合同也规定了受益年限的,按不超过法律有效年限和合同规定受益年限两者中较短的作为摊销年限。

如果合同没有规定受益年限的,按不超过法律规定的有效年限为作摊销年限。

企业购入或以支付土地出让金方法取得土地使用权,在尚未开发或建造自用项目前,作为无形资产核算,并按规定的期限分期摊销。企业因利用土地建造自用某项目时,将土地使用权的账面价值全部转入在建工程成本。

企业自用的无形资产,其摊销的无形资产价值应当列入管理费用,出租的无形资产,其摊销的无形资产价值应当计入其他业务支出,并同时冲减无形资产的成本。

若预计某项无形资产已经不能给企业带来经济利益,应当将该项无形资产的摊余价值全部转入当期管理费用。

【例7-6】 2003年1月1日,某建筑公司外购A无形资产,实际支付的价款为1 200 000元。根据相关法律A无形资产的有效年限5年,已使用1年。建筑公司估计A无形资产预计使用年限为4年。某建筑公司的会计处理:

(1)首先确定外购无形资产的入账价值,即 1 200 00 元。

借:无形资产——A 技术　　　　　　　　　　　　　　　　1 200 000
　　贷:银行存款　　　　　　　　　　　　　　　　　　　　　　1 200 000

(2)再确定无形资产的摊销时间,预计再可使用年限为 4 年,已使用 1 年,则预计总使用年限 5 年与法律规定的有效年限 5 年相同,则 A 无形资产自 2003 年 1 月 1 日起于 4 年内摊销。每年摊销 1 200 000÷4＝300 000 元。

借:管理费用——无形资产摊销　　　　　　　　　　　　　　300 000
　　贷:无形资产——A 技术　　　　　　　　　　　　　　　　　　300 000

【例 7-7】 建筑公司 2000 年 1 月 1 日从当地政府购入一块使用期为 50 年的土地,以银行存款支付 12 000 000 元的土地转让金。并支付相关费用 100 000 元。2004 年 1 月 5 日,建筑公司将这块土地用于建造办公大楼,建筑公司账务处理。

(1)确定这块土地使用的价值,即:12 000 000＋100 000＝12 100 000(元)

借:无形资产——土地　　　　　　　　　　　　　　　　　12 100 000
　　贷:银行存款　　　　　　　　　　　　　　　　　　　　　12 100 000

(2)摊销前 4 年的无形资产价值:即 12 100 000÷50＝242 000(元/年)

2000 年～2003 年每年的会计处理:

借:管理费用——无形资产摊销　　　　　　　　　　　　　　242 000
　　贷:无形资产——土地　　　　　　　　　　　　　　　　　　242 000

(3)2004 年 1 月在这块土地上建办公楼,将无形资产余值全部转入"在建工程"。

借:在建工程——办公大楼　　　　　　　　　　　　　　　11 132 000
　　贷:无形资产——土地　　　　　　　　　　　　　　　　　11 132 000

五、无形资产的转让

企业所拥有的无形资产,可以依法转让。企业转让无形资产的方式有两种:一是转让其所有权;二是转让其使用权。两者会计处理有所区别。

1. 无形资产所有权的转让即为出售无形资产,按出售无形资产进行会计处理。按实际取得的转让收入,借记"银行存款"等科目;按该项无形资产已计提的减值准备,借记"无形资产减值准备"科目;按无形资产的账面余额,贷记"无形资产"科目;按应支付的相关税费,贷记"应交税金"科目,按其差额计入营业外收支。

2. 无形资产使用权的转让,是将部分使用权让给其他单位或个人,出让方仍保留对该项无形资产的所有权,因而仍拥有使用收益和处置的权利。受让方只能取得无形资产的使用权,在合同规定的范围内合理使用而无权转让。在转让无形资产使用权的情况下,由于转让企业仍拥有无形资产的所有权,因此,不应注销无形资产的账面摊余价值,转让取得的收入计入其他业务收入,发生与转让有关的各种费用支出,计入其他业务支出。

【例 7-8】 某施工企业将拥有的一项专利出售,取得收入 500 000 元,应交税金 25 000 元,该专利权的账面的金额为 380 000 元,已计提减值准备 40 000 元,会计处理如下:

借:银行存款　　　　　　　　　　　　　　　　　　　　　　500 000
　　无形资产减值准备　　　　　　　　　　　　　　　　　　　40 000
　　贷:无形资产——××专利　　　　　　　　　　　　　　　　380 000

应交税金		25 000
营业外收入——出售无形资产损益		135 000

【例 7-9】 某施工企业出售拥有的一项专利使用权,取得收入 210 000 元,应交税金 15 000 元,该专利权的账面的金额为 380 000 元,已计提减值准备 40 000 元,会计处理如下:

由于是销售的是使用权,应保留无形资产的账面价值。

借:银行存款		210 000
贷:其他业务收入		210 000
借:其他业务支出		15 000
贷:应交税金		15 000
借:应交税金		15 000
贷:银行存款		15 000

六、无形资产的期末计价

企业应当定期或者至少在每年年度终了检查各项无形资产预计给企业带来未来经济利益的能力,对预计可收回金额低于其账面价值的,应当计提减值准备。

(一)将账面价值全部转入当期损益

当存在下列一项或若干项情况时,应当将该项无形资产的账面价值全部转入当期损益。

1. 某项无形资产已被其他新技术所替代,并且该项无形资产已无使用价值和转让价值。

2. 某项无形资产已超过法律保护期限,并且已不能为企业带来经济利益。

3. 其他足以证明某项无形资产已经丧失了使用价值和转让价值的情形。

(二)计提无形资产减值准备

当存在下列一项或若干项情况时,应当计提无形资产减值准备。

1. 某项无形资产已被其他新技术所替代,使其为企业创造经济利益的能力受到重大不利影响。

2. 某项无形资产的市价在当期大幅度下跌,并在剩余摊销年限内不会恢复。

3. 其他可以证明某项无形资产实际上已经发生减值的情形。

(三)期末无形资产会计处理

期末,企业所持有的无形资产的账面价值高于其可收回金额的,应按其差额,借记"营业外支出——计提的无形资产减值"科目,贷记"无形资产减值准备"科目;如已计提减值准备的无形资产价值得以恢复,应在已计提减值准备的范围内转回,借记"无形资产减值准备"科目,贷记"营业外支出——计提的无形资产减值准备"的科目。

【例 7-10】 某建筑公司 2003 年末一项专利的摊余价值为 600 000 元,剩余摊销年限为 5 年。按 2003 年技术市场的行情,如出售可得净收入 500 000 元。但是,如果持续持有则在未来 5 年内预计可以获得的未来现金流量的现值为 450 000 元。则:

该专利的可收回金额应是 500 000 元。

提减值准备:600 000 - 500 000 = 100 000(元)

借:营业外支出——计提为无形资产减值		100 000
贷:无形资产减值准备		100 000

第二节 其他资产

其他资产是指不能包括在流动资产、长期投资、固定资产、无形资产等以内的资产,主要包括长期性质的待摊费用和其他长期资产。

一、长期待摊费用

长期待摊费用是指企业已经支出,但摊销期在1年以上(不含1年)的各项费用。应当由本期负担的借款利息、租金等不得作为长期待摊费用处理。长期待摊费用应当单独核算,在费用项目的受益期限内分期平均摊销。

企业在筹建期间所发生的费用,应先在长期待摊费用中归集,待企业开始生产经营起一次计入开始生产经营当期的损益。

作为股份公司委托其他单位发行股票支付的手续费或佣金等相关费用,减去股票发行冻结期间的利息收入后的余额,从发行股票的溢价中不够抵销的,若金额较少,可直接计入当期损益;若金额较大,可作为长期待摊费用,在不超过2年的期限内平均摊销,计入损益。

如果长期待摊的费用项目不能使以后会计期间受益的,应当将尚未摊销的该项的摊余价值全部转入当期损益。

二、其他长期资产

其他长期资产一般包括国家批准储备的特准物资、银行冻结存款以及临时设施和涉及的诉讼财产等。其他长期资产可以根据资产的性质及特点,单独设置相关科目核算。

第八章 临时设施的核算

第一节 临时设施的性质与摊销

一、临时设施的性质与资产归类

临时设施是指建筑企业为保证施工生产和管理工作的正常进行并在施工现场建造的供生产和生活用的临时房屋、建筑物、构筑物和其他各种临时性简易设施。

临时设施主要包括内容有：现场用的临时办公室、作业棚、材料库、机具棚、临时铁路专用线、轻便铁道、临时道路、围墙、临时给水、排水、供电、供热等管线；现场预制构件、加工材料所需的临时建筑物；现场临时厕所、休息棚、茶炉棚、化灰池、储水池、沥青锅、灶等设施；以及临时搭建的职工宿舍、食堂、浴室、医务室以及可移动使用的活动房等临时设施。

建筑产品的固定性和建筑施工的流动性决定建筑企业临时设施的搭建和拆除。每当建筑施工队伍进入新的工地时，为了保证施工生产和管理活动的正常进行，必须搭建一些临时设施。到该工程完工后，为该工程搭建的临时设施就失去了原来的作用，必须拆除或作其他处理。

临时设施的性质与固定资产相似，但又有所区别。临时设施在施工生产过程中发挥着劳动资料的作用，其实物形态大多与作为固定资产的永久性房屋、建筑物相类似。但由于其建筑标准较低，一般为临时性或半永久性的建筑物，不具有永久使用的性质，多数在其自然寿命终了前就需要拆除清理，因而它与固定资产又有所不同。因此，将其列入长期资产类，作为其他长期资产进行管理和核算，以区别于固定资产。

二、临时设施的摊销

企业的各种临时设施应当在工程建设期间，使用一定的方法，按月进行摊销。摊销时预计使用年限不得超过工程的施工期限，摊销期限应按照其耐用期限与工程的施工期限孰短加以确定。临时设施摊销，可采用工期法，也可采用工作量法，摊销方法一经确定，不得擅自改变。一般按月进行摊销，当月增加的临时设施，当月不计提摊销，从下月起开始摊销；当月减少的临时设施，当月应计提摊销，从下月起停止摊销。两种不同的摊销方法其计算公式有所不同：

采用工期法时：

$$临时设施月摊销额 = \frac{临时设施原值 \times (1 - 预计净残值率)}{预计使用年限(月)}$$

采用工作量法：

$$每一工作量摊销额 = \frac{某项临时设施原值 \times (1 - 预计净残值率)}{预计总工作量}$$

$$某项临时设施月摊销额 = 当月工作量 \times 每一工作量摊销额$$

为简化核算工作,在实际工作中,对于一些价值较低的临时设施,也可采用一次性摊销法,直接计入受益工程的成本。如果一项临时设施为两个以上的工程成本核算对象服务,还应按一定的分配标准,如工作量的比率等,将临时设施的价值在受益的各个工程成本核算对象之间进行分配。

第二节 临时设施的核算

一、临时设施的账户设置

为了核算临时设施的购建、摊销、拆除和报废清理等情况,企业应设置下列有关总账科目,分别进行总分类核算。

(一)"临时设施"科目

"临时设施"科目核算企业为保证施工生产和管理工作的正常进行而建造的各种临时设施的实际成本。其借方核算企业购置或搭建各种临时设施的实际成本;贷方核算企业因不需用或不能继续使用而进行出售、拆除、报废清理的临时设施实际成本,期末借方余额反映企业结存的临时设施的实际成本。

企业应按临时设施的种类和使用部门设置明细账,进行明细分类核算,并按每项临时设施设置卡片进行三级明细分类核算。临时设施卡片的参考格式如表 8-1 所示。

临时设施卡片　　　　　　　　　　　　　　表 8-1

单位:　　　　　　　　　　　　　　　　　　卡片编号:

临时设施名称(或种类)		预计工程施工期限		购建日期	
原　　值		预计使用年限		月摊销率	
使用部门		所在地点			
管理人		备　　注			
临　时　设　施　摊　销　记　录					
日　　期	摊销额	净　值	日　　期	摊销额	净　值

(二)"临时设施摊销"科目

"临时设施摊销"科目是"临时设施"科目的备抵调整科目,用来核算企业各种临时设施的摊销情况。其贷方核算企业按月计提的摊入工程成本的临时设施摊销额;借方核算企业出售、拆除、报废、毁损等的已提摊销额;期末贷方余额反映企业结存的临时设施已提摊销额。本科目只进行总分类核算,不进行明细分类核算。需要查明某项临时设施的累计摊销额,可根据临时设施卡片上所记载的该项临时设施的原价、摊销率和实际使用年限等资料进行计算。

(三)"临时设施清理"科目

"临时设施清理"科目核算企业因出售、拆除、报废和毁损等原因转入清理的临时设施价值及其在清理过程中所发生的清理费用和清理收入等。其借方核算因各种原因转入清理的临时设施账面价值、发生的清理费用和清理后的净收益;贷方核算清理过程中取得的变价收入和收回的残料价值以及清理后的净损失。本科目期末余额反映尚未清理完毕的临时设施价值及清理净损益。临时设施清理工作结束后,应将净损失或净收益分别转入"营业外支出"或"营业外收入"账户,结转后,该账户应无余额。本科目应按被清理的临时设施名称设置明细账,进行明细核算。

二、临时设施的核算

(一)临时设施购置、搭建的核算

企业购置临时设施所发生的各项实际支出,可以直接记入"临时设施"科目。对于需要通过建筑安装活动才能完成的临时设施,其发生的各有关费用,先通过"在建工程"科目核算,工程达到预定可使用状态时,再从"在建工程"科目转入"临时设施"科目。

【例8-1】 某建筑公司承担甲工程项目施工任务,因工程管理需要,在施工现场附近购置简易旧房屋一栋,作为现场临时办公室,以银行存款支付全部价款120 000元,房屋已交付使用;自行建造施工队临时宿舍一幢,发生临时设施支出180 000元,其中,领用材料125 000元,支付工人工资25 000元,使用自有机械发生作业费30 000元;搭建材料库发生费用支出72 000元,其中:领用材料24 000元,支付工人工资12 000元,使用自有施工机械发生作业费36 000元。会计处理如下:

(1)购置临时办公室:

借:临时设施——临时办公室　　　　　　　　　　　　　　120 000
　　贷:银行存款　　　　　　　　　　　　　　　　　　　　　　120 000

(2)自建临时宿舍:

借:在建工程——临时宿舍　　　　　　　　　　　　　　　180 000
　　贷:原材料　　　　　　　　　　　　　　　　　　　　　　125 000
　　　　应付工资　　　　　　　　　　　　　　　　　　　　　25 000
　　　　机械作业　　　　　　　　　　　　　　　　　　　　　30 000

(3)搭建临时材料库

借:在建工程——临时仓库　　　　　　　　　　　　　　　　72 000
　　贷:原材料　　　　　　　　　　　　　　　　　　　　　　 24 000
　　　　应付工资　　　　　　　　　　　　　　　　　　　　　12 000
　　　　机械作业　　　　　　　　　　　　　　　　　　　　　36 000

(4)上述临时宿舍、临时材料库建造完成:

借:临时设施——临时宿舍　　　　　　　　　　　　　　　180 000
　　　　　　——临时仓库　　　　　　　　　　　　　　　　72 000
　　贷:在建工程——临时宿舍　　　　　　　　　　　　　　180 000
　　　　　　　——临时仓库　　　　　　　　　　　　　　　　72 000

(二)临时设施摊销的核算

企业的临时设施,一般按月进行摊销,其每月摊销额应记入"工程施工"科目的借方和"临时设施摊销"科目的贷方。

【例 8-2】 以【例 8-1】的资料摊销临时办公室、临时房屋、临时仓库价值,假定不考虑残值,预计甲工程建设工期为两年。每月摊销额计算如下:

$$临时办公室 = 120\ 000 \div (2 \times 12) = 5\ 000(元)$$
$$临时宿舍 = 180\ 000 \div (2 \times 12) = 7\ 500(元)$$
$$临时仓库 = 72\ 000 \div (2 \times 12) = 3\ 000(元)$$

按月摊销临时设施会计处理:

借:工程施工	15 500
贷:临时设施摊销	15 500

(三)临时设施清理的核算

临时设施在工程项目建设完工后,不再需用或不能继续使用时,应及时对其进行清理,转销其价值。在清理过程中转销的临时设施净值,发生的清理费用和取得的清理收入,通过"临时设施清理"科目核算,其清理净损失或净收益应分别转入"营业外支出"或"营业外收入"科目。

【例 8-3】 因工程完工,企业将【例 8-1】中的临时办公室拆除、临时现场办公室已提摊销额 110 000 元,发生清理费用 2 000 元,用银行转账支付。收回残料作价 1 500 元,清理工作结束。会计处理如下:

(1)临时设施转入清理时:

借:临时设施清理——临时办公室	10 000
临时设施摊销	110 000
贷:临时设施——临时办公室	120 000

(2)支付清理费用时:

借:临时设施清理——临时办公室	2 000
贷:银行存款	2 000

(3)残料验收入库时:

借:原材料——其他材料	1 500
贷:临时设施清理——临时办公室	1 500

(4)结转清理后的净损失时:

借:营业外支出——处置临时设施净损失	10 500
贷:临时设施清理——临时办公室	10 500

【例 8-4】 甲工程竣工后将【例 8-1】中不需用的临时宿舍出售给建设单位,收到银行转来出售价款 20 000 元,假定临时宿舍已摊销 165 000 元。会计处理如下:

(1)临时设施转入清理时:

借:临时设施清理——临时宿舍	15 000
临时设施摊销	165 000
贷:临时设施——临时宿舍	180 000

(2)收到出售价款时:

借:银行存款 20 000
　　贷:临时设施清理——临时宿舍 20 000
(3)结转清理后的净收益时
借:临时设施清理——临时宿舍 5 000
　　贷:营业外收入——处置临时设施净收益 5 000

【例8-5】 假定甲工程竣工之后,【例8-1】中的临时材料仓库已摊销72 000元,无清理价值应予以转销。会计处理如下:
借:临时设施摊销 72 000
　　贷:临时设施——临时仓库 72 000

三、临时设施的管理

(一)临时设施建造情况

施工企业在施工现场使用的临时设施的建造一般有两种情况:

1. 由建设单位或总包单位提供。建成后产权归建设单位所有,在施工期间建设单位按工程合同规定无偿提供给施工企业使用,临时设施的建造费用由建设单位直接支付,并分摊计入建设成本。这种情况下的临时设施,不属于施工企业的临时设施核算范围。

2. 由施工企业向建设单位或总包单位收取临时设施包干费,负责搭建企业所需的临时设施。施工企业在施工现场所需的临时设施的建造资金,由施工企业根据施工图所列的工程直接费和间接费总和,按照各地区规定的临时设施费率计算,并列入工程预算造价,向建设单位或总包单位收取,收取的临时设施费,由企业包干使用,超支不补,节约归己。

由于临时设施费由施工企业收取包干使用,因此,科学合理搭建使用临时设施,加强临时设施的管理和控制,对于提高企业的经济效益具有重要的意义。

(二)临时设施管理

临时设施的管理是指施工企业从对临时设施购建到工程完工后的拆除报废的全部工作进行全面管理。企业应本着精打细算,节约使用资金的原则,合理搭建各种临时设施,保证施工生产和管理工作的正常进行。对施工现场原有可利用的各种设施,应尽量加以利用,确需搭建的临时设施,也要根据施工组织设计规划的要求,根据施工期限的长短和施工现场的具体条件,因地制宜,合理安排。

搭建的临时设施应当将施工现场的办公、生活区与作业区分开设置,并保持安全距离;办公、生活区的选址应当符合安全性要求。职工的膳食、饮水休息场所等应当符合卫生标准。

施工现场临时搭建的建筑物,应当符合安全使用要求。施工现场使用的装配式活动房屋应当具有产品合格证。

临时设施在工程在建期间应根据其特点,选择合适的摊销方法,按月进行摊销。

第九章 负债(上)——流动负债

负债,是指企业过去的交易、事项形成的现时义务,履行该义务预期会导致企业经济利益流出。

企业会计制度规定,企业的负债按其流动性分为流动负债和长期负债。

流动负债是指将在1年(含1年)或者超过1年的一个营业周期内偿还的债务。包括短期借款、应付票据、应付账款、预收账款、应付工资、应付福利费、应付股利、应交税金、其他暂收应付款项、预提费用和一年内到期的长期借款等。

第一节 短期借款及其核算

短期借款是指企业向银行或者其他金融机构等借入的期限在1年以下(含1年)的各种借款。短期借款一般是企业为维护正常的生产经营所需的资金或为抵偿某项债务而借入的款项。

一、短期借款的分类

企业借入的短期借款,按借款的条件,可分为信用借款、抵押借款、担保借款和贴现借款等。

信用借款又称无担保借款,是以借款人的信用为基础取得的一种借款。抵押借款是借款人向银行提供国家政策所允许处置的抵押品为担保形式取得的一种借款,借款人若到期无力归还借款本息,银行有权处置其抵押品作为补偿。担保借款是以借款人和担保人的双重信用为基础,而取得的一种借款。借款人不能履行债务时,银行有权要求担保人代为履行或承担连带责任,有权从担保人账户扣收其担保的借款。贴现借款是持票人以贴付一定利息方式将未到期的商业汇票或未到期的债券转让给银行取得的借款,由银行于汇票或债券到期后,向承兑人(或发行人)收取票款。

企业借入的短期借款,按照借款的币种不同,可分为人民币借款和外币(分币种)借款。

二、短期借款的核算及其举例

为了反映和监督短期借款的借入和偿还情况,企业应设置"短期借款"一级科目进行总分类核算。本科目的贷方核算企业借入的各种短期借款的本金;借方核算企业偿还的各种短期借款的本金;期末贷方余额,反映企业尚未偿还的短期借款的本金。

为了详细反映和监督短期借款的借入和偿还情况,企业应按债权人设置明细分类账,并按借款种类进行明细分类核算。

短期借款利息核算的最主要特点是:在预提或实际支付利息时,均不通过"短期借款"科目,而是通过"预提费用"或"财务费用"科目核算。对借款利息数额较大,本息一并归还的,为正确计算各期的损益,应采用预提的办法,按月预提计入费用;对借款利息数额不大,本息一并归还的,可不采用预提的方法,在实际支付利息时,直接记入当期损益。在银行按季计收利息(季末21日结息)情况下,企业应按月预提利息,季度冲平,并预提未付的10天利息。

如果企业为购建固定资产而专门借入的短期借款,其利息应按借款费用处理方法处理。

【例9-1】 某建筑公司2003年4月1日,向××银行借入人民币担保借款3 000 000元,期限6个月,年利率5.22%,借款已存入银行。会计处理:

(1)借入时,

借:银行存款	3 000 000
贷:短期借款——××银行——人民币担保借款	3 000 000

(2)预提每月借款利息13 050元(3 000 000×5.22%÷12)

借:财务费用	13 050
贷:预提费用——借款利息	13 050

(3)支付季度利息39 150元(13 050×3)

借:预提费用——借款利息	39 150
贷:银行存款	39 150

(4)6个月期满接银行还本付息通知,归还短期借款本息3 078 300元(3 000 000+13 050×6)

借:短期借款——××银行——人民币担保借款	3 000 000
预提费用——借款利息	78 300
贷:银行存款	3 078 300

【例9-2】 仍以【例9-1】为例,假设6个月期满,企业因资金紧缺,只能先偿还本金2 000 000元及7~9月利息。会计处理:

借:短期借款——××银行——人民币担保借款	2 000 000
预提费用——借款利息	39 150
贷:银行存款	2 039 150

【例9-3】 沿用【例9-2】资料,企业因无力偿还银行短期借款1 000 000元,收到银行罚息传票5 000元。企业申请续贷款1 000 000元,经批准1 000 000元欠款续贷,期限仍为六个月。会计处理:

(1)收到银行罚息传票

借:财务费用——银行罚息	5 000
贷:银行存款	5 000

(2)经批准欠款1 000 000元续贷

1)先还贷

借:短期借款——××银行——人民币担保借款	1 000 000
贷:银行存款	1 000 000

2)后续贷

借:银行存款	1 000 000
贷:短期借款——××银行——人民币担保借款	1 000 000

【例 9-4】 某建筑公司对附属企业生产车间生产流水线进行不增加固定资产价值的小型技术改造，向××银行借入人民币信用借款 100 000 元，为期 3 个月，月息为 5‰，借款已存入银行。会计处理：

(1) 借入时

借：银行存款	100 000
贷：短期借款——××银行——人民币信用借款	100 000

(2) 3 个月期满接到银行还本付息通知，归还借款本息 101 500 元

借：短期借款——××银行——人民币信用借款	100 000
财务费用——利息支出	1 500
贷：银行存款	101 500

第二节　应付票据及其核算

应付票据是由出票人签发的，委托付款人在指定日期无条件支付确定的金额给收款人或者持票人的票据。它通常是指企业因购买材料、商品和接受劳务供应等而开出、承兑的商业汇票。

一、应付票据的分类

应付票据按其承兑人不同，分为商业承兑汇票和银行承兑汇票。在采用商业承兑汇票方式下，承兑人应为付款人，承兑人对这项债务在一定时期内支付的承诺，作为企业的一项负债；在采用银行承兑汇票方式下，承兑人应为银行。但是由银行承兑的银行承兑汇票，只是为收款人按期收回债权提供了可靠的信用保证。虽然商业承兑汇票和银行承兑汇票的承兑人不同，但都有到期付款的现时义务。我国商业汇票的付款期限最长不超过 6 个月。因此，将应付票据归于流动负债进行管理和核算。

应付票据按其是否带息可分为带息票据和不带息票据两种。带息票据在票面上标明票面利率，它的到期值等于票面值加利息；不带息票据的到期价值等于票据的面值。

二、应付票据的核算

为核算企业对外开出、承兑的商业汇票，应设置"应付票据"一级科目进行总分类核算。本科目的贷方核算企业因购买材料、商品和接受劳务供应等开出的商业汇票及计提的应付利息或以承兑商业汇票抵付货款、应付账款；借方核算企业支付的到期商业汇票或无力支付到期商业汇票而转入应付账款的款项；本科目期末贷方余额，反映企业持有尚未到期的应付票据本息。

为了反映"应付票据"详细核算情况，企业应在"应付票据"一级科目下，按商业汇票的种类设置二级科目，按不同的债权人设置三级科目，进行明细分类核算。

企业对于开出、承兑的商业汇票或以承兑商业汇票抵付货款、应付账款时，不论该票据是否带息，一般按其面值作为入账价值，其发生的银行承兑手续费，直接记入财务费用。企业会计制度规定，如为带息票据，应于期末计算应付利息，借记"财务费用"科目，贷记"应付票据"科目。

对于到期的商业承兑汇票,如企业无力支付票款,按应付票据的账面余额转入"应付账款"科目。转入"应付账款"科目核算后,期末不再计提利息。银行承兑汇票未支付的汇票金额转作付款企业的逾期贷款处理。企业无力支付票款时,承兑银行除凭票向持票人无条件付款外,对出票人按照每日万分之五计收利息。

企业应设置"应付票据备查簿",详细登记每一应付票据的种类、号数、签发日期、到期日、票面利率、票面金额、合同交易号、收款人姓名或单位名称,以及付款日期和金额等资料。应付票据到期结清时,应当在备查簿内逐笔注销。

(一)不带息票据的会计处理举例

【例9-5】 某建筑公司向A公司购买一批钢材,货款价值300 000元。因企业资金暂时周转困难,与A公司达成协议,该建筑公司于3月20日开出一张面值为300 000元,期限为3个月的商业承兑汇票,到期日企业用银行存款支付票款。假设企业按计划成本进行材料的日常核算。会计处理:

(1)开出商业承兑汇票时:

借:物资采购　　　　　　　　　　　　　　　　　　300 000
　　贷:应付票据——商业承兑汇票——A公司　　　　　　　300 000

(2)到期日,用银行存款支付票款时:

借:应付票据——商业承兑汇票——A公司　　　　　300 000
　　贷:银行存款　　　　　　　　　　　　　　　　　　300 000

【例9-6】 仍依【例9-5】的资料,假设到期日企业无力偿还票款。会计处理:

借:应付票据——商业承兑汇票——A公司　　　　　300 000
　　贷:应付账款——应付购货款——A公司　　　　　　　300 000

【例9-7】 某建筑公司于2003年1月5日开具一张面值为100 000元、期限为6个月的银行承兑汇票,用于支付B公司水泥款。企业按商品价款的1%支付银行承兑汇票的手续费。假设企业按实际成本进行材料的日常核算。会计处理:

(1)开出银行承兑汇票时:

借:原材料　　　　　　　　　　　　　　　　　　　100 000
　　贷:应付票据——银行承兑汇票——B公司　　　　　　100 000

(2)支付银行承兑汇票手续费(100 000×1% = 1 000元)时:

借:财务费用——金融机构手续费　　　　　　　　　1 000
　　贷:银行存款　　　　　　　　　　　　　　　　　　1 000

【例9-8】 沿用【例9-7】资料,假定到期日该企业无力偿还票款,票据金额转入逾期贷款。会计处理:

借:应付票据——银行承兑汇票——B公司　　　　　100 000
　　贷:短期借款　　　　　　　　　　　　　　　　　　100 000

【例9-9】 沿用【例9-8】资料,假设该企业无力偿还票据转入逾期贷款后16天,用银行存款归还短期借款,并支付银行罚息750元(每日按万分之五计收)。会计处理:

借:短期借款　　　　　　　　　　　　　　　　　　100 000
　　财务费用——银行罚息　　　　　　　　　　　　　　750
　　贷:银行存款　　　　　　　　　　　　　　　　　　100 750

(二)带息票据的会计处理举例

【例 9-10】 某建筑公司附属生产企业 2003 年 3 月 1 日向 A 公司购入一批价值为 80 000元的原材料,同时开具了一张期限为 5 个月,年利率为 5% 的银行承兑汇票。银行按货款价值 1% 收取手续费,原材料增值税为 13 600 元,材料已验收入库。假设该企业为增值税的一般纳税人,按计划成本进行材料日常核算。会计处理:

(1)购入原材料时:

借:物资采购	80 000
应交税金——应交增值税——进项税额	13 600
贷:应付票据——银行承兑汇票——A 公司	93 600

(2)支付银行承兑汇票手续费时:

借:财务费用——金融机构手续费	800
贷:银行存款	800

(3)计算每月应付利息(93 600×5%/12=390 元)时:

借:财务费用——利息支出	390
贷:应付票据——银行承兑汇票——A 公司	390

(4)2003 年 8 月 1 日到期日付款时:

借:应付票据——银行承兑汇票——A 公司	95 550
贷:银行存款	95 550

(5)假设 2003 年 8 月 1 日到期日,企业因资金不足,仅能先偿还 50 000 元票款,其余票款根据银行转来"××号汇票无款欠支付转入逾期贷款户"等有关凭证,转作短期借款处理。会计处理:

借:应付票据——银行承兑汇票——A 公司	95 550
贷:银行存款	50 000
短期借款	45 550

【例 9-11】 2003 年 7 月 1 日,某建筑公司开出一张面值 120 000 元,年利率 6%,期限为 3 个月的商业承兑汇票,用以抵偿一笔以前所欠的 A 公司工程款。会计处理:

(1)2003 年 7 月 1 日,开出票据,抵付工程款

借:应付账款——应付工程款——A 公司	120 000
贷:应付票据——商业承兑汇票——A 公司	120 000

(2)2003 年 7 月 31 日,计提票据利息

票据利息=120 000 元×6%×1/12=600 元

借:财务费用——利息支出	600
贷:应付票据——商业承兑汇票——A 公司	600

8月、9月票据利息处理同 7 月 31 日

(3)2003 年 10 月 1 日,应付票据期满,支付票据本息

借:应付票据——商业承兑汇票——A 公司	121 800
贷:银行存款	121 800

第三节 应付账款及其核算

应付账款是指企业因购买材料、商品和接受劳务供应等而应付给供应单位的款项。

一、应付账款入账时间的确定

应付账款入账时间的确定,应以所购物资的所有权转移或接受劳务已发生为标志。在实际工作中应分别情况具体处理:

1．所购货物验收入库、同时支付货款的,可不通过"应付账款"科目核算。

2．所购货物和发票账单同时到达而未支付货款的,一般待货物验收入库后,应按发票账单通过"应付账款"科目核算。

3．在所购货物和发票账单不同时到达要区分两种情况处理:

(1)在发票账单已到,物资未到的情况下,应当直接根据发票账单支付物资价款和运杂费,记入"应付账款"。

(2)在物资已到,发票账单未到,无法确定实际成本的情况下,月末应将所购物资和应付债务估计入账,待下月初将原暂估数用红字予以冲销。

二、应付账款入账金额的确定

应付账款一般按应付金额入账,而不是按到期应付金额的现值入账。如果购货时带有现金折扣的,应付账款的入账价值的确定按发票上记载的应付金额的总值(即不扣除折扣)记账,获得的现金折扣冲减财务费用。

三、应付账款的核算

为了核算企业应付账款的发生和偿还情况,应设置"应付账款"一级科目进行总分类核算。本科目的贷方核算企业因购买材料物资和接受劳务供应等而应付给供应单位的款项及分包工程应付给分包单位的工程款;借方核算企业偿还的应付购货款或支付给分包单位的工程款及无法支付而转入资本公积的应付账款;本科目的期末贷方余额,反映尚未支付的应付账款。

为了详细反映应付账款的发生和偿还情况,企业应在"应付账款"一级科目下,按照业务内容不同分别设置"应付购货款"、"应付工程款"、"应付代销商品款"三个二级科目,再分别按供应单位、分包单位和委托代销单位设置三级科目进行明细分类核算。

(一)应付购货款会计处理举例

【例9-12】 某建筑公司2003年1月,向A公司购入水泥一批,价款820 000元,代垫运杂费28 000元,共计货款848 000元,发票账单已到,材料按实际成本验收入库,货款尚未支付。会计处理:

借:原材料 848 000
  贷:应付账款——应付购货款——A公司 848 000

【例9-13】 某建筑公司2003年3月,接受发包单位B公司提供钢材一批,按计划成本结算共2 835 000元。货运至施工现场,尚未办理抵扣工程款手续。假设企业按计划成本进行材料的日常核算。会计处理：

　　借：物资采购　　　　　　　　　　　　　　　　　　　2 835 000
　　　贷：应付账款——应付购货款——B公司　　　　　　　　　　　2 835 000

【例9-14】　仍以【例9-13】资料为例，假设2003年12月与发包单位B公司办理了该批钢材货款抵扣应收工程款手续。会计处理：

　　借：应付账款——应付购货款——B公司　　　　　　　　2 835 000
　　　贷：应收账款　　　　　　　　　　　　　　　　　　　　　　2 835 000

【例9-15】　某建筑公司与B公司签订丙工程合同（自行施工工程），由B公司代垫工程用水电费，待工程竣工决算时由应付工程款抵扣。2003年末，根据建设单位通知，实际应付工程水电费136 000元。会计处理：

　　借：工程施工　　　　　　　　　　　　　　　　　　　　136 000
　　　贷：应付账款——应付购货款——B公司　　　　　　　　　　　136 000

（二）应付工程款会计处理举例

【例9-16】　某建筑公司2003年8月，支付C公司承包的××工程墙面水泥漆项目工程款33 390元，根据C公司出具的发票，以银行存款支付工程款。会计处理：

　　借：应付账款——应付工程款——C公司　　　　　　　　　33 390
　　　贷：银行存款　　　　　　　　　　　　　　　　　　　　　　33 390

【例9-17】　某建筑公司2003年3月，将××工程模板项目分包给D公司。合同总价1 853 000元（不含税），合同约定企业预付备料款350 000元，按月支付进度款。工程进度完成50%时，一次性扣回预付备料款。D公司开具预收款收据，款项由银行存款支付。根据上述资料，会计处理：

　　借：预付账款　　　　　　　　　　　　　　　　　　　　350 000
　　　贷：银行存款　　　　　　　　　　　　　　　　　　　　　　350 000

月终，由D公司填报"工程价款结算单"，办理工程价款结算。经审核应付工程进度款618 000元，同时收到D公司开出发票，款项由银行存款支付。会计处理：

　　借：应付账款——应付工程款——D公司　　　　　　　　　618 000
　　　贷：银行存款　　　　　　　　　　　　　　　　　　　　　　618 000

假设2个月后，该工程形象进度完成50%以上，根据"工程价款结算单"，累计应付D公司工程进度款1 030 000元，按合同约定，应全数一次性扣回预付的备料款350 000元，实际本月应付工程款62 000元（1 030 000 - 350 000 - 618 000）。D公司开出发票412 000元（1 030 000 - 618 000），当月余款62 000元由银行存款支付。会计处理：

（1）企业开出收据扣回备料款

　　借：应付账款——应付工程款——D公司　　　　　　　　　350 000
　　　贷：预付账款　　　　　　　　　　　　　　　　　　　　　　350 000

（2）支付工程款

　　借：应付账款——应付工程款——D公司　　　　　　　　　62 000
　　　贷：银行存款　　　　　　　　　　　　　　　　　　　　　　62 000

（三）应付代销商品款会计处理举例

详见本章第五节代销商品款及其核算介绍。

(四)无法支付的应付账款的会计处理举例

【例 9-18】 某建筑公司 2001 年 1 月,向 A 公司购买一批卫生洁具价款 236 000 元,根据合同约定,提货时已按总价 80% 付款,尾款 47 200 元,在安装完毕通过验收后结清。半年后,因商家涉嫌其他案件被检查机关查封,两年后又被工商部门吊销其营业执照。该购货尾款无法支付,按规定程序报经批准作为无法支付的购货款处理。会计处理:

借:应付账款——应付购货款——B 公司　　　　　　　　　　47 200
　　贷:资本公积——其他资本公积　　　　　　　　　　　　　　47 200

第四节　预收账款及其核算

预收账款是买卖双方协议商定,由购货方预付一部分货款给供应单位而发生的一项负债。这项负债要用以后的商品、劳务等偿还。

一、预收账款入账时间和计量的确定

企业会计制度规定,预收账款应于实际收到时确认为一项流动负债,并按照实际收到的金额计量。

二、预收账款的核算及其举例

为了反映预收账款的收取及偿还情况,企业应设置"预收账款"一级科目进行总分类核算。本科目的贷方核算企业按照合同规定向购货单位预收的销货款,向发包单位预收的备料款;借方核算企业销售实现时,按实现的收入和应交的增值税销项税额,扣还由购货单位支付的预收销货款。与发包单位结算已完工程时,从应收工程款中扣还的预收备料款;本科目的期末贷方余额,反映企业向购货单位、发包单位预收的款项;期末如为借方余额,反映企业应由购货单位、发包单位补付的款项。

为了详细反映企业"预收账款"的收取和偿还情况,应在"预收账款"一级科目下,按预收款项类别设置二级科目,并按购货单位和发包单位设置三级科目,进行明细分类核算。

【例 9-19】 某建筑公司附属企业构件加工厂对外加工混凝土构件一批,按合同约定,应向 B 公司预收 100 000 元货款,当月款项由银行收取。次月,该批混凝土构件加工完毕交货。企业开出普通发票,价款 318 000 元,余款尚未收取。假设该企业为小规模纳税人,会计处理:

(1)预收货款时

借:银行存款　　　　　　　　　　　　　　　　　　　　　　100 000
　　贷:预收账款——预收销货款——B 公司　　　　　　　　　100 000

(2)加工完毕交货时

借:应收账款　　　　　　　　　　　　　　　　　　　　　　318 000
　　贷:其他业务收入　　　　　　　　　　　　　　　　　　　300 000
　　　　应交税金——应交增值税　　　　　　　　　　　　　　 18 000

(3)将预收销货款抵扣应收销货款

借：预收账款——预收销货款——B公司	100 000	
贷：应收账款		100 000

【例 9-20】 某建筑公司 2003 年 1 月与 A 公司签订了甲工程合同，按合同约定，应在合同签订十日内向发包单位预收工程备料款 600 000 元，施工进度至基础完工办理工程价款结算时扣回预收备料款 30%，其余预收备料款待主体结构封顶办理工程价款结算时全部扣回。预收款项已存入银行(办理施工进度工程结算会计处理省略)，会计处理：

(1)预收工程备料款时

借：银行存款	600 000	
贷：预收账款——预收备料款——A公司		600 000

(2)基础完工时扣回预收备料款 30%

借：预收账款——预收备料款——A公司	180 000	
贷：应收账款		180 000

(3)主体结构封顶时扣回剩余预收备料款

借：预收账款——预收备料款——A公司	420 000	
贷：应收账款		420 000

第五节　代销商品款及其核算

代销商品款是企业接受代销商品的价款。该部分价款在销售前属于委托代销单位的资产，随着企业对代销商品的出售，其价值逐渐转移到委托代销单位，因此该部分价款属于负债的性质。由于代销商品款的期限一般较短，会计上将其列入流动负债项目进行核算。企业会计制度规定，代销商品款按照实际发生额计量。

企业应设置"代销商品款"账户，进行总分类核算。本科目的贷方核算企业收到受托代销商品的接收价；借方核算企业售出受托代销商品的接收价；本科目的期末贷方余额，反映企业尚未销售的接受代销商品的价款。企业代销国外商品的价款，也在本科目核算。

企业应按委托单位设置明细科目，进行明细核算。

代销商品款核算的会计处理举例：

【例 9-21】 某建筑公司附属企业 2003 年 3 月接受 A 公司委托代销商品一批，商品接收价为 200 000 元，注明的增值税额为 34 000 元，售价为 220 000 元。假设该企业属增值税一般纳税人。会计处理：

(1)若采用进价核算则：

借：受托代销商品——A公司	200 000	
贷：代销商品款——A公司		200 000

(2)若采用售价核算则：

借：受托代销商品——A公司	220 000	
贷：代销商品款——A公司		200 000
商品进销差价		20 000

【例 9-22】 沿用【例 9-21】资料，2003 年 6 月，企业接受 A 公司委托的代销商品一次全部售出。开出专用发票注明价款 220 000 元，增值税 37 400 元，款项银行账户已收。企业采

取收取手续费方式代销商品。会计处理：

(1) 收到代销商品款

借：银行存款	257 400	
贷：应交税金——应交增值税——销项税额		37 400
应付账款——应付代销商品款——A公司		220 000

(2) 应付受托单位税款

借：应交税金——应交增值税——进项税额	34 000	
贷：应付账款——应付代销商品款——A公司		34 000

(3) 结转代销商品

1) 按进价核算

借：代销商品款——A公司	200 000	
贷：受托代销商品——A公司		200 000

2) 按售价核算

借：代销商品款——A公司	200 000	
商品进销差价	20 000	
贷：受托代销商品——A公司		220 000

【例 9-23】 沿用【例 9-21】资料，企业不采取收取手续费方式代销商品。会计处理：

(1) 实现收入

借：银行存款	257 400	
贷：其他业务收入		220 000
应交税金——应交增值税——销项税额		37 400

(2) 结转成本

1) 采用进价核算

①借：其他业务支出	200 000	
贷：受托代销商品——A公司		200 000
②借：代销商品款——A公司	200 000	
应交税金——应交增值税——进项税额	34 000	
贷：应付账款——应付代销商品款——A公司		234 000

2) 采用售价核算

①借：其他业务支出	220 000	
贷：受托代销商品——A公司		220 000
②借：代销商品款——A公司	200 000	
应交税金——应交增值税——进项税额	34 000	
贷：应付账款——应付代销商品款——A公司		234 000
③月末分摊进销差价		
借：商品进销差价	20 000	
贷：其他业务支出		20 000

第六节 应付工资及其核算

一、工资总额的组成内容

工资总额是指企业在一定时期内直接支付给本单位全部职工的劳动报酬总额。工资总额的计算应以直接支付给职工的全部劳动报酬为依据。

(一)工资总额的组成

1．计时工资

指按计时工资标准(包括地区生活费补贴)和工作时间支付给个人的劳动报酬。包括：(1)对已做工作按计时工资标准支付的工资；(2)实行结构工资制的单位支付给职工的基础工资和职务(岗位)工资；(3)新参加工作职工的见习工资(学徒的生活费)；(4)运动员体育津贴。

2．计件工资

指对已做工作按计件单价支付的劳动报酬。包括：(1)实行超额累进计件，直接无限计件、限额计件、超定额计件等工资制，按劳动部门或主管部门批准的定额和计件单价支付给职工的工资；(2)按工作任务包干方法支付给个人的工资；(3)按营业额提成或利润提成办法支付给个人的工资。

3．奖金

指支付给职工的超额劳动报酬和增收节支的劳动报酬。包括：超产奖、节约奖、劳动竞赛奖、质量奖、安全奖、提前竣工奖、年终奖、综合奖、其他奖金。

4．津贴和补贴

指为了补偿职工特殊或额外劳动消耗和其他特殊原因支付给职工的津贴，以及为了保证职工工资水平不受物价影响而支付给职工的物价补贴。(1)津贴包括：补偿职工特殊或额外劳动消耗的津贴、保健性津贴、技术性津贴、年功津贴及其他津贴；(2)物价补贴包括：为保证职工工资水平不受物价上涨或变动影响而支付的各种补贴。

5．加班加点工资

指按规定支付的加班工资和加点工资。

6．特殊情况下支付的工资

包括：(1)根据国家法律、法规和政策规定，因病、工伤、产假、计划生育假、婚丧假、事假、探亲假、定期休假、停工学习、执行国家或社会义务等原因按计时工资标准或计时工资标准的一定比例支付的工资；(2)附加工资、保留工资。

此外，因住房改革发给职工个人的住房补贴全部计入工资总额，洗理费、卫生费、上下班交通补贴计入工资总额。

(二)工资总额不包括的项目

1．根据国务院发布的有关规定颁发的创造发明奖、自然科学奖、科学技术进步奖和支付的合理化建议和技术改进奖，以及支付给运动员、教练员的奖金。

2．有关劳动保险和职工福利方面的各项费用。

3．有关离休、退休、退职人员待遇的各项支出。
4．劳动保护的各项支出。
5．稿费、讲课费及其他专门工作报酬。
6．出差伙食补助费、误餐补助、调动工作的旅费和安家费。
7．自备工具津贴。
8．实行租赁经营单位的承租人的风险性补偿收入。
9．对购买本企业股票和债券的职工所支付的股息(包括股金分红)和利息。
10．劳动合同制职工解除劳动合同时由企业支付的医疗补助费、生活补贴费。
11．因录用临时工而在工资以外向提供劳动力单位支付的手续费或管理费。
12．支付给加班工人的加工费和按加工定货办法支付给承包单位的发包费用。
13．支付给参加企业劳动的在校学生的补贴。
14．计划生育独生子女补贴。

必须指出，工资总额的组成，是由国家统一规定的，各企业、单位必须按照统一规定的工资总额组成内容进行工资核算，并据以提取工资附加费和正确计算工程(产品)成本。

二、应付工资的核算及其举例

为了反映与监督企业工资的清算和分配情况，应设置"应付工资"一级科目进行总分类核算。包括在工资总额内的各种工资、奖金、津贴等，不论是否在当期支付，都应当通过本科目核算。

本科目的贷方核算企业受益对象分配的工资总额；借方核算企业实际支付的工资总额及代扣款项；本科目期末一般应无余额，如果企业本月实发工资是按上月考勤记录计算的，实发工资与按本月考勤记录计算的应付工资的差额，即为本科目的期末余额。如果企业实发工资与应付工资相差不大的，也可以按本月实发工资作为应付工资进行分配，这样本科目期末即无余额。如果不是由于上述原因引起的应付工资大于实发工资的，期末贷方余额反映为企业的工资结余。

为了详细反映企业应付工资的结算和分配情况，应当设置"应付工资明细账"，按照职工类别分设账页，按照工资组成的内容分设专栏，进行明细分类核算。应付工资明细账，根据"工资结算单"和"工资结算汇总表"进行登记。

【例 9-24】 某建筑公司 2003 年 3 月工资发放情况见(表 9-1)"工资结算汇总表"，根据"工资结算汇总表"会计处理：

(1)签发现金支票提取现金
借：现金　　　　　　　　　　　　　　　　　　　　　　　　　112 712
　　贷：银行存款　　　　　　　　　　　　　　　　　　　　　　　　112 712
(2)用现金发放本月工资
借：应付工资　　　　　　　　　　　　　　　　　　　　　　　112 712
　　贷：现金　　　　　　　　　　　　　　　　　　　　　　　　　　112 712
(3)结转本月企业为职工代垫款项
借：应付工资　　　　　　　　　　　　　　　　　　　　　　　　33 088

贷：其他应付款——应交养老保险　　　　　　　　　　　　11 664
　　　　　　　　　　　——应交失业保险　　　　　　　　　　　　1 458
　　　　　　　　　　　——应交医疗保险　　　　　　　　　　　　2 916
　　　　其他应交款——应交住房公积金　　　　　　　　　　　　14 580
　　　　其他应收款——水电费　　　　　　　　　　　　　　　　 1 530
　　　　应交税金——应交个人所得税　　　　　　　　　　　　　 940

实际工作中，常将(2)、(3)两项合并作一个复合分录：
　　借：应付工资——计时工资　　　　　　　　　　　　　　　　70 140
　　　　　　　　——计件工资　　　　　　　　　　　　　　　　61 100
　　　　　　　　——各类津贴　　　　　　　　　　　　　　　　 7 520
　　　　　　　　——奖金　　　　　　　　　　　　　　　　　　 7 040
　　　贷：其他应付款——应交养老保险　　　　　　　　　　　　11 664
　　　　　　　　　　　——应交失业保险　　　　　　　　　　　　1 458
　　　　　　　　　　　——应交医疗保险　　　　　　　　　　　　2 916
　　　　其他应交款——应交住房公积金　　　　　　　　　　　　14 580
　　　　其他应收款——水电费　　　　　　　　　　　　　　　　 1 530
　　　　应交税金——应交个人所得税　　　　　　　　　　　　　 940
　　　　现金　　　　　　　　　　　　　　　　　　　　　　　112 712

【例9-25】　行政部门交回因公出差人员王某逾期未领工资1 250元。会计处理：
　　借：现金　　　　　　　　　　　　　　　　　　　　　　　 1 250
　　　贷：其他应付款——逾期未领工资——王某　　　　　　　　1 250

【例9-26】　将逾期未领工资1 250元，开具现金交款单，送存开户银行。会计处理：
　　借：银行存款　　　　　　　　　　　　　　　　　　　　　 1 250
　　　贷：现金　　　　　　　　　　　　　　　　　　　　　　 1 250

【例9-27】　根据"工资结算汇总表"(表9-1)编制本月"工资分配表"(见表9-2)，进行本月工资分配。会计处理：
　　借：工程施工——合同成本——××工程——人工费　　　　 53 200
　　　　　　　　　　　　　　——××工程——人工费　　　　 27 400
　　　　　　　　　　　　　　——间接费用　　　　　　　　　 15 350
　　　　生产成本——基本生产成本——人工费　　　　　　　　　21 700
　　　　　　　　——辅助生产成本——人工费　　　　　　　　　 3 480
　　　　机械作业——承包工程——人工费　　　　　　　　　　　14 200
　　　　管理费用——工资　　　　　　　　　　　　　　　　　　 7 180
　　　　　　　　——劳动保险费　　　　　　　　　　　　　　　 640
　　　　应付福利费——医务人员工资　　　　　　　　　　　　　 1 000
　　　　其他应付款——工会经费　　　　　　　　　　　　　　　 1 650
　　　贷：应付工资——结转　　　　　　　　　　　　　　　　 145 800

表 9-1

工 资 结 算 汇 总 表

编制单位：某建筑公司　　　　2003 年 3 月　　　　单位：元

人员类别	计时工资	计件工资	各类津贴	奖金	病假工资	应付工资	代扣款项 养老保险	代扣款项 失业保险	代扣款项 医疗保险	代扣款项 住房公积金	水电费	个人所得税	实发工资
工程施工人员	23 100	48 700	4 060	3 240	1 500	80 600	6 448	806	1 612	8 060	730	420	62 524
工业生产人员	6 380	12 400	1 160	1 490	270	21 700	1 736	217	434	2 170	220	70	16 853
机械作业人员	13 300		900			14 200	1 136	142	284	1 420		30	11 188
辅助生产人员	3 140		340			3 480	278.40	34.80	69.60	348			2 749.20
工程管理人员	12 460		580	2 310		15 350	1 228	153.50	307	1 535	310	240	11 576.50
行政管理人员	6 860		320			7 180	574.40	71.80	143.60	718	270	180	5 222.20
工会人员	1 580		70			1 650	132	16.50	33	165			1 303.50
长病人员			40		600	640	51.20	6.40	12.80	64			505.60
医务人员	950		50			1 000	80	10	20	100			790
合　计	67 770	61 100	7 520	7 040	2 370	145 800	11 664	1 458	2 916	14 580	1 530	940	112 712

表 9-2

工 资 分 配 表

编制单位：某建筑公司　　2003 年 3 月　　单位：元

分配对象 \ 人员类别	工程施工人员	工程管理人员	工业生产人员	辅助生产人员	机械作业人员	行政管理人员	长病人员	医务人员	工会人员	合计
工程施工——合同成本——××工程——人工费	53 200									53 200
工程施工——合同成本——××工程——人工费	27 400									27 400
工程施工——合同成本——间接费用		15 350								15 350
生产成本——基本生产成本——人工费			21 700							21 700
生产成本——辅助生产成本——人工费				3 480						3 480
机械作业——承包工程——人工费					14 200					14 200
管理费用——工资						7 180				7 180
管理费用——劳动保险费							640			640
应付福利费——医务人员工资								1 000		1 000
其他应付款——工会经费									1 650	1 650
合　计	80 600	15 350	21 700	3 480	14 200	7 180	640	1 000	1 650	145 800

【例9-28】 某建筑公司2003年7月,根据"计件工资单"应付A公司××工程劳务工资8 000元,A公司开具发票,由银行存款支付。会计处理:

(1)根据计件工资单结算应付工资

借:应付工资——劳务工资　　　　　　　　　　　　　8 000
　　贷:银行存款　　　　　　　　　　　　　　　　　　8 000

(2)结转分配

借:工程施工——合同成本——××工程——人工费　　8 000
　　贷:应付工资——结转　　　　　　　　　　　　　　8 000

【例9-29】 某建筑公司2003年12月31日,根据公司的规定计提跨年度应付未付管理人员综合奖50 000元。会计处理:

(1)计提年度综合奖

借:应付工资——奖金　　　　　　　　　　　　　　50 000
　　贷:其他应付款　　　　　　　　　　　　　　　　50 000

(2)结转分配奖金

借:管理费用　　　　　　　　　　　　　　　　　　50 000
　　贷:应付工资——结转　　　　　　　　　　　　　50 000

第七节　应付福利费及其核算

应付福利费是企业从成本费用中提取,用于企业职工福利方面的资金。

一、应付福利费的提取及用途

企业按规定用于职工福利方面的资金来源,包括从成本费用中提取的职工福利费和从税后利润中提取的公益金。从成本费用中提取的职工福利费主要用于职工个人的福利,现行企业财务制度规定,按工资总额的14%提取,作为企业的一项流动负债;从税后利润中提取的公益金用于集体福利设施,作为所有者权益核算。外商投资企业按规定从税后利润中提取的职工奖励及福利基金,应通过"应付福利费"科目核算,列入企业的一项流动负债。

职工福利费主要用于以下方面:

(1)医药卫生费支出;(2)医务福利人员的工资等支出;(3)职工生活困难补助;(4)按国家规定在福利费中列支的其他职工福利支出;(5)外商投资企业职工非经常性奖金及集体福利支出。

二、应付福利费的核算及其举例

为了反映和监督福利费的提取、使用和结余情况,企业应设置"应付福利费"一级科目进行总分类核算。本科目的贷方核算企业按规定从成本费用中提取的福利费和外商投资企业按规定从税后利润中提取的职工奖励及福利基金;借方核算企业按规定用途使用的各项福利费支出,外商投资企业按规定支付的职工非经常性奖金和职工集体福利。本科目的期末贷方余额,反映企业福利费的结余;期末借方余额,反映企业福利费的超支。

为了详细反映企业福利费的提取、使用、结余情况,应在"应付福利费"总分类账户下,按年初数、提取数、使用数(借方必须按用途分类)设置明细分类账,一般采用多栏式明细分类账登记。

由于应付福利费是根据工资总额从成本费用中提取的,因此计提的职工福利费应随同工资支出分别记入相关的成本费用科目,但医务、福利人员工资提取的福利费,按会计制度规定,应计入"管理费用"科目。

【例9-30】 某建筑公司2003年3月根据"工资结算汇总表"资料,编制职工福利费计算分配表(表9-3),作为计提福利费的依据。

职工福利费计算分配表　　　　　　　　　表9-3

编制单位:某建筑公司　　　　2003年3月　　　　　　　　单位:元

分配对象	应计提职工福利费的工资总额	提取率	提取金额	备注
工程施工——合同成本——××工程——人工费	53 200	14%	7 448	
工程施工——合同成本——××工程——人工费	27 400	14%	3 836	
工程施工——合同成本——间接费用	15 350	14%	2 149	
生产成本——基本生产成本——人工费	21 700	14%	3 038	
生产成本——辅助生产成本——人工费	3 480	14%	487.20	
机械作业——承包工程	14 200	14%	1 988	
管理费用——福利费	10 470	14%	1 465.80	含医务人员计提的福利费
合　计	145 800	14%	20 412	

会计处理:
借:工程施工——合同成本——××工程——人工费　　　　　7 448
　　　　　　　　　　　　　　——××工程——人工费　　　　　3 836
　　　　　　　　　　　　　　——间接费用　　　　　　　　　　2 149
　　生产成本——基本生产成本——人工费　　　　　　　　　　3 038
　　　　　　——辅助生产成本——人工费　　　　　　　　　　487.20
　　机械作业——承包工程——人工费　　　　　　　　　　　1 988
　　管理费用——福利费　　　　　　　　　　　　　　　　　1 465.80
　　贷:应付福利费——提取数　　　　　　　　　　　　　　　20 412

【例9-31】 某建筑公司2003年1月,为企业职工缴纳基本医疗保险80 000元,其中:个人负担20 000元,已从工资中扣回。缴纳商业保险38 000元,根据医保缴款单,会计处理:
借:应付福利费——医保费用　　　　　　　　　　　　　　　98 000
　　其他应付款——个人负担医保　　　　　　　　　　　　　20 000
　　贷:银行存款　　　　　　　　　　　　　　　　　　　　118 000

【例9-32】 某建筑公司春节前对生活困难职工实行补助,根据困难补助审批表支付现金5 000元。会计处理:

借:应付福利费——困难补助 5 000
  贷:现金 5 000

【例9-33】 某建筑公司为改善职工生活条件,为集体宿舍安装热水器3台,根据商品发票,由银行存款支付价款2 730元。会计处理:

借:应付福利费——其他集体福利费 2 730
  贷:银行存款 2 730

【例9-34】 某建筑公司2003年4月,购置职工食堂炊具一批,根据炊具用具购置计划审批表、发票账单,由银行存款支付32 000元购置费用。会计处理:

借:应付福利费——炊事用具费 32 000
  贷:银行存款 32 000

【例9-35】 某外商投资建筑公司2003年12月根据税后利润提取职工奖励及福利基金各50 000元。会计处理:

借:利润分配 100 000
  贷:应付福利费——职工奖励基金 50 000
      ——职工福利基金 50 000

【例9-36】 某外商投资建筑公司,2003年12月用现金支付职工创新贡献奖8 000元及年终奖20 000元。会计处理:

借:应付福利费——职工奖励基金 28 000
  贷:现金 28 000

【例9-37】 某外商投资建筑公司,2003年8月,为全体员工订制礼仪服,费用发票账单15 300元,款项由银行存款支付。会计处理:

借:应付福利费——职工福利基金 15 300
  贷:银行存款 15 300

第八节 应付股利及其核算

一、应付股利的概念

应付股利是企业经董事会或股东大会,或类似机构决议确定分配的现金股利或者利润。企业分配给投资者的现金股利或利润,在实际未支付给投资者之前,形成的一笔负债,属于流动负债。

二、股利的支付形式

股利的支付有两种基本形式,即现金股利和股票股利。现金股利是指企业以现金形式向股东派发的股利;股票股利是指企业用增发的股票向股东派发的股利。

三、应付股利的核算及其举例

为了反映企业应付股利的分配和支付情况,企业应设置"应付股利"一级科目进行总分类核算。本科目的贷方核算企业按规定分配给投资者的现金股利,分配给国家以及其他单位和个人的利润;借方核算企业支付给投资者的现金股利或利润;本科目的期末贷方余额,反映企业尚未支付的现金股利或利润。企业分配的股票股利不通过本科目核算。

企业应在"应付股利"一级科目下,按投资者设置二级科目,进行明细分类核算。

【例 9-38】 某建筑股份有限公司经股东大会审议,通过 2003 年利润分配方案,向全体股东每股派发 0.30 元现金股利,该企业总股本 10 000 万股。会计处理:

计算派发现金股利总额为:0.30 元/股 × 10 000 万股 = 30 000 000(元)

借:利润分配	30 000 000	
贷:应付股利——各股东名称		30 000 000

【例 9-39】 某建筑公司与 A 公司签订一项技能培训合作协议。2003 年末,按协议规定应付给 A 公司利润 23 000 元,当期以银行存款支付 A 公司利润。会计处理:

(1)提取应付利润时

借:利润分配	23 000	
贷:应付股利——A 公司		23 000

(2)支付利润时

借:应付股利——A 公司	23 000	
贷:银行存款		23 000

第九节 应交税金及其核算

一、应交税金的内容

企业在一定时期内取得的营业收入实现的利润以及从事其他应税项目,必须依法纳税。企业按规定交纳的各种税金主要有营业税、所得税、增值税、城市维护建设税、房产税、土地使用税、车船使用税、消费税、资源税、个人所得税等。根据国家现有规定,营业税是建筑企业从事工程施工生产经营业务应交纳的主要税种。

二、应交税金的核算

为了核算企业应交纳的营业税、所得税、增值税、城市维护建设税、房产税、土地使用税、车船使用税、消费税、资源税、个人所得税等各种税金,应设置"应交税金"一级科目进行总分类核算。本科目的贷方核算企业按规定税率计算的各种应交税金;借方核算企业实际交纳的各种税金;期末贷方余额,反映企业应交未交的各种税金,期末如为借方余额,则反映企业多交或尚未抵扣的税金。企业交纳的印花税、耕地占用税以及其他不需要预计应交数的税种,不通过本科目核算。

为了详细反映各种税金的发生和交纳情况,企业应按规定的税种设置二级科目进行明细分类核算。

三、建筑企业应交纳的主要税种的核算及其举例

(一)应交营业税

营业税是国家对提供劳务、转让无形资产或销售不动产的单位和个人征收的一种流转

税,属于价内税。建筑业税目征收的范围包括:建筑、安装、修缮、装饰、其他工程作业。

为了核算企业应交营业税的发生和交纳情况,应在"应交税金"一级科目下,设置"应交营业税"二级科目,进行明细分类核算。本科目的贷方核算企业按规定应交的营业税,借方核算企业实际上交的营业税,本科目的期末贷方余额,反映企业应交未交的营业税。

【例9-40】 某建筑公司2003年9月,完成施工总产值6 000 000元(含税),其中:外出施工产值700 000元,承建军队系统工程(已按规定程序报经批准免征营业税)产值1 000 000元,月终,根据上述资料,计算应缴税款,建筑安装营业税适用税率为3%。会计处理:

(1)计算当月主营业务收入的应纳税额:

根据税法规定,施工企业承建国防工程和军队系统工程取得的收入免征营业税。则当期主营业务收入的应纳税额为150 000元[(6 000 000 - 1 000 000)×3%]

借:主营业务税金及附加　　　　　　　　　　　　　　　150 000
　　贷:应交税金——应交营业税　　　　　　　　　　　　　　　150 000

假设次月初企业用银行存款交纳施工项目工程的营业税。

(2)交纳异地施工项目营业税21 000元(700 000×3%)

借:应交税金——应交营业税　　　　　　　　　　　　　21 000
　　贷:银行存款　　　　　　　　　　　　　　　　　　　　　　21 000

(3)交纳企业所在地施工项目营业税129 000元(5 000 000 - 700 000)×3%

借:应交税金——应交营业税　　　　　　　　　　　　　129 000
　　贷:银行存款　　　　　　　　　　　　　　　　　　　　　　129 000

【例9-41】 某建筑公司自行开发建造商品房一幢,对外销售取得营业收入18 000 000元。建筑安装成本为10 200 000元,该企业自建行为按组成计税价格计算税额,假定当地税务局核定建筑工程成本利润率为10%,建筑安装营业税适用税率为3%。

该企业的自建销售行为,包括了两个营业税的纳税环节:自建行为应按建筑业应税劳务缴纳营业税;销售商品房应按销售不动产征收营业税。会计处理:

(1)计提应纳营业税

自建行为应纳营业税税额 = 10 200 000×(1 + 10%)÷(1 - 3%)×3% = 347 010(元)

销售不动产(商品房)应纳营业税税额 = 18 000 000×5% = 900 000(元)

(2)自建行为的应税处理

借:主营业务税金及附加　　　　　　　　　　　　　　　347 010
　　贷:应交税金——应交营业税　　　　　　　　　　　　　　　347 010

(3)销售不动产应税处理

借:其他业务支出　　　　　　　　　　　　　　　　　　900 000
　　贷:应交税金——应交营业税　　　　　　　　　　　　　　　900 000

(二)应交增值税

增值税是以商品生产流通的各个环节中实现的增值额为课税对象的一个税种,属于价外税。企业从事工业生产,附属企业预制构件加工厂、车间将预制构件用于企业所承包的工程,或对外加工生产预制构件,应按规定交纳增值税。增值税纳税人划分为一般纳税人和小规模纳税人。

企业应在"应交税金"一级科目下设置"应交增值税"二级科目。

小规模纳税人只需设置"应交增值税"二级科目。按借方、贷方、余额设置三栏式明细账。本科目的贷方核算企业按规定应交的增值税;借方核算企业已交的增值税;期末贷方余额,反映尚未交纳的增值税;期末借方余额,反映多交的增值税。

一般纳税人应设置多栏式账户,在"应交增值税"账户下,借方设置"进项税额"、"已交税金"、"转出未交增值税"、"减免税款"、"出口抵减内销产品应纳税额";贷方设置"销项税额"、"出口退税"、"进项税额转出"、"转出多交增值税"等专栏,并按规定进行核算。

"应交增值税"科目的贷方核算企业销售商品或接受劳务向购买方收回的销项税额,购进的物质、在产品、产成品发生非常损失,以及购进物资改变用途等原因发生的进项税额转出,出口退税,转出多交增值税,月末转入的本月未交增值税;借方核算企业购进货物和接受劳务支付的增值税额(进项税额),上交本月的应交增值税及上交上期应交未交的增值税,出口抵减内销产品应纳税额,本月多交增值税转入和本月应交未交增值税转出。本科目的期末贷方余额,反映企业尚未交纳的增值税;期末借方余额,反映企业多交或待抵扣的增值税。

小规模纳税人和购入物资及接受劳务直接用于非应税项目,或直接用于免税项目以及直接用于集体福利和个人消费的,其专用发票上注明的增值税,计入购入物资及接受劳务的成本,不通过"应交税金——应交增值税——进项税额"核算。

【例 9-42】 某建筑公司附属工业生产构件加工厂,2003 年 6 月为该企业提供钢筋构件含税价值 636 000 元,款项由内部往来收回。根据结算资料,计算当月应缴增值税及缴纳税款处理。假设该企业为小规模纳税人,增值税适用税率为 6%。会计处理:

(1)计算当月应纳税额 = 636 000 ÷ (1 + 6%) × 6% = 36 000(元)

(2)计提当月应交税金

借:内部往来	636 000
贷:其他业务收入	600 000
应交税金——应交增值税	36 000

(3)用银行存款缴纳税金

借:应交税金——应交增值税	36 000
贷:银行存款	36 000

【例 9-43】 某建筑公司附属加工厂 2003 年 3 月,承接对外加工木门一批。为加工购买原材料所取得增值税专用发票上注明价款 300 000 元,增值税 51 000 元。货物已验收入库,货款由银行存款支付。假设该企业为一般纳税人,增值税适用税率为 17%,企业按实际成本进行材料日常核算。会计处理:

借:原材料	300 000
应交税金——应交增值税——进项税额	51 000
贷:银行存款	351 000

【例 9-44】 沿用【例 9-43】资料,该批木门于 2003 年 4 月加工完成,并收回货款。开具增值税专用发票上标明木门款 500 000 元,增值税 85 000 元。企业次月向税务机关缴纳增值税。会计处理:

(1)收取产品价款时

借:银行存款	585 000

    贷：其他业务收入 500 000
        应交税金——应交增值税——销项税额 85 000

(2)月末,将本月应交未交增值税转入未交增值税

计算应纳木门构件增值额 = 85 000 - 51 000 = 34 000(元)

借：应交税金——应交增值税——转出未交增值税 34 000
    贷：应交税金——应交增值税——未交增值税 34 000

(3)次月交税

借：应交税金——应交增值税——未交增值税 34 000
    贷：银行存款 34 000

【例9-45】 2003年12月,某建筑公司附属生产企业对因火灾造成的损失进行转账处理,其中烧毁原材料价值10 000元;烧毁在产品价值30 000元,其所耗外购的材料成本23 000元;烧毁库存商品50 000元,其所耗外购的材料成本37 000元,原材料适用增值税税率为17%。会计处理：

进项税额转出额 = 11 900元 = (10 000 + 23 000 + 37 000) × 17%

借：待处理财产损溢 101 900
    贷：原材料 10 000
        生产成本 30 000
        库存商品 50 000
        应交税金——应交增值税——进项税额转出 11 900

【例9-46】 2003年3月,某建筑公司附属加工厂将购入的用于生产应税产品的木材,账面价值5 000元,转用于本企业生产用办公楼维修。木材适用的增值税率为17%。会计处理：

进项税额转出额 = 5 000 × 17% = 850元

借：管理费用 5 850
    贷：原材料 5 000
        应交税金——应交增值税——进项税额转出 850

(三)应交所得税

企业所得税是国家对企业的生产、经营所得和其他所得,依照有关所得税暂行条例及其细则的规定征收的一种税。

为了反映企业所得税的计算和交纳情况应在"应交税金"一级科目下,设置"应交所得税"二级科目进行明细分类核算。本科目的贷方核算企业按规定计算应交纳的所得税;借方核算企业实际交纳的所得税;本科目的期末贷方余额,反映企业应交未交的所得税。

采用应付税款法时,企业应设置"所得税"和"应交税金——应交所得税"账户;采用纳税影响会计法时,企业应设置"所得税"、"递延税款"和"应交税金——应交所得税"账户。

采用应付税款法核算的企业,计算出当期应交的所得税,借记"所得税"科目,贷记"应交税金——应交所得税"。

采用纳税影响会计法核算的企业,计算出当期应计入损益的所得税,借记"所得税"科目,按规定计算当期交纳的所得税,贷记"应交税金——应交所得税",按本期发生的时间性差异和规定的所得税率计算的对所得税的影响金额,借记或贷记"递延税款"科目。

应交所得税核算的会计处理举例详见本书第二十章所得税会计有关介绍。

(四)应交城市维护建设税

城市维护建设税应以纳税人实际交纳的增值税、营业税、消费税为计算依据,按规定税率计算应纳税额。

为了核算企业城市维护建设税的发生和交纳情况,应在"应交税金"一级科目下设置"应交城市维护建设税"二级科目,进行明细分类核算。本科目的贷方核算企业按规定应交纳的城市维护建设税;借方核算企业实际上交的城市维护建设税;本科目的期末贷方余额,反映企业应交未交的城市维护建设税。期末如为借方余额,反映企业多交的城市维护建设税。

【例 9-47】 某建筑公司 2003 年 9 月应交纳工程营业税 150 000 元,构件增值税 20 000 元,城市维护建设税适用税率为 7%,税款由银行存款支付。会计处理:

当月应纳城市维护建设税为

$$应纳税额 = (150\ 000 + 20\ 000) \times 7\% = 11\ 900(元)$$

(1)应税处理

借:主营业务税金及附加　　　　　　　　　　　　　　　　10 500
　　其他业务支出　　　　　　　　　　　　　　　　　　　 1 400
　　贷:应交税金——应交城市维护建设税　　　　　　　　　　　11 900

(2)上交税款

借:应交税金——应交城市维护建设税　　　　　　　　　　　11 900
　　贷:银行存款　　　　　　　　　　　　　　　　　　　　　　11 900

(五)应交个人所得税

个人所得税以所得人为纳税义务人,企业作为扣缴义务人,应按税法规定,对企业职工个人工薪收入超过起征点部份代扣代缴个人所得税。个人所得税的征税范围及计算按税法规定。

为了核算个人所得税的扣缴情况,企业应在"应交税金"一级科目下设置"应交个人所得税"二级科目,进行明细分类核算。本科目的贷方核算企业按规定代扣的个人所得税;借方核算企业实际代缴的个人所得税;期末贷方余额,反映企业应交未交的个人所得税。

【例 9-48】 张某就职于某建筑公司,2003 年 6 月发放工资及各类津贴 950 元,奖金 320 元,计算该月张某应纳所得税额为(950 + 320 − 800) × 5%(适用税率) = 23.50(元),会计处理:

代扣时

借:应付工资　　　　　　　　　　　　　　　　　　　　　　23.50
　　贷:应交税金——应交个人所得税　　　　　　　　　　　　　23.50

代缴时

借:应交税金——应交个人所得税　　　　　　　　　　　　　23.50
　　贷:银行存款　　　　　　　　　　　　　　　　　　　　　　23.50

(六)应交土地增值税

企业转让国有土地使用权,地上建筑物及其附着物(即转让房地产)并取得收入,应按税法规定,缴纳土地增值税。

土地增值税按照转让房地产所得取得的增值额和规定的税率计算税收。

$$应纳税额 = \sum(增值额 \times 适用税率)$$

企业应在"应交税金"一级科目下设置"应交土地增值税"二级科目,进行明细分类核算。本科目的贷方核算企业按规定应交的土地增值税;借方核算企业实际上交的土地增值税;期末贷方余额,反映企业应交未交的土地增值税。

【例9-49】 某建筑公司兼营房地产业务,自行开发楼房一栋,售价为51 000 000元,核定的扣除项目金额为21 000 000元,企业在施工中已按规定预交了土地增值税8 000 000元。根据上述资料,做相关会计处理。会计处理:

(1)计算转让楼房的增值额30 000 000元(即51 000 000 - 21 000 000)

$$应纳税额 = 30\,000\,000 \times 50\% - 21\,000\,000 \times 15\% = 11\,850\,000(元)$$

(注:50%为增值额占扣除项目金额比例,15%为相应档的速算扣除系数)

(2)应税处理

1)在建过程预交土地增值税8 000 000元

借:应交税金——应交土地增值税　　　　　　　　　　8 000 000
　　贷:银行存款　　　　　　　　　　　　　　　　　　8 000 000

同时按照权责发生制原则,应将预交税款转入当期损益。

借:其他业务支出　　　　　　　　　　　　　　　　　8 000 000
　　贷:应交税金——应交土地增值税　　　　　　　　8 000 000

2)工程竣工售出楼房计算实际应补纳土地增值税

应补交土地增值税 = 3 850 000元(即11 850 000 - 8 000 000)

借:其他业务支出　　　　　　　　　　　　　　　　　3 850 000
　　贷:应交税金——应交土地增值税　　　　　　　　3 850 000

3)补交土地增值税时

借:应交税金——应交土地增值税　　　　　　　　　　3 850 000
　　贷:银行存款　　　　　　　　　　　　　　　　　　3 850 000

【例9-50】 某建筑公司因搬迁将原有办公楼及厂房转让出售,经计算应交纳土地增值税8 000元。会计处理:

借:固定资产清理　　　　　　　　　　　　　　　　　8 000
　　贷:应交税金——应交土地增值税　　　　　　　　8 000

(七)应交房产税、土地使用税、车船使用税

房产税是国家对在城市、县城、建制镇和工矿区征收的由产权所有人缴纳的税。

土地使用税是国家为了合理利用城镇土地,调节土地级差收入,提高土地使用效益,加强土地管理而开征的一种税。

车船使用税,由拥有并且使用车船的单位和个人交纳。

企业必须依税法规定,计算缴纳应由企业负担的房产税、土地使用税、车船使用税。

为了核算企业房产税、土地使用税、车船使用税的发生和缴纳情况,应在"应交税金"一级科目下,设置"应交房产税"、"应交土地使用税"、"应交车船使用税"二级科目,进行明细分类核算。本科目的贷方核算企业按规定应交的房产税、土地使用税、车船使用税;借方核算企业实际上交的房产税、土地使用税、车船使用税;本科目的期末贷方余额,反映企业应交未

交的房产税、土地使用税、车船使用税。

【例 9-51】 某建筑公司的经营用房产,账面原值 30 000 000 元,规定允许减除 20% 后计税,房产税的适用税率为 1.2%,出租经营场所的房产账面原值 3 000 000 元,房产税的适用税率为 12%。全年应交房产税可分季缴纳。根据上述资料,做出计提交纳房产税会计处理(房产税依照房产原值一次减除 10% 至 30% 后的余值计算缴纳)。会计处理:

(1)按月计提房产税

全年应纳房产税 = 30 000 000 × (1 − 20%) × 1.2% + 3 000 000 × 12%
= 288 000 + 360 000 = 648 000(元)

每月应摊销房产税:经营用为 288 000 ÷ 12 = 24 000(元)、出租用为 360 000 ÷ 12 = 30 000(元)。

(2)应税处理

按月计提时

1)借:管理费用　　　　　　　　　　　　　　　　　　　　　　　　24 000
　　其他业务支出　　　　　　　　　　　　　　　　　　　　　　　30 000
　　　贷:应交税金——应交房产税　　　　　　　　　　　　　　　　54 000

2)按季缴纳时

借:应交税金——应交房产税　　　　　　　　　　　　　　　　　162 000
　贷:银行存款　　　　　　　　　　　　　　　　　　　　　　　　162 000

【例 9-52】 某建筑公司实际占用土地面积 10 000m²,当地土地使用税的税率为 3 元/m²,计提当年应缴纳的土地使用税,并按季缴纳税款。会计处理:

全年应纳税额 = 10 000m² × 3 元/m² = 30 000(元)
每月应交税款 30 000 ÷ 12 = 2 500(元)

(1)计提每月税款时

借:管理费用　　　　　　　　　　　　　　　　　　　　　　　　　2 500
　贷:应交税金——应交土地使用税　　　　　　　　　　　　　　　2 500

(2)季末缴纳税款时

借:应交税金——应交土地使用税　　　　　　　　　　　　　　　7 500
　贷:银行存款　　　　　　　　　　　　　　　　　　　　　　　　7 500

【例 9-53】 某建筑公司按税务部门核定的 2003 年车船使用税 18 000 元,税务部门规定按年计征和缴纳税款。根据上述资料,做出相关会计处理(若是年末预交次年或年初预交当年车船使用税,则应作"待摊费用"处理):

(1)计提每月应缴车船使用税

18 000 ÷ 12 = 1 500(元)

计提每月应交税款

借:管理费用　　　　　　　　　　　　　　　　　　　　　　　　　1 500
　贷:应交税金——应交车船使用税　　　　　　　　　　　　　　　1 500

(2)年末实际缴纳税款时

借:应交税金——应交车船使用税　　　　　　　　　　　　　　　18 000
　贷:银行存款　　　　　　　　　　　　　　　　　　　　　　　　18 000

第十节　其他应交款及其核算

其他应交款是指企业除应交税金、应付股利等以外的其他各种应交的款项,包括应交的教育费附加、矿产资源补偿费、应交住房公积金、江海堤防工程维护费等。

为了核算企业其他应交款的计算和交纳情况,应设置"其他应交款"一级科目进行总分类核算。本科目的贷方核算企业按规定计算应交纳的各种款项;借方核算企业实际上交的各种款项;本科目的期末贷方余额,反映企业尚未交纳的其他应交款项;期末如为借方余额,反映企业多交的其他应交款项。

企业应在"其他应交款"一级科目下,按其他应交款的种类设置二级科目,进行明细分类核算。

其他应交款核算的会计处理举例:

【例 9-54】　某建筑公司 2003 年 3 月缴纳工程营业税 165 000 元,教育费附加按 4% 计算的应交税款为 6 600 元,由银行存款上交。会计处理:

(1)计提时

| 借:主营业务税金及附加 | 6 600 |
| 贷:其他应交款——应交教育费附加 | 6 600 |

(2)上交税款

借:其他应交款——应交教育费附加　　　　　　　　　　　　6 600
　　贷:银行存款　　　　　　　　　　　　　　　　　　　　　6 600

【例 9-55】　某建筑公司 2003 年 12 月完成施工总产值 8 000 000 元,假设江海堤防工程维护费按 0.9‰ 缴纳计算的应纳金额为 7 200 元。会计处理:

借:营业外支出　　　　　　　　　　　　　　　　　　　　　7 200
　　贷:其他应交款——应交江海堤防工程维护费　　　　　　　7 200

【例 9-56】　某建筑公司 2003 年根据核定的工资基数计算的企业职工每月应交住房公积金总额为 150 000 元。根据上述资料作计提及缴交款项会计处理。会计处理:

(1)应由公司负担部分

借:管理费用　　　　　　　　　　　　　　　　　　　　　　75 000
　　贷:其他应交款——应交住房公积金　　　　　　　　　　　75 000

(2)应由个人扣缴部分

借:应付工资　　　　　　　　　　　　　　　　　　　　　　75 000
　　贷:其他应交款——应交住房公积金　　　　　　　　　　　75 000

(3)上交时

借:其他应交款——应交住房公积金　　　　　　　　　　　　150 000
　　贷:银行存款　　　　　　　　　　　　　　　　　　　　　150 000

第十一节　其他应付款及其核算

其他应付款是指除应付票据、应付账款、预收账款、应付工资、应付股利、应交税金、其他应交款和内部往来以外的其他各种应付、暂收其他单位或个人的款项。具体包括:

(1)应付经营租入固定资产和包装物租金；
(2)职工未按期领取的工资；
(3)存入保证金(如收入包装物押金等)；
(4)应付、暂收所属单位、个人的款项；
(5)其他应付、暂收款项。

企业应设置"其他应付款"一级科目进行总分类核算。本科目的贷方核算企业发生的各种应付、暂收款项；借方核算企业偿还或转销的各种其他应付、暂收款项；本科目的期末贷方余额，反映企业尚未支付的其他应付款项。

为了详细反映企业各种其他应付、暂收款项的发生和偿还情况，企业应在"其他应付款"科目下，按应付和暂收款项的类别和单位或个人设置明细科目，进行明细分类核算。

其他应付款核算的会计处理举例

【例9-57】 某建筑公司2003年7月，收A公司交甲工程投标保证金60 000元，款项存入银行账户。会计处理：

借：银行存款   60 000
 贷：其他应付款——投标保证金——A公司 60 000

【例9-58】 某建筑公司2003年6月按工资总额78 600元计提本月工会经费和职工教育经费(提取率：工会经费2%、职工教育经费1.5%)。会计处理：

计算应提取额：工会经费：78 600×2% = 1 572(元)
    职工教育经费：78 600×1.5% = 1 179(元)

借：管理费用——工会经费 1 572
  ——职工教育经费 1 179
 贷：其他应付款——职工教育经费 1 179
  ——工会经费 1 572

【例9-59】 某建筑公司根据工程合同暂收A公司履约保证金80 000元，款项存入银行账户。会计处理：

借：银行存款 80 000
 贷：其他应付款——履约保证金——A公司 80 000

【例9-60】 某建筑公司2003年6月根据与D公司签订的机械经营租赁合同，应付自行施工工程使用的租入机械租金及包装费共26 000元，款项尚未支付。会计处理：

借：机械作业 26 000
 贷：其他应付款——租赁费——D公司 26 000

【例9-61】 某建筑公司用现金支付职工刘某逾期未领工资1 300元。会计处理：

借：其他应付款——逾期未领工资——刘某 1 300
 贷：现金 1 300

【例9-62】 某建筑公司用现金支付职工张某报销岗位技能培训费500元。会计处理：

借：其他应付款——职工教育经费 500
 贷：现金 500

第十二节 预提费用及其核算

预提费用是指应由本期成本费用负担但未实际支付,按规定应预先提取的费用,如预提的租金、保险费、借款利息、固定资产修理费用等。

为了正确核算企业的成本费用,应设置"预提费用"一级科目进行总分类核算。本科目的贷方核算企业按照规定从成本费用中预提的各项费用;借方核算企业实际支付的各项预提费用;本科目的期末贷方余额,反映企业预提但尚未支付的各项费用;期末如为借方余额,反映企业实际支付的费用大于预提数的差额,即尚未摊销的费用。

为了反映企业各项费用的预提和支付情况,企业应在"预提费用"科目下,按费用种类设置二级科目,进行明细分类核算。

预提费用核算的会计处理举例:

【例9-63】 某建筑公司2003年7月按规定预提行政用房屋大修理费用120 000元。会计处理:

```
借:管理费用                                    120 000
    贷:预提费用——大修理费用                         120 000
```

【例9-64】 沿用【例9-63】资料,房屋按公司大修计划,已实施大修完毕,根据"大修理决算书",应付房屋大修理费用121 600元,款项由银行存款支付。会计处理:

```
借:预提费用——大修理费用                         120 000
    管理费用                                     1 600
    贷:银行存款                                  121 600
```

【例9-65】 某建筑公司2003年1月,向A公司租入小型机械用于自行施工的××工程,租期1年。按合同规定,每月租赁费1 500元,按季支付租赁费。会计处理:

(1)预提每月机械租赁费:

```
借:工程施工                                    1 500
    贷:预提费用——租赁费                           1 500
```

(2)季末支付租赁费:

```
借:预提费用——租赁费                             4 500
    贷:银行存款                                  4 500
```

预提借款利息详见本章第一节短期借款核算的会计处理举例介绍。

第十三节 待转资产价值及其核算

根据财政部、国家税务总局《关于执行〈企业会计制度〉和相关会计准则有关问题解答(三)》(财会〔2003〕29号 2003年8月22日)最新规定,待转资产价值是指企业待转的接受资产捐赠的价值。

企业接受资产捐赠的价值,应设置"待转资产价值"一级科目进行总分类核算。本科目的贷方核算企业接受资产捐赠的实际成本;借方核算企业年度接受资产捐赠实际成本的结转数;本科目的期末贷方余额,反映企业尚未结转的待转资产价值。企业应在"待转资产价值"一级科目下,设置"接受捐赠货币性资产价值"、"接受捐赠非货币性资产价值"两个二级明细科目。

待转资产价值,在转入企业"资本公积"时,必须扣除按税法规定计算交纳的所得税。在弥补亏损后的数额较大,经批准可在不超过5年的期限内平均计入企业应纳税所得额交纳所得税。

待转资产价值核算的会计处理举例

【例9-66】 2003年3月,某建筑公司接受A公司捐赠中型客车一辆,根据A公司提供发票,该资产价值250 000元(同按税法规定的价值),企业用银行存款支付相关税费28 000元。假设该企业所得税税率为33%,接受捐赠的资产价值经批准在2年内平均计入企业应纳税所得额缴纳企业所得税。会计处理:

(1)接受捐赠时

借:固定资产　　　　　　　　　　　　　　　　　　　　　278 000
　　贷:待转资产价值——接受捐赠非货币性资产价值　　　　250 000
　　　　银行存款　　　　　　　　　　　　　　　　　　　　28 000

(2)2003年、2004年年终结转时

借:待转资产价值——接受捐赠非货币性资产价值　　　　125 000
　　贷:应交税金——应交所得税　　　　　　　　　　　　41 250
　　　　资本公积——接受捐赠非货币性资产准备　　　　　83 750

【例9-67】 某建筑公司接受D公司捐赠现金100 000元,款项已存入银行。年终该公司将接受捐赠的货币性资产价值一次性计入当期应纳税所得额,假设该企业所得税税率为33%。会计处理:

(1)接受捐赠时

借:银行存款　　　　　　　　　　　　　　　　　　　　　100 000
　　贷:待转资产价值——接受捐赠货币性资产价值　　　　100 000

(2)年终结转时

借:待转资产价值——接受捐赠货币性资产价值　　　　100 000
　　贷:应交税金——应交所得税　　　　　　　　　　　　33 000
　　　　资本公积——其他资本公积　　　　　　　　　　　67 000

第十四节　预计负债及其核算

预计负债是指企业过去的交易或事项形成的现时义务,但应付金额必须根据一定的标准予以合理预计的流动负债。主要包括对外提供担保、商业承兑票据贴现、未决诉讼、产品质量保证等很可能产生的负债。

企业应设置"预计负债"一级科目对预计负债进行总分类核算。本科目的贷方核算企业按规定的预计项目和预计金额确认的预计负债;借方核算企业实际偿付的预计负债;期末贷方余额反映企业已预计尚未支付的预计负债。本科目应按预计负债具体项目设置明细科目,进行明细核算。

预计负债核算的会计处理举例详见本书第十九章或有事项有关内容。

第十章 负债(下)——长期负债

长期负债是指将在1年或者超过1年的一个营业周期以上偿还的债务。包括长期借款、应付债券、可转换债券、长期应付款等。

长期负债具有以下特点:(1)偿还期限较长(一般在1年以上);(2)负债的金额较大;(3)可以采用到期一次偿还本付息、分期偿还本息和分期付息到期还本。但长期负债风险也大,当企业经营不景气时,仍须按固定的利率支付利息,从而加重企业的负担。因此,是否以债务形式筹集长期资金,以及如何筹集长期资金等,应是企业一项重要的财务决策。

长期负债由于偿还期限较长,金额较大,对企业生产经营活动的影响大,因此对长期负债应在其发生时按未来偿付数额的贴现值计价入账。根据谨慎性原则,我国企业会计制度规定长期负债按实际发生额入账。

第一节 长期借款及其核算

一、长期借款及其分类

长期借款是指企业向银行或其他金融机构借入的期限在一年以上(不含一年)的借款。

长期借款按借款偿还方式可分为到期一次还本付息、分期偿还本息和分期付息到期还本等长期借款;按借款的条件分,可以分为抵押借款、担保借款和信用借款;按借款的币种分,可以分为人民币借款和外币借款;按贷款单位分,可以分为国内金融机构借款和国际金融机构借款。

二、长期借款的核算方法及其举例

企业向银行或其他金融机构借入的各种长期借款应设置"长期借款"科目核算。该科目贷方核算借入长期借款的本金和应付的利息;借方核算企业归还长期借款的本息;余额在贷方,反映企业尚未偿还的长期借款本息。

企业应按借款单位和借款的种类在"长期借款"科目下设明细科目进行明细核算。

企业向银行或其他金融机构借入长期借款,借记"银行存款"科目,贷记"长期借款"科目;归还借款本息时,借记"长期借款"科目,贷记"银行存款"科目。

【例10-1】 某建筑公司扩建厂房,于2003年1月1日向某建设银行借入2年期长期借款1 000 000元,年利率为5%,借款合同规定到期一次还本付息。假设扩建厂房于2004年6月30日建成并办理竣工决算交付使用。2004年12月31日按期归还借款本息。则借入长期借款时应作会计处理:

  借:银行存款   1 000 000
    贷:长期借款——××建设银行   1 000 000

该项借款每年末应计利息计算如下：

第一年年末应计利息：1 000 000 元×5% = 50 000 元

第二年年末应计利息：1 000 000 元×5% = 50 000 元

2 年应计利息合计： 100 000 元

第 2 年末，借款到期时应偿还的本息和为：1 000 000 + 50 000 + 50 000 = 1 100 000 元。由于该项借款是用于扩建厂房，根据划分资本性支出和收益性支出的原则，在取得借款的前 1 年半，该项借款的利息费用（假设符合资本化的条件）应计入固定资产成本。因此，发生工程成本，第一年和第二年上半年应计利息应计入固定资产成本。

发生工程成本，应作会计处理：

借：在建工程　　　　　　　　　　　　　　　　　　　1 000 000

　　贷：银行存款　　　　　　　　　　　　　　　　　　　　1 000 000

第 1 年计提借款利息，应作会计处理：

借：在建工程　　　　　　　　　　　　　　　　　　　　50 000

　　贷：长期借款——××建设银行　　　　　　　　　　　　50 000

第 2 年上半年计提借款利息，应作会计处理：

借：在建工程　　　　　　　　　　　　　　　　　　　　25 000

　　贷：长期借款——××建设银行　　　　　　　　　　　　25 000

固定资产完工交付使用（假设×厂房工程另还发生成本 1 000 000 元，会计处理略）应作会计处理：

借：固定资产　　　　　　　　　　　　　　　　　　　2 075 000

　　贷：在建工程　　　　　　　　　　　　　　　　　　　　2 075 000

第 2 年下半年起，由于扩建厂房工程已竣工并投入使用，此后，长期借款的利息费用均列为财务费用，年末应作会计处理：

借：财务费用　　　　　　　　　　　　　　　　　　　　25 000

　　贷：长期借款——××建设银行　　　　　　　　　　　　25 000

第 2 年年末还本付息时，归还借款本息时应作会计处理：

借：长期借款——××建设银行　　　　　　　　　　　1 100 000

　　贷：银行存款　　　　　　　　　　　　　　　　　　　　1 100 000

【例 10-2】 续上例，假设借款合同上的偿还条件改为 2003 年末偿还长期借款本金一半和当年利息，剩余部分于 2004 年年末到期还清，其他不变，据此，各年的应计利息计算如下：

第 1 年年末应计利息 = 1 000 000×5% = 50 000 元

第 2 年年末应计利息 = 500 000 元×5% = 25 000 元

2 年应计利息共计：50 000 + 25 000 = 75 000 元

取得借款，发生工程成本，第 1 年年末应计利息，固定资产交付使用的会计处理参照前例，故略。

第 1 年年末偿还长期借款本金 500 000 元和利息时的会计处理：

借：长期借款——××建设银行　　　　　　　　　　　　550 000

　　贷：银行存款　　　　　　　　　　　　　　　　　　　　550 000

第 2 年年末偿还长期借款本金 500 000 元和利息时的会计处理：

借:长期借款——××建设银行　　　　　　　　　　　　525 000
　　贷:银行存款　　　　　　　　　　　　　　　　　　　　525 000

【例10-3】 续上例,假设借款合同偿还条件改为每季末付息一次,第2年年末还本,其他条件不变,则第1年每季应计利息为:1 000 000元×5%÷4=12 500元,第2年则每季应计利息为:500 000元×5%÷4=6 250元,其会计处理除计算的有关金额不同外,其余均同前例。

三、长期借款核算应注意的问题

(1)长期借款所发生的利息支出,应按照权责发生制的原则,按期预提计入在建工程成本或当期财务费用。用于购建固定资产的,应在年末或固定资产达到可使用状态时,计算发生的长期借款利息,计入所建资产的价值;在固定资产达到预定可使用状态以后发生的,由于长期借款金额较大,则应按月预提计入当期损益。

(2)长期外币借款所发生的外币折合差额,应按照外币业务核算的有关办法,按期计算汇兑损益,计入在建工程成本或当期损益。

(3)长期借款的本金和利息以及外币折合差额,均应计入"长期借款"科目,这与短期借款不同,"短期借款"科目只核算借款的本金,而利息不计入。短期借款的利息一般是通过"预提费用"科目核算的。

第二节　长期债券及其核算

一、长期债券及其分类

长期债券是举债公司(企业)为筹措长期资金,依照法定程序发行,约定在一定期限(一年以上)还本付息的书面凭证。债券可以自由转让,公开流通时,构成有价证券的一种。长期债券一般具有偿还期限较长,债券到期无条件归还本息,持券人对企业无经营决策权等的特点。债券的券面上必须载明公司(企业)名称、面值、利率、偿还期限、举债公司(企业)的公章和法定代表人的签章等事项。债券的种类很多,可以从不同的角度对公司(企业)债券进行分类。

(1)按债券有无担保分类,可以分为抵押债券和信用债券;
(2)按债券利息的支付时间分类,可以分为分期付息债券,到期一次还本付息债券和贴现债券;
(3)按债券是否记名分类,可分为记名债券和无记名债券;
(4)按债券本金偿还方式分类,可分为一次还本债券、分期还本债券和通知还本债券;
(5)按债券的募集方式分类,可分为公募债券和私募债券。

二、债券发行价格的确定

从理论上讲,债券的价格就是债券的面值,举债企业应该负担的利息费用就是票面利息。但在实际工作中,一般是先决定债券的票面利率(也称名义利率或约定利率),筹备发行。债券正式发行时,由于市场利率(即债券发行时银行同期存款的利率,也称实际利率)的变化,票面利率与市场利率存在着差异,这就决定了企业发行债券时不能简单地以其面值作为发行价格。因此,企业发行债券时,必须首先确定债券的发行价格。

(一)债券按面值发行价格的确定

债券正式发行时,债券的票面利率与发行时的银行同期存款的利率一致,那么债券就可以按面值发行(面值作为发行价格),举债企业实际负担的利息费用正好为票面利息。

(二)债券溢价发行价格的确定

当银行同期存款的利率低于票面利率,一方面,债券发行人每期要按高于银行同期存款利率的票面利率来支付债券利息,因而发行人必然要求以高于债券面值的价格来出售债券。发行价格超过面值部分称为债券溢价。债券溢价实质是对债券利息的调整,以平衡举债公司的利息费用和投资人的利息收益,使债券利息接近于债券发行当时的银行同期存款利率。对举债企业来说,溢价是为今后各期多付利息而预先取得的补偿;对于投资者来说,溢价是为今后各期多收利息收益而预先付出的代价。

(三)债券折价发行价格的确定

当发行债券时的银行同期存款利率高于票面利率,以低于债券面值的价格来发行,以补偿投资者未来各期利息损失。债券发行价格低于面值的部分,称为债券折价。债券折价实质上也是对债券利息的调整,通过折价把按票面利率支付的利息调整为实际利息。对于举债企业来说,债券折价就是为今后各期少付利息而预先付出的代价;对于投资者来说,折价就是为今后各期少收利息而预先取得的补偿。

三、债券溢价或折价的摊销

企业债券的溢价或折价,是整个债券期间举债企业利息费用的一项调整。因此,企业债券溢价或折价应逐期在各付息期支付票面利息费用中扣除或增加,使企业实际负担的利息与发行时的银行同期存款的利率相一致。这种将债券溢价或折价逐期调整利息费用的方法,称为债券溢价和折价的摊销。

企业债券溢价或折价的摊销,有直线法和实际利率法两种。

(一)直线法

直线法是将公司债券的溢价或折价平均分摊于各期的一种摊销方法。也就是说,在债券的各付息期以相等的金额把债券溢价或折价冲减增加票面利息费用。这种方法的特点是:比较简便易行,但不很精确。

(二)实际利率法

实际利率法,就是各期的实际利息费用等于实际利率乘以账面价值。由于债券的账面价值逐期不同,因此计算出来的实际利息费用逐期不同,当期的实际利息费用与按票面利率支付的利息之间的差额,就是长期应摊销的债券溢价或折价。

四、债券发行费用处理

债券发行费用应根据费用额大小、筹资用途情况分别处理。

(1)如果发行费用大于发行期间冻结资金所产生的利息收入,按发行费用减去发行期间冻结资金所产生的利息收入后的差额,根据发行债券筹集资金的用途,用于固定资产项目的,按照借款费用资本化的处理原则处理,其余的,计入当期财务费用。

(2)如果发行费用小于发行期间冻结资金所产生的利息收入,按发行费用减去发行期间冻结资金所产生的利息收入后的差额,视同发行债券的溢价收入,在债券存续期间在计提利息时并入债券的溢价或折价摊销。

(3)如果发行费用减去发行期间冻结资金所产生的利息收入后,金额较小,按重要性原则,计入当期财务费用。

五、债券的偿还

公司发行债券时,一般都规定了如何偿还的条款。因此,公司应根据发行债券时订立的有关条款偿还本金,债券的偿还一般有一次偿还、分期偿还、提前偿还等形式。

(一)一次偿还

一次偿还是指债券本金于到期日一次还清。

无论债券是面值发行,还是溢价发行或折价发行,由于在到期日,"应付债券——债券溢价"科目、"应付债券——债券折价"科目和"应付债券——应计利息"科目余额都为零。"应付债券——面值"科目的余额等于账面价值,所以其会计处理是相同的。

即:借:应付债券——面值;
　　贷:银行存款(现金)

(二)分期偿还

分期偿还是指企业在发行债券时便约定债券本金按期分批偿还。无论是采取债券面额的百分比分期偿还,还是采用分期抽签确定分期偿还债券,作为举债企业来说,其会计处理是相同的。

(三)提前偿还

提前偿还是指债券发行后未到债券偿还日而归还本金。提前偿还一般有两种情况:一种情况是在发行公司债券时就规定债券发行单位有提前偿还权,可以通知债权人(投资者)提前偿还;另一种情况是公司债券属上市交易的债券,而债券发行单位又有足够的资金可供调度,于是可以在债券到期日前选择适当的有利时机,在证券市场上陆续收购发行在外的公司债券。例如:在市场利率下降时,提前偿还旧债券,另外发行利率低的公司债券,可以使债券发行的公司(企业)少支付利息。

提前偿还公司债券时,必须注意:

1.如债券提前偿还日不是债券规定的付息日,须将上次付息日至提前偿还日止的利息一并支付。

2.提前偿还部分的公司债券与相应的未摊销溢价或折价应予一并处理。

3.提前赎回公司债券所付出的价款与公司债券账面价值的差额应作为赎回债券损益处理。

为了便于计算利息和应摊销的溢价和折价,提前偿还公司债券时,通常都选择付息日作为提前偿还日。

六、应付债券的核算方法及其举例

企业发生的各种债券应设置"应付债券"科目进行核算。本科目期末贷方余额,反映企业尚未偿还的债券本息。

该科目应设置"债券面值"、"债券溢价"、"债券折价"和"应计利息"4个二级明细科目。本科目应按债券种类设置明细账,进行明细核算。

企业在发行债券时,应将待发行债券的票面金额、债券票面利率、还本期限与方式、发行总额、发行日期和编号、委托代售部门、转换股份等情况在备查账簿中进行登记。

【例10-4】 某建筑公司2001年1月1日发行5年期一次还本的公司债券10 000 000元,债券利息于每年7月1日和1月1日按面值各付息一次,票面年利率为10%。

(1)假设发行该债券时的银行同期存款的利率为10%,按复利计算该债券发行价格如下:

1)到期偿还面值的现值:$10\,000\,000 \times (1+5\%)^{-10} = 6\,139\,000$元

2)债券各期票面利息的现值:

各付息期的票面利息:$10\,000\,000 \times 10\% \times 1 \div 2 = 500\,000$元

各期票面利息的现值:

$$500\,000 \times (P/A, 5\%, 10) = 500\,000 \times 7.722 = 3\,861\,000 \text{元}$$

式中:$(P/A, 5\%, 10)$为年金现值系数,从年金现值系数表中查得(以下同)。

3)该债券的发行价格:$6\,139\,000 + 3\,861\,000 = 10\,000\,000$元

债券票面利率等于市场利率时,债券发行价格等于面值。

(2)假设发行该债券时的银行同期存款的利率为8%,按复利计算该债券发行价格如下:

1)到期偿还面值的现值:$10\,000\,000 \times (1+4\%)^{-10} = 6\,756\,000$元

2)债券各期票面利息的现值:

$$500\,000 \times (P/A, 4\%, 10) = 500\,000 \times 8.111 = 4\,055\,500 \text{元}$$

3)该债券的发行价格:$6\,756\,000 + 4\,055\,500 = 10\,811\,500$元

该债券的溢价:$10\,811\,500 - 10\,000\,000 = 811\,500$元

债券票面利率高于银行同期存款的利率时,债券发行价格大于面值。

(3)假设发行该债券时的银行同期存款的利率为12%,按复利计算该债券发行价格如下:

1)到期偿还面值的现值:$10\,000\,000 \times (1+6\%)^{-10} = 5\,584\,000$元

2)债券各期票面利息的现值,

$$500\,000 \times (P/A, 6\%, 10) = 500\,000 \times 7.360 = 3\,680\,000 \text{元}$$

3)该债券的发行价格:$5\,584\,000 + 3\,680\,000 = 9\,264\,000$元

该债券的折价:$10\,000\,000 - 9\,264\,000 = 736\,000$元

债券票面利率小于银行同期存款的利率时,债券发行价格小于面值。

从以上的例子可以看出,债券的发行价格因债券的票面利率与银行同期存款的利率的差异情况而有所不同。

【例10-5】 承【例10-4】资料,债券按面值发行,发行价格为10 000 000元,其会计处理如下:

借:银行存款　　　　　　　　　　　　　　　　　　　　　　　　10 000 000
　　贷:应付债券——债券面值　　　　　　　　　　　　　　　　　　　10 000 000

【例10-6】 承【例10-4】资料,债券溢价发行价格为10 811 500元,其会计处理如下:

借:银行存款　　　　　　　　　　　　　　　　　　　　　　　　10 811 500

贷：应付债券——债券面值　　　　　　　　　　　　　　　　10 000 000
　　　　　　——债券溢价　　　　　　　　　　　　　　　　　　811 500

【例10-7】 承【例10-4】资料，债券折价发行价格为9 264 000元，其会计处理如下：
借：银行存款　　　　　　　　　　　　　　　　　　　　　　9 264 000
　　应付债券——债券折价　　　　　　　　　　　　　　　　　736 000
　　贷：应付债券——债券面值　　　　　　　　　　　　　　　10 000 000

【例10-8】 承【例10-4】资料，债券按面值发行，该债券各期支付的票面利息为500 000元，其会计处理如下：
借：财务费用　　　　　　　　　　　　　　　　　　　　　　　500 000
　　贷：银行存款　　　　　　　　　　　　　　　　　　　　　500 000
该债券的10个付息日同样作以上会计处理。

【例10-9】 承【例10-4】资料，该债券各期支付的票面利息为500 000元。溢价总额为811 500元，按直线法计算各付息期应摊销的溢价为81 150元，其利息支付和溢价摊销会计处理如下：
借：财务费用　　　　　　　　　　　　　　　　　　　　　　　418 850
　　应付债券——债券溢价　　　　　　　　　　　　　　　　　　81 150
　　贷：银行存款　　　　　　　　　　　　　　　　　　　　　500 000
该债券的10个付息日同样作以上会计处理，到该债券到期时，"应付债券——债券溢价"科目余额为零。

【例10-10】 承【例10-4】资料，该债券各期支付的现金利息是500 000元。折价总额为736 000元，按直线法各付息期应摊销的折价为73 600元，各付息日和折价摊销的会计处理如下：
借：财务费用　　　　　　　　　　　　　　　　　　　　　　　573 600
　　贷：银行存款　　　　　　　　　　　　　　　　　　　　　500 000
　　　　应付债券——债券折价　　　　　　　　　　　　　　　　73 600
该债券的10个付息日同样作以上会计处理，到该债券到期时，"应付债券——债券折价"科目余额为零。

如果采用实际利率法，只是各期计算出来的实际利息费用逐期不同，会计处理是相同的（故略）。

【例10-11】 承【例10-4】资料，到期日一次偿还本金。会计处理如下：
借：应付债券——面值　　　　　　　　　　　　　　　　　　10 000 000
　　贷：银行存款　　　　　　　　　　　　　　　　　　　　10 000 000

【例10-12】 承【例10-4】资料，假设企业在发行债券时约定债券本金2005年1月1日偿还5 000 000元、2006年1月1日偿还5 000 000元。会计处理如下：
借：应付债券——面值　　　　　　　　　　　　　　　　　　5 000 000
　　贷：银行存款　　　　　　　　　　　　　　　　　　　　5 000 000
两年同样作以上会计处理。

【例10-13】 承【例10-4】资料，假设该债券于2004年1月1日以106%赎回5 000 000元，假设按面值发行。

提前偿还债券的赎回损益计算：

$$106\% \times 5\,000\,000 - (5\,000\,000 + 250\,000) = 50\,000 元$$

借：应付债券——债券面值　　　　　　　　　　　　　　5 000 000
　　财务费用　　　　　　　　　　　　　　　　　　　　　 50 000
　　贷：银行存款　　　　　　　　　　　　　　　　　　　　　　5 050 000

第三节　可转换公司债券及其核算

一、可转换公司债券概述

债券发行合同规定债券持有者可以在一定期间之后，按规定的转换比率或转换价格，将持有的债券转换成发行公司的股票（通常为普通股），这种债券就称为可转换债券。可转换公司债券既有债券的性质，又有股票的性质，因此，对投资者和发行公司都具有很大的吸引力。

可转换公司债券的核算主要涉及以下问题：

(1) 可转换公司债券在未转换为股份前，其会计核算与一般公司债券相同，即按期计提利息，并摊销溢价和折价。

(2) 可转换公司债券到期未转换为股份的，按照可转换公司债券募集说明书的约定，于期满后5个工作日内偿还本息。

(3) 债券持有者行使转换权利，将可转换公司债券转换为股份时，如债券面额不足转换1股股份的部分，企业应当以现金偿还。

(4) 企业发行附有赎回选择权的可转换公司债券，其在赎回日可能支付的利息补偿金，即债券约定赎回期届满日应当支付的利息减去应付债券票面利息的差额，应当在债券发行日至债券约定赎回期届满日期间计提应付利息，计提的应付利息，按借款费用的处理原则处理。

二、可转换公司债券的转换

债券持有人将债券转换成股票时，有账面价值法和市价法两种会计处理方法。

(一) 账面价值法

将被转换债券的账面价值作为换入股票的价值，不确认转换损益。我国现行采用此法。

(二) 市价法

将被转换债券的市场价值或换得股票的市场价值较可靠者作为换入股票的价值，并确认转换损益。我国现行不采用此法。

三、可转换公司债券的核算及其举例

企业发行的可转换公司债券应在应付债券科目下设置"可转换公司债券"明细科目核算。发行的可转换公司债券在发行以及转换为股票之前，应按一般债券进行账务处理。当可转换公司债券持有人行使转换权利时，借记"应付债券——可转换公司债券（债券面值）"；按未摊销的溢价或折价，借记或贷记"应付债券——可转换公司债券（债券溢价、债券折

价)";按已提的利息,借记"应付债券——可转换公司债券(应计利息)";按股票面值和转换的股数计算的股票面值总额,贷记"股本"科目;按实际用现金支付的不可转换股票的部分,贷记"现金"等科目;按其差额,贷记"资本公积——股本溢价"科目。未转换为股份的可转换公司债券,其到期还本付息的账务处理,按上述一般债券处理。

企业在发行债券时,应将待发行债券的票面金额、债券票面利率、还本期限与方式、发行总额、发行日期和编号、委托代售部门、转换股份等情况在备查账簿中进行登记。

【例10-14】 承【例10-4】资料,假设该公司(股份公司)发行的是可转换公司债券,按每1 000元可转换公司债券转换100股普通股,于2003年7月1日,将该债券全部转换成普通股1 000 000股(10 000 000÷1 000×100),当时每股市价15元。该公司用直线法摊销溢价,至2003年7月1日尚有未摊销溢价405 750元,其账面价值为10 405 750元,采用账面价值法,转换的会计处理为:

  借:应付债券——可转换公司债券——债券面值   10 000 000
      ——可转换公司债券——债券溢价   405 750
   贷:股本   10 000 000
     资本公积——股本溢价   405 750

第四节 借款费用及其核算

一、借款费用及其会计处理原则

(一)借款费用的概念及其内容

企业会计制度中的借款费用是指企业因借款而发生的利息、借款的折价或溢价摊销和辅助费用,以及外币借款而发生的汇兑差额。因借款而发生的辅助费用包括手续费等。借款费用有两种处理方法:一是于发生时直接确认为当期费用;二是予以资本化。借款费用资本化是指将长期负债费用直接计入所购资产的价值,作为该资产历史成本的一部分。借款费用主要包括:

(1)属于流动负债性质的借款费用,或者虽然是长期借款性质但不是用于购建固定资产的专门借款所发生的借款费用,直接计入当期损益。

(2)需要经过相当长时间才能达到可销售状态的存货,其借款费用不计入所制造的存货的价值内。但是,房地产开发企业为开发房地产而借入的资金所发生的利息等借款费用,在开发产品完工之前,计入开发产品成本。

(3)如果是为对外投资而发生的借款费用,不予以资本化,应直接计入当期财务费用。

(4)虽属于为购建固定资产的专门借款,但不符合资本化条件的借款费用,也应直接计入当期财务费用。

(5)筹建期间发生的借款费用(除为购建固定资产的专门借款所产生的借款费用外),计入长期待摊费用。企业筹建期间所发生的费用,先在长期待摊费用中归集,待企业开始生产经营当月起,将筹建期间所发生的费用全部一次计入开始生产经营当月的损益。

(6)在清算期间发生的长期借款费用,计入清算损益。

(二)为购建固定资产的专门借款的借款费用处理原则

(1)因借款而发生的辅助费用的处理。企业发行债券筹集资金专项用于购建固定资产和在所购建的固定资产达到预定可使用状态前的发行费用,如果发生金额较大(减去发行期间冻结资金产生的利息),则直接计入所购建的固定资产成本;如果发生金额较小(减去发行期间冻结资金产生的利息),则直接计入财务费用。

(2)因银行借款而发生的手续费,按上述同一原则处理。

(3)因安排专门借款而发生的除发行费用和银行借款手续费以外的辅助费用,如果金额较大的,属于在所购建固定资产达到预定可使用状态之前所发生的,应当在发生时计入所购建固定资产的成本;在所购建固定资产达到预定可使用状态后发生的辅助费用,直接计入当期财务费用。对于金额较小的辅助费用,也可以于发生当期直接计入财务费用。

二、借款费用的资本化

(一)借款费用资本化的条件

企业为购建某项固定资产而借入的专门借款所发生的利息、溢价或折价的摊销、汇兑差额等当同时满足以下三个条件时,应当开始资本化,计入所购建固定资产的成本:(1)资产支出已经发生(只包括为购建固定资产而以支付现金、转移非现金资产或者承担带息债务形式发生的支出);(2)借款费用已经发生;(3)为使资产达到预定可使用状态所必要的购建活动已经开始。主要包括如下工作:第一,资产的实体建造工作,例如主体设备的安装、厂房的实际建造等;第二,实际建造之前进行的技术性和管理性工作,例如,在开始实体建造之前进行的勘探、计划制定、工程设计、办理获得政府有关部门许可而进行的工作等。

在上述三个条件同时满足的情况下,为购建固定资产的专门借款所发生的借款费用才能开始资本化,只要其中有一个条件没有满足,就不能开始资本化。

(二)借款费用资本化金额的确定

企业为购建固定资产而借入的专门借款所发生的借款利息、溢价或折价的摊销、汇兑差额,满足上述资本化条件的所购建的固定资产达到预定可使用状态前所发生的,应当予以资本化,计入所购建固定资产的成本;所购建的固定资产达到预定可使用状态后所发生的,应于发生当期直接计入财务费用。

所谓"达到预定可使用状态",是指固定资产已达到购买方或建造方预定的可使用状态。当存在下列情况之一时,可认为所购建的固定资产已达到预定可使用状态:(1)资产的实体建造(包括安装)工作已经全部完成或者实质上已经全部完成;(2)所购建的固定资产与设计要求或合同要求相符或基本相符,即使有极个别与设计或合同要求不相符的地方,也不影响其正常使用;(3)继续发生在所购建造的固定资产上的支出金额很少或几乎不再发生。

如果所购建的固定资产需要试生产或试运行,则在试生产或试运行结果表明资产能够正常运行或者能够稳定地生产出合格产品时,或者试运行结果表明能够正常运转或营业时,就应当认为资产已经达到预定可使用状态。

在固定资产达到预定可使用状态之前,每一会计期间利息资本化金额的计算公式如下:

$$\text{每一会计期间利息的资本化金额} = \text{至当期末止购建固定资产累计支出加权平均数} \times \text{资本化率}$$

$$\text{累计支出加权平均数} = \sum \left(\text{每笔资产支出金额} \times \frac{\text{每笔资产支出实际占用的天数}}{\text{会计期间涵盖的天数}} \right)$$

资本化率的确定原则为:企业为购建固定资产只借入一笔专门借款,资本化率为该项借款的利率;企业为购建固定资产借一笔以上的专门借款,资本化率为这些借款的加权平均利率。加权平均利率的计算公式如下:

$$加权平均利率 = \frac{专门借款当期实际发生的利息之和}{专门借款本金加权平均数} \times 100\%$$

$$专门借款本金加权平均数 = \sum \left(每笔专门借款本金 \times \frac{每笔专门借款实际占用的天数}{会计期间涵盖的天数} \right)$$

为简化计算,也可以将月数作为计算专门借款本金加权平均数的权数。

在计算资本化率时,如果企业发行债券发生债券溢价或折价时,应当将每期应摊销的溢价或折价金额,作为利息的调整额,对资本化率作相应调整,其加权平均利率的计算公式如下:

$$加权平均利率 = \frac{专门借款当期实际发生的利息之和 + (或-)折价(或溢价)摊销额}{专门借款本金加权平均数} \times 100\%$$

如果某项建造的固定资产的各部分分别完工(指每一单项工程或单位工程,下同),每部分在其他部分继续建造过程中可供使用,并且为使该达到预定可使用状态所必需的活动实质上已经完成,则这部分资产所发生的借款费用不再计入所建造的固定资产成本,而应当直接计入当期财务费用;如果某项建造的固定资产的各部分分别完工,但必须整体配套工程完工后才可使用,则应当在该资产整体配套工程完工时,其所发生的借款费用不再计入所建造的固定资产成本,而应当直接计入当期财务费用。

三、借款费用资本化的中断和终止

如果某项固定资产的购建发生非正常中断,并且中断时间超过3个月(含3个月),应当暂停借款费用的资本化,其中断期间所发生的借款费用,不计入所购建的固定资产成本,而将其直接计入当期财务费用,直至购建重新开始,再将其后至固定资产达到预定可使用状态前所发生的借款费用,计入所购建固定资产的价值。

如果中断是使购建的固定资产达到预定可使用状态所必要的程序,则中断期间所发生的借款费用仍应计入该项固定资产的成本。

当所购建的固定资产达到预定可使用状态时,应当停止借款费用的资本化;以后发生的借款费用应于发生当期直接计入财务费用。

四、借款费用会计处理举例

【例10-15】 某建筑公司2003年5月1日因厂房改造向××银行借款3 000 000元,期限两年,年利率为12%,4月5日工程开工,4月30日该项目基础完工,5月6日支付工程款1 000 000元,6月1日支付工程款800 000元,6月16日支付工程款1 200 000元。12月30日工程达到预定可使用状态。

(1)计算:

5月借款的资本化金额:1 000 000×25÷30 = 833 300元,其余的借款金额不予资本化2 166 700元(3 000 000 - 833 300)。

6月借款的资本化金额:

1 000 000 + 800 000×30÷30 + 1 200 000×15÷30 = 2 400 000元,其余的借款金额不

予资本化 600 000 元(3 000 000 - 2 400 000)。

7月借款的资本化金额：
$$(1\ 000\ 000 + 800\ 000 + 1\ 200\ 000) = 3\ 000\ 000 \text{元}。$$

8月到12月的借款的资本化金额同7月。

1)资本化率

一笔专门借款,资本化率为该项借款的利率,则为12%。

2)累计支出加权平均数
$$833\ 300 + 2\ 400\ 000 + 3\ 000\ 000 \times 6 = 21\ 233\ 300 \text{元}$$

3)每一会计期间利息的资本化金额

5月借款利息的资本化金额：

$833\ 300 \times 12\% \div 12 = 8\ 333$ 元,其余的借款利息不予资本化 21 667 元 = (3 000 000 × 12% ÷ 12 - 833 000 × 12% ÷ 12)应直接计入当期财务费用。

6月借款利息的资本化金额：

$(1\ 000\ 000 + 800\ 000 + 1\ 200\ 000 \times 15 \div 30) \times 12\% \div 12 = 24\ 000$ 元,其余的借款利息不予资本化 6 000 元(3 000 000 × 12% ÷ 12 - 24 000)应直接计入当期财务费用。

7月借款利息的资本化金额：
$$(1\ 000\ 000 + 800\ 000 + 1\ 200\ 000) \times 12\% \div 12 = 30\ 000 \text{元}。$$

8月到12月的借款利息的资本化金额同7月。

累计支出加权平均资本化金额数：
$$8\ 333 + 24\ 000 + 30\ 000 \times 6 = 212\ 333 \text{元}。$$

21 233 300 × 12% ÷ 12 = 212 333 元,两种计算方法结果相同。

(2)根据上述资料,分别作会计处理：

1)5月借款时：

借:银行存款	3 000 000
贷:长期借款	3 000 000

2)5月6日支付1 000 000 元：

借:在建工程	1 000 000
贷:银行存款	1 000 000

3)5月计提借款利息：

借:在建工程	8 333
财务费用	21 667
贷:长期借款	30 000

4)6月1日支付800 000 元：

借:在建工程	800 000
贷:银行存款	800 000

5)6月16日支付1 200 000 元：

借:在建工程	1 200 000
贷:银行存款	1 200 000

6)6月计提借款利息：

借:在建工程	24 000	
财务费用	6 000	
贷:长期借款		30 000

7) 7月计提借款利息:

借:在建工程	30 000	
贷:长期借款		30 000

8) 8月到12月计提借款利息的会计处理同7月。

9) 2004年1月——2005年4月的借款利息不予资本化应计入财务费用作会计处理:

借:财务费用	(合计数)480 000	
贷:长期借款		480 000

10) 2005年5月1日还本付息作会计处理:

借:长期借款	3 720 000	
贷:银行存款		3 720 000

【例10-16】 某建筑公司2003年为建造一项固定资产,分别于9月份以前借入两笔长期借款,一笔长期借款1 000 000元,年利率为12%,该月利息为10 000元;另一笔借款2 000 000元,年利率为9%,该月利息为15 000元。该固定资产于9月30日工程未达到预定可使用状态。该公司2003年9月份涉及建造该项固定资产的有关资料为:2003年9月1日支出500 000元,9月16日支出1 000 000元,9月21日支出1 500 000元,则该公司2003年9月份应予资本化利息金额计算如下:

(1) 计算平均累计支出数见表10-1所示。

平均累计支出数　　　　　　　　　　表10-1

支出日期	金额/元	资本化期间	平均支出/元
2003年9月1日	500 000	30/30	500 000
2003年9月16日	1 000 000	15/30	500 000
2003年9月21日	1 500 000	10/30	500 000
	3 000 000		1 500 000

计算月加权平均利率:

$$(10\ 000 + 15\ 000)/(1\ 000\ 000 + 2\ 000\ 000) \times 100\% = 0.833\ 3\%$$

计算资本化利息金额:

$$15\ 000\ 000\ 元 \times 0.833\ 3\% = 12\ 500\ 元$$

(2) 某建筑公司9月份建造固定资产及利息费用资本化相关业务会计处理如下:

1) 将2003年9月1日的建造支出记入"在建工程",作会计处理如下:

借:在建工程	500 000	
贷:银行存款		500 000

2) 9月16日,9月21日作会计处理同上,金额为1 000 000元和1 500 000元。

3) 9月30日,将应予资本化的利息费用的金额计入资产建造成本,作会计处理如下:

借:在建工程	12 500	
财务费用		12 500

贷:长期借款　　　　　　　　　　　　　　　　　　　　　　　　　25 000

【例10-17】 某建筑公司为了修建新厂房,经批准于2002年10月1日发行2年期债券2 000 000元,年利率为12%,支付发行手续费1 000元,溢价发行实际收到债券发行款2 160 000元。

10月1日对债券发行作会计处理:

借:银行存款　　　　　　　　　　　　　　　　　　　　　　　　2 160 000
　贷:应付债券——面值　　　　　　　　　　　　　　　　　　　2 000 000
　　　应付债券——溢价　　　　　　　　　　　　　　　　　　　　160 000

由于辅助费用——债券发行手续费数额较小,因而应当于发生时确认为费用,作会计处理:

借:财务费用　　　　　　　　　　　　　　　　　　　　　　　　　1 000
　贷:银行存款　　　　　　　　　　　　　　　　　　　　　　　　1 000

【例10-18】 承【例10-17】资料,2002年10月1日新厂房动工,10月1日材料支出720 000元,11月1日按规定支付工程进度款1 200 000元,则某公司2002年就该厂房应予资本化的费用金额计算如下:

(1)计算平均累计支出数见表10-2所示。

平均累计支出数　　　　　　　　　　　　　　　　　　　　　　　表10-2

支出日期	金额/元	资本化期间	平均支出/元
10月1日	720 000	3/12	180 000
11月1日	1 200 000	2/12	200 000
	1 920 000		380 000

计算资本化率

2002年10—12月3个月应付债券利息为:

$$2\ 000\ 000 \times 12\% \div 12 \times 3 = 60\ 000\ 元$$

2002年3个月应摊销的溢价金额为:

$$160\ 000 \div 2 \div 12 \times 3 = 20\ 000\ 元$$

专门借款本金加权平均数 = 2 000 000 × 3 ÷ 12 = 500 000元

加权平均利率 = (60 000 − 20 000) ÷ 500 000 × 100% = 8%

应予资本化的费用金额为 = 380 000 × 8% = 30 400元

(2)作会计处理如下:

1)10月1日发生材料支出720 000元:

借:在建工程　　　　　　　　　　　　　　　　　　　　　　　　720 000
　贷:银行存款　　　　　　　　　　　　　　　　　　　　　　　720 000

2)11月1日支付工程进度款1 200 000元:

借:在建工程　　　　　　　　　　　　　　　　　　　　　　　1 200 000
　贷:银行存款　　　　　　　　　　　　　　　　　　　　　　1 200 000

3)将2002年度应予资本化的费用计入厂房成本:

借:在建工程　　　　　　　　　　　　　　　　　　　　　　　　30 400

应付债券——溢价			20 000
财务费用			9 600
贷:应付债券——应计利息			60 000

【例10-19】 承【例10-17】资料,2003年9月30日新厂房完工,达到预定可使用状态。2003年1月1日材料支出60 000元,4月1日结算支付工程款1 000 000元(其中用流动资金支付980 000元),某公司2003年应予资本化的费用计算如下:

(1)计算平均累计支出数见表10-3。

平均累计支出数　　　　　　　　　　　　　表10-3

支出日期	金额/元	资本化期间	平均支出/元
1月1日	1 920 000	9/12	1 440 000
1月1日	60 000	9/12	45 000
4月1日	20 000	6/12	10 000
	2 000 000		1 495 000

用流动资金支付980 000元不予资本化。计算资本化率:

2003年9个月应付债券利息为:

$$2\ 000\ 000 \times 12\% \div 12 \times 9 = 180\ 000\ 元$$

应摊销的债券溢价金额为:$160\ 000 \div 2 \div 12 \times 9 = 60\ 000$ 元

专门借款本金加权平均数 $= 2\ 000\ 000 \times 9 \div 12 = 1\ 500\ 000$ 元

加权平均利率 $= (180\ 000 - 60\ 000) \div 1\ 500\ 000 \times 100\% = 8\%$

应予资本化的费用金额为:$1\ 495\ 000 \times 8\% = 119\ 600$ 元

(2)根据上述资料,分别作会计处理:

1)2003年1月1日材料支出60 000元:

借:在建工程	60 000
贷:银行存款	60 000

2)4月1日结算工程价款1 000 000元,作会计处理:

借:在建工程	1 000 000
贷:银行存款	1 000 000

3)2003年前三季度应予资本化的费用计入厂房成本,作会计处理:

借:在建工程	119 600
应付债券——债券溢价	60 000
财务费用	400
贷:应付债券——应付利息	180 000

4)结转工程成本,反映新增固定资产,作会计处理:

借:固定资产	3 130 000
贷:在建工程	3 130 000

5)由于新厂房已于9月30日完工并达到预定使用状态,所以2003年10月份以后的债券利息及债券溢价摊销,不应资本化,应作为当期费用处理,2003年10月以后——2004年9月30日的会计处理(本例集中处理):

借:应付债券——债券溢价 80 000
　　财务费用 160 000
　　贷:应付债券——应付利息 240 000

6) 2004年10月1日偿还债券本息2 480 000元,做会计处理:
借:应付债券——面值 2 000 000
　　应付债券——应付利息 480 000
　　贷:银行存款 2 480 000

【例10-20】 某建筑公司2002年2月1日开工建造一项固定资产,因资金短缺,于2002年3月1日向银行取得二年期长期借款1 200 000元,年利率为10%,已转入存款户。2002年5月1日和8月1日分别发生材料支出900 000元和600 000元。2003年1月1日起至5月31日,由于人为管理不善造成工程停工。2003年6月1日正式恢复施工,并于10月1日发生材料及人工支出480 000元,该固定资产于2003年12月31日建造完毕,并经验收达到预定可使用状态。则在2002年应予资本化的借款费用金额计算如下:

(1)分析:2002年3月1日借款1 200 000元。5月1日支付900 000元,8月1日支付600 000元,但8月1日支付的600 000元中的300 000元不属于借入的专门借款,因此予以资本化计算的累计支出平均数只能是300 000元,另外300 000元金额不予资本化,也不计算累计支出平均数。

累计支出权平均数如表10-4所示。

该项借款利率即为资本化率=10%

资本化的借款费用为:725 000元×10%=72 500元

累计支出权平均数　　　　　　　　　　　　　　　　　　　　表10-4

支出日期	金额(元)	资本化期间	平均支出(元)
2002年5月1日	900 000	8/12	600 000
2002年8月1日	300 000	5/12	125 000
	1 200 000		725 000

(2)某建筑公司2002年有关建造固定资产的会计处理如下:

1)取得银行借款时作会计处理:
借:银行存款 1 200 000
　　贷:长期借款 1 200 000

2)发生材料支出时(本例集中处理):
借:在建工程 1 500 000
　　贷:银行存款 1 500 000

3) 2002年实际发生借款利息费用应为:1 200 000×10%÷12×10=100 000元,其中已经资本化72 500元,剩余的利息费用27 500元应计入当期损益,作会计处理:
借:财务费用 27 500
　　在建工程 72 500
　　贷:长期借款 100 000

4)2003年1月1日至5月31日停工期间发生借款利息费用为1 200 000元×10%÷12×5=50 000元。由于工程中断已经超过3个月,所以这部分借款费用不能资本化,只能计入当期损益。作会计处理:

借:财务费用　　　　　　　　　　　　　　　　　　　　　　50 000
　贷:长期借款　　　　　　　　　　　　　　　　　　　　　　　　50 000

5)2003年6月1日至12月31日7个月中长期借款均用于该固定资产建造中,其所发生的利息应予资本化的借款费用为:

借:在建工程　　　　　　　　　　　　　　　　　　　　　　70 000
　贷:长期借款(1 200 000元×10%÷12×7)　　　　　　　　　　70 000

6)2003年10月1日发生材料及人工支出480 000元,会计处理为:

借:在建工程　　　　　　　　　　　　　　　　　　　　　　480 000
　贷:长期借款　　　　　　　　　　　　　　　　　　　　　　　480 000

7)2003年12月31日该固定资产建造完毕,经验收达到预定可使用状态,应将归集在"在建工程"中的该固定资产建造成本转入固定资产科目。会计处理为:

借:固定资产　　　　　　　　　　　　　　　　　　　　　2 122 500
　贷:在建工程　　　　　　　　　　　　　　　　　　　　　　2 122 500

8)2004年1月1日至3月1日发生的长期借款利息则直接计入当期损益。会计处理为:

借:财务费用　　　　　　　　　　　　　　　　　　　　　　30 000
　贷:长期借款　　　　　　　　　　　　　　　　　　　　　　　30 000

第五节　长期应付款及其核算

长期应付款是指企业除长期借款和应付债券以外的其他各种长期应付款。主要有采用补偿贸易方式引进国外设备价款和应付融资租入固定资产的租赁费等。

一、长期应付款及其特点

长期应付款除具有长期负债的一般特点外,还有两个特点:一是具有分期付款的性质,如融资租入固定资产的租赁费是整个租赁期内逐期偿还的;二是长期应付款通常涉及的外币债务较多,因此在汇率变动的情况下,会影响还款时人民币的金额。另外,企业通过长期应付款取得固定资产,可以减少长期投资所承担的风险,而且不必在取得固定资产的同时支付款项。

二、长期应付款的核算方法及其举例

企业发生的各种长期应付款,应设置"长期应付款"科目核算。该科目的贷方核算发生的各种长期应付款,借方核算已归还的长期应付款,期末贷方余额表示企业尚未归还的各种长期应付款。

本科目应设置"应付引进设备款"和"融资租入固定资产"等明细科目进行明细核算。

企业采用补偿贸易方式引进设备时,应按设备价款以及国外运杂费的外币金额和规定

的汇率折合为人民币后,借记"在建工程"(不需要安装的设备直接进固定资产)科目和"原材料"等科目,贷记"长期应付款——引进设备款"。

企业用人民币借款支付进口关税、国内运杂费和安装费等;借记"在建工程"、"原材料"等科目;贷记"银行存款"、"长期借款"等科目。

归还引进设备款时,借记"长期应付款——引进设备款"科目;贷记"应收账款"等科目。

融资租入固定资产,应当在租赁开始日按租赁资产的原账面价值与最低租赁付款额的现值两者较低者作为租入资产的入账价值,借记"在建工程"或"固定资产"科目,按最低租赁付款额;贷记"长期应付款——应付融资租赁款"科目;两者的差额,借记"未确认融资费用"科目。未确认融资费用应采用合理的分摊方法——实际利率法、直线法、年数总和法——在租赁期内分摊。

如果该项租赁资产占承租企业资产总额的比例小于30%(含30%),在租赁开始日,也可按最低租赁付款额借记"在建工程"或"固定资产"科目;贷记"长期应付款——应付融资租赁款"科目。

支付融资租赁费时,借记"长期应付款——应付融资租赁款"科目,贷记"银行存款"科目。

租赁期满,如合同规定将设备所有权转归承租企业,应将融资租赁的设备从"固定资产——融资租入固定资产"明细科目转入固定资产有关明细科目。

企业长期应付款所发生的借款费用(包括利息、汇兑损益等)比照长期借款、借款费用的规定办理。

【例10-21】 2002年12月1日,某建筑公司与甲设备租赁公司签订租赁一台施工塔吊合同。主要条款如下:租赁期从2003年1月1日~2008年12月31日;租金支付方式为每6个月末支付租金250 000元;该塔吊为全新塔吊,在甲设备租赁公司2002年12月1日的账面价值为2 200 000元;该塔吊使用年限假定为6年,该塔吊运输、装卸等费用60 000元由乙建筑公司承担。某建筑公司2003年12月1日账面资产总额为11 000 000元。2003年1月1日安装验收完毕。

分析:该塔吊占某建筑公司资产总额的比例小于30%(2 200 000/11 000 000=20%),某建筑公司可按最低租赁付款额确定为租入塔吊和长期应付款的入账价值。

(1)2003年12月1日根据签订的租赁合同,作会计处理如下:

借:在建工程——塔吊　　　　　　　　　　　　　　　　　　3 000 000
　　贷:长期应付款——应付融资租赁款　　　　　　　　　　　　3 000 000

(2)支付该塔吊运输、装卸等费用时,作会计处理如下:

借:在建工程——塔吊　　　　　　　　　　　　　　　　　　60 000
　　贷:银行存款　　　　　　　　　　　　　　　　　　　　60 000

(3)2003年1月1日塔吊安装调试完毕,验收并交付使用,作会计处理如下:

借:固定资产——融资租入固定资产　　　　　　　　　　　　3 060 000
　　贷:在建工程——塔吊　　　　　　　　　　　　　　　　3 060 000

(4)2003年6月30日支付租金,根据甲设备租赁公司开具的租赁发票,作会计处理如下:

借:长期应付款——应付融资租赁款　　　　　　　　　　　　250 000

　　　　贷:银行存款　　　　　　　　　　　　　　　　　　　　　250 000
　　(5)以后每6个月末(2003年12月31日~2008年12月31日共11期)支付租金会计处理同(4)。
　　(6)合同约定,6年期满该塔吊所有权转归承租企业,作会计处理如下:
　　　　借:固定资产——生产用固定资产——施工机械　　　　　3 060 000
　　　　　贷:固定资产——融资租入固定资产　　　　　　　　　　　3 060 000

第十一章 所有者权益

所有者权益是指所有者在企业资产中享有的经济利益,是所有者对企业资产的剩余权益,其金额为资产减去负债后的余额。所有者权益包括实收资本(或者股本)、资本公积、盈余公积和未分配利润等。除了债务重组、接受捐赠等增加资本公积外,一般情况下实收资本和资本公积是由所有者直接投入,而盈余公积和未分配利润是企业在生产经营过程中形成的利润留存于企业的部分,因此盈余公积和未分配利润通常被称为留存收益。

第一节 实收资本

一、实收资本的概念和筹集资本金的有关规定

(一)实收资本的概念

实收资本是指投资者按照企业章程,或合同、协议的约定,实际投入企业的资本。是企业进行生产经营活动最基本的经营资金。实收资本不同于负债,是投资者投入企业的资源,它无须偿还,可供企业长期周转使用。

实收资本就是指企业实际收到的资本,而注册资本则是指企业实际收到的资本经注册会计师验资、向登记管理机关申请登记的资本;法定资本则是国家规定的最低限额的资本,企业的注册资本不得低于法定资本。我国《公司法》对各类企业注册资本的最低限额作了规定,其中生产性公司注册资本不得少于50万元;股份有限公司注册资本的最低限额为1 000万元;外商投资的股份有限公司注册资本不得少于3 000万元;上市公司股本总额不少于5 000万元。建筑企业由于行业资质管理的需要,各类资质企业注册资本又有额度上的要求,建设部建建(2001)号文《建筑业企业资质等级标准》对此作了详细的规定,如房屋建筑工程施工总承包企业的注册资本要求为:特级资质企业3亿元以上;一级资质企业5 000万元以上;二级资质企业2 000万元以上;三级资质企业600万元以上。法律、法规对企业法定资本方面的规定,要求企业的资本与其生产经营和服务规模相适应,目的是为了保证企业具备一定的抗经营风险和承担民事责任的能力。

(二)筹集资本金的有关规定

(1)企业应当按照合同(协议)、章程的规定依法筹集资本金。

(2)企业可以根据国家有关部门规定选择资本金筹集方式。

(3)投资者应以其合法的、可供支配的财产进行投资,包括现金资产、实物资产、无形资产等。吸收投资者的无形资产价值不得超过企业注册资本的20%,无形资产必须经过评估作价。

(4)企业筹集的资本金,必须经过注册会计师验资并出具验资报告。由企业发给出资证明书(如股权证)。

(5)吸收投资者的实物资产必须是权属清晰的资产。不得吸收投资者已设定抵押或出租的资产。

(6)投资者按照出资比例或按合同(协议)、章程的约定,依法分享企业的利润,同时分担企业的经营风险与亏损。投资者承担以投资额为限的有限责任。

(7)企业的注册资本必须依法向工商管理部门办理登记手续。资本变动必须向工商管理部门办理变更登记手续。

(8)企业对筹集的资本金,依法享有经营权。在企业生产经营期间,投资者除了依法转让外,不得以任何方式抽走投资。企业减资必须告知债权人,并依法公告,债权人有权要求偿还债务或提供担保。

(9)以募集方式设立股份有限公司的,发起人认购的股份不得少于公司总股份的35%。

(10)上市公司股本总额不少于人民币5 000万元;持有股票面值达人民币1 000元以上的股东人数不少于1 000人,向社会公开发行的股份达公司股份总额的25%以上;公司总股本超过人民币4亿元以上的,其向社会公开发行股份的比例为15%以上。

二、实收资本的来源渠道

(一)国家投入

指有权代表国家进行投资的政府部门或机构,以国有资产投入企业而形成的资本。在计划经济时期,我国的工商企业大部分是国有独资企业,随着市场经济的发展、国企改革的深入,国有资本逐步退出竞争性行业。但对关系到国计民生的行业或对本地区有重要影响的企业,有权代表国家的政府部门或机构将继续对其控股或独资。因此,国家投入仍是企业资本来源的一个重要渠道。

(二)企业法人投入

是指法人单位依法以其可供支配的资产投入企业而形成的资本。

(三)个人投入

是指自然人(社会个人或本企业的职工)以其本人可以支配的合法财产投入企业而形成的资本。

(四)外商投入

外国投资者以及我国的港、澳、台地区的投资者以其合法的资产投入企业而形成的资本。

三、实收资本增减变动的核算

为了总括地核算企业资本金的增减变动情况,应设置"实收资本"或"股本"一级科目进行核算。本科目的贷方核算企业实际收到投资者投入的各种资本数,以及资本公积、盈余公积转增资本数;借方核算企业按照法定程序报经批准减资和因企业破产或其他原因终止经营清算时而退出企业的资本数;贷方余额反映企业实有的资本金数额。本科目应按投资人设置明细账,进行明细分类核算。

(一)一般企业(非股份有限公司)资本变动的核算

投资者以现金投入的资本应以实际收到或者存入企业开户银行的金额借记"现金"、"银行存款"科目,贷记"实收资本"和"资本公积"科目。

投资者以非现金投入的资本,应按投资各方确认的价值,借记有关资产科目;贷记"实收资本"和"资本公积"科目。

外商投资企业的投资者以外币投入的资本,合同约定汇率的,按合同约定的汇率折合。企业应按收到外币当日的汇率折合的人民币金额,借记"银行存款"等科目;按合同约定汇率折合的人民币金额,贷记"实收资本"科目;按其差额,借(或贷)记"资本公积——外币资本折算差额"科目。如果合同未约定汇率,企业应按收到外币当日的汇率折合的人民币金额,借记"银行存款"等科目;贷记"实收资本"科目。

中外合作经营企业依照有关法律、法规的规定,在合作期间归还投资者的投资,按实际归还的金额,借记"已归还投资",贷记"银行存款"等科目。

(二)股份有限公司股本变动的核算

股份有限公司应当在核定的股本总额及核定的股份总额的范围内发行股票。股份有限公司发行的股票,在收到现金等资产时,按实际收到的金额,借记"现金"、"银行存款"等科目;按股票面值和核定的股份总额的乘积计算的金额,贷记"股本"科目;按其差额,贷记"资本公积——股本溢价"科目。

境外上市公司,以及在境内发行外资股的公司,收到股款时,按收到股款当日的汇率折合的人民币金额,借记"银行存款"等科目;按股票面值和核定的股份总额的乘积计算的人民币金额,贷记"股本"科目;按其差额,贷记"资本公积——股本溢价"科目。

股份有限公司采用收购本企业股票方式减资的,按注销股票的面值总额减少股本,购回股票支付的价款超过面值总额的部分,依次减少资本公积和留存收益,借记"股本"、"资本公积"、"盈余公积"、"利润分配——未分配利润"科目;贷记"银行存款"、"现金"科目;购回股票支付的价款低于面值总额的,按股票面值,借记"股本"科目;按支付的价款,贷记"银行存款"、"现金"科目;按其差额,贷记"资本公积"科目。

四、实收资本增减变动会计处理举例

【例11-1】 新办企业收到现金投资。某建筑公司于2004年10月成立,注册资本人民币9 000 000元,由A公司、B公司、C公司各出资3 000 000元,投资款已存入银行,并已办妥验资手续。该公司筹资会计处理如下:

借:银行存款	9 000 000
贷:实收资本——A公司	3 000 000
——B公司	3 000 000
——C公司	3 000 000

【例11-2】 国家以无偿划拨资产方式投资。某国有建筑机械厂因无竞争力而实施关闭改制。当地地方政府决定将其结存的货币资金100 000元及库存的建筑机械账面价值3 000 000元按账面价值划拨给本市某国有建筑公司,作为国家投资。该建筑公司已收到100 000元的银行进账单,设备资产已验收入库。该建筑公司会计处理如下:

借:银行存款	100 000
固定资产——生产用固定资产	3 000 000
贷:实收资本——国家资本金	3 100 000

【例11-3】 国企吸资改制。某国有建筑公司顺应市场经济的发展,进行公司制改造,改造为有限责任公司。改造前国有资本金50 000 000元,账面净资产60 000 000元。经中

介机构评估,企业改制时的净资产为65 000 000元,资产评估报告经政府国有资产管理部门审核确认。企业改制后资本金增加到100 000 000元,其中A公司认购40 000 000元,张三认购5 000 000元,李四认购5 000 000元。经批准每元资本金认购价为1.3元,假设新投资者均为现款认购。该建筑公司依法筹集到资本金后,会计处理如下:

借:银行存款　　　　　　　　　　　　　　　　　　　　　　65 000 000
　　贷:实收资本——A公司　　　　　　　　　　　　　　　　40 000 000
　　　　　　——张三　　　　　　　　　　　　　　　　　　　5 000 000
　　　　　　——李四　　　　　　　　　　　　　　　　　　　5 000 000
　　　　资本公积　　　　　　　　　　　　　　　　　　　　15 000 000

【例11-4】 吸收土地使用权投资。某建筑公司收到B公司一宗土地使用权作为投资,并已办理了土地使用证变更手续,双方确认其价值为2 000 000元。该建筑公司会计处理如下:

借:无形资产——土地使用权　　　　　　　　　　　　　　　2 000 000
　　贷:实收资本——B公司　　　　　　　　　　　　　　　　2 000 000

【例11-5】 吸收原材料投资。某建筑公司收到C公司钢材一批作为投资,材料已验收入库,经双方评估确认价值为117 000元(其中含增值税17 000元)。该建筑公司在接受投资时会计处理如下:

借:原材料　　　　　　　　　　　　　　　　　　　　　　　117 000
　　贷:实收资本——C公司　　　　　　　　　　　　　　　　117 000

在现行的税收体制下,由于建筑企业交纳的流转税是营业税,而非增值税,不存在进项税核算与扣税问题。因此接收实物在会计处理上与工业企业有所不同,材料的价值应含增值税在内。

【例11-6】 合同未约定汇率的外商投资。某建筑公司收到香港D公司投入的资本500 000美元,合同未约定汇率,企业按照收到外币资本当日的市场汇率1:8.38折合为人民币记账。该建筑公司会计处理如下:

借:银行存款——美元户　　　　　　　　　　　　　　　　　4 190 000
　　贷:实收资本——D公司　　　　　　　　　　　　　　　　4 190 000

【例11-7】 合同约定汇率的外商投资。2003年3月某建筑公司收到台商投入的资本1 000 000美元,合同约定汇率为1:8.3,企业收到外币资本当日的市场汇率为1:8.38。该建筑公司会计处理如下:

借:银行存款——美元户　　　　　　　　　　　　　　　　　8 380 000
　　贷:实收资本——×台商　　　　　　　　　　　　　　　　8 300 000
　　　　资本公积　　　　　　　　　　　　　　　　　　　　　80 000

【例11-8】 企业减资。某建筑公司原注册资本100 000 000元,其中A公司、B公司、C公司、D公司各占25%股份,现因开拓其他产业的需要,决定减资20 000 000元(四股东各减资500万元),并已按法定程序报经获准,该公司以银行存款退还投资。该建筑公司会计处理如下:

借:实收资本——A公司　　　　　　　　　　　　　　　　　5 000 000
　　　　　　——B公司　　　　　　　　　　　　　　　　　　5 000 000
　　　　　　——C公司　　　　　　　　　　　　　　　　　　5 000 000

——D公司	5 000 000
贷:银行存款	20 000 000

【例11-9】 中外合作经营企业以利润归还投资。某建筑公司系中外合作经营企业,企业注册资本3 000 000美元,其中外商投资750 000美元,依据合作经营协议的约定,每年以实现的利润归还投资150 000美元。2004年12月用银行存款150 000美元归还外商投资,当日人民币对美元的汇率为1:8.3。假设不考虑汇率差因素,该公司的会计处理如下:

借:已归还投资	1 245 000
贷:银行存款——美元户	1 245 000

以利润归还投资时,不能冲减实收资本,应先借记"已归还投资"科目,该科目的借方余额反映实际已归还的投资。只有在合作经营期满进行清算后退还投资或按法定程序报经批准减资时,才能将"已归还投资"科目余额与"实收资本"科目下相应明细科目余额对冲。

【例11-10】 股份有限公司发行普通股股票筹资。某建筑股份有限公司发行股票5 000万股,每股面值1元,每股发行价2元,全部股款已收妥入账,假设不考虑发行费用及股票冻结期间的利息收入。该公司发行股票的会计处理如下:

借:银行存款	100 000 000
贷:股本	50 000 000
资本公积	50 000 000

【例11-11】 股份有限公司发行外资股股票筹资。某建筑股份有限公司委托某证券公司在境内发行外资股1 000万股,每股面值人民币1元,发行价为每股0.3美元。假设与证券公司签订的代理发行协议约定代理发行的手续费为发行收入的3%,直接从发行收入中扣除,发行股票冻结期间的利息收入为50 000美元。实际股款2 960 000美元已收妥,收款当日的美元对人民币的市场汇率为1:8.3。该公司的会计处理如下:

实际收到的股款 = 1 000×0.3 − (1 000×0.3×3% − 5) = 296万美元;折合人民币:296×8.3 = 2 456.8万元.

借:银行存款——美元户	24 568 000
贷:股本	10 000 000
资本公积——股本溢价	14 568 000

【例11-12】 股份有限公司收购本企业股票方式减资。某建筑股份有限公司按法定程序报经批准,采用收购本企业股票方式减资,以每股5元的价格收回并注销本公司发行在外的普通股100万股,收购款以银行存款支付,该股票每股面值为1元,原发行价为每股8元。该公司的会计处理如下:

借:股本	1 000 000
资本公积——股本溢价	4 000 000
贷:银行存款	5 000 000

若本例股票原以面值发行,折价收回本公司发行的股票100万股,收回价格为每股0.8元,收购款以银行存款支付。则该公司的会计处理如下:

借:股本	1 000 000
贷:银行存款	800 000
资本公积——股本溢价	200 000

第二节 资本公积

一、资本公积的概念和来源

(一)资本公积的概念

资本公积是指投资者或他人投入到企业,所有权属于投资者,并且金额上超过资本金部分的资产。资本公积是资本的范畴,它与企业的留存收益有本质的区别,留存收益是从企业实现的利润中转化而来,而资本公积是投资者或他人投入的。资本公积虽属于资本的范畴,但与实收资本又有所不同,实收资本是在注册资本制下,投资人法定必须投入的资本,投入对象上只能是投资者,金额上一经登记必须等于注册资本。而资本公积不论是在投入对象上,还是在金额上均没有严格的限制。资本公积包括资本(或股本)溢价、接受捐赠资产、拨款转入、外币资本折算差额等。

(二)资本公积来源项目

1. 资本(或股本)溢价,是指企业投资者投入的资金超过其在注册资本中所占份额的部分。

2. 接受非现金资产捐赠准备,是指企业因接受非现金资产捐赠而增加的资本公积。

3. 接受现金捐赠,是指企业因接受现金捐赠而增加的资本公积。

4. 股权投资准备,是指企业对被投资单位的长期股权投资采用权益法核算时,因被投资单位接受捐赠的原因增加的资本公积,企业按其持股比例计算而增加的资本公积。

5. 拨款转入,是指企业收到国家拨入的专门用于技术改造、技术研究等的拨款项目完成后,按规定转入资本公积的部分。

6. 外币资本折算差额,是指企业接受外币投资因所采用的汇率不同而产生的资本折算差额。即合同汇率与投资日的汇率差。

7. 其他资本公积,是指除了上述各项资本公积以外所形成的资本公积,以及从资本公积各准备项目转入的金额。

以上资本公积可分为两类,一类是可直接用于转增资本的资本公积,一类是不可直接用于转增资本的资本公积。前者包括资本(或股本)溢价、接受现金捐赠、拨款转入、外币资本折算差额、其他资本公积等;后者包括接受捐赠非现金资产准备、股权投资准备等。接受捐赠非现金资产准备与股权投资准备一旦转为其他资本公积后即可用作转增资本。

二、资本公积的核算

为了总括地核算资本公积的增减变动及其结存情况,应设置"资本公积"一级科目进行总分类核算。该科目的贷方核算企业通过各种来源增加的资本公积金;借方核算企业因按法定程序转增资本(股本)等业务而减少的资本公积,期末贷方余额反映企业实有的资本公积金。本科目应设置"资本(或股本)溢价"、"接受现金捐赠"、"接受捐赠非现金资产准备"、"股权投资准备"、"拨款转入"、"外币资本折算差额"、"其他资本公积"等明细科目,进行明细分类核算。

(一)资本(或股本)溢价

对于一般企业(非股份有限公司),在收到投资者投入的资金时,按实际收到的金额或确定的价值,借记"银行存款"、"固定资产"等科目;按其注册资本中所占的份额,贷记"实收资本"科目;按其差额,贷记"资本公积——资本溢价"科目。

【例11-13】 某建筑公司原注册资本100 000 000元,其中A、B、C、D公司各占25%股份,当前企业的留存收益为50 000 000元。现有E公司愿意出资40 000 000元并占有企业全部资本的20%,A、B、C、D四股东一致同意其入股。该公司已向工商行政管理部门申请将注册资本变更为125 000 000元。E公司已将40 000 000元投资款存入该公司的开户银行。该公司的会计处理如下:

借:银行存款   40 000 000
　　贷:实收资本——E公司   25 000 000
　　　　资本公积——资本溢价   15 000 000

对于股份有限公司溢价发行股票的,按实际收到的金额或确定的价值,借记"现金"、"银行存款"、"固定资产"等科目;按股票面值和核定的股份总额的乘积计算的金额,贷记"股本"科目;溢价部分贷记"资本公积——股本溢价"科目。股份有限公司发行股票时支付的手续费或佣金、股票印刷成本等,应首先减去发行股票冻结期间的所产生的利息收入,溢价发行的,从股票发行的溢价收入中抵销;无溢价或溢价不足以支付的部分,作为长期待摊费用,分期摊销。

【例11-14】 某建筑股份有限公司委托某证券公司代理发行普通股5 000万股,每股面值1元,每股发行价4元。根据与证券公司达成的协议,证券公司按发行收入的3%收取代理发行手续费,直接从发行收入扣除,假设发行股票冻结期间的利息收入为1 500 000元。全部股款已收妥入账。该公司的会计处理如下:

借:银行存款   195 500 000
　　贷:股本——普通股   50 000 000
　　　　资本公积——股本溢价   145 000 000

假设本例未溢价发行,每股发行价为1元,发行股票冻结期间的利息收入为400 000元,设定其他条件不变。则该公司的会计处理如下:

借:银行存款   48 900 000
　　长期待摊费用   1 100 000
　　贷:股本——普通股   50 000 000

(二)接受现金捐赠

当企业收到捐赠现金资产时,企业应按实际收到的现金,借记"现金"、"银行存款"等科目,贷记"资本公积——接受现金捐赠"科目。

【例11-15】 某建筑公司系内资企业,收到一材料供应商捐赠现金人民币100 000元。捐款收妥后即作如下会计分录:

借:现金(或银行存款)   100 000
　　贷:资本公积——接受现金捐赠   100 000

根据现行的规定,外资企业接受现金捐赠会计处理有所不同。如果该公司为外资企业,则按实际收到的现金,借记"现金"、"银行存款"等科目;按接受捐赠的现金与现行所得税率计算应交的所得税,贷记"应交税金——应交所得税"科目;按接受的现金资产的价值减去应交所得税后的差额,贷记"资本公积——接受现金捐赠"科目;年度终了,企业根据年终清算的结果,按接受捐赠的现金原计算的应交所得税与实际应交所得税的差额,借记"应交税金——应交所得税"科目;贷记"资本公积——接受现金捐赠"科目。

(三)接受捐赠非现金资产准备

企业接受捐赠的非现金资产,应按确定的价值,借记"原材料"、"固定资产"、"无形资产"等科目;按确定的价值与现行所得税税率计算的未来应交所得税,贷记"递延税款";按确定价值减去未来应交所得税后的余额,贷记"资本公积——接受捐赠非现金资产准备"科目。

当接受捐赠的非现金资产处置时,按转入资本公积准备项目的金额,借记"资本公积——接受捐赠非现金资产准备"科目;贷记"资本公积——其他资本公积"科目。

【例11-16】 某内资建筑公司,于2000年12月31日接受某建机制造商捐赠一部塔机,价值800 000元,该塔机即交付使用。2004年12月31日该公司将这部塔机转让给其他施工企业,获得价款400 000元,款项已收存银行。出售日该塔机已累提折旧500 000元。该公司企业所得税税率为33%,假定不考虑其他相关税费。

(1)该公司接受捐赠时的会计处理:

借:固定资产　　　　　　　　　　　　　　　　　　　　　　　　800 000
　　贷:递延税款　　　　　　　　　　　　　　　　　　　　　　　264 000
　　　　资本公积——接受捐赠非现金资产准备　　　　　　　　　　536 000

(2)出售塔机时的会计处理:

借:固定资产清理　　　　　　　　　　　　　　　　　　　　　　300 000
　　累计折旧　　　　　　　　　　　　　　　　　　　　　　　　500 000
　　贷:固定资产　　　　　　　　　　　　　　　　　　　　　　　800 000
借:银行存款　　　　　　　　　　　　　　　　　　　　　　　　400 000
　　贷:固定资产清理　　　　　　　　　　　　　　　　　　　　　400 000
借:固定资产清理　　　　　　　　　　　　　　　　　　　　　　100 000
　　贷:营业外收入　　　　　　　　　　　　　　　　　　　　　　100 000
借:资本公积——接受捐赠非现金资产准备　　　　　　　　　　　536 000
　　贷:资本公积——其他资本公积　　　　　　　　　　　　　　　536 000

(3)同时将递延税款转出:

借:递延税款　　　　　　　　　　　　　　　　　　　　　　　　264 000
　　贷:应交税金——应交所得税　　　　　　　　　　　　　　　　264 000

根据现行的规定,外资企业接受捐赠非现金资产会计处理有所不同。假设该公司为外资企业,则该公司的会计处理为:

接受捐赠时:

借:固定资产　　　　　　　　　　　　　　　　　　　　　　　　800 000
　　贷:待转资产价值　　　　　　　　　　　　　　　　　　　　　800 000

年度终了时:

借:待转资产价值　　　　　　　　　　　　　　　　　　　　　　800 000
　　贷:应交税金——应交所得税　　　　　　　　　　　　　　　　264 000
　　　　资本公积——其他资本公积　　　　　　　　　　　　　　　536 000

(四)股权投资准备

投资企业对被投资企业有控制、共同控制或重要影响时,股权投资应采用权益法。在长期股权投资采用权益法时,被投资企业因接受捐赠或增资扩股等原因增加资本公积的,企业应当按其在被投资企业所持股份比例计算其应享有的份额,借记"长期股权投资——股票投资(或其他股权投资)——股权投资准备"科目;贷记"资本公积——股权投资准备"科目。

当投资企业出售或转让所持股份时,再将"股权投资准备"转为"其他资本公积",即借记"资本公积——股权投资准备"科目;贷记"资本公积——其他资本公积"科目。

【例 11-17】 某建筑公司于 2000 年 6 月投资 6 000 000 元与台商合资创办 H 公司,拥有 H 公司 60% 的股权。2001 年 3 月 30 日,H 公司接受 A 公司现金捐赠人民币 500 000 元,2004 年 12 月 10 日该建筑公司将其持有的 H 公司 60% 的股权全部出让。该建筑公司就 H 公司接受 500 000 元的现金捐赠应作会计处理如下:

(1)在 H 公司接受捐赠时:

借:长期股权投资——其他股权投资(股权投资准备)   300 000
    贷:资本公积——股权投资准备   300 000

(2)股权出让时:

借:资本公积——股权投资准备   300 000
    贷:资本公积——其他资本公积   300 000

(五)拨款转入

企业收到国家技改等拨款时,借记"银行存款"科目;贷记"专项应付款"科目。项目完成时,对于形成各项资产部分,按实际成本,借记"固定资产"等科目;贷记"在建工程"等科目;同时借记"专项应付款"科目;贷记"资本公积——拨款转入"科目。

【例 11-18】 2004 年 5 月某建筑公司收到国家关于安全设防技改专项拨款 300 000 元,同年 12 月项目完工,并通过有关部门验收,项目实际支出 250 000 元,经评估其中形成低值易耗品 200 000 元,待核销支出 50 000 元。上级有关部门决定将项目拨款节余 50 000 元收回,该公司以银行存款支付。该建筑公司会计处理如下:

(1)5 月收到拨款时:

借:银行存款   300 000
    贷:专项应付款   300 000

(2)12 月项目完成时结转成本:

借:低值易耗品   200 000
    专项应付款   50 000
    贷:在建工程   250 000

(3)退还节余款时:

借:专项应付款   50 000
    贷:银行存款   50 000

同时:

借:专项应付款   200 000(形成资产部分)
    贷:资本公积——拨款转入   200 000

(六)外币资本折算差额

外商投资企业的股东以外币投入的,合资经营合同有约定汇率的,按合同约定的汇率折合成人民币;合同没有约定汇率的,按收到投资额当日的汇率折合。因汇率不同而产生的折合差额,作为资本公积。对于外币资本按合同约定汇率折算的人民币金额小于按收到外币资本当日汇率折算的人民币金额的部分,贷记"资本公积——外币资本折算差额"科目;对于外币资本按合同约定汇率折算的人民币金额大于按收到外币资本当日汇率折算的人民币金额的部分,借记"资本公积——外币资本折算差额"科目。

【例11-19】 某商品混凝土有限公司系中外合资企业,2004年9月18日收到外方投资1 000 000美元,假设当日市场汇率为8.36,合资经营合同约定汇率为8.3。该公司会计处理如下:

借:银行存款——美元户   8 360 000
  贷:实收资本——××外商   8 300 000
    资本公积——外币资本折算差   60 000

(七)其他资本公积

企业除了上述资本公积来源以外形成的资本公积,借记有关科目,贷记"资本公积——其他资本公积"科目;企业从"接受捐赠非现金资产准备"、"股权投资准备"等资本公积准备项目转入"其他资本公积"的,应借记"资本公积——接受捐赠非现金资产准备"、"资本公积——股权投资准备"科目,贷记"资本公积——其他资本公积"科目;已确认无须支付的应付款、获得债权人豁免债权时,借记"应付账款"、"其他应付款"、"短期借款"、"长期借款"等科目,贷记"资本公积——其他资本公积"科目。

【例11-20】 某国有建筑公司2004年实施改制,12月改制工作基本完成。经清产核资确认,长期挂账且无须或无处兑付的应付账款900 000元,其他应付款300 000元;12月与银行商妥并达成债务重组协议,原逾期长期借款5 000 000元银行方面同意豁免其中的2 000 000元,前提是其余欠款3 000 000元必须在协议生效后10天内清偿。假设该公司当月将3 000 000元在约定期限内偿还。12月,该公司会计处理如下:

借:应付账款   900 000
  其他应付款   300 000
  长期借款   5 000 000
贷:银行存款   3 000 000
  资本公积——其他资本公积   3 200 000

【例11-21】 某建筑公司原注册资本100 000 000元,分别由A、B、C、D四方投资,各占25%的股份,2004年11月30日该公司累计资本公积为70 000 000元,为了提高竞争力,A股东提议以20 000 000元资本公积转增资本,12月提议经股东会议研究,一致通过,并向工商行政管理部门办理资本变更手续,变更后注册资本为120 000 000元。该公司会计处理如下:

借:资本公积   20 000 000
  贷:实收资本   20 000 000
    (A、B、C、D各500万元)

第三节 留存收益

一、留存收益的概念

留存收益是指企业从历年实现的利润中提取或形成的留存于企业的内部积累。留存收益是属于净利润的范畴,是企业实现的税后利润转化而来,是企业在经营过程所形成的资本增值。留存收益可分为两大类:盈余公积和未分配利润。

二、盈余公积

(一)盈余公积的内容与用途

盈余公积按企业的性质分别包括以下内容:一般企业和股份有限公司的盈余公积包括法定盈余公积、任意盈余公积和法定公益金。外商投资企业的盈余公积包括储备基金、企业发展基金、利润归还投资。

1. 法定盈余公积

指企业按照规定的比例从净利润中提取的盈余公积。我国《公司法》规定,有限责任公司和股份有限公司应按照净利润的10%提取法定盈余公积,非公司制企业可以按照高于净利润的10%的比例计提。计提的法定盈余公积累计达到注册资本的50%时,可以不再提取。法定盈余公积可用于弥补亏损、转增资本(或股本)、派分股利或利润。法定盈余公积转增资本后,留存企业的法定盈余公积不得少于注册资本的25%;当年无利润时,一般情况下法定盈余公积不得用于分配股利或利润。在特殊情况下,企业作出特别决议以法定盈余公积分配股利或利润时,在分配股利后,留存企业的法定盈余公积不得少于注册资本的25%;若是股份有限公司,以法定盈余公积金分配股利时,派分的股利不得超过股票面值的6%。

2. 任意盈余公积

指企业经过股东大会或类似的机构批准按照规定的比例从净利润中提取的盈余公积。用途与法定盈余公积相同。

3. 法定公益金

指企业按照规定的比例从净利润中提取的用于职工集体福利设施的公益金。我国《公司法》规定,有限责任公司和股份有限公司应按照净利润的5%～10%提取法定公益金。非公司制企业公益金的提取比例一般情况下不得高于法定盈余公积的提取比例。法定公益金用于职工集体福利设施时,应当将其转入任意盈余公积。

4. 储备基金

指外资企业按照法律、行政法规规定从净利润中提取的、经批准用于弥补亏损和增加资本的储备基金。

5. 企业发展基金

指外资企业按照法律、行政法规规定从净利润中提取的、用于企业发展生产和经批准用于增加资本的企业发展基金。

6. 利润归还投资

指外资企业(中外合作经营企业)按照规定在合作期间以利润归还投资者的投资。

(二)盈余公积的核算

为了总括地核算盈余公积的提取、使用等增减变动及其留存情况,企业应当设置"盈余公积"一级科目。其贷方核算企业按规定从净利润中提取的盈余公积;借方核算企业因弥补亏损、转增资本(或股本)、派分股利或利润,以及建造职工集体福利设施等支出的盈余公积;期末贷方余额反映企业结余的盈余公积。

企业在"盈余公积"一级科目下应设置"法定盈余公积"、"任意盈余公积"和"法定公益金"等明细科目进行明细分类核算。外商投资企业在"盈余公积"一级科目下应设置"储备基金"、"企业发展基金"、"利润归还投资"等明细科目进行明细分类核算。

【例 11-22】 某建筑股份有限公司 2004 年实现净利润 50 000 000 元,依据有关规定分别按净利润的 10%、5% 和 20% 提取法定盈余公积、法定公益金和任意盈余公积。该公司提取盈余公积的会计处理如下:

借:利润分配——提取法定盈余公积　　　　　　　　　　　　　5 000 000
　　　　　——提取法定公益金　　　　　　　　　　　　　　　2 500 000
　　　　　——提取任意盈余公积　　　　　　　　　　　　　　10 000 000
　　贷:盈余公积——法定盈余公积　　　　　　　　　　　　　5 000 000
　　　　　　　——法定公益金　　　　　　　　　　　　　　2 500 000
　　　　　　　——任意盈余公积　　　　　　　　　　　　　10 000 000

【例 11-23】 某建筑股份有限公司 2004 年实现利润微薄,但历年任意盈余公积留存较多,为了维护企业的形象,增强投资者的信心,经股东大会批准,用结存的任意盈余公积 10 000 000 元向投资者分配利润;并用结存的法定盈余公积 1 500 000 元弥补以前年度亏损。该公司会计处理如下:

(1)向投资者分配利润:

借:盈余公积——任意盈余公积　　　　　　　　　　　　　　10 000 000
　　贷:应付股利　　　　　　　　　　　　　　　　　　　　10 000 000

(2)弥补亏损:

借:盈余公积——法定盈余公积　　　　　　　　　　　　　　1 500 000
　　贷:利润分配——其他转入　　　　　　　　　　　　　　1 500 000

【例 11-24】 某建筑公司经批准用法定盈余公积 3 000 000 元转增资本,并已向工商行政管理部门办妥登记变更手续。该公司会计处理如下:

借:盈余公积——法定盈余公积　　　　　　　　　　　　　　3 000 000
　　贷:实收资本　　　　　　　　　　　　　　　　　　　　3 000 000
　　　　(按各股东所持股份占公司注册资本的比例进行分配)

【例 11-25】 某建筑股份有限公司经批准用历年积累的公益金建造职工集体宿舍一座,工程总投资 3 000 000 元,现已竣工验收并交付使用。该公司会计处理如下:

借:固定资产——非生产用固定资产　　　　　　　　　　　　3 000 000
　　贷:在建工程——职工集体宿舍　　　　　　　　　　　　3 000 000
借:盈余公积——法定公益金　　　　　　　　　　　　　　　3 000 000

　　　　贷:盈余公积——任意盈余公积　　　　　　　　　　　　　　　　3 000 000

【例 11-26】 某装饰装潢公司系中外合作经营企业,依据合作经营合同的约定,每年以利润归还外方投资 500 000 元人民币。2004 年该公司实现净利润 2 000 000 元,当年 12 月 31 日以 500 000 元银行存款归还外方投资。该公司作以下会计处理:

　　借:已归还投资　　　　　　　　　　　　　　　　　　　　　　　　500 000
　　　贷:银行存款　　　　　　　　　　　　　　　　　　　　　　　　　500 000
　　同时,借:利润分配——利润归还投资　　　　　　　　　　　　　　　500 000
　　　　　贷:盈余公积——利润归还投资　　　　　　　　　　　　　　　500 000

【例 11-27】 某建筑公司系中外合资企业,2000 年该公司实现净利润 6 000 000 元,依据企业章程等有关规定,按净利润的 10% 提取储备基金、按净利润的 5% 提取企业发展基金。当年根据董事会提议,经股东会批准,用历年结余的储备基金 1 000 000 元弥补以前年度亏损;用历年结余的储备基金 2 000 000 元、企业发展基金 1 000 000 元转增资本,转增资本手续已报经有关部门批准并办理工商登记手续。该公司原注册资本为 20 000 000 元人民币,其中外方 10 000 000 元,中方 A 公司 6 000 000 元,中方 B 公司 4 000 000 元。该公司会计处理如下:

(1)提取两金时:

　　借:利润分配——提取储备基金　　　　　　　　　　　　　　　　　600 000
　　　　　　　　——提取企业发展基金　　　　　　　　　　　　　　　300 000
　　　贷:盈余公积——储备基金　　　　　　　　　　　　　　　　　　600 000
　　　　　　　　——企业发展基金　　　　　　　　　　　　　　　　　300 000

(2)弥补亏损时:

　　借:盈余公积——储备基金　　　　　　　　　　　　　　　　　　1 000 000
　　　贷:利润分配——其他转入　　　　　　　　　　　　　　　　　1 000 000

(3)转增资本时:

　　借:盈余公积——储备基金　　　　　　　　　　　　　　　　　　2 000 000
　　　　　　　　——企业发展基金　　　　　　　　　　　　　　　　1 000 000
　　　贷:实收资本——中方 A 公司　　　　　　　　　　　　　　　　　900 000
　　　　　　　　——中方 B 公司　　　　　　　　　　　　　　　　　 600 000
　　　　　　　　——外方　　　　　　　　　　　　　　　　　　　　1 500 000

三、未分配利润的核算

(一)未分配利润的概念

未分配利润是指企业实现的净利润经过弥补亏损、提取盈余公积、公益金和向投资者分配利润后留存在企业的历年结存的净利润,是属于未确定用途的留存收益,留待以后年度向投资者进行分配。

(二)未分配利润的形成

企业税后利润的分配顺序及年末未分配利润的形成:

股份制企业	非股份制企业	外资企业
本年税后净利润	本年税后净利润	本年税后净利润
1. 加上年末未分配利润或减上年末未弥补亏损	加上年末未分配利润或减上年末未弥补亏损	加上年末未分配利润或减上年末未弥补亏损
2. 减提取法定盈余公积	减提取法定盈余公积	减提取储备基金
3. 减提取法定公益金	减提取法定公益金	减提取生产发展基金
4. 减分配优先股股利	减提取任意盈余公积	减提取福利费及奖励基金
5. 减提取任意盈余公积	减分配投资者利润	减利润归还投资（中外合作企业）
6. 减分配普通股股利	减投资者利润转增投资	减投资者利润转增投资
7. 减转作股本的普通股股利		
等于:年末未分配利润	等于:年末未分配利润	等于:年末未分配利润

本年税后净利润加上上年末未分配利润或减去上年末未弥补亏损后的可供分配的利润；可供分配的利润扣减提取的法定盈余公积和法定公益金（外资企业扣减提取的储备基金、生产发展基金、福利费及奖励基金）之后，为可供投资者分配的利润。

对任意盈余公积的提取，国家虽没有硬性规定，但企业为了增强发展后劲，提高获利与偿债能力，一般会提取一定比例的任意盈余公积，提与不提，提多提少由企业自行决定。

股份制企业中优先股的特点是固定分利，利润分配顺序先于提取任意盈余公积，因此股份制企业可供普通股投资者分配的利润，为可供分配的利润扣减提取法定盈余公积、法定公益金、分配优先股股利及提取任意盈余公积后的净额。

(三) 未分配利润的核算

企业的未分配利润是在"利润分配"一级科目下设"未分配利润"二级科目进行核算的。年度终了，企业应将全年实现的净利润，自"本年利润"科目转入本科目，借记"本年利润"科目，贷记"利润分配——未分配利润"科目；如为净亏损，则作相反会计分录；同时，将"利润分配"科目下的其他明细科目的余额转入"利润分配——未分配利润"明细科目。结转后，"利润分配"科目下的明细科目除了"未分配利润"明细科目外，其他明细科目应无余额。"利润分配——未分配利润"的贷方余额反映企业历年积存的未分配利润，借方余额反映企业尚未弥补的历年亏损。

【例 11-28】 某建筑公司系中外合资企业，其中中方 A 公司拥有 40% 的股份，中方 B 公司和港商分别拥有 30% 的股份。2004 年该公司盈利 5 000 000 元，调整后应纳税所得 5 200 000 元，企业所得税税率为 15%，依据企业章程及合资经营合同的约定，储备基金、企业发展基金、职工福利基金、职工奖励基金分别按税后净利润的 10%、5%、3% 和 2% 提取。董事会决定税后净利润的 40% 向投资者分配利润。该公司年初"利润分配——未分配利润"的余额为贷方 1 000 000 元。假设该公司未涉及其他利润分配事项，根据上述提供的资料，年终涉及"利润分配——未分配利润"明细项目结转的会计处理如下：

该公司应纳所得税为:5 200 000×15% = 780 000 元

税后净利润为:5 000 000 - 780 000 = 4 220 000 元

提取储备基金、企业发展基金、职工福利基金和职工奖励基金分别为:422 000 元、211 000元、126 600 元和 84 400 元。

向中方甲、中方乙和港商分配的利润分别为:675 200 元、506 400 元、506 400 元
(1)将本年利润转入:
借:本年利润　　　　　　　　　　　　　　　　　　4 220 000
　　贷:利润分配——未分配利润　　　　　　　　　　　　　　4 220 000
(2)提取"四金":
借:利润分配——提取储备基金　　　　　　　　　　422 000
　　　　　　——提取生产发展基金　　　　　　　　211 000
　　　　　　——提取福利及奖励基金　　　　　　　211 000
　　贷:盈余公积——储备基金　　　　　　　　　　　　　　422 000
　　　　　　　——生产发展基金　　　　　　　　　　　　211 000
　　　　应付福利费　　　　　　　　　　　　　　　　　　211 000
(3)向投资者分配利润:
借:利润分配——应付股利　　　　　　　　　　　　1 688 000
　　贷:应付股利　　　　　　　　　　　　　　　　　　　1 688 000
(4)将"利润分配"其他明细科目余额转入"未分配利润"明细科目的借方:
借:利润分配——未分配利润　　　　　　　　　　　2 532 000
　　贷:利润分配——提取储备基金　　　　　　　　　　　　422 000
　　　　　　　——提取生产发展基金　　　　　　　　　　211 000
　　　　　　　——提取福利及奖励基金　　　　　　　　　211 000
　　　　　　　——应付股利　　　　　　　　　　　　　1 688 000

当年未分配利润为 1 688 000 元(422 万元－253.2 万元),年末累计未分配利润为 2 688 000元。

四、弥补亏损的核算

企业发生亏损,可以在盈利后五年内用税前利润弥补,五年期限是从亏损的下一年度起算。以前年度未弥补的亏损在"利润分配——未分配利润"科目的借方核算,在规定的期限内以当年实现的税前利润弥补亏损时,年终将"本年利润"转入"利润分配——未分配利润"的贷方,自然抵减"利润分配——未分配利润"的借方余额,因此,税前利润弥补亏损实际上不需要进行账务处理。对超过五年未弥补的亏损,以及按规定不能用税前利润弥补的亏损,只能用以后的税后利润或盈余公积弥补。

【例 11-29】　某建筑公司 1997 年亏损 1 000 000 元,1998 年亏损 3 000 000 元,1999 年盈利 300 000 元,2000 年盈利 500 000 元,2001 年盈利 600 000 元,2002 年盈利 800 000 万元,2003 年盈利 600 000 元,2004 年盈利 2 000 000 元。该公司企业所得税税率为 33%。该公司各年末利润结转及弥补亏损的会计处理如下:

1997 年:　　借:利润分配——未分配利润　　　　　　　1 000 000
　　　　　　　　贷:本年利润　　　　　　　　　　　　　　　1 000 000
1998 年:　　借:利润分配——未分配利润　　　　　　　3 000 000

	贷:本年利润		3 000 000
1999年：	借:本年利润	300 000
	贷:利润分配——未分配利润	300 000
2000年：	借:本年利润	500 000
	贷:利润分配——未分配利润	500 000
2001年：	借:本年利润	600 000
	贷:利润分配——未分配利润	600 000
2002年：	借:本年利润	800 000
	贷:利润分配——未分配利润	800 000
2003年：	借:本年利润	600 000
	贷:利润分配——未分配利润	600 000

该公司 1997 年亏损 1 000 000 元，可以在连续 5 年内(2002 年以前)以该公司的税前利润弥补亏损，在这 5 年期间的 1999～2002 年该公司盈利 2 200 000 元，符合税前弥补亏损的规定；该公司 1998 年亏损 3 000 000 元，可以在 1999～2003 年间实现的税前利润弥补亏损，但在这期间该公司仅盈利 2 800 000 元，且已抵补 1997 年亏损 1 000 000 元，实际只能抵补 1 800 000 元，其余 1 200 000 元只能在企业的留存收益或 2004 年及以后的税后利润弥补，这时的"利润分配——未分配利润"科目的余额为借方 1 200 000 元。2004 年实现的利润不能税前弥补亏损，应全额计算纳税所得，假设不考虑其他纳税调整，2004 年该公司应纳企业所得税为 660 000 元(200 万元×33%)。

2004 年结转净利润会计处理：
借:本年利润　　　　　　　　1 340 000(利润总额 200 万元 - 企业所得税 66 万元)
　　贷:利润分配——未分配利润　1 340 000

2004 年税后净利润 1 340 000 元与超过 5 年未弥补的亏损 1 200 000 元在"利润分配——未分配利润"科目的贷方与借方自然抵消，抵消后"利润分配——未分配利润"科目贷方余额 140 000 元，为可供分配的利润。

【例 11-30】　某中外合资建筑公司经股东会议批准，以提留的储备基金 500 000 元弥补以前年度亏损。该公司会计处理如下：

借:盈余公积——储备基金　　　　　　　　500 000
　　贷:利润分配——未分配利润——其他转入　　500 000

五、以前年度损益调整

以前年度损益调整是指对企业本年度发生的影响以前年度损益的事项所作的调整。

企业应当设置"以前年度损益调整"一级科目核算以前年度损益调整事项。企业在年度资产负债表日至财务会计报告批准报出日之间发生的需要调整报告年度损益的事项，以及本年度发生的以前年度重大会计差错的调整，也在本科目核算。

企业调整增加的以前年度利润或调整减少的以前年度亏损，借记有关科目，贷记"以前年度损益调整"科目；企业调整减少的以前年度利润或调整增加的以前年度亏损，借记"以前年度损益调整"，贷记有关科目。

企业因调整增加的以前年度利润或调整减少的以前年度亏损而相应增加应交的企业所

得,借记"以前年度损益调整"科目,贷记"应交税金——企业所得税"科目;企业因调整减少的以前年度利润或调整增加的以前年度亏损相应减少应交的企业所得税,借记"应交税金——企业所得税"科目,贷记"以前年度损益调整"科目。

经上述调整后,应同时将"以前年度损益调整"科目的余额转入"利润分配——未分配利润"科目。"以前年度损益调整"科目如为贷方余额,借记"以前年度损益调整",贷记"利润分配——未分配利润"科目;若"以前年度损益调整"科目为借方余额,则作相反的会计分录。结转后"以前年度损益调整"科目应无余额。

企业本年度发生的调整以前年度损益的事项,应当调整本年度会计报表相关项目的年初数与上年实际数;企业在资产负债表日至财务会计报告批准报出日之间发生的调整报告年度损益的事项,应当调整报告年度会计报表相关项目的数字。

涉及以前年度损益调整的实例在"资产负债表日后事项"一章中予以列举。

第十二章 工程成本核算

第一节 工程成本核算概述

成本是指企业为生产产品、提供劳务所发生的各种耗费。工程成本是反映建筑企业生产经营活动情况的重要指标,不断降低工程成本是每个建筑企业提高竞争力,保证持续经营的重要手段。为了正确反映工程成本升降情况,全面考核企业的生产经营成果,必须正确组织工程成本核算。

一、工程成本核算的基本要求及组织体制

(一)工程成本核算的基本要求

1. 企业必须加强成本核算的基础工作

建立各种财产物资的收发、领退、转移、报废、清查和盘点制度;建立健全与成本核算有关的各项原始记录和工程统计制度;制定或修改工时、材料、费用等各项内部消耗定额以及材料、结构件、作业、劳务的内部结算价格;完善各种计量检测设施,严格计量检验制度,使成本核算具有可靠的基础。

2. 企业必须执行国家有关成本费用开支范围和标准

遵循工程预算定额和施工预算以及成本计划,核算施工过程中发生的各项费用,计算工程的实际成本,及时提供可靠的成本报告和有关资料,促进企业改善经营管理,降低成本,提高经济效益。

3. 企业必须按权责发生制的原则计算成本

凡是当期成本应负担的费用,不论款项是否支付,均应计入当期成本;凡不属于当期成本负担的费用,即使款项已经支付,也不应计入当期成本。当期一次支付或发生数额较大,收益期较长的费用,可以作为待摊费用分期摊销。

4. 划清各种成本界限

划清当期成本与下期成本的界限,不同成本核算对象之间成本的界限,未完工程成本与已完工程成本的界限,承包工程成本与专项工程成本的界限。

5. 企业必须准确计算合同成本

对于实际发生的合同成本必须进行归集和登记,对完成合同尚需发生的成本必须进行科学合理地预计,并根据工程施工进展情况,确定合同完工进度,及时准确地确认和计量合同收入与合同成本。

(二)工程成本核算的组织体制

企业应当根据成本管理和内部经济责任制的要求,建立相应的成本核算组织体系,实行统一领导、分级核算。

实行公司、分公司(工区)、施工队(项目经理部)三级管理体制的企业,实行三级核算。施工队(项目经理部)根据分公司(工区)下达的成本指标,结合施工生产过程的特点和经济责任制的要求,核算工程、产品、作业的直接成本,按时向分公司(工区)提供成本核算资料。分公司(工区)汇总核算本分公司(工区)的工程、产品、作业实际成本。公司汇总核算全部工程、产品、作业的实际成本。

在实行公司、施工队(项目经理部)两级管理体制的企业,实行两级核算。施工队(项目经理部)核算本队的工程、产品、作业实际成本,按时向公司提供成本核算资料。公司汇总核算全部工程、产品、作业的实际成本。

二、工程成本核算对象和成本项目

(一)工程成本核算对象

企业应当根据本企业施工组织的特点、承包合同工程的实际情况和加强成本管理的要求,确定建筑安装工程成本核算对象。具体确定方法如下:

(1)以单独订立合同的独立工程作为成本核算对象。

(2)多个单位共同完成同一个工程时,各单位应当以各自完成的部分作为成本核算对象。

(3)规模大、工期长的单位工程,可以将工程划分为若干部位,以分部分项的工程作为成本核算对象。如可以根据实际情况和管理需要,将土石方、桩基、土建、装修等分项工程作为成本核算对象。

(4)同一建设项目,由同一个单位施工,在同一施工地点,开竣工时间相接近、同一结构类型的若干个单位工程,可以合并为一个成本核算对象。如将同一施工地点的若干个工程量较小的单项工程,合并为一个成本核算对象。改建、扩建的零星工程,可以将开竣工时间接近的、属于同一建设项目的各个单位工程,合并成为一个成本核算对象。

工程成本核算对象一经确定之后,企业各有关部门都必须共同执行,不得任意变更。所有原始记录和核算资料,均应按照统一确定的成本核算对象填写,以保证工程成本核算的准确性。

(二)施工费用分类和工程成本项目

按照施工费用计入工程成本的方法,可以把施工费用分为直接费用和间接费用。

1. 直接费用

指为完成工程合同所发生的能够明确受益对象,可以直接计入工程合同成本的施工费用。包括:

(1)人工费是指在施工过程中直接从事建筑安装施工人员的工资、奖金、职工福利费、工资性津贴、劳动保护费等。

(2)材料费是指施工过程中耗用的构成工程实体的原材料、辅助材料、机械配件、零件、半成品、周转材料的摊销额和本期应当分摊的周转材料租赁费用等。

(3)机械使用费是指施工过程中使用自有施工机械所发生的机械使用费、租用外单位机械施工的租赁费以及施工机械的安装、拆卸和进出场费等。

(4)其他直接费是指技术设计费、施工现场材料的二次搬运费、生产工具和用具使用费、检验试验费、工程定位复测费、工程点交费用、场地清理费用、临时设施摊销费用等、水电费、夜间施工增加费等为工程施工所发生的其他直接生产费用。

2. 间接费用

是指施工企业下属各施工单位（分公司、工区、项目经理部）为组织和管理施工生产活动所发生的费用，包括施工生产单位管理人员工资、奖金、职工福利费、劳动保护费、固定资产折旧费及修理费、物料消耗、低值易耗品摊销、取暖费、办公费、差旅费、财产保险费、工程保修费和排污费等。

费用和成本是既有联系又有区别的两个概念。费用是经营活动过程中所支付的代价总称。建筑企业的费用分成施工费用和期间费用。工程成本是对象化的施工费用。因此在日常工作中，工程成本项目与上述施工费用项目基本一致，如直接费用和间接费用，也可分别称为直接成本和间接成本。又如人工费、材料费、机械使用费、其他直接费，都是工程成本项目。

第二节 工程成本核算

一、会计科目的设置、核算内容及其使用方法

为了总括地核算建筑安装工程过程中各项施工费用的发生、归集和分配情况，正确地计算工程成本，建筑企业应设置以下会计科目：

（一）"工程施工"

"工程施工"一级科目核算企业进行建筑安装工程施工所发生的各项费用支出。其借方核算施工过程发生的各项成本费用以及确认的工程合同毛利，贷方核算工程合同完成后结转的已完工程的实际成本以及确认的工程合同亏损，期末借方余额反映工程自开工之日到本期末止未完工程的实际成本。合同完工后，本科目与"工程结算"科目对冲结算。本科目应设置"合同成本"和"合同毛利"两个二级科目。

"合同成本"二级科目核算各项工程施工合同发生的实际成本，包括企业在施工过程中发生的人工费、材料费、机械使用费、其他直接费和间接费用成本项目。

"合同毛利"二级科目核算各项工程施工合同确认的合同毛利。企业确认合同毛利时，应按照"主营业务收入"科目和"主营业务成本"科目的差额记入本科目的借方或贷方。

企业在施工过程发生的各项费用，借记"工程施工——合同成本"，贷记"应付工资"，"原材料"等科目。其中，属于人工费、材料费、机械使用费和其他直接费等直接成本，直接计入有关合同成本；间接费用应先在"合同成本"二级明细科目下设置"间接费用"三级明细科目进行归集，期末再按一定分配标准，分配计入有关合同成本。

（二）"机械作业"

"机械作业"一级科目核算企业及其内部独立核算的施工单位、机械站和运输队使用自有施工机械和运输设备进行机械作业（包括机械化施工和运输作业等）所发生的各项费用。借方核算施工过程中实际发生的各项费用，贷方核算按受益对象分配结转的机械作业成本。期末本科目一般无余额。

在"机械作业"一级科目应设置"承包工程"和"机械作业"两个明细科目，并按施工机械或运输设备的种类等成本核算对象设置明细账，按规定的成本项目分设专栏，进行明细核算。

建筑企业内部独立核算的机械施工、运输单位使用自有施工机械或运输设备进行机械作业所发生的各项费用,应按成本核算对象和成本项目进行归集。成本核算对象一般应以施工机械和运输设备的种类确定。成本项目一般分为:人工费、燃料及动力费、折旧修理费、其他直接费和间接费用。

建筑企业及其内部独立核算的施工单位,从外单位或本企业其他内部独立核算的机械站租入施工机械,按照规定台班费定额支付的机械租赁费,直接计入受益的"机械使用费"成本项目中,不通过本科目核算。

企业在施工过程中发生的机械作业支出,借记"机械作业",贷记"原材料"、"应付工资"、"累计折旧"等科目。期末,分别按以下情况进行分配和结转:

(1)建筑企业及其内部独立核算的施工单位、机械站和运输部门为本单位承包的工程进行机械作业和运输作业的成本,应转入承包合同成本,借记"工程施工"科目,贷记"机械作业——承包工程"科目。

(2)对外单位、本企业其他内部独立核算单位以及专项工程等提供机械作业(包括运输设备)的成本,借记"其他业务支出"、"在建工程"等科目,贷记"机械作业——机械作业"科目。

(三)"生产成本"

"生产成本"科目核算建筑企业进行工业性生产,包括生产各种产品(包括产成品、自制半成品、提供劳务)、自制材料、自制工具、自制设备等发生的各项生产费用。本科目应设置以下两个明细科目:基本生产成本和辅助生产成本。本科目应当分别按照基本生产车间和成本核算对象设置明细账,并按规定的成本项目设置专栏。

(四)"待摊费用"

"待摊费用"科目核算企业已经支出但应由本期和以后各期分别负担的分摊期限在1年以内(包括1年)各项施工费用,如一次性支付数额较大的财产保险费等。各项待摊的费用发生时,借记"待摊费用"科目,贷记"银行存款"等科目;贷方核算按受益期限分期平均摊销的费用,借记"工程施工"、"管理费用"等科目,贷记"待摊费用"。本科目的期末借方余额反映尚未摊销的待摊费用。

(五)"预提费用"

"预提费用"科目核算企业按照规定从成本费用中预先提取但尚未支付的各项施工费用,如预提租金、借款利息、工程保修费用、固定资产修理费用等。其贷方核算预先提取计入成本的预提费用,在实际发生支付时,借记"预提费用"科目,贷记"银行存款"等科目。期末贷方余额反映已预提但尚未支付的各项费用,期末如为借方余额,反映企业实际支出的费用大于预提数的差额,即尚未摊销的费用。

二、工程成本核算程序

工程成本核算程序,是指成本核算人员在具体核算工程合同成本时,所应采取的步骤和方法。

(一)工程成本一、二级分类核算程序

(1)将本期发生的各项生产费用,按规定的分类核算内容归集到有关成本、费用科目(如图12-1中的①)。

第二节 工程成本核算 / 191

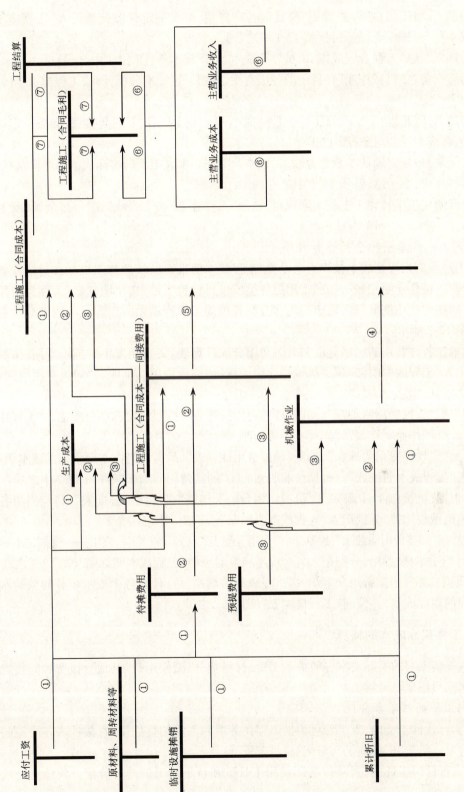

图 12-1 工程成本一、二级分类核算程序图

(2)期末,将归集在"待摊费用"科目的各项费用,按照一定标准分摊记入"工程施工"、"生产成本"、"机械作业"等科目(图12-1中之②)。

(3)期末,预提工程合同成本、机械作业成本、生产成本等(图12-1中之③)。

(4)将归集在"机械作业"科目中的各项费用,按照一定标准分配计入"工程施工"等科目(图12-1中之④)。

(5)期末,将归集在"工程施工——合同成本——间接费用"下的间接费用,按一定标准分配计入各成本受益对象(图12-1中之⑤)。

(6)期末,按规定确认主营业务收入、成本及毛利。未完工程的实际成本仍然保留在"工程施工"科目中,不予结转(图12-1中之⑥)。

(7)合同完工结转完工工程实际成本,结平"工程施工"和"工程结算"科目余额(图12-1中之⑦)。

(二)工程成本明细分类核算程序

施工企业应当按照成本核算对象设置"工程成本明细账",按照施工机械或运输设备的种类设置"机械作业明细账",按照费用的种类或项目设置"待摊费用明细账"、"预提费用明细账"、"间接费用明细账"等,用于归集和分配各项施工生产费用。工程成本明细分类核算程序如图12-2所示。

(1)根据各种费用的原始凭证和有关费用分配计算表,将当期发生的施工费用,按照用途分别记入"工程成本明细账"、"机械作业明细账"、"待摊费用明细账"、"间接费用明细账"等(图12-2中之①)。

(2)根据"待摊费用明细账",编制"待摊费用计算表",按照一定标准分配记入"工程成本明细账"、"机械作业明细账"、"间接费用明细账"等(图12-2中之②)。

(3)根据"预提费用明细账",编制"预提费用计算表",预提应当由本期承担的成本费用,分别记入"工程成本明细账"、"机械作业明细账"、"间接费用明细账"等(图12-2中之③)。

(4)根据"机械作业明细账"和"机械使用台账",编制"机械使用分配表",将应当由各成本承担的机械使用费,分别记入"工程成本明细账"(图12-2中之④)。

(5)根据"间接费用明细账",编制"间接费用分配表",将归集在"工程施工——合同成本——间接费用"下的间接费用,分别记入各个成本核算对象的"工程成本明细账"(图12-2之⑤)。

(6)期末,各项施工费用全部记入"工程成本明细账"后,计算各个成本核算对象的本期已完工程的实际成本,并编制"工程成本表"(图12-2之⑥)。

三、工程实际成本的核算

建筑安装工程的实际成本一般由人工费、材料费、机械使用费、其他直接费和间接费用五个成本项目组成。

(一)工资的归集和分配

(1)实行计件工资的,人工费可根据工程任务单和工资结算凭证,直接计入各受益的成本核算对象。借记"工程施工",贷记"应付工资"科目。

(2)实行计时工资的,通常按实际耗用工日数和日平均工资进行分配。其计算公式如下:

$$日平均计时工资 = 当月计时工资总额 \div 当月施工作业工日总数$$

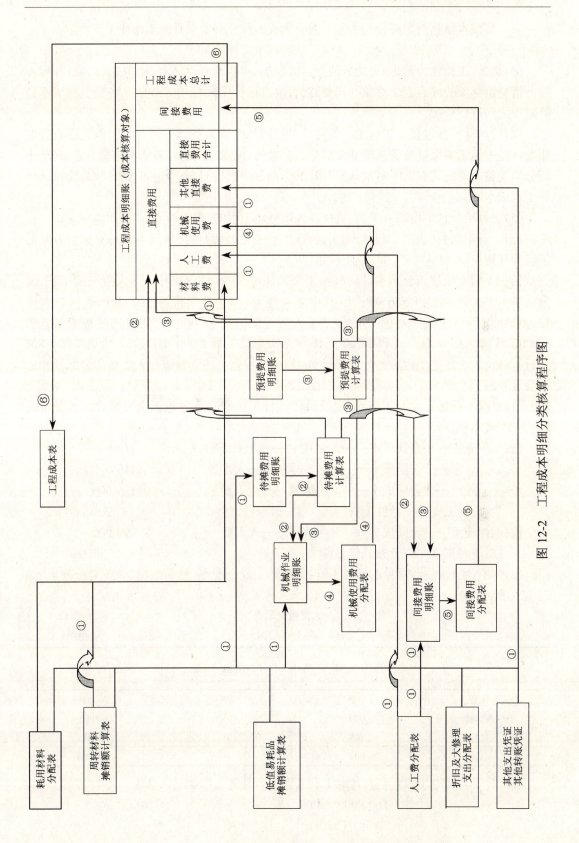

图 12-2 工程成本明细分类核算程序图

某成本核算对象应分配的人工费＝该成本核算对象当月施工作业工日数
×日平均计时工资

(3)奖金、工资性津贴,如果能分清受益对象的,可以直接计入各成本核算对象;如果不能分清受益对象的或有若干对象共同受益的,则可以按实际耗用工日数在各受益的成本核算对象之间进行分配。

(4)劳动保护费包括工程施工人员劳动保护用品的购置费、防暑降温费,以及在有害健康的环境中施工的保健费等。能够分清受益对象的,可以直接计入各成本核算对象;对于不能分清受益对象的或有若干对象共同受益的劳动保护费,可以按其占工资总额的比例计入各工程成本。

(5)支付给分包单位的人工费,直接计入该分包工程的"人工费"成本项目。

(6)工资附加费(职工福利费、职工教育经费、工会经费)可按各成本核算对象所分配的工资为基数提取,计入"人工费"成本项目。

【例12-1】 某建筑公司本月同时施工××住宅、××教学楼和××大厦三项工程,共发生施工工人计件工资356 000元(其中××住宅、××教学楼各110 000元,××大厦136 000元),计时工资180 000元,施工工人劳动保护费33 000元,当月实际耗费工日数6 000工日(其中××住宅工程1 200工日、××教学楼工程2 000工日、××大厦工程2 800工日),以及××住宅工程劳务分包工资90 000元,根据上述资料进行人工费的分配及相应的会计处理:

(1)根据工程任务单和工资结算凭证,将计件工资和劳务分包工资直接计入各受益的"人工费"成本项目。

借:工程施工——合同成本——××住宅——人工费　　　110 000
　　　　　　——合同成本——××教学楼——人工费　　110 000
　　　　　　——合同成本——××大厦——人工费　　　136 000
　贷:应付工资——计件工资　　　　　　　　　　　　　356 000
借:工程施工——合同成本——××住宅——人工费　　　 90 000
　贷:应付工资——劳务分包工资　　　　　　　　　　　 90 000

(2)将不能分清收益对象的计时工资,先计算工资分配率,然后编制"人工费分配表"如表12-1所示。

人工费分配表　　　　　　　　　　　　　　　　　　表12-1
2003年12月　　　　　　　　　　　　　　　　　　　单位:元

项目 受益对象	出勤工日	日平均工资	分配金额
××住宅	1 200	30	36 000
××教学楼	2 000	30	60 000
××大厦	2 800	30	84 000
合　计	6 000	30	180 000

日平均计时工资＝当月计时工资总额÷当月施工作业工日总数
　　　　　　　＝180 000÷6 000
　　　　　　　＝30元/工日

根据"人工费分配表",会计处理如下:

借:工程施工——合同成本——××住宅——人工费　　　　36 000
　　　　　　——合同成本——××教学楼——人工费　　　60 000
　　　　　　——合同成本——××大厦——人工费　　　　84 000
　　贷:应付工资——计时工资　　　　　　　　　　　　　　180 000

(3)分配劳动保护费如下:

　　　劳动保护费分配率=(工人劳动保护费÷工资总额)×100%
　　　　　　　　　　　=(33 000÷626 000)×100%
　　　　　　　　　　　=5.271 56%

劳动保护费分配表　　　　　　　　　　　　　　　　表12-2
2003年12月　　　　　　　　　　　　　　　　　　　　单位:元

项目 受益对象	计件工资	劳务工资	计时工资	合　计	分配率(%)	分配金额
××住宅	110 000	90 000	36 000	236 000	5.271 56	12 441
××教学楼	110 000		60 000	170 000	5.271 56	8 963
××大厦	136 000		84 000	220 000	5.271 56	11 596
合　计	356 000	90 000	180 000	626 000	5.271 56	330 00

根据"劳动保护费分配表",会计处理如下:

借:工程施工——合同成本——××住宅——人工费　　　　12 441
　　　　　　——合同成本——××教学楼——人工费　　　8 963
　　　　　　——合同成本——××大厦——人工费　　　　11 596
　　贷:工程施工——合同成本——间接费用　　　　　　　　33 000

(4)分配工资附加费,如表12-3所示:

工资附加费分配表　　　　　　　　　　　　　　　　表12-3
2003年12月　　　　　　　　　　　　　　　　　　　　单位:元

项目 受益对象	工资总额	职工福利费		职工教育经费		工会经费		合　计
		提取率(%)	金　额	提取率(%)	金　额	提取率(%)	金　额	
××住宅	236 000	14	33 040	1.5	3 540	2	4 720	41 300
××教学楼	170 000	14	23 800	1.5	2 550	2	3 400	29 750
××大厦	220 000	14	30 800	1.5	3 300	2	4 400	38 500
合　计	626 000	14	87 640	1.5	9 390	2	12 520	109 550

借:工程施工——合同成本——××住宅——人工费　　　　41 300
　　　　　　——合同成本——××教学楼——人工费　　　29 750
　　　　　　——合同成本——××大厦——人工费　　　　38 500
　　贷:应付福利费　　　　　　　　　　　　　　　　　　　87 640
　　　其他应付款——教育经费　　　　　　　　　　　　　　9 390
　　　　　　　　——工会经费　　　　　　　　　　　　　　12 520

(二)材料费用的归集和分配

(1)直接用于工程施工的各种材料,凡能够确定受益成本核算对象的,应直接计入受益的成本核算对象。

(2)由几个成本核算对象共同使用的材料,应确定合理的分配标准,在受益的成本核算对象之间进行分配。

(3)租用周转材料的租赁费,应直接计入受益的成本核算对象。

(4)使用自有周转材料的摊销价值,应按规定的摊销方法一次或分次计入受益的成本核算对象。

(5)采用按实际成本计价进行材料日常核算的企业,耗用材料实际成本的计算方法,可以在"先进先出法"、"后进先出法"、"加权平均法"、"移动加权平均法"和"分批实际法"中选定一种。

(6)采用按计划成本计价进行材料日常核算的企业,在计算各受益成本中的材料费时,必须将耗用材料的计划成本调整为实际成本。材料计划成本与实际成本的差异,一般应当按照材料类别进行核算,不能将所有材料都使用一个综合差异率。材料的类别由主管部门或企业根据本单位实际情况和加强管理的要求自行确定。材料成本差异的计算期必须与成本计算期相同,按期分摊,不得在年末一次计算。耗用材料应负担的材料成本差异,除委托外部加工材料可以按上期的差异率计算外,都应使用当期的实际差异率。

(7)施工现场储备的材料,应当作为企业库存材料处理,不得计入合同成本。实际耗用的材料,必须按照成本计算期内实际耗用的数量计算,不得以领代用。已领未用的材料,下期不用的,应及时办理退料手续;下期继续使用的,要办理"假退料"手续。

(8)工程竣工后,应将剩余材料退回仓库,已经计入合同成本的,要冲减合同成本。现场回收可利用的废料,按可利用价值或回收价值,冲减合同成本。

【例12-2】 某建筑公司材料核算采用实际成本计价法。该公司本月根据"材料耗用分配汇总表"、"周转材料摊销计算表"、"周转材料租赁单"和"已领未用材料盘点单"等资料,编制"材料汇总分配表"(表12-4)。

材料汇总分配表

2003年12月

表12-4 单位:元

项目 受益对象	原材料——主要材料等	低值易耗品	周转材料摊销	周转材料租赁费	合计
××住宅	295 000	17 000	8 000	30 000	350 000
××教学楼	1 171 000	36 000	37 000	56 000	1 300 000
××大厦	2 023 000	71 200	57 900	100 000	2 252 100
合计	3 489 000	124 200	102 900	186 000	3 902 100

根据"材料汇总分配表",进行会计处理:

(1)耗用原材料核算

借:工程施工——合同成本——××住宅——材料费　　　　295 000
　　　　　　——合同成本——××教学楼——材料费　　　1 171 000
　　　　　　——合同成本——××大厦——材料费　　　　2 023 000

贷：原材料——主要材料等　　　　　　　　　　　　　　　　　3 489 000
(2)耗用低值易耗品核算
借：工程施工——合同成本——××住宅——材料费　　　　　　17 000
　　　　　　——合同成本——××教学楼——材料费　　　　　　36 000
　　　　　　——合同成本——××大厦——材料费　　　　　　　71 200
　　贷：低值易耗品　　　　　　　　　　　　　　　　　　　　124 200
(3)摊销周转材料
借：工程施工——合同成本——××住宅——材料费　　　　　　 8 000
　　　　　　——合同成本——××教学楼——材料费　　　　　　37 000
　　　　　　——合同成本——××大厦——材料费　　　　　　　57 900
　　贷：周转材料——周转材料摊销　　　　　　　　　　　　　102 900
(4)预提已结算但款未付的周转材料租赁费
借：工程施工——合同成本——××住宅——材料费　　　　　　30 000
　　　　　　——合同成本——××教学楼——材料费　　　　　　56 000
　　　　　　——合同成本——××大厦——材料费　　　　　　 100 000
　　贷：预提费用　　　　　　　　　　　　　　　　　　　　　186 000

【例12-3】 A建筑公司材料采用计划价格进行核算。对于本月发生和耗用材料的计划价格成本和分摊的材料价差，编制"发出和耗用材料汇总表"进行汇算，如表12-5所示。

发出和耗用材料汇总表（原材料-主要材料）　　　　　　表12-5
2003年12月　　　　　　　　　　　　　　　　　　　　　单位：元

类别 归集对象	本月发出材料计划价格成本	加：月初现场存料计划价格成本	减：月末现场存料计划价格成本	本月发出（耗用）材料	
				计划价格成本	材料成本差异（1.5%）
工程施工	712 000	13 000	15 000	710 000	10 650
机械作业	20 000			20 000	300
生产成本	6 000			6 000	90
合　计	738 000	13 000	15 000	736 000	11 040

(1)"发出和耗用材料汇总表"的编制过程分析：

"发出和耗用材料汇总表"中的本月发出材料计划价格成本各栏，根据经标价后的发料凭证按用途类别分析加总，减去退料凭证中退料数后填列。月初现场存料计划价格成本栏根据上月月末已领未用材料清单填列。月末现场存料计划价格成本栏根据本月月末已领未用材料清单填列。本月发出(耗用)材料计划价格成本栏，根据本月发出材料，加月初现场存料，减月末现场存料的计划价格成本求得。本月发出(耗用)材料成本差异栏，根据耗用材料计划价格成本乘成本差异分摊率求得。如果材料成本差异按材料类别计算，则也按材料类别分别计算其计划价格成本后，再乘成本差异分摊率求得成本差异，最后加总求得本月耗用材料成本差异。

(2)根据"发出和耗用材料汇总表"，会计处理如下：
1)借：工程施工——合同成本——××工程——材料费　　　　　710 000

```
        机械作业——机械作业                               20 000
        生产成本——辅助生产成本                          6 000
      贷:原材料——主要材料                                        736 000
2)借:工程施工——合同成本——××工程——材料费       10 650
        机械作业——机械作业                                 300
        生产成本——辅助生产成本                             90
      贷:材料成本差异                                              11 040
```

(三)机械使用费的归集和分配

企业在施工过程中使用的机械有租赁的和自有的两种,应采取不同方法核算:

1. 租入机械费用的核算

从外单位或从本企业其他内部独立核算单位租用的施工机械所支付的租赁费,一般可以根据"机械租赁费结算单"结算金额,直接记入有关合同成本;如果租赁费由几个成本核算对象共同负担的,应根据所支付的租赁费总额和各个成本核算对象实际使用台班数分配计入各有关成本核算对象。计算公式如下:

平均台班租赁费=支付的租赁费总额÷租入机械作业台班总数

某合同工程应负担的租赁费=该合同工程实际使用台班数×平均台班租赁费

【例12-4】 某建筑公司本月向某公司租用塔式起重机和汽车式起重机各一台,经结算本月应付租赁费20 150元。其中:塔式起重机使用16台班,每台班500元,共8 000元;汽车式起重机使用27台班,每台班450元,共12 150元。上述租赁费,已由银行转账支付。根据租入机械使用记录统计,塔式起重机××住宅工程施工使用16台班;汽车式起重机则是××住宅工程施工使用10台班,××大厦工程施工使用17台班。本月租用机械租赁费核算如下:

租用机械租赁费分配表　　　　　　　　　　　表12-6

2003年12月　　　　　　　　　　　　　　　　单位:元

机械名称 工程名称	塔式起重机			汽车式起重机			合计
	台班	单价	金额	台班	单价	金额	
××住宅工程	16	500	8 000	10	450	4 500	12 500
××大厦工程				17	450	7 650	7 650
合计	16	500	8 000	27	450	12 150	20 150

根据"租用机械租赁费分配表"(表12-6),会计处理如下:

```
借:工程施工——合同成本——××住宅——机械使用费    12 500
            ——合同成本——××大厦——机械使用费     7 650
  贷:银行存款                                              20 150
```

2. 自有机械费用的核算

企业使用自有施工机械或运输设备进行机械作业所发生的各项费用,通过"机械作业"科目进行归集核算后,期末,应将发生的机械使用费按一定方法分配计入各合同成本。具体分配方法如下:

(1)台班分配法

即按各合同成本使用机械的台班数分配机械使用费,它适用于单机核算。其计算公式如下:

机械单位台班实际成本＝机械实际发生费用总额÷机械实际工作台班总数

某合同工程应分配的机械使用费＝该合同工程实际使用机械台班数×机械单位台班实际成本

(2)预算分配法

即按实际发生的机械作业费用占预算定额规定的机械使用费的比例进行分配。它适用于不便计算机械使用台班、无机械台班和台班单价预算定额的中小型机械使用费,如几个合同成本共同使用的混凝土搅拌机的费用。其计算公式如下:

实际机械作业费用占预算机械使用费的比例＝实际发生的机械作业费用总额÷预算机械使用费总额

某合同工程应分配的机械使用费＝该合同工程的预算机械使用费×实际机械作业费用占预算机械使用费比例

(3)作业量分配法

即以各种机械所完成的工作量为基础分配机械费用。适用于可计算其完成的实物工程量的机械,如汽车运输作业。计算公式如下:

机械完成单位作业量的实际成本＝机械实际发生费用总额÷机械实际完成的作业总量

某合同工程应分配的机械使用费＝机械为该合同工程所完成的作业量×机械完成单位作业量的实际成本

期末,结转各合同成本应负担的机械使用费,租入机械支付的租赁费,借记"工程施工"科目,贷记"银行存款"等科目;自有机械发生的费用,借记"工程施工"科目,贷记"机械作业"科目。

【例12-5】 某建筑公司2003年12月自有机械发生费用情况如表12-7所示:共发生机械操作工人工资22 000元,提取工资附加费3 850元,耗用燃料6 990元,提取固定资产折旧费9 990元,支付机械维修费3 530元,支付养路费1 800元。挖土机对外单位工作38台班,发生机械费15 000元;搅拌机为职工俱乐部基建项目工作64台班,发生机械费8 000元;塔式起重机工作55台班(其中××教学楼工程25台班,××大厦工程30台班),发生机械费18 775元;载重汽车完成6 300t·km的运输量(其中××住宅工程1 000t·km,××教学楼工程2 300t·km,××大厦工程3 000t·km),发生机械费6 385元。根据以上资料,应分别进行有关会计处理:

自有机械发生费用情况表　　　　　　　　　　　表12-7
2003年12月　　　　　　　　　　　　　　　　单位:元

经济内容	挖土机	搅拌机	小　计	起重机	载重汽车	小　计	总　计
付机械操作工工资	6 000	4 000	10 000	9 000	3 000	12 000	22 000
提工资附加费	1 050	700	1 750	1 575	525	2 100	3 850
领用燃料	3 650	500	4 150	1 970	870	2 840	6 990
提折旧	3 100	2 000	5 100	4 330	560	4 890	9 990
付维修费	400	800	1 200	1 900	430	2 330	3 530
付养路费	800		800		1 000	1 000	1 800
合　　计	15 000	8 000	23 000	18 775	6 385	25 160	48 160

续表

经济内容	挖土机	搅拌机	小 计	起重机	载重汽车	小 计	总 计
××住宅					1 000t·km		
××教学楼				25 台班	2 300t·km	作业量	
××大厦				30 台班	3 000t·km		
对外提供劳务	38 台班						
在建工程		64 台班					

(1)根据以上资料,进行会计处理:①

借:机械作业——机械作业——人工费　　　　　　　　10 000
　　　　　　　机械作业——人工费　　　　　　　　　1 750
　　　　　　　机械作业——燃料动力费　　　　　　　4 150
　　　　　　　机械作业——折旧修理费　　　　　　　5 100
　　　　　　　机械作业——折旧修理费　　　　　　　1 200
　　　　　　　机械作业——其他直接费　　　　　　　　800
　　机械作业——承包工程——人工费　　　　　　　12 000
　　　　　　　承包工程——人工费　　　　　　　　　2 100
　　　　　　　承包工程——燃料动力费　　　　　　　2 840
　　　　　　　承包工程——折旧修理费　　　　　　　4 890
　　　　　　　承包工程——折旧修理费　　　　　　　2 330
　　　　　　　承包工程——其他直接费　　　　　　　1 000
　贷:应付工资　　　　　　　　　　　　　　　　　　22 000
　　　应付福利费　　　　　　　　　　　　　　　　　3 080
　　　其他应付款——教育经费　　　　　　　　　　　　330
　　　　　　　　——工会经费　　　　　　　　　　　　440
　　　原材料——燃料　　　　　　　　　　　　　　　6 990
　　　累计折旧　　　　　　　　　　　　　　　　　　9 990
　　　银行存款　　　　　　　　　　　　　　　　　　5 330

(2)根据以上会计处理,登记机械作业明细分类账(表12-8及表12-9):

机械作业——承包工程　明细分类账　　　　　　　　　　表12-8

单位:元

2003年		摘　要	借方金额	贷方金额	余额	明细科目借方发生额				
月	日					人工费	燃料及动力	折旧及修理费	其他直接费	间接费用
		付机械操作工工资	12 000			12 000				
		提工资附加费	2 100			2 100				
		领用燃料	2 840				2 840			

---

① 本例所列机械作业生产费用归集核算综合会计分录,目的在于概括叙述其基本内容。实际工作中应按规定分别应付工资,应提工资附加费,耗用原材料、燃料,支付各项费用等不同经济内容各自编制会计分录进行会计处理。

续表

2003年		摘要	借方金额	贷方金额	余额	明细科目借方发生额				
月	日					人工费	燃料及动力	折旧及修理费	其他直接费	间接费用
		提固定资产折旧	4 890					4 890		
		支付维修费	2 330					2 330		
		支付养路费	1 000						1 000	
		结转成本		25 160						
		本月合计	25 160	25 160	0	14 100	2 840	7 220	1 000	

机械作业——机械作业 明细分类账　　　　表12-9

单位：元

2003年		摘要	借方金额	贷方金额	余额	明细科目借方发生额				
月	日					人工费	燃料及动力费	折旧及修理费	其他直接费	间接费用
		付机械操作工工资	10 000			10 000				
		提工资附加费	1 750			1 750				
		领用燃料	4 150				4 150			
		提固定资产折旧	5 100					5 100		
		支付维修费	1 200					1 200		
		支付养路费	800						800	
		结转成本		23 000						
		本月合计	23 000	23 000	0	11 750	9 250	1 200	800	

(3) 计算机械使用费单位成本，编制"机械使用费分配表"(表12-10)。

1) 挖土机对外提供劳务的成本应转入"其他业务支出"，搅拌机为本单位基建项目提供劳务，其成本应转入"在建工程"。

2) 塔式起重机、载重汽车发生的机械费分别按台班分配法、作业量分配法分配计入各合同成本。

塔式起重机单位台班实际成本 = 18 775÷55 = 341.36 元/台班

载重汽车单位作业量实际成本 = 6 385÷6 300 = 1.013 5 元/t·km

(4) 根据自有"机械使用费分配表"，作会计处理如下：

借：工程施工——合同成本——××住宅——机械使用费　　　1 014
　　　　　　　——合同成本——××教学楼——机械使用费　　10 865
　　　　　　　——合同成本——××大厦——机械使用费　　　13 281
　　其他业务支出——机械出租　　　　　　　　　　　　　　15 000
　　在建工程——职工俱乐部　　　　　　　　　　　　　　　 8 000
　贷：机械作业——承包工程　　　　　　　　　　　　　　　25 160
　　　　　　——机械作业　　　　　　　　　　　　　　　　23 000

机械使用费分配表   表 12-10

2003 年 12 月   单位:元

项目 受益对象	挖土机	搅拌机	起重机分配数 (341.36元/台班)		载重汽车分配数 (1.013 5元/t·km)		机械使用费 总计
			台班	金额	作业量(t·km)	金额	
××住宅					1 000	1 014	1 014
××教学楼			25	8 534	2 300	2 331	10 865
××大厦			30	10 241	3 000	3 040	13 281
小 计			55	18 775	6 300	6 385	25 160
其他业务支出	15 000						15 000
在建工程		8 000					8 000
合 计	15 000	8 000	55	18 775	6 300	6 385	48 160

【例 12-6】 某建筑公司施工的三项工程,本月使用的混凝土全部由本公司内部搅拌站提供,发生混凝土搅拌机的机械使用费 115 500 元。根据预算定额资料计算,已知该三项工程的预算机械使用费为 129 780 元(其中××住宅工程 23 600 元,××教学楼工程 46 000 元,××大厦工程 60 180 元)。混凝土搅拌机发生的机械使用费按预算分配法分配计入各合同成本。本月混凝土搅拌机的机械使用费核算如下:

(1)计算实际机械作业占预算机械费用使用比例,编制"机械使用分配表"(表 12-11):

实际机械作业占预算机械使用比例 = 115 500 ÷ 129 780

= 0.89

机械使用分配表   表 12-11

2003 年 12 月   单位:元

项 目 受益对象	预算机械 使用费总额	实际机械作业费用 占预算机械使用费比例	应分配机械 使用费
××住宅	23 600	0.89	21 000
××教学楼	46 000	0.89	40 940
××大厦	60 180	0.89	53 560
合 计	129 780	0.89	115 500

(2)根据"机械使用分配表",会计处理如下:

借:工程施工——合同成本——××住宅——机械使用费   21 000
　　　　　　——合同成本——××教学楼——机械使用费   40 940
　　　　　　——合同成本——××大厦——机械使用费   53 560
　　贷:机械作业——承包工程   115 500

(四)其他直接费的归集和分配

其他直接费所包括项目如前节所述,企业在施工过程中发生的其他直接费能够分清受益对象的,应直接计入受益合同成本;不能分清收益对象的,应先汇总登记,并在月末根据各个合同工程的实际成本、预算成本等标准,分配计入各合同成本。

施工单位在现场耗用的水、电、汽和运输等作业,如由其他企业或企业所属内部独立核算单位供应,可按实际结算单据直接计入各个合同成本的"其他直接费"项目。对于不能直接计入各个成本计算对象的水、电、汽等费用,应先通过"生产成本——辅助生产成本"归集费用,月末根据各个成本计算对象的实际用量、定额用量、预算成本或工料实际成本等,编制"辅助生产费用分配表",将各项费用分配于各个合同成本。

【例 12-7】 某建筑公司的辅助生产部门只有运输队。2003 年 12 月运输队为三项工程运送钢筋,共发生费用 12 300 元,其中运输人员工资 8 000 元,计提职工福利费 1 120 元,计提职工教育经费 120 元,计提工会经费 160 元,提取折旧费 500 元,耗用汽油 1 600 元,发生维修费 800 元。运输队本月共完成作业量为 9 000 t·km,其中××住宅工程 2 000 t·km,××教学楼工程 3 000 t·km,××大厦工程 4 000 t·km。根据以上资料,进行会计处理:

(1)根据资料,归集辅助生产费用

借:生产成本——辅助生产成本——运输队　　　　　　12 300
　　贷:应付工资　　　　　　　　　　　　　　　　　　　8 000
　　　　应付福利费　　　　　　　　　　　　　　　　　　1 120
　　　　其他应付款——教育经费　　　　　　　　　　　　　120
　　　　　　　　　　——工会经费　　　　　　　　　　　　160
　　　　累计折旧　　　　　　　　　　　　　　　　　　　　500
　　　　原材料——燃料　　　　　　　　　　　　　　　　16 00
　　　　银行存款　　　　　　　　　　　　　　　　　　　　800

(2)按直接分配法,编制辅助生产费用分配表(表 12-12):

辅助生产单位成本 = 辅助生产费用总额 ÷ 作业总量
　　　　　　　　 = 12 300 ÷ 9 000
　　　　　　　　 = 1.366 7(元/t·km)

2003 年 12 月辅助生产费用分配表　　　　　　　　表 12-12

单位:元

受益对象\项目	作业量 (t·km)	单位成本	分配金额
××住宅	2 000	1.366 7	2 733
××教学楼	3 000	1.366 7	4 100
××大厦	4 000	1.366 7	5 467
合　计	9 000	1.366 7	12 300

(3)根据"辅助生产费用分配表",作会计处理如下:

借:工程施工——合同成本——××住宅——其他直接费　　2 733
　　　　　　——合同成本——××教学楼——其他直接费　　4 100
　　　　　　——合同成本——××大厦——其他直接费　　　5 467
　　贷:生产成本——辅助生产成本——运输队　　　　　　　12 300

【例 12-8】 某建筑公司上月在××住宅工程施工现场搭建临时办公室和仓库,发生搭建实际成本为 125 000 元,预计净残值率为 4%,耐用年限 3 年,但该住宅工程合同工期为 2

年。计算本月该住宅工程应负担的临时设施摊销费。

(1)计算该临时设施的月摊销额如下：

该临时设施的耐用期限虽为3年，由于在工程完工后必须拆除，因此该临时设施的使用期限只能按2年计算。

$$该临时设施月摊销额 = 临时设施原值 \times (1-预计净残值率) \div 使用期限(月)$$
$$= 125\,000 \times (1-4\%) \div 24$$
$$= 5\,000 元$$

(2)根据计提该临时设施的月摊销额，会计处理如下：

借：工程施工——合同成本——××住宅——其他直接费　　5 000
　　贷：临时设施摊销　　　　　　　　　　　　　　　　　　5 000

【例12-9】 某建筑公司三项工程施工现场使用水费、电费均由外单位直接提供，其中××住宅、××教学楼工程由水厂、电厂每月直接托收结算，××大厦工程由业主提供，从工程款中抵扣。2003年12月，支付××住宅工程水电费12 000元，支付××教学楼工程水电费9 000元，××大厦工程发生水电费16 000元(项目部已签认)。根据以上资料，进行会计处理如下：

借：工程施工——合同成本——××住宅——其他直接费　　12 000
　　　　　　　——合同成本——××教学楼——其他直接费　　9 000
　　贷：银行存款　　　　　　　　　　　　　　　　　　　　21 000
借：工程施工——合同成本——××大厦——其他直接费　　16 000
　　贷：应收账款——应收工程款××大厦　　　　　　　　　16 000

(五)间接费用的归集和分配

间接费用所包括项目已如前述，间接费用是各项工程共同发生的费用，一般不易直接划清成本受益对象。在费用发生时，先通过"工程施工——合同成本——间接费用"归集费用，期末按适当的分配标准将间接费用合理地分配计入各工程成本核算对象的"间接费用"成本项目。间接费用的分配方法有直接费用比例分配法、人工费用比例分配法。

1. 直接费用比例法

以各合同工程实际发生的直接费用为基数来分配间接费用的一种分配方法。其计算公式如下：

间接费用分配率 =（当期实际发生的间接费用总额÷当期各合同工程实际发生的直接
　　　　　　　　费用之和）×100%

某合同工程应分配的间接费用 = 该合同工程实际发生的直接费用 × 间接费用分配率

2. 人工费用比例法

以各合同工程实际发生的人工费用为基数来分配间接费用的一种分配方法。其计算公式如下：

间接费用分配率 =（当期实际发生的间接费用总额÷当期各合同工程实际发生的人工
　　　　　　　　费用之和）×100%

某合同工程应分配间接费用 = 该合同工程当期实际发生的人工费用 × 间接费用分配率

【例12-10】 某建筑公司2003年12月间接费用实际发生229 934元：其中支付现场管理人员工资奖金78 100元，支付劳动保护费43 800元(其中生产工人劳动保护费33 000

元),摊销本月应负担的财产保险费 10 000 元,提取固定资产折旧费 3 100 元,提取职工福利费 10 934 元,按各项工程完成产值的 2% 预留工程保修费 63 000 元,摊销本月应负担固定资产大修费 21 000 元。根据以上资料,进行会计处理。

(1)支付施工现场管理人员工资奖金、劳动保护费

借:工程施工——合同成本——间接费用——管理人员工资　　78 100
　　　　——合同成本——间接费用——劳动保护费　　43 800
　　贷:银行存款　　121 900

(2)摊销本月应负担的财产保险费

借:工程施工——合同成本——间接费用——财产保险费　　10 000
　　贷:待摊费用　　10 000

(3)提取施工现场管理使用固定资产折旧费

借:工程施工——合同成本——间接费用——折旧费　　3 100
　　贷:累计折旧　　3 100

(4)提取职工福利费

借:工程施工——合同成本——间接费用——职工福利费　　10 934
　　贷:应付福利费　　10 934

(5)预提工程保修费

借:工程施工——合同成本——间接费用——工程保修费　　63 000
　　贷:预提费用　　63 000

(6)摊销本月应负担固定资产大修费

借:工程施工——合同成本——间接费用——固定资产修理费　　21 000
　　贷:长期待摊费用——固定资产大修费　　21 000

(7)根据以上会计处理,登记"间接费用明细账"(表 12-13)。

间接费用明细账　　表 12-13
2003 年 12 月　　单位:元

2003		凭证		摘要	借方金额	贷方金额	余额	明细科目借方发生额						
月	日	字	编号					管理人员工资	职工福利费	折旧修理费	劳动保护费	办公费	财产保险费	工程保修费
				付现场管理人员工资	78 100			78 100						
				付劳动保护费	43 800						43 800			
				摊销财产保险费	10 000								10 000	
				提固定资产折旧	3 100					3 100				
				提职工福利费	10 934				10 934					
				预提工程保修费	63 000									63 000
				摊销大修理费	21 000					21 000				
				分配工人劳动保护费		33 000								
				分配间接费用		196 934								
				本月合计	229 934	229 934	0	78 100	10 934	24 100	43 800		10 000	63 000

【例 12-11】 沿用【例 12-10】资料,当期发生间接费用总额为 229 934 元,扣除已分配的生产工人劳动保护费 33 000 元(详见【例 12-1】),实际待分配间接费用 196 934 元。根据各工程成本明细账汇总,可知三项工程当月直接费为 4 885 760 元(见表 12-14)。用直接费用比例法进行分配间接费用。

直接费用汇总表 表 12-14
2003 年 12 月 单位:元

项目 受益对象	直接费	其中:			
		人工费	材料费	机械费	其他直接费
××住宅	693 988	289 741	350 000	34 514	19 733
××教学楼	1 573 618	208 713	1 300 000	51 805	13 100
××大厦	2 618 154	270 096	2 252 100	74 491	21 467
合计	4 885 760	768 550	3 902 100	160 810	54 300

(1)计算间接费用分配率:

间接费用分配率 = (196 934 ÷ 4 885 760) × 100% = 4.030 78%

(2)编制间接费用分配表(表 12-15)。

间接费用分配表 表 12-15
2003 年 12 月 单位:元

项目 受益对象	直接费	分配率(%)	分配间接费
××住宅	693 988	4.030 78	27 973
××教学楼	1 573 617	4.030 78	63 429
××大厦	2 618 154	4.030 78	105 532
合计	4 885 760	4.030 78	196 934

(3)根据"间接费用分配表",会计处理如下:

借:工程施工——合同成本——××住宅——间接费用　　27 973
　　　　　　——合同成本——××教学楼——间接费用　　63 429
　　　　　　——合同成本——××大厦——间接费用　　105 532
　　贷:工程施工——合同成本——间接费用　　196 934

(六)工程成本明细账的设置、登记和使用

为了正确地组织工程成本的核算,准确计算建筑安装工程的合同成本,在工程开工时,应当根据工程合同确定的成本核算对象,所有的原始记录都必须按照确定的成本核算对象填列。为集中反映各个成本核算对象应负担的生产费用,应按每一成本核算对象设置"工程成本明细账",并按成本项目分设专栏,用以记录工程实际成本。格式如表 12-16 所示。

登记某合同成本每月发生的各项费用数据时,应依据上述的人工费分配表、材料耗用分配表、周转材料摊销计算表、机械使用费分配表和间接费用分配表等所列的数字记入。期末,该明细账累计发生的费用,即为该项已完工程的实际总成本。当合同工程完工时,应结转工程完工实际成本,将工程施工科目的余额与工程结算的科目余额进行对冲。

工程施工——合同成本——××住宅工程明细账 表12-16
2003年12月 单位:元

	摘要	借方金额	贷方金额	借或贷	余额	明细科目借方发生额				
						人工费	材料费	机械费	其他直接费	间接费用
	(11月)本年累计	237 476		借	237 476	38 650	176 916	13 500	3 157	5 253
	付计件工资	110 000				110 000				
	付劳务分包工资	90 000				90 000				
	付计时工资	36 000				36 000				
	分配工资附加费	41 300				41 300				
	耗用主要材料	295 000					295 000			
	耗用低值易耗品	17 000					17 000			
	摊销周转材料	8 000					8 000			
	预提周转材租赁费	30 000					30 000			
	支付外租机械费	12 500						12 500		
	分配机械作业	1 014						1 014		
	分配机械作业	21 000						21 000		
	分配辅助生产	2 733						2 733		
	摊销临时设施	5 000							5 000	
	支付水电费	12 000							12 000	
	分配工人劳保费	12 441				12 441				
	分配间接费用	27 973								27 973
	(12月)本月合计	721 961			721 961	289 741	350 000	34 514	19 733	27 973
	本年累计	959 437			959 437	328 391	526 916	48 014	22 890	33 226

利用工程成本明细账中的数字,企业可以根据《建造合同》有关规定,及时、准确地进行合同收入和合同费用的确认与计量,以便分析和考核合同损益的实现情况,客观地反映企业在一定期间的经营成果。

第三节 工程成本的结转

工程成本的结转就是对按规定确认的建造合同费用进行结转。根据"工程成本明细账"累计发生数,可以确定企业到本期止已实际发生的合同成本。合同成本是确定工程完工进度的主要依据,合理确定建造合同的完工进度,为进一步确认和计量当期合同收入和合同费用提供坚实的科学基础。

根据企业建造合同的结果能否可靠地估计,将合同收入和合同费用的确认与计量分为两种类型(详见本书第十三章):

(1)如果建造合同的结果能够可靠地估计,企业应根据完工百分比法在资产负债表日确认合同收入和合同费用。根据《建造合同》规定确认的合同收入,借记"主营业务收入"科目;

根据确认的合同费用,贷记"主营业务成本"科目,其差额借记或贷记"工程施工——合同毛利"科目。

(2)如果建造合同的结果不能可靠地估计时,合同费用按实际当期发生的费用确认。当合同成本能够收回,合同收入与合同费用相等,均按实际当期发生的费用确认,借记"主营业务成本"科目,贷记"主营业务收入"科目,不存在"工程施工——合同毛利"。当合同成本不能收回时,不确认合同收入,企业只能根据发包单位办理工程结算款确认当期合同收入,贷记"主营业务收入",按其与借记"主营业务成本"的实际成本发生数差额借记或贷记"工程施工——合同毛利"。

如果合同总成本超过合同预计总收入,企业将预计损失立即确认为当期费用。借记"管理费用",贷记"存货跌价损失准备——合同预计损失准备"。

合同完工确认合同收入和合同费用时,企业应转销合同预计损失准备,按照确认的工程合同费用,借记"主营业务成本",按确认的工程合同收入,贷记"主营业务收入",按其差额借记或贷记"工程施工——合同毛利";同时,按相关工程施工合同预计损失准备,借记"存货跌价损失准备——合同预计损失准备",贷记"管理费用"科目。

第十三章 收入、建造合同收入和合同费用

第一节 收　　入

一、收入的概念和分类

(一)收入的概念

收入,是指在销售商品、提供劳务及让渡资产使用权等日常活动中形成的经济利益的总流入,包括主营业务收入和其他业务收入,不包括为第三方或客户代收的款项。这是从狭义上对收入的定义,简而言之,即营业收入。广义上的收入,包括营业收入、投资收益、补贴收入和营业外收入。营业收入是构成企业利润的主要来源,《企业会计准则——收入》、《企业会计准则——建造合同》和《企业会计制度》对营业收入的分类、确认、计量和核算有具体的单独规定,本章仅按有关规定,对建筑企业营业收入的分类、确认、计量和核算进行阐述。

(二)营业收入的分类

企业的营业收入包括主营业务收入和其他业务收入两个部分。主营业务收入和其他业务收入内容的划分是相对而言,而不是固定不变的。衡量一项业务收入是主营业务收入还是其他业务收入,主要取决于该项业务与企业发展战略的关系。按企业发展战略的需要而开展经营的业务,一般说来,其业务量大,收入占企业全部业务收入的比例高,可划分为主营业务收入。除了主营业务以外,从事附属业务取得的收入,可划分为其他业务收入。建筑企业的主营业务收入主要是承揽建造合同所取得的工程价款收入,其他业务收入主要包括资产出租收入、产品销售收入、材料销售收入和机械作业收入等。

建筑企业的营业收入,除承揽建造合同所取得的工程价款收入外,还有销售商品收入和劳务收入。有关承揽建造合同所取得工程价款收入的确认与计量,详见本章第二节。本节仅对建筑企业的销售商品收入和劳务收入的确认与计量予以阐述。

二、销售商品收入的确认与计量

(一)销售商品的定义及范围

销售商品,是指企业为取得货币资产方式而进行的商品销售及正常情况下的以商品抵偿债务的交易。

建筑企业销售商品主要包括产品销售和材料销售两大类。产品销售主要有自行加工的碎石、商品混凝土、各种门窗制品等;材料销售主要有原材料、低值易耗品、周转材料、包装物等。

(二)销售商品收入的确认

1. 销售商品收入的确认应当同时符合下列四个条件:

(1)企业已将商品所有权上的主要风险和报酬转移给购货方。
(2)企业既没有保留通常与所有权相联系的继续管理权,也没有对已售出商品实施控制。
(3)与交易相关的经济利益能够流入企业。
(4)相关的收入和成本能够可靠地计量。

2. 销售商品收入实现时间的确认办法:
(1)在采用直接收款方式销售商品时,应在实际收到货款或取得收取货款的凭证时确认收入实现。
(2)在采用托收承付和委托银行收款结算方式销售商品时,应在发出商品并办妥托收手续时确认收入实现。
(3)在采用预收货款方式销售商品时,应在商品发出时确认收入实现。
(4)在采用委托其他单位代销商品时,应在收到代销单位交来的商品代销清单时确认收入实现。
(5)在采用交款提货时,只要货款已经收到,提货单和结算账单交给买方,这时无论商品是否发出,均应确认收入实现。

3. 现金折扣、销售折让和销售退回发生时间的确认及处理办法:
(1)现金折扣,是指债权人为债务人在规定的期限内付款,而向债务人提供的债务扣除。现金折扣应以实际收到货款的当日予以确认,并计入当期的财务费用。
(2)销售折让,是指因售出商品的质量不合格等原因,而在售价上给予买方的减让。销售折让可能发生在企业确认收入之前,也可能发生在企业确认收入之后。销售折让应在购销双方达成协议的当天确认为发生日,并冲减当期的销售收入。
(3)销售退回,是指企业售出的商品,由于质量、品种不符合要求等原因而发生的退货。销售退回应在企业收到退回商品的当天确认为发生日,并按以下情况分别处理:①销售退回发生在企业确认收入之前,这时只需将已发出商品的商品成本转回"库存商品"科目即可。②已确认收入的销售退回,不论是当年销售的,还是以前年度销售的,一般均应冲减退回当月的销售收入,同时冲减退回当月的销售成本;如该项销售已经发生现金折扣或销售折让的,应在退回当月一并调整。③在特殊情况下,即资产负债表日及之前售出的商品在资产负债表日至财务会计报告批准报出之间发生退回的,应作为资产负债表日后调整事项处理,冲减报告年度的收入、成本和税金;如该项销售在资产负债表日及之前已发生现金折扣或销售折让的,还应同时冲减报告年度相关的折扣、折让。

(三)销售商品收入的计量

商品销售收入的金额应根据企业与购货方签订的合同或协议金额确定,无合同或协议的,应按购销双方都同意或都能接受的价格确定。

总之,销售商品收入的确认解决了收入在何时入账的问题,而收入的计量则解决了记账时确认多少金额的问题。

(四)销售商品收入的会计处理

对于大型建筑集团企业而言,所属全资子公司、控股子公司销售商品应按企业发展战略所决定的主营业务或其他业务加以区分并进行会计处理,而建筑企业内部独立核算单位销售商品,一般均属于其他业务收入。下面仅阐述属于建筑企业其他业务的销售商品收入的会计处理。

企业销售商品确认收入时,按确认的收入金额和应收取的增值税额,借记"应收账款"、"应收票据"、"银行存款"等科目;贷记"其他业务收入"、"应交税金——应交增值税"等科目。结转销售成本时,借记"其他业务支出"科目;贷记"库存商品"、"原材料"等科目。需要缴纳税金及附加时,借记"其他业务支出"科目;贷记"应交税金"、"其他应交款"等科目。

1. 销售商品的会计处理举例

【例13-1】 某建筑公司所属内部独立核算的分公司于2004年3月1日接受A公司订单生产铝合金窗150扇,合同规定铝合金窗售价为60 000元,假设该公司为一般纳税人,增值税税率为17%,不考虑其他税费。2004年5月31日该建筑公司按照合同约定的数量、规格和质量要求将铝合金门窗提供给A公司,并开具增值税专用发票(增值税发票注明:售价60 000元,增值税10 200元)交给A公司,同时收到了A公司开出的期限为3个月的商业承兑汇票。该批铝合金门窗的生产成本为50 000元。则会计处理如下:

(1)确认收入时

借:应收票据	70 200
贷:其他业务收入	60 000
应交税金——应交增值税(销项税额)	10 200

(2)结转销售成本时

借:其他业务支出	50 000
贷:库存商品	50 000

【例13-2】 某建筑公司所属内部独立核算的混凝土公司2005年3月12日向B公司销售商品砼212m^2,单价400元,款项尚未收到,商品混凝土成本为69 000元。商品混凝土增值税税率为6%,不考虑其他税费。则会计处理如下:

(1)确认收入时

借:应收账款	84 800
贷:其他业务收入	80 000
应交税金——应交增值税[(212×400)÷1.06×6%]	4 800

(2)结转销售成本时

借:其他业务支出	69 000
贷:库存商品	69 000

【例13-3】 某建筑公司2003年11月销售钢筋21 200元,销售门架12 720元,发票已开出,买方以现金支付货款。假定该公司为增值税小规模纳税人,钢筋成本为18 500元,门架摊余价值7 000元。则会计处理如下:

借:现金	33 920
贷:其他业务收入	32 000
应交税金——应交增值税(33 920÷1.06×6%)	1 920
借:其他业务支出	25 500
贷:原材料	18 500
周转材料	7 000
借:其他业务支出	211.20

贷:应交税金——应交城建税(1 920×7%) 134.40
　　其他应交款——教育费附加(1 920×4%) 76.80

2. 商品销售现金折扣的会计处理举例

【例13-4】 某建筑公司所属内部独立核算的混凝土公司2004年3月销售商品混凝土530 000元给B公司,商品混凝土款530 000元包括售价500 000元、增值税30 000元。该建筑公司为了尽早收回货款与B公司成协议:若B公司在2004年4月25日前付清货款,同意按售价的1%享受现金折扣。B公司于2004年4月24日付清货款。则会计处理如下:

(1)20×4年3月确认收入时
借:应收账款 530 000
　贷:其他业务收入 500 000
　　　应交税金——应交增值税 30 000

(2)20×4年4月24日收到货款时
借:银行存款 525 000
　　财务费用 5 000
　贷:应收账款 530 000

3. 销售折让的会计处理举例

【例13-5】 某建筑公司所属内部独立核算的分公司销售一批铝合金门窗给C公司,增值税发票注明:售价100 000元,增值税额17 000元。C公司收到货后发现部分铝合金门的规格不符合设计要求,要求在价格上给予7%的折让。该建筑公司接到通知后派人进行复核,发现事实存在,同意C公司的要求,并开具了红字增值税专用发票。则会计处理如下:

(1)销售实现确认收入时
借:应收账款 117 000
　贷:其他业务收入 100 000
　　　应交税金——应交增值税(销项税额) 17 000

(2)发生销售折让时
借:其他业务收入 7 000
　　应交税金——应交增值税(销项税额) 1 190
　贷:应收账款 8 190

4. 商品销售退回的会计处理举例

【例13-6】 某建筑公司所属内部独立核算的分公司2003年11月销售铝合金门窗一批,售价70 000元,增值税额11 900元,成本60 000元。合同规定买方于12月10日付款,享受售价2%的现金折扣1 400元,买方已于12月10日将货款付清。2003年12月30日该批铝合金门窗因规格不符合要求、质量严重不合格而被退回,则会计处理如下:

(1)销售商品时
借:应收账款 81 900
　贷:其他业务收入 70 000
　　　应交税金——应交增值税(销项税额) 11 900
借:其他业务支出 60 000
　贷:库存商品 60 000

(2)收到货款时
借:银行存款   80 500
    财务费用   1 400
    贷:应收账款   81 900
(3)销售退回时
借:其他业务收入   70 000
    应交税金——应交增值税(销项税额)   11 900
    贷:银行存款   80 500
       财务费用   1 400
借:库存商品   60 000
    贷:其他业务支出   60 000

三、提供劳务收入的确认与计量

(一)提供劳务的种类

建筑企业提供劳务一般均为非主营业务,主要包括机械作业、运输服务、设计业务、产品安装、餐饮住宿等。提供劳务的种类不同,完成劳务的时间也不同,有的劳务一次就能完成,且一般均为现金交易,如餐饮住宿、运输服务等;有的劳务需要较长一段时间才能完成,如产品安装、设计业务、机械作业等。提供劳务的种类和完成劳务的时间不同,企业确认劳务收入的方法也不同,一般应分别不跨年度和跨年度情况进行确认和计量。

(二)劳务收入的确认和计量

提供一项劳务取得的总收入,一般按照企业与接受劳务方签订的合同或协议的金额确定。如有现金折扣的,应在实际发生时计入当期财务费用。劳务收入应区别以下情况进行确认和计量:

1. 在同一会计年度内开始并完成的劳务,应在劳务完成时按照合同或协议的总金额确认收入。

2. 劳务的开始和完成分属不同的会计年度,且在资产负债表日能对该项交易的结果做出可靠估计的,应按完工百分比法确认收入。

完工百分比法是指按劳务的完成程度确认收入和费用的方法。完工百分比法的运用分两个步骤完成:第一步,确定劳务的完成程度;第二步,按劳务的完成程度确认劳务收入和费用。

确定劳务完成程度的方法有三种:(1)已完工作的测量,这种方法应经专业测量师进行测量;(2)已经提供的劳务占应提供劳务总量的比例;(3)已经发生的成本占估计总成本的比例。

根据劳务的完成程度确认劳务收入和费用,其计算公式如下:

本年确认的劳务收入=劳务总收入×劳务的完成程度-以前年度已确认的劳务收入
本年确认的劳务费用=劳务总成本×劳务的完成程度-以前年度已确认的劳务费用

3. 如资产负债表日不能对交易的结果做出可靠估计,应按已经发生并预计能够补偿的劳务成本确认收入,并按相同金额结转成本;预计已经发生的劳务成本全部不能得到补偿,则不应确认收入,应将已经发生的成本确认为当期费用。

(三)提供劳务收入的会计处理

实际发生劳务成本时,借记"劳务成本"、"机械作业"等科目;贷记"银行存款"、"应付工资"、"原材料"等科目。确认劳务收入时,借记"应收账款"、"银行存款"等科目;贷记"其他业务收入"科目。结转劳务成本时,借记"其他业务支出"科目;贷记"劳务成本"、"机械作业"等科目。计提税金及附加时,借记"其他业务支出"科目;贷记"应交税金"、"其他应交款"等科目。

【例 13-7】 某建筑公司对外提供运输服务,当月合同价款30 000元,月末价款已收回,发生成本25 000元。其会计处理如下:

(1)实际发生的劳务成本

借:机械作业	25 000
贷:应付工资、累计折旧等	25 000

(2)确认的劳务收入

借:银行存款	30 000
贷:其他业务收入	30 000

(3)结转的劳务成本

借:其他业务支出	25 000
贷:机械作业	25 000

(4)计算应缴纳的税金及附加

$$营业税 = 30\,000 \times 3\% = 900(元)$$
$$城市维护建设税 = 900 \times 7\% = 63(元)$$
$$教育费附加 = 900 \times 4\% = 36(元)$$

借:其他业务支出	999
贷:应交税金——应交营业税	900
——应交城建税	63
其他应交款——教育费附加	36

【例 13-8】 某建筑公司于2003年12月1日接受一项产品安装任务,安装期2个月,合同价款120 000元,至年底已发生成本55 000元,估计尚需发生成本45 000元。该安装任务于2004年1月30日完成,累计发生成本99 000元,款项已收回。具体会计处理如下:

(1)确定劳务完工程度

$$2003年劳务的完工程度 = 55\,000 \div (55\,000 + 45\,000) \times 100\% = 55\%$$

2004年劳务的完工程度为100%

(2)计算确认各年度的劳务收入、费用

$$2003年的劳务收入 = 120\,000 \times 55\% = 66\,000(元)$$
$$2003年的劳务费用 = 100\,000 \times 55\% = 55\,000(元)$$
$$2004年的劳务收入 = 120\,000 - 66\,000 = 54\,000(元)$$
$$2004年的劳务费用 = 99\,000 - 55\,000 = 44\,000(元)$$

(3)编制相关会计分录

1)2003年的会计分录

①实际发生的劳务成本

借:劳务成本	55 000

贷:原材料、应付工资等　　　　　　　　　　　　　　　　　　　　55 000
②确认的劳务收入
借:应收账款　　　　　　　　　　　　　　　　　　　　　　　　　66 000
　　贷:其他业务收入　　　　　　　　　　　　　　　　　　　　　　66 000
③结转劳务成本
借:其他业务支出　　　　　　　　　　　　　　　　　　　　　　　55 000
　　贷:劳务成本　　　　　　　　　　　　　　　　　　　　　　　　55 000
④计算应缴纳的税金及附加

$$\text{营业税} = 66\,000 \times 3\% = 1\,980(元)$$
$$\text{城市维护建设税} = 1\,980 \times 7\% = 138.60(元)$$
$$\text{教育费附加} = 1\,980 \times 4\% = 79.20(元)$$

借:其他业务支出　　　　　　　　　　　　　　　　　　　　　　2 197.80
　　贷:应交税金——应交营业税　　　　　　　　　　　　　　　　1 980
　　　　　　　　——应交城建税　　　　　　　　　　　　　　　　138.60
　　　其他应交款——教育费附加　　　　　　　　　　　　　　　　79.20

2)2004年的会计分录
①实际发生的劳务成本
借:劳务成本　　　　　　　　　　　　　　　　　　　　　　　　44 000
　　贷:原材料、应付工资等　　　　　　　　　　　　　　　　　　44 000
②确认的劳务收入
借:应收账款　　　　　　　　　　　　　　　　　　　　　　　　54 000
　　贷:其他业务收入　　　　　　　　　　　　　　　　　　　　　54 000
③收到的合同价款
借:银行存款　　　　　　　　　　　　　　　　　　　　　　　120 000
　　贷:应收账款　　　　　　　　　　　　　　　　　　　　　　120 000
④结转劳务成本
借:其他业务支出　　　　　　　　　　　　　　　　　　　　　　44 000
　　贷:劳务成本　　　　　　　　　　　　　　　　　　　　　　　44 000
⑤计算应缴纳的税金及附加

$$\text{营业税} = 54\,000 \times 3\% = 1\,620(元)$$
$$\text{城市维护建设税} = 1\,620 \times 7\% = 113.40(元)$$
$$\text{教育费附加} = 1\,620 \times 4\% = 64.80(元)$$

借:其他业务支出　　　　　　　　　　　　　　　　　　　　　　1 798.20
　　贷:应交税金——应交营业税　　　　　　　　　　　　　　　　1 620
　　　　　　　　——应交城建税　　　　　　　　　　　　　　　　113.40
　　　其他应交款——教育费附加　　　　　　　　　　　　　　　　64.80

【例13-9】 某建筑公司于2004年10月30日与A公司签订了一项价款为300 000元的劳务合同,提供劳务期限为5个月。当年实际发生成本120 000元,合同双方均能履行规定的义务,但在年末,无法确定该劳务的完工程度。则会计处理如下:

借:应收账款 120 000
　　贷:其他业务收入 120 000
借:其他业务支出 120 000
　　贷:劳务成本 120 000

【例13-10】 续上例,假定A公司陷入财务危机面临破产清算,导致合同价款无法收回,该建筑公司已经发生的劳务成本不能得到补偿。则会计处理如下:

借:其他业务支出 120 000
　　贷:劳务成本 120 000

第二节　建造合同收入和合同费用

一、建造合同概述

(一)建造合同的概念

建造合同,是指为建造一项资产或者在设计、技术、功能、最终用途等方面密切相关的数项资产而订立的合同。其中,资产是指房屋、道路、桥梁、水坝等建筑物以及船舶、飞机、大型机械设备等。

建造合同属于经济合同范畴,是一种特殊类型的经济合同,其主要特征表现在:(1)针对性强,先有买主(即客户),后有标的(即资产),建造资产的工程范围、建设工期、工程质量和工程造价等内容在签订合同时已经确定;(2)建设工期长,资产的建造一般需要跨越一个甚至几个会计年度;(3)建造的资产体积大,造价高;(4)建造合同一般是不可取消的合同。

(二)建造合同的类型

建造合同一般分为两种类型,即固定造价合同和成本加成合同。

1. 固定造价合同

按照固定的合同价款或固定单价确定工程价款的建造合同。例如,某建筑公司与A公司签订一项施工合同,合同规定建造商住楼造价为3 000万元,该项合同即是固定造价合同。又如,某建筑公司与B公司签订一项施工合同,建造一条100km的高速公路,合同规定每公里单价为550万元,则该项合同也是固定造价合同。

2. 成本加成合同

以合同允许或其他方式议定的成本为基础,加上该成本的一定比例或定额费用确定工程价款的建造合同。例如,某建筑公司为一工厂建造一栋厂房,双方约定以该厂房的实际成本为基础,加上3%的加成率来计算合同价款,该合同就是成本加成合同。

固定造价合同和成本加成合同的最大区别在于风险的承担者不同,固定造价合同的风险主要由承包人承担,而成本加成合同的风险主要由发包人承担。目前在我国,以招投标形式确定工程造价的方式占大多数。

(三)建造合同的分立与合并

建造合同的分立与合并,实际上是确定建造合同会计核算对象的规范,这对于建筑企业准确核算建筑工程损益具有十分重要的意义。

1. 建造合同的分立

如果一项建造合同包括建造数项资产,在同时具备下列条件的情况下,每项资产应分立为单项合同处理:(1)每项资产均有独立的建造计划;(2)建造承包商与客户就每项资产单独进行谈判,双方能够接受或拒绝与每项资产有关的合同条款;(3)每项资产的收入和成本可单独辨认。如果不同时具备上述三个条件,则不能将建造合同进行分立,而应仍将其作为一个合同进行会计处理。

例如,某建筑公司与 A 公司签订一项建造合同,该合同包括一栋厂房、一座办公楼和一座食堂。在签订合同时,双方分别就上述三个项目进行谈判,并达成一致意见:厂房的工程造价为 1 200 万元,办公楼的工程造价为 350 万元,食堂的工程造价为 100 万元。上述三个项目均有独立的施工图预算,厂房的预算成本为 1 050 万元,办公楼的预算成本为 310 万元,食堂的预算成本为 90 万元。由以上资料可以判断该项建造合同同时符合合同分立的三个条件,因此该建筑公司应将上述三个项目分立为三个单项合同来进行会计处理。

假设上述建造合同中,没有明确规定厂房、办公楼、食堂各自的工程造价,而是以 1 650 万元的总造价签订了该项合同,也未做出各自的预算成本。这时,该建筑公司就不能将该项建造合同分立为三个单项合同,而应作为一个合同进行会计处理。

2. 建造合同的合并

一组合同无论对应单个客户还是若干个客户,在同时具备下列条件的情况下,应合并为单项合同处理:(1)该组合同按一揽子交易签订;(2)该组合同密切相关,每个合同实际上已构成一项综合利润工程的组成部分;(3)该组合同同时或依次履行。如果不同时符合上述三个条件,则不能将该组合同进行合并,而应以各单项合同进行会计处理。

例如,某建筑公司为承建一个发电厂而与其一揽子签订了三项建造合同,这三项合同分别是建造一个锅炉房、一个发电室、一个冷却塔。根据合同约定,这三个工程同时施工,并根据整个项目的施工进度办理价款结算。根据上述资料分析:(1)三项建造合同是一揽子签订的。(2)对发电厂而言,只有这三项工程全部完工交付使用,发电厂才能发电,发挥效益,而对建筑公司而言,这三项工程各自完工进度关系到整个建设项目的完工进度和价款结算。由于在同一施工地点同时施工,该建筑公司对三项工程实行统一管理。因此,该组建造公司合同密切相关,实质上构成了一项综合利润率工程项目。(3)该组合同同时履行。根据以上分析,这三项建造合同符合建造合同合并的三个条件,该建筑公司应将该组合同合并为一项建造合同来进行会计处理。

二、合同收入和合同费用的构成

建筑企业的经营目标是实现利润最大化。为了实现这个经营目标,必须充分了解建造合同收入和合同费用的构成,想方设法增加收入,减少费用支出。

(一)合同收入的构成

合同收入一般包括两部分内容:

1. 合同的初始收入

初始收入是指建造承包商与客户在双方签订的合同中最初商定的合同总金额或总价款,它构成合同收入的基本内容。

2. 合同的追加收入

追加收入是指因合同变更、索赔、奖励等形成的收入,这部分收入不构成合同当事人在签订合同时已在合同中商定的合同总金额,而是在合同执行过程形成的追加收入。建造承包商不能随意确认这部分收入,只有在符合规定条件时才能追加收入。

(1)因合同变更而追加的收入,应同时具备下列两个条件:1)客户能够认可因变更而增加的收入;2)收入能够可靠地计量。

(2)索赔款,是指因客户或第三方的原因造成的,由建造承包商向客户或第三方收取的,用于补偿不包括在合同造价中的成本的款项。因索赔而追加的收入,应同时具备下列两个条件:1)根据谈判情况,预计对方能够同意这项索赔;2)对方同意接受的金额能够可靠地计量。

(3)奖励款,是指工程达到或超过规定的合同标准时,客户同意支付给建造承包商的额外款项。因奖励而追加的收入,应同时具备下列两个条件:1)根据目前合同完成情况,足以判断工程进度和工程质量能够达到或超过规定的标准;2)奖励金额能够可靠地计量。

例如,某建筑公司2002年与A公司签订一份金额为3 500万元的固定造价合同,建造一座商住楼,合同规定建设工期为30个月,工程质量为合格。第二年,A公司改变部分设计,要求增加安装中央空调系统,并同意增加变更收入300万元;同时A公司要求建筑公司将该商住楼创建为优良工程,并同意支付优质工程奖70万元;另外,A公司由于资金周转困难,要求建筑公司暂停施工6个月,工期顺延,并同意支付延误工期款30万元。

从以上资料分析,该项建造合同的初始收入为3 500万元,追加收入为400万元,即变更收入300万元,索赔款收入30万元,奖励款收入70万元。因此,建筑公司2003年的合同总收入应为3 900万元。应该注意的是,如果该商住楼工程质量经认定未达到优良标准,则该建筑公司就不能确认此项奖励款收入。

(二)合同费用的构成

合同费用(合同成本)包括从建造合同签订到合同完工时所发生的,与执行合同有关的各项直接费用和间接费用。

直接费用是指为完成合同所发生的,可以直接计入合同成本核算对象的各项费用,包括人工费用、材料费用、机械使用费、其他直接费。

间接费用是指为完成合同所发生的,不易直接归属各合同成本核算对象而应按一定方法分配给有关合同成本核算对象的费用。

合同费用构成的具体内容已在第十一章阐述,这里不再重复。

三、合同收入和合同费用的确认与计量

建筑企业应当及时、准确地进行合同收入和合同费用的确认与计量,以便分析和考核建造合同损益的实现情况。

要准确地进行合同收入和合同费用的确认与计量,首先应判断建造合同的结果能否可靠地估计。如果建造合同能够可靠地估计,应在资产负债表日根据完工百分比法确认当期的合同收入和合同费用。如果建造合同的结果不能可靠地估计,就不能根据完工百分比法确认合同收入和合同费用。因此,建筑企业可以根据建造合同的结果能否可靠地估计,将合同收入和合同费用的确认与计量分为以下两种类型处理。

(一)合同结果能够可靠地估计时合同收入和合同费用的确认与计量

1. 合同结果能够可靠估计的标准

不同类型的建造合同判断其能否可靠估计的条件也各不相同。

(1)固定造价合同的结果能够可靠估计的条件：

1)合同总收入能够可靠地计量；

2)与合同相关的经济利益能够流入企业；

3)在资产负债表日合同完工进度和为完成合同尚需发生的成本能够可靠地确定；

4)完成合同已经发生的合同成本能够清楚地区分和可靠地计量，实际合同成本能够与以前的预计成本相比较。

(2)判断成本加成合同的结果能够可靠估计的条件：

1)与合同相关的经济利益能够流入企业；

2)为完成合同已经发生的合同成本能够清楚地区分和可靠地计量。

对成本加成合同而言，合同成本的组成内容一般已在合同中作了相应的规定。合同成本是确定其合同造价的基础，也是确定其完工进度的重要依据，因此，要求其实际发生的合同成本能够清楚地区分并且能够可靠地计量。

2. 完工百分比法

完工百分比法是指根据合同完工进度来确认合同收入和合同费用的方法。完工百分比法的运用包括两个步骤：第一步，确定建造合同的完工进度，计算出完工百分比；第二步，根据完工百分比确认和计量当期的合同收入和费用。

确定建造合同完工进度的方法有以下三种：

(1)根据累计实际发生的合同成本占合同预计总成本的比例确定。该方法是一种投入衡量法，是确定合同完工进度常用的方法，其计算公式如下：

$$合同完工进度 = 累计实际发生的合同成本 \div 合同预计总成本 \times 100\%$$

例如，某建筑公司与A公司签订了一项合同总造价为3 000万元的建造合同，合同规定建设期为三年。第一年，实际发生合同成本750万元，年末预计为完成合同尚需发生成本1 750万元；第二年，实际发生合同成本1 050万元，年末预计为完成合同尚需发生成本700万元。则

$$第一年合同完工进度 = 750 \div (750 + 1\ 750) \times 100\% = 30\%$$

$$第二年合同完工进度 = (750 + 1\ 050) \div (750 + 1\ 050 + 700) \times 100\% = 72\%$$

需要注意的是，累计实际发生的合同成本不包括与合同未来活动相关的合同成本，如尚未安装的设备或未耗用的材料等，也不包括在分包工程的工作量完成之前预付给分包单位的款项。

(2)根据已经完成的合同工作量占合同预计总工作量的比例确定。该方法是一种产出衡量法，适用于合同工作量容易确定的建造合同，如道路工程、土石方工程等，其计算公式如下：

$$合同完工进度 = 已经完成的合同工作量 \div 合同预计总工作量 \times 100\%$$

例如，某建筑公司与B交通局签订修建一条150km公路的建造合同，合同规定工程总造价为3 000万元，建设期为三年。该建筑公司第一年修建了45km，第二年修建了75km。则

$$第一年合同完工进度 = 45 \div 150 \times 100\% = 30\%$$

$$第二年合同完工进度 = (45 + 75) \div 150 \times 100\% = 80\%$$

(3)根据已完成合同工作的技术测量确定。该方法是在上述两种方法无法确定合同完工进度时所采用的一种特殊的技术测量方法,适用于一些特殊的建造合同,如水下施工工程等。

例如,某建筑公司与 C 水利局签订一项水下施工建造合同。在资产负债表日,经专业技术人员现场测定后认定,已完成工作量占合同总工作量的 80%。那么该建筑公司可以据此认定合同的完工进度为 80%。

需要注意的是,这种技术测量应由专业人员现场进行科学测定,而不是由建筑企业自行随意测定。

3. 合同收入和合同费用的确认和计量

当建筑企业能够可靠地估计建造合同的结果,并能够合理地确定完工进度时,可以根据完工百分比法确认和计量当期的合同收入和合同费用,其计算公式如下:

当期确认的合同收入 = 合同总收入 × 完工进度 - 以前会计年度累计已确认的收入

当期确认的合同毛利 = (合同总收入 - 合同预计总成本) × 完工进度 - 以前会计年度累计已确认的毛利

当期确认的合同费用 = 当期确认的合同收入 - 当期确认的合同毛利 - 以前会计年度预计的损失准备

需要注意的是,公式中的完工进度是指累计完工进度。因此,建筑企业在应用上述公式计算和确认当期合同收入和合同费用时应区别以下四种情况进行处理:

(1)当年开工当年未完工的建造合同。在这种情况下,以前会计年度累计已确认的合同收入和合同毛利均为零。

(2)以前年度开工本年未完工的建造合同。在这种情况下,企业可直接运用上述计算公式计量和确认当期合同收入和合同费用。

(3)以前年度开工本年完工的建造合同。在这种情况下,当期计量确认的合同收入,等于合同总收入扣除以前会计年度累计已确认的合同收入后的余额;当期计量和确认的合同毛利,等于合同总收入扣除实际合同总成本和以前会计年度累计已确认的毛利后的余额。

(4)当年开工当年完工的建造合同。在这种情况下,当期计量和确认的合同收入,等于该项合同的总收入;当期计量和确认的合同费用,等于该项合同的实际总成本。

例如,某建筑公司为承建一栋工业厂房,与 A 公司签订了一项合同总造价为 2 000 万元的固定造价合同,合同规定的工期为三年。假定经计算后第一年完工进度为 30%,第二年完工进度为 70%,合同预计总成本均为 1 600 万元。第三年该厂房全部完工交付使用,累计实际发生的合同成本为 1 700 万元。则

第一年:确认的合同收入 = 2 000 × 30% = 600(万元)

确认的合同毛利 = (2 000 - 1 600) × 30% = 120(万元)

确认的合同费用 = 600 - 120 = 480(万元)

第二年:确认的合同收入 = 2 000 × 70% - 600 = 800(万元)

确认的合同毛利 = (2 000 - 1 600) × 70% - 120 = 160(万元)

确认的合同费用 = 800 - 160 = 640(万元)

第三年:确认的合同收入 = 2 000 - (600 + 800) = 600(万元)

确认的合同毛利 = (2 000 - 1 700) - (120 + 160) = 20(万元)

确认的合同费用 = 600 - 20 = 580(万元)

(二)合同结果不能可靠地估计时合同收入和合同费用的确认与计量

当建筑企业不能可靠地估计建造合同的结果时,就不能采用完工百分比法来确认和计量当期的合同收入和合用费用,应区别以下两种情况进行会计处理:

1. 合同成本能够收回的

合同收入根据能够收回的实际合同成本来确认,合同成本在其发生的当期确认为费用。

例如,某建筑公司与 B 公司签订了一项总造价为 800 万元的建造合同,建设期为 2 年。第一年实际发生工程成本 300 万元,双方均能履行合同规定的义务,但在年末,建筑公司对该项工程的完工进度无法可靠估计。

在这种情况下,该建筑公司不能采用完工百分比法来确认收入,但由于 B 公司能够履行合同,估计当年发生的成本均能收回,所以该建筑公司可将当年发生的工程成本金额同时确认为合同收入和合同费用,但当年不能确认合同毛利。其会计处理如下:

借:主营业务成本　　　　　　　　　　　　　　　　3 000 000
　　贷:主营业务收入　　　　　　　　　　　　　　　　　3 000 000

2. 合同成本不能收回的

应在发生时立即确认为费用,不确认收入。

例如,假定上例中该建筑公司与 B 公司只办理工程价款结算 220 万元,由于 B 公司陷入财务危机而面临破产清算,导致其余款项可能难以收回。在这种情况下,该建筑公司只能将 220 万元确认为当年的收入,300 万元应确认为当年的费用。其会计处理如下:

借:主营业务成本　　　　　　　　　　　　　　　　3 000 000
　　贷:主营业务收入　　　　　　　　　　　　　　　　　2 200 000
　　　　工程施工——合同毛利　　　　　　　　　　　　　 800 000

四、合同收入和合同费用的核算方法

为了准确反映建筑企业在一定期间的经营成果,建筑企业应核算建造合同收入的实现情况,准确核算建造合同成本的结转情况。

(一)相关会计科目的设置

1."主营业务收入"科目

核算企业当期确认的合同收入,本科目应按工程合同或工程项目设置明细账,进行明细核算。本科目的贷方核算当期确认的合同收入,借方核算期末转入"本年利润"科目的金额,结转后本科目应无余额。

2."主营业务成本"科目

核算当期确认的合同费用,本科目应按工程合同或工程项目设置明细账,进行明细核算。本科目的借方核算当期确认的合同费用,贷方核算期末转入"本年利润"科目的金额,结转后本科目应无余额。

3."主营业务税金及附加"科目

核算企业当期确认的合同收入按规定应缴纳的营业税、城市维护建设税和教育费附加。本科目的借方核算企业计算出按规定应缴纳的营业税、城市维护建设税和教育费附加,贷方核算转入"本年利润"科目的金额,结转后本科目应无余额。

4."工程施工"科目

核算实际发生的合同成本和合同毛利。本科目的借方核算实际发生的合同成本和确认的合同毛利,贷方核算确认的合同亏损和合同完工结转"工程结算"的金额。期末借方余额反映尚未完工的合同成本和合同毛利。合同完工时,本科目与"工程结算"科目对冲后结平。本科目应设置两个明细科目:

(1)"合同成本"明细科目,核算各项工程合同发生的实际成本,一般包括人工费、材料费、机械使用费、其他直接费和间接费用。该明细科目应按成本核算对象(工程合同或工程项目)和成本项目进行归集。

(2)"合同毛利"明细科目,核算各项工程合同确认的合同毛利。企业在确认合同毛利时,应按照"主营业务收入"科目和"主营业务成本"科目的差额记入本科目的借方或贷方。

5."工程结算"科目

核算根据合同完工进度已向发包方开出工程价款结算单办理结算的价款,本科目应按工程合同或工程项目设置明细账,进行明细核算。本科目是"工程施工"科目的备抵科目,其贷方核算已向发包方开出工程价款结算单,办理结算的价款;借方核算合同完工时本科目与"工程施工"科目对冲结转的金额。期末,本科目贷方余额反映尚未完工工程已开出工程价款结算单办理结算的价款。

6."应收账款"科目

核算应收和实际已收的工程进度款,预收的备料款也在本科目核算。本科目的借方核算已向发包方开出工程价款结算单的价款,贷方核算实际收到的工程进度款和预收的备料款。期末,本科目借方余额反映已开出工程价款结算单办理结算但尚未收到的工程款。

(二)会计核算综合举例

1.合同完工进度根据累计实际发生的合同成本占合同预计总成本的比例确定。

【例13-11】 某建筑公司与A医院签订了一项总造价为8 800万元的固定造价合同,承建A医院病房综合大楼,工程建设期为30个月,合同规定工程于2002年4月1日开工,2004年9月30日完工并交付使用,工程质量为合格标准。开工时,该建筑公司预计工程总成本为7 800万元,到2003年底,经进一步测算预计工程总成本应为8 000万元。该建筑公司于2004年8月底前提前一个月完成了该病房综合大楼施工任务,工程质量经评定达到优良标准,A医院为此同意支付奖励款100万元。该建筑公司承建该病房大楼的相关资料如表13-1所示。

病房大楼资料 表13-1

单位:万元

年份 项目	2002年	2003年	2004年
到本期止已实际发生的成本	2 340	6 400	8 000
完成合同尚需发生的成本	5 460	1 600	—
已结算的工程价款	2 500	4 800	1 600
实际收到的工程价款	2 000	4 500	2 400

具体会计处理如下：
(1)确定各年度的合同完工程度(如表 13-2 所示)。

合同完工程度   表 13-2

单位:万元

序号	年份 项目	2002年	2003年	2004年
1	合同总金额	8 800	8 800	8 900
2	到目前为止已发生的成本	2 340	6 400	8 000
3	完成合同尚需发生的成本	5 460	1 600	
4	合同预计总成本(2+3)	7 800	8 000	8 000
5	预计合同总毛利(1-4)	1 000	800	900
6	完工进度(2÷4)×100%	30%	80%	100%

注:2004 年合同总金额为原工程总造价加上奖励款。

(2)计量确认各年度的合同收入、毛利和费用如表 13-3 所示。

各年度合同收入、毛利和费用   表 13-3

单位:万元

年份	项目	年末累计	以前年度确认	本年度确认
2002年	合同收入(8 800×30%) 合同毛利(1 000×30%) 合同费用(收入-毛利)	2 640 300 2 340		2 640 300 2 340
2003年	合同收入(8 800×80%) 合同毛利(800×80%) 合同费用(收入-毛利)	7 040 640 6 400	2 640 300 2 340	4 400 340 4 060
2004年	合同收入 合同毛利 合同费用	8 900 900 8 000	7 040 640 6 400	1 860 260 1 600

(3)编制相关会计分录:
1)2002 年的会计分录:
①实际发生的合同成本:
借:工程施工——合同成本   23 400 000
　　贷:原材料、应付工资、累计折旧等   23 400 000
②已结算的工程价款:
借:应收账款   25 000 000
　　贷:工程结算   25 000 000
③已收到的工程价款:
借:银行存款   20 000 000
　　贷:应收账款   20 000 000

④确认的合同收入、毛利和费用:
借:主营业务成本 23 400 000
　　工程施工——合同毛利 3 000 000
　　贷:主营业务收入 26 400 000
⑤计算应缴纳的税金及附加:
$$营业税 = 2\,640 \times 3\% = 79.20(万元)$$
$$城市维护建设税 = 79.20 \times 7\% = 5.544(万元)$$
$$教育费附加 = 79.20 \times 4\% = 3.168(万元)$$
借:主营业务及附加 879 120
　　贷:应交税金——应交营业税 792 000
　　　　　　　　——应交城建税 55 440
　　其他应交款——教育费附加 31 680

2)2003 年的会计分录:
①实际发生的合同成本:
借:工程施工——合同成本 40 600 000
　　贷:原材料、应付工资、累计折旧等 40 600 000
②已结算的工程价款:
借:应收账款 48 000 000
　　贷:工程结算 48 000 000
③已收到的工程价款:
借:银行存款 45 000 000
　　贷:应收账款 45 000 000
④确认的合同收入、毛利和费用:
借:主营业务成本 40 600 000
　　工程施工——合同毛利 3 400 000
　　贷:主营业务收入 44 000 000
⑤计算应缴纳的税金及附加:
$$营业税 = 4\,400 \times 3\% = 132(万元)$$
$$城市维护建设税 = 132 \times 7\% = 9.24(万元)$$
$$教育费附加 = 132 \times 4\% = 5.28(万元)$$
借:主营业务税金及附加 1 465 200
　　贷:应交税金——应交营业税 1 320 000
　　　　　　　　——应交城建税 92 400
　　其他应交款——教育费附加 52 800

3)2004 年的会计分录:
①实际发生的合同成本:
借:工程施工——合同成本 16 000 000
　　贷:原材料、应付工资、累计折旧等 16 000 000
②已结算的工程价款:

借:应收账款　　　　　　　　　　　　　　　　　16 000 000
　　贷:工程结算　　　　　　　　　　　　　　　　16 000 000
③已收到的工程价款:
借:银行存款　　　　　　　　　　　　　　　　　24 000 000
　　贷:应收账款　　　　　　　　　　　　　　　　24 000 000
④确认的合同收入、毛利和费用:
借:主营业务成本　　　　　　　　　　　　　　　16 000 000
　　工程施工——合同毛利　　　　　　　　　　　 2 600 000
　　贷:主营业务收入　　　　　　　　　　　　　　18 600 000
⑤计算应缴纳的税金及附加:

$$营业税 = 1\ 860 \times 3\% = 55.80(万元)$$
$$城市维护建设税 = 55.80 \times 7\% = 3.906(万元)$$
$$教育费附加 = 55.80 \times 4\% = 2.232(万元)$$

借:主营业务税金及附加　　　　　　　　　　　　　619 380
　　贷:应交税金——应交营业税　　　　　　　　　　558 000
　　　　　　　　——应交城建税　　　　　　　　　　 39 060
　　　　其他应交款——教育费附加　　　　　　　　　 22 320
⑥2004年工程全部完工,将"工程施工"科目的余额与"工程结算"科目的余额相对冲:
借:工程结算　　　　　　　　　　　　　　　　　89 000 000
　　贷:工程施工——合同成本　　　　　　　　　　 80 000 000
　　　　　　　　——合同毛利　　　　　　　　　　 9 000 000

2. 合同完工进度根据已完成合同工作量占预计合同总工作量的比例确定。

【例13-12】 某建筑公司与B交通局签订修建一条100km公路的一项建造合同,合同规定的总造价为5 000万元,建设工期为三年(2002年2月开工,2004年12月完工)。该建筑公司第一年修建公路25km,第二年修建了40km,经测算前二年的合同预计总成本均为4 200万元。2004年11月工程全部完工,累计实际发生的合同成本为4 000万元。其他相关资料如表13-4所示。

工程相关资料　　　　　　　　　　　　　表13-4

单位:万元

年份\项目	2002年	2003年	2004年
合同预计总成本	4 200	4 200	4 000
已结算的工程价款	1 250	2 000	1 750
实际收到的工程价款	1 000	2 500	1 500

具体会计处理如下:
(1)确定各年度的合同完工进度:

$$2002年合同完工进度 = (25 \div 100) \times 100\% = 25\%$$
$$2003年合同完工进度 = [(25 + 40) \div 100] \times 100\% = 65\%$$

2004年合同完工进度为100%

(2)计量确认各年度的合同收入、毛利和费用,如表13-5所示。

各年度合同收入、毛利和费用　　　　　　　　　　　　　表13-5

单位:万元

项目	内容	年末累计	以前年度确认	本年度确认
2002年	合同收入(5 000×25%) 合同毛利(5 000-4 200)×25% 合同费用	1 250 200 1 050	— — —	1 250 200 1 050
2003年	合同收入(5 000×65%) 合同毛利(5 000-4 200)×65% 合同费用	3 250 520 2 730	1 250 200 1 050	2 000 320 1 680
2004年	合同收入(5 000×100%) 合同毛利(5 000-4 000) 合同费用	5 000 1 000 4 000	3 250 520 2 730	1 750 480 1 270

(3)编制相关会计分录:

1)2002年的会计分录:

①实际发生的合同成本:

借:工程施工——合同成本　　　　　　　　　　　　　　10 500 000
　　贷:原材料、应付工资、累计折旧等　　　　　　　　　　　　　　10 500 000

②已结算的工程价款:

借:应收账款　　　　　　　　　　　　　　　　　　　12 500 000
　　贷:工程结算　　　　　　　　　　　　　　　　　　　　　　　12 500 000

③已收到的工程价款:

借:银行存款　　　　　　　　　　　　　　　　　　　10 000 000
　　贷:应收账款　　　　　　　　　　　　　　　　　　　　　　　10 000 000

④确认的合同收入,毛利和费用:

借:主营业务成本　　　　　　　　　　　　　　　　　10 500 000
　　工程施工——合同毛利　　　　　　　　　　　　　　2 000 000
　　贷:主营业务收入　　　　　　　　　　　　　　　　　　　　　12 500 000

⑤计算应缴纳的营业税金及附加:

营业税 = 1 250×3% = 37.50(万元)
城市维护建设税 = 37.50×7% = 2.625(万元)
教育费附加 = 37.50×4% = 1.50(万元)

借:主营业务税金及附加　　　　　　　　　　　　　　　416 250
　　贷:应交税金——应交营业税　　　　　　　　　　　　　　　　375 000
　　　　　　　　——应交城建税　　　　　　　　　　　　　　　　 26 250
　　　　其他应交款——教育费附加　　　　　　　　　　　　　　　 15 000

2)2003年的会计分录:

①实际发生的合同成本：
借：工程施工——合同成本　　　　　　　　　　　　　16 800 000
　　贷：原材料,应付工资,累计折旧等　　　　　　　　　　　　16 800 000
②已结算的工程价款：
借：应收账款　　　　　　　　　　　　　　　　　　　20 000 000
　　贷：工程结算　　　　　　　　　　　　　　　　　　　　20 000 000
③已收到的工程价款：
借：银行存款　　　　　　　　　　　　　　　　　　　25 000 000
　　贷：应收账款　　　　　　　　　　　　　　　　　　　　25 000 000
④确认的合同收入、毛利和费用：
借：主营业务成本　　　　　　　　　　　　　　　　　16 800 000
　　工程施工——合同毛利　　　　　　　　　　　　　 3 200 000
　　贷：主营业务收入　　　　　　　　　　　　　　　　　　20 000 000
⑤计算应缴纳的营业税金及附加：
$$营业税 = 2\,000 \times 3\% = 60(万元)$$
$$城市维护建设税 = 60 \times 7\% = 4.20(万元)$$
$$教育费附加 = 60 \times 4\% = 2.40(万元)$$
借：主营业务税金及附加　　　　　　　　　　　　　　　　666 000
　　贷：应交税金——应交营业税　　　　　　　　　　　　　　600 000
　　　　　　　　——应交城建税　　　　　　　　　　　　　　 42 000
　　　　其他应交款——教育费附加　　　　　　　　　　　　　 24 000

3)2004年的会计分录：
①实际发生的合同成本：
借：工程施工——合同成本　　　　　　　　　　　　　12 700 000
　　贷：原材料,应付工资,累计折旧等　　　　　　　　　　　　12 700 000
②已结算的工程价款：
借：应收账款　　　　　　　　　　　　　　　　　　　17 500 000
　　贷：工程结算　　　　　　　　　　　　　　　　　　　　17 500 000
③已收到的工程价款：
借：银行存款　　　　　　　　　　　　　　　　　　　15 000 000
　　贷：应收账款　　　　　　　　　　　　　　　　　　　　15 000 000
④确认的合同收入、毛利和费用：
借：主营业务成本　　　　　　　　　　　　　　　　　12 700 000
　　工程施工——合同毛利　　　　　　　　　　　　　 4 800 000
　　贷：主营业务收入　　　　　　　　　　　　　　　　　　17 500 000
⑤计算应缴纳的营业税金及附加：
$$营业税 = 1\,750 \times 3\% = 52.50(万元)$$
$$城市维护建设税 = 52.50 \times 7\% = 3.675(万元)$$
$$教育费附加 = 52.50 \times 4\% = 2.10(万元)$$

借:主营业务税金及附加	582 750	
贷:应交税金——应交营业税		525 000
——应交城建税		36 750
其他应交款——教育费附加		21 000

⑥工程完工时,将"工程施工"科目余额和"工程结算"科目余额相对冲结平。

借:工程结算	50 000 000	
贷:工程施工——合同成本		40 000 000
——合同毛利		10 000 000

3. 涉及分包工程的会计处理

总承包商(总包单位)将其承包的工程项目中的单项工程或单项工程中的单位工程、分部分项工程分包给另一个承包商(分包单位)进行施工的,分包单位所承包的那部分单项工程或单位工程、分部分项工程,即为分包工程。对总承包商来说,分包工程是其承建的总体工程的一部分,分包工程的工程量也是其总体工程的工作量,总承包商在确定总体工程进度时,应考虑分包工程的完工进度。总承包商根据分包工程完工进度办理的分包工程结算价款或支付的分包工程进度款,应构成累计实际发生的合同成本。

【例13-13】 某建筑公司于2002年1月3日与C自来水公司一揽子签订了一项建造合同,承建甲、乙、丙三项工程,合同总金额2 000万元,工期为两年。该项合同的三项工程密切相关,C自来水公司要求同时施工,一起完工交付使用。该建筑公司决定甲、乙两项工程由自己施工,丙工程以500万元的合同金额分包给D公司承建,并与D公司签订了分包合同。第一年,该建筑公司向发包方办理结算价款1 050万元,已收工程款1 000万元,自行施工的甲、乙工程发生成本780万元,预计尚需发生成本520万元;根据分包的丙工程的完工进度,办理分包工程结算价款300万元,并向D公司支付工程进度款200万元。假定2003年10月20日该项建造合同完成,发包方与承包方、承包方与分包单位之间的价款均已结清。其会计处理如下(涉及税收业务略):

(1)确定合同完工进度

2002年合同完工进度 = (780 + 300) ÷ (780 + 520 + 500) × 100% = 60%

(2)确认合同收入、毛利和费用

2002年:合同收入 = 2 000 × 60% = 1 200(万元)

合同毛利 = [2 000 - (780 + 520 + 500)] × 60% = 120(万元)

合同费用 = 1 200 - 120 = 1 080(万元)

2003年:合同收入 = 2 000 - 1 200 = 800(万元)

合同毛利 = (2 000 - 1 800) - 120 = 80(万元)

合同费用 = 800 - 80 = 720(万元)

(3)编制相关会计分录

1)2002年的会计分录

①自行施工发生的合同成本

借:工程施工——合同成本	7 800 000	
贷:原材料、应付工资、累计折旧等		7 800 000

②结算的分包工程价款

借:工程施工——合同成本　　　　　　　　　　　　　　3 000 000
　　贷:应付账款——D公司　　　　　　　　　　　　　　　　3 000 000
③向发包方结算的工程价款
借:应收账款　　　　　　　　　　　　　　　　　　　　10 500 000
　　贷:工程结算　　　　　　　　　　　　　　　　　　　　10 500 000
④已收到的工程价款
借:银行存款　　　　　　　　　　　　　　　　　　　　10 000 000
　　贷:应收账款　　　　　　　　　　　　　　　　　　　　10 000 000
⑤支付的分包工程进度款
借:应付账款——D公司　　　　　　　　　　　　　　　 2 000 000
　　贷:银行存款　　　　　　　　　　　　　　　　　　　　 2 000 000
⑥确认的合同收入、毛利、费用
借:主营业务成本　　　　　　　　　　　　　　　　　　10 800 000
　　工程施工——合同毛利　　　　　　　　　　　　　　 1 200 000
　　贷:主营业务收入　　　　　　　　　　　　　　　　　　12 000 000
2)2003年的会计分录
①自行施工发生的合同成本
借:工程施工——合同成本　　　　　　　　　　　　　　5 200 000
　　贷:原材料、应付工资、累计折旧等　　　　　　　　　　 5 200 000
②结算的分包工程价款
借:工程施工——合同成本　　　　　　　　　　　　　　2 000 000
　　贷:应付账款——D公司　　　　　　　　　　　　　　　　2 000 000
③支付的分包工程价款
借:应付账款　　　　　　　　　　　　　　　　　　　　 3 000 000
　　贷:银行存款　　　　　　　　　　　　　　　　　　　　 3 000 000
④向发包方结算的工程价款
借:应收账款(2 000—1 050)　　　　　　　　　　　　　9 500 000
　　贷:工程结算　　　　　　　　　　　　　　　　　　　　 9 500 000
⑤已收到的工程价款
借:银行存款(2 000—1 000)　　　　　　　　　　　　 10 000 000
　　贷:应收账款　　　　　　　　　　　　　　　　　　　　10 000 000
⑥确认的合同收入、毛利和费用
借:主营业务成本　　　　　　　　　　　　　　　　　　 7 200 000
　　工程施工——合同毛利　　　　　　　　　　　　　　　 800 000
　　贷:主营业务收入　　　　　　　　　　　　　　　　　　 8 000 000
⑦工程完工时,将"工程施工"科目的余额与"工程结算"科目的余额对冲结平
借:工程结算　　　　　　　　　　　　　　　　　　　　20 000 000
　　贷:工程施工——合同成本　　　　　　　　　　　　　　18 000 000
　　　　　　——合同毛利　　　　　　　　　　　　　　　 2 000 000

五、建造合同预计损失的处理

(一)预计损失的确认和计量

《企业会计准则——建造合同》规定,如果合同预计总成本将超过合同预计总收入,应将预计损失立即确认为当期费用。预计损失的确认和计量充分体现了谨慎原则的要求,要求企业在进行会计核算时应遵循谨慎原则的要求,合理核算可能发生的损失和费用。

(二)预计损失的核算

为了核算和监督建造合同预计损失的计提情况,建筑企业应在"存货跌价准备"科目下设置"合同预计损失准备"明细科目,核算工程合同计提的损失准备,本科目应按工程合同或工程项目设置明细账,进行明细核算。本科目贷方核算在建工程合同计提的损失准备;借方核算合同完工时转销的合同预计损失准备,期末贷方余额反映尚未完工工程合同已计提的损失准备。

如果合同预计总成本超过合同预计总收入,企业应将预计损失立即确认当期费用,借记"管理费用"科目;贷记"存货跌价准备——合同预计损失准备"科目。

合同完工确认合同收入和合同费用时,企业应转销合同预计损失准备,按确认的合同费用,借记"主营业务成本"科目;按确认的合同收入,贷记"主营业务收入"科目;按其差额借记或贷记"工程施工——合同毛利"科目;同时,按相关工程合同预计损失准备,借记"存货跌价准备——合同预计损失准备"科目,贷记"管理费用"科目。

【例13-14】 2002年5月,某建筑公司与B公司签订了一项建造合同,合同总造价为200万元,建设工期为10个月,原预计合同总成本为170万元,2002年实际发生的成本为150万元,预计为完成合同尚需发生成本60万元。2003年3月,该工程完工交付使用。累计实际发生的合同成本为220万元。假定该建造合同的结果能够可靠地估计。则:

(1)该建筑公司2002年末会计处理如下:

$$合同完工进度 = [150 \div (150 + 60)] \times 100\% = 71.43\%$$

$$确认的合同收入 = 2\,000\,000 \times 71.43\% = 1\,428\,600(元)$$

$$确认的合同毛利 = [2\,000\,000 - (1\,500\,000 + 600\,000)] \times 71.43\%$$
$$= -71\,430(元)$$

$$确认的合同费用 = 1\,428\,600 - (-71\,430) = 1\,500\,030(元)$$

$$预计合同损失 = [(1\,500\,000 + 600\,000) - 2\,000\,000] \times (1 - 71.43\%) = 28\,570(元)$$

借:主营业务成本	1 500 030	
贷:主营业务收入		1 428 600
工程施工——合同毛利		71 430
借:应收账款	1 428 600	
贷:工程结算		1 428 600
借:管理费用——合同预计损失准备	28 570	
贷:存货跌价准备——合同预计损失准备		28 570

(2)2003年会计处理如下:

$$确认的合同收入 = 2\,000\,000 - 1\,428\,600 = 571\,400(元)$$

$$确认的合同毛利 = (2\,000\,000 - 2\,200\,000) - (-71\,430) = -128\,570(元)$$

确认的合同费用 = 571 400 - (- 128 570) = 699 970(元)

借:主营业务成本 699 970
　　贷:主营业务收入 571 400
　　　　工程施工——合同毛利 128 570
借:应收账款 571 400
　　贷:工程结算 571 400
借:存货跌价准备——合同预计损失准备 28 570
　　贷:管理费用——合同预计损失准备 28 570

将"工程施工"与"工程结算"科目的余额对冲结平

借:工程结算 2 000 000
　　工程施工——合同毛利 200 000
　　贷:工程施工——合同成本 2 200 000

第十四章　期间费用和利润、利润分配

第一节　期间费用

期间费用是指企业本期发生的、不属于某项具体工程项目的成本,而应直接计入当期损益的各项费用,它包括管理费用、财务费用和营业费用。由于建筑企业的行业实际特点,一般情况下并不设置"营业费用"账户,而将其实际发生的相关费用比如广告费等,并入"管理费用"账户中核算。

一、管理费用的核算

(一)管理费用的内容

管理费用是指企业的行政管理部门为组织和管理施工生产经营活动而发生的各项费用,主要包括以下内容:

1. 公司经费

指企业行政管理部门的行政经费,主要包括行政管理人员的工资、津贴、奖金、职工福利费、差旅费、办公费、折旧费、劳动保护费、维修费、物料消耗、低值易耗品摊销以及其他经费。

2. 工会经费

指按职工工资总额(扣除按规定标准发放的住房补贴)的2%计提并拨交工会组织使用的经费。

3. 职工教育经费

指企业为职工进行业务培训和提高文化水平而支付的费用,应按职工工资总额(扣除按规定标准发放的住房补贴)的1.5%计提。

4. 劳动保险费

指企业支付给离退休人员的生活补贴(指未纳入社保统筹而由企业负担的部分)、医药费(包括企业支付离退休人员参加医疗保险的费用)、易地安家补助费、职工退职金、六个月以上病假人员的工资、职工死亡丧葬补助费、抚恤费、按规定支付给离休人员的各项经费。

5. 社会保障费

包括:

养老保险费,指企业按照国家规定标准为职工缴纳的基本养老保险费。

失业保险费,指企业按照国家规定标准为职工缴纳的失业保险费。

工伤保险费,指企业按照国家规定标准为职工缴纳的工伤保险费。

生育保险费,指企业按照国家规定标准为职工缴纳的生育保险费。

住房公积金,指企业按照国家规定标准为职工缴纳的住房公积金。

残疾人就业保障金,指企业按照国家规定标准缴交的残疾人就业保障金。

危险作业人身意外伤害保险费,指企业按照《建筑法》规定,为从事危险作业的建筑安装工人支付的人身意外伤害保险费。

6. 工程定额测定费

指企业按照规定支付工程造价(定额)管理部门的定额测定费。

7. 董事会费

指股份制企业董事会、监事会及其成员为执行职权而发生的各项费用,包括董事会、监事会成员津贴、差旅费、会议费等。

8. 咨询费

指企业向有关咨询机构进行科学技术、生产经营管理咨询时所支付的费用,包括聘请技术顾问、经济顾问、法律顾问等支付的费用。

9. 聘请中介机构费

指企业聘请会计师事务所进行查账、验资、资产评估、清账等发生的各项费用。

10. 诉讼费

指企业因向法院起诉或者应诉而发生的各项费用。

11. 排污费

指企业按环保部门的规定交纳的排污费用。

12. 税金

指企业按照规定交纳的房产税、车船使用税、土地使用税、印花税等。

13. 技术转让费

指企业使用专利和非专利技术而支付的费用。

14. 技术开发费

指企业研究开发新产品、新技术、新工艺所发生的新产品设计费、工艺规程制定费、设备调试费、原材料和半成品的试验费、技术图书资料费、未纳入国家计划的中间试验费、研究人员的工资、研究设备的折旧、与产品试制及新技术研究有关的其他经费、委托其他单位进行的科研试制的费用以及试制失败的损失等。

15. 无形资产摊销

指企业分期摊销的无形资产价值,包括专利权、商标权、著作权、土地使用权、非专利技术及商誉等的摊销价值。

16. 长期待摊费用摊销

指企业分期摊销的受益期限在1年以上(不含1年)的长期待摊费用,包括按大修理间隔期限内平均摊销资产大修理支出、在租赁期限与租赁资产尚可使用年限两者孰短的期限内平均摊销的租入固定资产改良支出以及在受益期限内平均摊销的其他长期待摊费用的摊销。

17. 业务招待费

指企业为业务经营的合理需要而支付的招待费用。应注意按照税法的要求合理控制业务招待费的使用额度,超过税法允许列支的部分应进行所得税纳税调整。

18. 坏账准备

指企业按应收款项的一定比例计提的坏账准备。

19. 存货跌价准备

指企业按存货的期末可变现净值低于其成本的差额计提的存货跌价准备。

20. 财产保险费

指企业在保险有效期限内分期摊销的预付给保险公司的财产保险费。

21. 存货盘亏或盘盈

指企业在施工生产经营过程中因管理不善等原因所造成的存货盘亏、毁损和报废损失，扣除过失人或保险公司赔款和残料价值后的净损失。发生的存货盘盈，应冲减本项费用。由于自然灾害和意外事故等原因所造成的存货非常损失，应计入营业外支出，不包括在本项目内。

22. 其他

指企业发生的除以上各项费用之外应列入管理费用的其他各项支出。

（二）管理费用的核算

为了核算和监督企业管理费用的发生和结转情况，建筑企业应设置"管理费用"一级科目，按照上述管理费用的核算内容设置二级明细科目，在公司经费和劳动保险费二级明细科目下分费用项目进行三级明细核算。该账户属于损益类账户，其借方核算本期实际发生的各项管理费用，贷方核算期末转入"本年利润"科目的管理费用，结转后本科目应无余额。

当企业发生管理费用支出时，借记"管理费用"科目，贷记"现金"、"银行存款"、"应付工资"、"应付福利费"、"累计折旧"、"长期待摊费用"、"应交税金"等科目；期末结转该账户的余额时，借记"本年利润"科目，贷记"管理费用"科目。

【例 14-1】 某建筑公司本月以银行存款支付机关行政管理部门职工工资 60 000 元，提取职工福利费 8 400 元，现金报销差旅费 3 100 元，现金报销业务招待费 5 600 元。则会计处理如下：

借：管理费用——公司经费——行政管理人员的工资　　　60 000
　　　　　　——公司经费——职工福利费　　　　　　　　8 400
　　　　　　——公司经费——差旅费　　　　　　　　　　3 100
　　　　　　——业务招待费　　　　　　　　　　　　　　5 600
　贷：银行存款　　　　　　　　　　　　　　　　　　　60 000
　　　应付福利费　　　　　　　　　　　　　　　　　　 8 400
　　　现金　　　　　　　　　　　　　　　　　　　　　 8 700

【例 14-2】 某建筑公司本月以银行存款支付定额测定费 27 500 元，支付诉讼费 50 000 元，支付基本养老保险金 12 000 元，支付失业保险金 1 400 元。则会计处理如下：

借：管理费用——定额测定费　　　　　　　　　　　　 27 500
　　　　　　——诉讼费　　　　　　　　　　　　　　　50 000
　　　　　　——养老保险费　　　　　　　　　　　　　12 000
　　　　　　——失业保险费　　　　　　　　　　　　　 1 400
　贷：银行存款　　　　　　　　　　　　　　　　　　　90 900

【例 14-3】 某建筑公司本月提取行政办公用固定资产折旧费 3 100 元，摊销长期待摊费用 1 200 元。则会计处理如下：

借：管理费用——公司经费——固定资产折旧费　　　　　3 100
　贷：累计折旧　　　　　　　　　　　　　　　　　　　 3 100

借:管理费用——长期待摊费用摊销　　　　　　　　　　　　1 200
　　　　贷:长期待摊费用　　　　　　　　　　　　　　　　　　　　　　1 200

【例 14-4】 某建筑公司本月推销钢窗产品而发生的广告费20 000元,以银行存款支付。则会计处理如下:

　　借:管理费用——广告费　　　　　　　　　　　　　　　　20 000
　　　　贷:银行存款　　　　　　　　　　　　　　　　　　　　　　　20 000

【例 14-5】 某建筑公司本月共发生管理费用192 300元,月末结转管理费用。则会计处理如下:

　　借:本年利润　　　　　　　　　　　　　　　　　　　　　192 300
　　　　贷:管理费用　　　　　　　　　　　　　　　　　　　　　　192 300

二、财务费用的核算

（一）财务费用的内容

财务费用是指企业为筹集施工生产经营所需资金等而发生的各项费用,主要包括下列内容:

1. 利息支出

指企业因向银行或其他金融机构借款或发行债券等所发生的利息支出(不包括应予以资本化的利息)减去银行存款利息收入后的净额。包括短期借款利息、长期借款利息、应付票据利息、票据贴现利息、应付债券利息等。

2. 汇兑损失

指企业生产经营过程中发生的外币债权、债务等业务,由于汇率变动而发生的折合为记账本位币的汇兑损失减去汇兑收益后的净额,以及不同货币兑换汇率与企业账面汇率不同而发生的折合为记账本位币的汇兑损失减去汇兑收益后的净额。

3. 金融机构手续费

指企业因筹集和办理各种结算业务等而支付给银行或其他金融机构的各种手续费,包括企业发行债券所支付的手续费(应予以资本化的手续费除外)、开出汇票的银行手续费、调剂外汇手续费等。但企业发行股票所支付的手续费不包括在内。

4. 其他费用

指除以上各项之外企业因筹资等而发生的其他费用,如企业融资租入固定资产所发生的融资租赁费等。

（二）财务费用的核算

为了核算和监督财务费用的发生和结转情况,建筑企业应设置"财务费用"一级科目,按照上述财务费用的核算内容设置二级明细科目。该账户属于损益类账户,其借方核算本期实际发生的各项财务费用;贷方核算本期发生的应冲减财务费用的利息收入和汇兑收益,以及期末转入"本年利润"科目借方的财务费用,结转后本科目应无余额。

当企业发生财务费用支出时,借记"财务费用"科目,贷记"预提费用"、"银行存款"、"长期借款"、"应收票据"等科目;期末结转该账户的余额时,借记"本年利润"科目,贷记"财务费用"科目。

【例 14-6】 某建筑公司本月支付银行贷款利息支出178 000元,账面有预提利息

120 000元。则会计处理如下:

借:财务费用——利息支出　　　　　　　　　　　　58 000
　　预提费用——利息支出　　　　　　　　　　　　120 000
　　贷:银行存款　　　　　　　　　　　　　　　　　　　　　178 000

【例14-7】　某建筑公司本月支付银行信汇手续费30元。则会计处理如下:

借:财务费用——金融机构手续费　　　　　　　　　30
　　贷:银行存款　　　　　　　　　　　　　　　　　　　　　30

【例14-8】　某建筑公司本月共发生财务费用58 030元,月末结转财务费用。则会计处理如下:

借:本年利润　　　　　　　　　　　　　　　　　58 030
　　贷:财务费用　　　　　　　　　　　　　　　　　　　　58 030

第二节　利　润

企业的利润,是企业在一定会计期间的经营成果,它包括营业利润、利润总额和净利润。企业的利润总额集中反映了企业经济活动的效益,是衡量企业经营管理水平和经济效益的重要综合指标。净利润表现为企业净资产的增加,是反映企业经济效益的一个重要指标。

一、利润的构成

利润是由一定会计期间内生产经营活动所获得的各项收入抵减各项支出后形成的。相抵后若为正数,表示盈利;若为负数,则表示亏损。按其构成的不同层次,可以将其分为以下指标:

主营业务利润＝主营业务收入－主营业务成本－主营业务税金及附加
营业利润＝主营业务利润＋其他业务利润－管理费用－财务费用
利润总额＝营业利润＋投资收益＋营业外收入－营业外支出
净利润＝利润总额－所得税

二、主营业务利润的核算

主营业务利润是指建筑企业经营主营业务活动产生的利润,它由主营业务收入减去主营业务成本和主营业务税金及附加后的净额形成。

【例14-9】　某建筑公司本年主营业务收入4 400万元,主营业务成本4 060万元,主营业务税金及附加146.52万元,年末结转利润。会计处理如下:

借:主营业务收入　　　　　　　　　　　　　44 000 000
　　贷:本年利润　　　　　　　　　　　　　　　　　　44 000 000
借:本年利润　　　　　　　　　　　　　　　42 065 200
　　贷:主营业务成本　　　　　　　　　　　　　　　　40 600 000
　　　　主营业务税金及附加　　　　　　　　　　　　　1 465 200

三、其他业务利润的核算

(一)其他业务收入

建筑企业除了工程施工经营业务以外,还有其他经营业务,如产品销售、机械作业、材料销售、资产出租等,企业因开展附属业务取得的收入,属于其他业务收入。它的主要内容包括:

1. 产品销售收入

应在发出产品,同时收讫货款,或取得索取货款的凭证时,确认收入实现。

2. 机械作业收入

应在提供机械、运输作业,同时收讫价款,或取得索取价款的凭证时,确认收入实现。

3. 材料销售收入

应在发出材料、同时收讫料款,或取得索取料款的凭证时,确认收入实现。

4. 出租资产收入

包括固定资产、无形资产、临时设施、周转材料等资产出租的收入。一般应按企业与承租方签订的合同或协议规定的收款日期和金额,确认为收入实现,合同或协议规定的收款日期已到,承租方未付租金的,同样视为收入实现。

为了核算和监督企业其他业务收入实现和结转情况,建筑企业应设置"其他业务收入"科目,并且应在"其他业务收入"科目下分设"产品销售收入"、"机械作业收入"、"材料销售收入"、"出租资产收入"等二级明细科目进行核算。"其他业务收入"科目属损益类科目,其贷方核算企业取得的各项其他业务收入;借方核算期末转入"本年利润"科目贷方的其他业务收入总额,结转后本科目无余额。

(二)其他业务支出

建筑企业从事产品销售、机械作业、材料销售、出租资产等其他经营业务,所发生的成本、费用、经营税金及附加(包括营业税、城市维护建设税和教育费附加),属于其他业务支出。根据其他业务支出应与其相关业务收入配比的原则,企业在各个月份确认其他业务收入时,应同时或在月末将其相关的其他业务成本、费用和经营税金及附加登记入账。

为了核算和监督企业其他业务支出实现和结转情况,建筑企业应设置"其他业务支出"科目,并且应在"其他业务支出"科目下分设"产品销售支出"、"机械作业支出"、"材料销售支出"、"出租资产支出"等二级明细科目进行核算。"其他业务支出"科目属损益类科目,其借方反映企业实际发生的成本、费用、经营税金及附加;贷方反映期末转入"本年利润"科目借方的其他业务支出总额,结转后本科目无余额。

【例14-10】 某建筑公司所属的石料厂对外销售一批碎石,价款31 800元,货物已发出,发票已开具,款项已收存银行。假设该公司为增值税小规模纳税人,则会计处理如下:

借:银行存款 31 800
  贷:其他业务收入——产品销售收入 30 000
    应交税金——应交增值税(31 800÷1.06×6%) 1 800

【例14-11】 某建筑公司所属运输队对外提供运输服务,本月共为某工程项目运送钢筋10车次,合同价款5 000元,款项已收存银行。会计处理如下:

借:银行存款 5 000
  贷:其他业务收入——机械作业收入 5 000

【例14-12】 某建筑公司本月让售废旧钢管价款10 600元,款项已收存银行。假设该公司为增值税小规模纳税人,则会计处理如下:

借:银行存款　　　　　　　　　　　　　　　　　　　　　　　　10 600
　　贷:其他业务收入——材料销售收入　　　　　　　　　　　　　　　10 000
　　　　应交税金——应交增值税(10 600÷1.06×6%)　　　　　　　　　600

【例14-13】 某建筑公司本月将一台塔机出租外单位使用,月末按租赁合同规定,应收租金60 000元,承租方因故延期支付。会计处理如下:

借:其他应收款——XX单位　　　　　　　　　　　　　　　　　　60 000
　　贷:其他业务收入——出租资产收入　　　　　　　　　　　　　　　60 000

【例14-14】 某建筑公司本月出租钢管一批,按租赁合同规定月收租金8 000元,款项已收存银行。会计处理如下:

借:银行存款　　　　　　　　　　　　　　　　　　　　　　　　8 000
　　贷:其他业务收入——出租资产收入　　　　　　　　　　　　　　　8 000

【例14-15】 依上述各例,月末,按规定计算并结转本月实现其他业务收入应缴纳的经营税金及附加,假定该建筑公司为小规模纳税人,增值税税率为6%。会计处理如下:

借:其他业务支出——产品销售支出(1 800×11%)　　　　　　　　　198
　　　　　　　　——机械作业支出(5 000×3.33%)　　　　　　　　166.50
　　　　　　　　——材料销售支出(600×11%)　　　　　　　　　　　66
　　　　　　　　——出租资产支出(68 000×5.55%)　　　　　　　　3 774
　　贷:应交税金——应交营业税(68 000×5%+5 000×3%)　　　　　　3 550
　　　　　　　　——应交城市维护建设税(5 950×7%)　　　　　　　　416.50
　　　　其他应交款——应交教育费附加(5 950×4%)　　　　　　　　　238

【例14-16】 依前例,月末,结转本月实现对外销售的碎石成本11 000元,运输作业成本2 000元,废旧钢管成本3 000元,出租塔机本月应提折旧费5 000元,出租钢管本月应摊销成本6 000元。会计处理如下:

借:其他业务支出——产品销售支出　　　　　　　　　　　　　　　11 000
　　　　　　　　——机械作业支出　　　　　　　　　　　　　　　　2 000
　　　　　　　　——材料销售支出　　　　　　　　　　　　　　　　3 000
　　　　　　　　——出租资产支出　　　　　　　　　　　　　　　　11 000
　　贷:库存商品——碎石　　　　　　　　　　　　　　　　　　　　11 000
　　　　机械作业——机械作业　　　　　　　　　　　　　　　　　　2 000
　　　　周转材料——在库周转材料　　　　　　　　　　　　　　　　3 000
　　　　累计折旧——施工机械　　　　　　　　　　　　　　　　　　5 000
　　　　周转材料——周转材料摊销　　　　　　　　　　　　　　　　6 000

【例14-17】 依前例,月末,结转其他业务收支。会计处理如下:

借:其他业务收入——产品销售收入　　　　　　　　　　　　　　　30 000
　　　　　　　　——机械作业收入　　　　　　　　　　　　　　　　5 000
　　　　　　　　——材料销售收入　　　　　　　　　　　　　　　　10 000
　　　　　　　　——出租资产收入　　　　　　　　　　　　　　　　68 000

　　　　贷:本年利润　　　　　　　　　　　　　　　　　　　　　113 000
　　借:本年利润　　　　　　　　　　　　　　　　　　　　　　31 204.50
　　　　贷:其他业务支出——产品销售支出　　　　　　　　　　11 198
　　　　　　　　　　　——机械作业支出　　　　　　　　　　 2 166.50
　　　　　　　　　　　——材料销售支出　　　　　　　　　　 3 066
　　　　　　　　　　　——出租资产支出　　　　　　　　　　14 774

四、投资收益

　　投资收益是指企业对外投资所取得的收益或发生的亏损。它包括对外投资分得的股利、利润和债券利息,以及股权投资在被投资单位增减的净资产中应分享的份额(用权益法核算的)。

　　为了核算和监督企业对外投资所取得的收益或发生的亏损,建筑企业应设置"投资收益"科目。该科目属损益类科目,期末贷方余额表示本期确认的收益,期末借方余额表示本期确认的亏损。期末,应将本科目余额转入"本年利润"科目,结转后本科目无余额。本科目应按投资种类设置明细账,进行明细分类核算。

　　【例14-18】 某建筑公司2003年12月31日按权益法确认长期股权投资在被投资单位净资产中应分享的份额为21万元。会计处理如下:

　　借:长期股权投资——XX单位　　　　　　　　　　　　　 210 000
　　　　贷:投资收益　　　　　　　　　　　　　　　　　　　　　210 000
　　借:投资收益　　　　　　　　　　　　　　　　　　　　　　 210 000
　　　　贷:本年利润　　　　　　　　　　　　　　　　　　　　　210 000

五、营业外收支的核算

　　(一)营业外收入的核算

　　营业外收入是指企业与生产经营活动没有直接关系的各项收入。营业外收入并不是由企业的经营耗费所产生的,不需要与费用配比,主要包括以下内容:

　　1. 固定资产盘盈

　　指企业在财产清查过程中发生的固定资产的实存数量超过账面数量而出现的盈余,按重置完全价值减去估计累计折旧后的净值入账。

　　2. 处理固定资产净收益

　　指处置固定资产所取得的价款减去清理费用及固定资产账面净值和减值准备后,转入营业外收入的净收益金额。

　　3. 出售无形资产净收益

　　指企业将无形资产有偿转让给其他单位所取得的收入扣除无形资产账面价值、减值准备和相关税费后获得的收益。

　　4. 非货币性交易收益

　　指企业以存货、固定资产、无形资产、股权投资等非货币性资产交易时按规定应确认的收益,具体核算办法详见第十六章非货币性交易。

　　5. 罚款净收入

指因对方违反合同、协议而向其收取的违约金、赔偿金、滞纳金等各种形式的罚款收入,在弥补由于对方违反合同或协议而造成的经济损失后的净收入。

为了核算和监督营业外收入的发生和结转情况,建筑企业应设置"营业外收入"科目。该科目属损益类账户,其贷方核算企业取得的各项营业外收入,借方核算期末转入"本年利润"科目贷方的营业外收入总额,结转后本科目无余额。

【例14-19】 某建筑公司本月固定资产盘点盘盈一台六成新的电焊机,该型号产品目前市值5 000元。会计处理如下:

借:固定资产	5 000
贷:待处理财产损益	3 000
累计折旧	2 000
借:待处理财产损益	3 000
贷:营业外收入——固定资产盘盈	3 000

【例14-20】 某建筑公司本月报废一辆汽车,汽车原值81 000元,已提足折旧,报废残值收入1 000元。会计处理如下:

借:累计折旧	81 000
贷:固定资产	81 000
借:现金	1 000
贷:固定资产清理	1 000
借:固定资产清理	1 000
贷:营业外收入——处理固定资产净收益	1 000

【例14-21】 某建筑公司本月出售一项自有施工专利技术,摊余价值9万元,售价16万元,款项已收存银行。会计处理如下:

借:银行存款	160 000
贷:无形资产	90 000
应交税金——应交营业税(160 000×5%)	8 000
——应交城市维护建设税(8 000×7%)	560
其他应交款——应交教育费附加(8 000×4%)	320
营业外收入——处理无形资产净收益	61 120

【例14-22】 某建筑公司本月收到供料单位未按合同规定时间供料而支付的违约赔偿3 000元。会计处理如下:

借:银行存款	3 000
贷:营业外收入——罚款净收入	3 000

【例14-23】 月末,结转营业外收入68 120元。会计处理如下:

借:营业外收入	68 120
贷:本年利润	68 120

(二)营业外支出的核算

营业外支出是指与企业的生产经营活动没有直接关系的各项支出。营业外支出不属于企业经营活动产生的费用,其内容主要包括下列各项:

1. 固定资产盘亏

指企业在财产清查过程中发生的固定资产的实有数少于账面数而出现的损失,按固定资产账面净值减去减值准备后的价值入账。

2. 处置固定资产净损失

指处置固定资产时所取得的收入不足以弥补清理费用、固定资产账面净值和减值准备时所发生的损失。

3. 出售无形资产净损失

指将无形资产有偿转让时所取得的收入不足以弥补无形资产账面价值、减值准备和相关税费等所发生的损失。

4. 债务重组损失

指按照债务重组会计处理规定应计入营业外支出的债务重组损失,具体核算办法详见第十五章债务重组。

5. 计提的固定资产、无形资产及在建工程减值准备

指按照《企业会计制度》规定计提的固定资产、无形资产及在建工程减值准备。

6. 非货币性交易损失

指企业在非货币性交易时确认的损失。

7. 罚款支出

指因未履行经济合同、协议而向其他单位支付的赔偿金、违约金、罚款等支出,因违法经营而发生的被罚没财物损失、罚款支出,因违反税法而支付的滞纳金、罚款等。

8. 捐赠支出

指企业对外捐赠发生的各种支出。

9. 非常损失

指由于自然灾害等客观原因造成的损失,在扣除保险公司赔偿后应计入营业外支出的净损失。

为了核算和监督营业外支出的发生和结转情况,建筑企业应设置"营业外支出"科目。该科目属损益类科目,其借方核算企业发生的各项营业外支出;贷方核算期末转入"本年利润"科目借方的营业外支出总额,结转后本科目应无余额。

【例14-24】 某建筑公司本月固定资产盘点盘亏一台电焊机,原值5 000元,累计折旧2 000元。会计处理如下:

(1)结转固定资产

借:待处理财产损益　　　　　　　　　　　　　　　　　　3 000
　　累计折旧　　　　　　　　　　　　　　　　　　　　　2 000
　　贷:固定资产　　　　　　　　　　　　　　　　　　　　　　5 000

(2)批准后核销

借:营业外支出——固定资产盘亏　　　　　　　　　　　　3 000
　　贷:待处理财产损益　　　　　　　　　　　　　　　　　　　3 000

【例14-25】 某建筑公司本月报废一辆汽车,汽车原值81 000元,已提足折旧,报废残值收入1 000元已存银行,发生清理费用1 500元。会计处理如下:

借:累计折旧　　　　　　　　　　　　　　　　　　　　　81 000
　　贷:固定资产　　　　　　　　　　　　　　　　　　　　　81 000

借:银行存款 1 000
　　贷:固定资产清理 1 000
借:固定资产清理 1 500
　　贷:银行存款 1 500
借:营业外支出——处理固定资产净损失 500
　　贷:固定资产清理 500

【例14-26】 某建筑公司本月出售一项自有施工专利技术,摊余价值9万元,售价8万元,款项已收存银行。会计处理如下:

借:银行存款 80 000
　　营业外支出——出售无形资产净损失 14 440
　　贷:无形资产 90 000
　　　　应交税金——应交营业税(80 000×5%) 4 000
　　　　　　　　——应交城市维护建设税(4 000×7%) 280
　　　　其他应交款——应交教育费附加(4 000×4%) 160

【例14-27】 某建筑公司本月提取固定资产减值准备12 000元,无形资产减值准备10 000元,在建工程减值准备20 000元。会计处理如下:

借:营业外支出——固定资产减值准备 12 000
　　　　　　　——无形资产减值准备 10 000
　　　　　　　——在建工程减值准备 20 000
　　贷:固定资产减值准备 12 000
　　　　无形资产减值准备 10 000
　　　　在建工程减值准备 20 000

【例14-28】 某建筑公司本月收到税务局的处罚通知,支付税收罚款6 000元。会计处理如下:

借:营业外支出——罚款支出 6 000
　　贷:银行存款 6 000

【例14-29】 某建筑公司本月由于雨季发生运输中途水泥毁损2 000元。会计处理如下:

借:营业外支出——非常损失 2 000
　　贷:待处理财产损益 2 000

【例14-30】 月末,结转营业外支出67 940元。会计处理如下:

借:本年利润 67 940
　　贷:营业外支出 67 940

六、本年利润的结转

为了核算和监督企业利润的形成,会计上设置了损益类科目,分类核算企业的各项收入及相关成本、费用。每个损益类科目均有其特定的核算内容,但不能综合反映企业利润的情况。因此,企业应设置"本年利润"科目,综合核算企业一定期间实现的利润(或亏损)情况,本科目贷方核算各项收入,借方核算各项费用与支出。

"本年利润"属所有者权益类科目。在每个会计期末(月末、季末、年末)将全部损益类科目转入"本年利润"科目,通过"本年利润"科目结出当期利润和本年累计利润。结转后,"本年利润"科目若是贷方余额,则表示本期实现的利润额,若是借方余额,则表示本期发生的亏损额。年度终了,应将"本年利润"科目余额全部转入"利润分配——未分配利润"科目,结转后"本年利润"科目无余额。

【例14-31】 某建筑公司2003年11月30日"本年利润"科目为贷方余额310 000元。12月31日,各损益类账户的余额如下:主营业务收入贷方余额6 600 000元,主营业务成本借方余额5 300 000元,主营业务税金及附加借方余额220 000元,其他业务收入贷方余额20 000元,其他业务成本借方余额15 000元,管理费用借方余额80 000元,财务费用借方余额20 000元,投资收益贷方余额10 000元,营业外收入贷方余额60 000元,营业外支出借方余额130 000元,所得税借方余额420 000元。则会计处理如下:

(1)2003年12月31日,将各损益类科目余额转入"本年利润"科目

借:主营业务收入　　　　　　　　　　　　　　　6 600 000
　　其他业务收入　　　　　　　　　　　　　　　　 20 000
　　投资收益　　　　　　　　　　　　　　　　　　 10 000
　　营业外收入　　　　　　　　　　　　　　　　　 60 000
　　贷:本年利润　　　　　　　　　　　　　　　　6 690 000
借:本年利润　　　　　　　　　　　　　　　　　　6 185 000
　　贷:主营业务成本　　　　　　　　　　　　　　5 300 000
　　　　主营业务税金及附加　　　　　　　　　　　 220 000
　　　　其他业务成本　　　　　　　　　　　　　　 15 000
　　　　管理费用　　　　　　　　　　　　　　　　 80 000
　　　　财务费用　　　　　　　　　　　　　　　　 20 000
　　　　营业外支出　　　　　　　　　　　　　　　130 000
　　　　所得税　　　　　　　　　　　　　　　　　420 000

(2)年末,结转"本年利润"科目余额

借:本年利润　　　　　　　　　　　　　　　　　　815 000
　　贷:利润分配——未分配利润　　　　　　　　　　815 000

第三节　利　润　分　配

一、利润分配概述

企业本年实现的利润总额,减去应缴纳的所得税后的余额,即为企业实现的净利润。企业实现的净利润,加上年初未分配利润(或减去年初未弥补亏损)和其他转入(用盈余公积弥补亏损)后的余额,为年末可供分配的利润。

(一)企业可供分配利润的分配顺序

(1)提取法定盈余公积;

(2)提取法定公益金;
(3)提取储备基金、企业发展基金、职工奖励及福利基金(适用于外商投资企业);
(4)利润归还投资(适用于中外合作经营企业)。
企业可供分配的利润,经过上述分配后,为可供投资者分配的利润。
(二)可供投资者分配利润的分配顺序
(1)应付优先股股利,指企业按照利润分配方案分配给优先股股东的现金股利。
(2)提取任意盈余公积,指企业自行提取的任意盈余公积。
(3)应付普通股股利,指企业按照利润分配方案分配给普通股的现金股利,也包括分配给投资者的利润。
(4)转作资本(或股本)的普通股股利,指企业按照利润分配方案以分派股票股利的形式转作的资本(或股本),也包括以利润转增的资本。
可供投资者分配的利润,经过上述分配后,即为企业未分配利润(或未弥补亏损)。未分配利润可留待以后年度进行分配。

二、利润分配的核算方法

(一)应设置的会计科目

企业应设置"利润分配"科目,核算利润的分配(或亏损的弥补)和历年分配(或弥补)后的积存余额。本科目的借方核算当年利润的分配情况、利润分配后转入"利润分配——未分配利润"科目借方的总额、亏损的转入和历年亏损未弥补的余额;贷方核算当年用税前利润或盈余公积补亏的金额,实现的净利润、利润分配后转入"未分配利润"明细科目借方时其他明细科目的余额和历年分配积存的未分配利润;本科目年末余额,反映企业历年积存的未分配利润或未弥补的亏损。本科目应当设置以下明细科目进行明细核算:

(1)其他转入;
(2)提取法定盈余公积;
(3)提取法定公益金;
(4)提取储备基金;
(5)提取企业发展基金;
(6)提取职工奖励及福利基金;
(7)利润归还投资;
(8)应付优先股股利;
(9)应付普通股股利;
(10)提取任意盈余公积;
(11)转作资本(或股本)的普通股股利;
(12)未分配利润。

(二)利润分配的具体会计处理

(1)结转本年实现的净利润时,借记"本年利润"科目,贷记"利润分配——未分配利润"科目;若为净亏损,则作相反的会计分录。

(2)用盈余公积弥补亏损时,借记"盈余公积"科目,贷记"利润分配——其他转入"科目。

(3)提取法定盈余公积、法定公益金和任意盈余公积时,借记"利润分配——提取法定盈余公积、提取法定公益金、提取任意盈余公积"科目,贷记"盈余公积——法定盈余公积、法定公益金、任意盈余公积"科目。

(4)外商投资企业提取储备基金、企业发展基金、职工奖励及福利基金时,借记"利润分配——提取储备基金、提取企业发展基金、提取职工奖励及福利基金"科目,贷记"盈余公积——储备基金、企业发展基金"和"应付福利费"等科目。

(5)中外合作经营企业用净利润归还投资时,借记"利润分配——利润归还投资"科目,贷记"盈余公积——利润归还投资"科目。

(6)分配给股东的现金股利或利润时,借记"利润分配——应付优先股股利、应付普通股股利"科目,贷记"应付股利"科目。

(7)经批准实际分派股票股利时,借记"利润分配——转作资本(或股本)的普通股股利"科目,贷记"实收资本"或"股本"科目。

(8)年度终了,将"利润分配"科目下的其他明细科目的余额转入本科目的"未分配利润"明细科目。结转后,除"未分配利润"明细科目外,本科目的其他明细科目应无余额。

(三)会计核算举例

【例14-32】 某建筑公司系国有企业,2004年实现利润总额330万元,年初"利润分配——未分配利润"科目借方余额为30万元(去年亏损额)。假设该公司所得税税率为33%,按规定提取法定盈余公积10%,法定公益金5%,不提取任意盈余公积。其会计处理如下:

(1)计算可供分配的利润

$$可供分配利润 = (330 - 30) \times (1 - 33\%) = 201(万元)$$

(2)用税前利润弥补亏损

借:本年利润 300 000
　　贷:利润分配——未分配利润 300 000

(3)提取法定盈余公积,法定公益金

借:利润分配——提取法定盈余公积(2 010 000×10%) 201 000
　　　　　　　——提取法定公益金(2 010 000×5%) 100 500
　　贷:盈余公积——法定盈余公积 201 000
　　　　　　　——法定公益金 100 500

【例14-33】 某建筑公司系股份制有限公司,2003年实现净利润为3 000万元,年初未分配利润为600万元。该公司按规定提取法定盈余公积10%,提取法定公益金5%。年终,公司董事会决议提请股东大会批准的年度利润分配方案如下:分配给优先股股东的现金股利500万元;提取任意盈余公积5%;分配给普通股股东的现金股利1 000万元;分派股票股利900万元。假设该公司董事会提请批准的年度利润分配方案得到股东大会的批准,其会计处理如下:

(1)提取盈余公积、法定公益金

借:利润分配——提取法定盈余公积 3 600 000
　　　　　　　——提取法定公益金 1 800 000
　　　　　　　——提取任意盈余公积 1 800 000
　　贷:盈余公积——法定盈余公积 3 600 000

——法定公益金	1 800 000
——任意盈余公积	1 800 000

(2)分配股东的现金股利

借:利润分配——应付优先股股利	5 000 000
——应付普通股股利	10 000 000
贷:应付股利	15 000 000

(3)实际分派股票股利

借:利润分配——转作股本的普通股股利	9 000 000
贷:股本	9 000 000

(4)将"利润分配"科目下的其他明细科目的余额转入"未分配利润"明细科目

借:利润分配——未分配利润	31 200 000
贷:利润分配——提取法定盈余公积	3 600 000
——提取法定公益金	1 800 000
——应付优先股股利	5 000 000
——提取任意盈余公积	1 800 000
——应付普通股股利	10 000 000
——转作股本的普通股股利	9 000 000

【例14-34】 某建筑公司系中外合资经营企业,2004年实现的净利润为800万元。年终,董事会根据公司章程形成利润分配决议:提取储备基金15%,提取企业发展基金8%,提取职工奖励及福利基金5%,分配给投资者利润450万元。其会计处理如下:

(1)提取"三项基金"

借:利润分配——提取储备基金	1 200 000
——提取企业发展基金	640 000
——提取职工奖励及福利基金	400 000
贷:盈余公积——储备基金	1 200 000
——企业发展基金	640 000
应付福利费	400 000

(2)分配投资者利润

借:利润分配——应付普通股股利	4 500 000
贷:应付股利	4 500 000

(3)将"利润分配"科目下的其他明细科目的余额转入"未分配利润"明细科目

借:利润分配——未分配利润	6 740 000
贷:利润分配——提取储备基金	1 200 000
——取企业发展基金	640 000
——提取职工奖励及福利基金	400 000
——应付普通股股利	4 500 000

第十五章 债务重组

第一节 债务重组概述

一、债务重组的定义

新修订的《企业会计准则——债务重组》,对债务重组的定义是指"债权人按照其与债务人达成的协议或法院的裁决同意债务人修改债务条件的事项。"这个定义与原定义对比,有两点不同:一是没有将"债务人发生财务困难"作为债务重组的前提条件;二是债务重组不仅包括债权人做出让步的债务重组,还包括债权人未做出让步的债务重组。无论债权人是否做出让步,修订后的债务重组准则均要求企业遵循同样的会计处理原则。因此,不论何种债务重组方式,只要修改了原协议规定的债务偿还条件的,即债务重组时确定的债务偿还条件不同于原协议的,均作为债务重组。例如,债权人同意债务人延期偿还债务,但延期后债务人仍然按照原债务账面价值偿还债务,也属于债务重组。

债务重组分为持续经营条件下的债务重组和非持续经营条件下的债务重组。本章重点阐述持续经营条件下的债务重组。有关债务人非持续经营条件下的债务重组(债务人破产清算时的债务重组),须按相关规定进行会计处理,本章不作阐述。

下面几种情况,不能按债务重组进行会计处理:

(1)债务人发行的可转换债券按正常条件转为股权,属于正常条件下的可转换债券的转换,不属于债务重组。

(2)债务人非持续经营下的债务重组,指债务人破产清算时发生的债务重组,也不属于债务重组。

(3)债务人改组,债权人将债权转为对债务人的股权投资,不属于债务重组。

(4)债务人以借新债偿旧债,也不属于债务重组。

(5)债务人以非现金资产抵偿债务(含债务重组中以非现金资产抵偿债务)后,又按协议约定日后回购或回租所抵偿债务的非现金资产的,也不属于债务重组,不能按照债务重组的规定进行会计处理。

二、债务重组的方式

债务重组主要有以下几种方式:

(一)以低于债务账面价值的现金清偿债务

这里的现金,是指货币资金,即库存现金、银行存款和其他货币资金。

(二)以非现金资产清偿债务

是债务人将其所拥有的非现金资产转让给债权人以抵偿债务。这里的非现金资产,主要是指短期投资、存货、长期投资、固定资产和无形资产等。

(三)债务转为资本

是债务人将债务转为资本,同时债权人将债权转为股权。

需要注意的是股份有限公司以债务转为资本用于抵偿债务,必须在满足国家规定条件的情况下,才能采用将债务转为资本的方式进行债务重组。

(四)修改其他债务条件

主要是指债权人同意延长债务偿还期限、延长债务偿还期限并加收利息、延长债务偿还期限并减少债务本金或债务利息等。

(五)混合重组

即以上两种或两种以上方式的组合,是指采用两种以上的方法共同清偿债务的债务重组形式。如:以转让非现金资产清偿某项债务的一部分,另一部分债务通过修改其他债务条件进行债务重组。再如:以转让非现金资产、债务转为资本等方式的组合清偿某项债务。

三、债务重组日

债务重组可能发生在债务到期前、到期日或到期后。债务重组日即为债务重组完成日,即债务人履行协议或法院裁定,将相关资产转让给债权人、将债务转为资本或修改后的偿债条件开始执行的日期。

【例15-1】 某建筑公司承建A公司五幢住宅工程项目,A公司欠该建筑公司工程结算尾款2 000 000元,到期日为2004年10月31日。经双方协商,该建筑公司同意A公司以价值1 900 000元的钢材抵偿债务。A公司于2004年11月20日钢材运抵该建筑公司并办理有关债务解除手续。在此项债务重组交易中,2004年11月20日即为债务重组日。假设A公司分两批把钢材运往该建筑公司,第一批运抵的日期为2004年11月20日,第二批运抵的日期为2004年11月30日,且在这一天办理有关债务解除手续,则债务重组日应为2004年11月30日。

【例15-2】 假如上例某建筑公司同意A公司以其中一幢价值为2 300 000元的住宅抵偿债务,且于2004年12月26日办理有关该工程项目产权交付手续和债务清偿手续,则债务重组日为2004年12月26日。

【例15-3】 假如上例某建筑公司同意A公司所欠的债务转为资本,A公司于2004年11月30日办理增资批准手续并向该建筑公司按规定出具出资证明,则2004年11月30日即为债务重组日。

第二节 债务重组的会计处理

一、债务重组会计处理的一般原则

企业进行债务重组,在债务重组日进行会计处理时,应遵循的一般原则是:

(1)无论是债权人还是债务人,均不确认债务重组收益。

(2)债务人以低于应付债务的现金资产偿还债务,支付的现金低于应付债务账面价值的差额,计入资本公积。债权人受让的现金资产低于应收债权账面价值的差额,作为损失直接计入当期损益。

(3)债务人以非现金资产抵偿债务的,用以抵偿债务的非现金资产的账面价值与相关税费之和与应付债务账面价值的差额,作为资本公积或营业外支出。债权人接受的非现金资产,一般应按应收债权的账面价值加上应付的相关税费作为入账价值。债权人收到补价的,按照应收债权的账面价值减去补价,加上应支付的相关税费,作为所接受的非现金资产的入账价值;债权人支付补价的,按照应收债权的账面价值加上应支付的补价和应支付的相关税费,作为所接受的非现金资产的入账价值。

如果涉及多项非现金资产的,债权人应按各项非现金资产的公允价值占非现金资产公允价值总额的比例,对重组应收债权的账面价值进行分配,并按分配后的价值作为各项非现金资产的入账价值。

(4)以债务转为资本的,债务人应将应付债务的账面价值与债权人因放弃债权而享有股权份额的差额,作为资本公积。债权人应按应收债权的账面价值加上应支付的相关税费,作为受让的股权的入账价值。

如果债务重组中涉及多项股权,债权人应按各项股权的公允价值占股权的公允价值总额的比例,对重组的应收债权的账面价值进行分配,并按分配后的价值作为各项股权的入账价值。

债务人以现金、非现金资产、债务转为资本方式的组合清偿某项债务的,债权人应先以收到的现金冲减重组应收债权的账面价值,再分别按接受的非现金资产和股权的公允价值减去收到的现金后的余额进行分配,以确定非现金资产、股权的入账价值。

(5)以修改其他债务条件进行债务重组的,如果重组债务的账面价值大于未来应付金额,债务人应将重组债务的账面价值减记至未来应付金额,减记的金额确认为资本公积;如果重组债权的账面价值大于未来应收金额,应将重组应收债权的账面价值减记至未来应收金额,减记的金额确认为当期营业外支出。如果债务人重组债务的账面价值等于或小于未来应付金额,或债权人重组债权的账面价值等于或小于未来应收金额,债务人或债权人均不作账务处理。债务人应将或有支出包括在未来应付金额中,或有支出实际发生时,冲减重组后应付债务的账面价值,结清债务时;或有支出如未发生或部分发生,应将该或有支出的原估计金额大于未发生或部分发生的金额确认为资本公积;债权人不应将或有收益包括在未来应收金额中,或有收益收到时,确认为营业外收入处理。

二、债务重组的会计处理

企业发生债务重组应设置"资本公积——其他资本公积"和"营业外支出——债务重组损失"科目核算,关于以上两科目核算的内容已在"资本公积"和"营业外支出"中说明,这里不再重复。

(一)以低于债务账面价值的现金清偿债务的会计处理

债务人以低于债务账面价值的现金清偿债务,债务人应将重组债务账面价值与支付的现金之间的差额,即债权人豁免债务人部分债务,债权人应将给予债务人豁免的债务作为损失,确认为当期营业外支出,债务人应将豁免的债务确认为资本公积。

这里所称的账面价值,是指某科目的账面余额减去相关备抵项目后的净额。如应收账款账面余额减去相应的坏账准备后的净额为账面价值。

【例 15-4】 A 水电安装公司承建甲建筑公司总承包的水电工程,甲建筑公司欠 A 水电安装公司工程结算尾款 130 000 元,于 2003 年 11 月 21 日到期,甲建筑公司短期内不能按照合同规定支付尾款。A 水电安装公司 2003 年 12 月 31 日计提坏账准备 30 000 元,A 水电安装公司向法院提起诉讼,经法院调解达成和解协议于 2004 年 3 月 20 日甲建筑公司支付 80 000 元,余款不再偿还。甲建筑公司于 2004 年 3 月 20 日随即支付了 80 000 元工程欠款。

(1)甲建筑公司作会计处理:

债务重组日(2004 年 3 月 20 日),应计入资本公积的金额为:

$$130\ 000 - 80\ 000 = 50\ 000(元)$$

借:应付账款——A 水电安装公司　　　　　　　　　　　130 000
　　贷:银行存款　　　　　　　　　　　　　　　　　　　80 000
　　　　资本公积——其他资本公积　　　　　　　　　　　50 000

(2)A 水电安装公司作会计处理:

借:银行存款　　　　　　　　　　　　　　　　　　　　80 000
　　营业外支出——债务重组损失
　　[(130 000 - 30 000)- 80 000]　　　　　　　　　　20 000
　　坏账准备　　　　　　　　　　　　　　　　　　　　30 000
　　贷:应收账款——甲建筑公司　　　　　　　　　　　130 000

(二)以非现金资产抵偿债务的会计处理

债务人可以用短期投资、长期投资、存货、固定资产、无形资产等非现金资产清偿债务。在进行会计核算处理时,债务人应按应付债务的账面价值结转。应付债务的账面价值小于用以清偿债务的非现金资产账面价值加上支付的相关税费的差额,直接计入当期营业外支出;应付债务的账面价值大于用以清偿债务的非现金资产账面价值加上支付的相关税费的差额,计入资本公积。对已计提减值准备的,还应将相关的减值准备予以结转。债权人应按应收债权的账面价值加上应支付的相关税费,作为所接受非现金资产的入账价值,如果所接受的非现金资产的价值已经发生减值,应当在年末计提减值准备时计提。

1. 债务人以短期投资清偿债务

如果债务人以短期投资清偿债务,债务人应当按照应付债务的账面价值结转。应付债务的账面价值小于用以清偿债务的短期投资价值和应支付的相关税费合计的差额,计入营业外支出;应付债务的账面价值大于用以清偿债务的短期投资账面价值和支付的相关税费合计的差额,计入资本公积。债权人应当按照应收债权的账面价值加上应支付的相关税费,作为短期投资的初始投资成本,如果所接受的短期投资价值已经发生减值,在重组日可暂不考虑,而应当在年末计提减值准备时计提。

如果债权人所接受的短期投资中包括了已宣告但尚未领取的现金股利,或已到付息期但尚未领取的债券利息,应按应收债权的账面价值减去应收股利或应收利息,加上应支付的相关税费后的金额,作为短期投资的初始投资成本;债务人应按应付债务的账面价值与用以清偿债务的短期投资账面价值加上支付的相关税费和已单独入账的应收股利或应收利息后的数额的差额,计入资本公积或营业外支出。

【例 15-5】 2004 年 1 月 16 日,某建筑公司因购买商品混凝土原材料,不能按合同规定支付货款,而欠A公司货款(含税)200 000元。6月20日,经双方协商,A公司同意该建筑公司以其短期持有的C股票清偿货款,该建筑公司短期持有的股票投资的账面余额为160 000元,已提短期投资跌价准备为20 000元。A公司未对该项应收账款计提坏账准备,对收到的C股票作为短期投资核算。假定没有发生其他相关税费。

(1)某建筑公司作会计处理:
应计入资本公积的金额 = 200 000 - (160 000 - 20 000) = 60 000(元)

借:应付账款——A公司	200 000
短期投资跌价准备	20 000
贷:短期投资	160 000
资本公积——其他资本公积	60 000

(2)A公司作会计处理:

借:短期投资	200 000
贷:应收账款——某建筑公司	200 000

2. 债务人以长期投资清偿债务

如果债务人以长期投资清偿债务,债务人应当按照应付债务的账面价值结转,应付债务的账面价值小于用以清偿债务的长期投资账面价值和支付的相关税费合计的差额,直接计入当期营业外支出;应付债务的账面价值大于用以清偿债务的长期投资账面价值和支付的相关税费合计的差额,计入资本公积。债权人应当按照应收债权的账面价值加上应支付的相关税费,作为长期投资的初始投资成本,如果所接受的长期投资价值已经发生减值,在重组日可暂不考虑,而应当在年末计提减值准备时计提。

【例15-6】 接上例,某建筑公司用于偿债的是长期股权投资,其账面余额为200 000元,已提减值准备20 000元。该建筑公司转让该项长期股权投资时发生相关费用2 000元,其他资料同上例。

(1)某建筑公司作会计处理:
应计入资本公积的金额 = 200 000 - [(200 000 - 20 000) + 2 000]
　　　　　　　　　　 = 18 000(元)

借:应付账款——A公司	200 000
长期投资减值准备	20 000
贷:长期股权投资——其他股权投资	200 000
银行存款	2 000
资本公积——其他资本公积	18 000

假如,本例中某建筑公司欠A公司商品混凝土款及税款为:160 000元,其他资料同上则:

应计入损失金额 = [(200 000 - 20 000) + 2 000] - 160 000 = 22 000(元)

借:应付账款——A公司	160 000
长期投资减值准备	20 000
营业外支出——债务重组损失	22 000
贷:长期股权投资——其他股权投资	200 000
银行存款	2 000

(2)A公司作会计处理:
借:长期股权投资——其他股权投资　　　　　　　200 000
　　贷:应收账款——某建筑公司　　　　　　　　　　　200 000

3.债务人以存货清偿债务

如果债务人以存货清偿债务,债务人应当按照应付债务的账面价值结转债务,按存货的账面价值结转存货,应付债务的账面价值小于用以清偿债务的存货账面价值、增值税销项税额和应支付的相关税费合计的差额,计入营业外支出;应付债务的账面价值大于用以清偿债务的存货账面价值、增值税销项税额和支付的相关税费合计的差额,计入资本公积。债权人应当按照应收债权的账面价值扣除可抵扣的增值税进项税额后的差额,加上应支付的相关税费,作为存货的实际成本,如果所接受的存货价值已经发生减值,在重组日可暂不考虑,应当在年末计提减值准备时计提。

【例15-7】 2003年12月5日,某建筑公司A厂向B公司购买商品及税款合计140 000元。该建筑公司A厂开具为期3个月的商业承兑汇票,由于该建筑公司A厂银行存款不足,不能按期承兑汇票支付货款。2004年3月5日,经双方协商,该建筑公司A厂以其生产的C产品偿还债务,该产品的销售总价为130 000元(不含增值税),实际成本90 000元。该建筑公司A厂为一般纳税企业,增值税率为17%。B公司接受该建筑公司A厂以C产品偿还债务时,将该产品作为库存商品入库,并不再单独支付给该建筑公司A厂增值税额。

(1)某建筑公司A厂作会计处理:

应计入资本公积的金额=140 000-[90 000+(130 000×17%)]=27 900元

借:应付票据　　　　　　　　　　　　　　　　　140 000
　　贷:库存商品　　　　　　　　　　　　　　　　　　90 000
　　　　应交税金——应交增值税(销项税额)　　　　　22 100
　　　　资本公积——其他资本公积　　　　　　　　　　27 900

如果某建筑公司A厂(或本例为该建筑公司)不是增值税一般纳税人,应到当地国税局开具增值税发票,并按小规模纳税人纳税,会计处理同上,应交税金——应交增值税金额应为8 609.43元(130 000×1.17÷1.06×6%),资本公积——其他资本公积金额应为41 390.57元(140 000-90 000-8 609.43)。

(2)B公司作会计处理:

借:库存商品　　　　　　　　　　　　　　　　　117 900
　　应交税金——应交增值税(进项税额)　　　　　　 22 100
　　贷:应收票据　　　　　　　　　　　　　　　　　140 000

4.债务人以固定资产清偿债务

如果债务人以固定资产清偿债务,债务人应将固定资产转入固定资产清理,再按照应付债务的账面价值结转,将应付债务的账面价值扣除固定资产清理科目的余额,直接计入营业外支出或资本公积。债权人应当按照应收债权的账面价值加上应支付的相关税费,作为接受固定资产的入账价值。如果所接受的固定资产价值已经发生减值,在重组日可暂不考虑,应当在年末计提减值准备时计提。

【例15-8】 2003年12月1日,某建筑公司向A公司购买商品及税款合计140 000元(含税),该建筑公司开具3个月的商业承兑汇票,由于该建筑公司银行存款不足不能按期承兑商业承兑汇票款,于 2004 年 3 月 1 日,经双方协商,A 公司同意该建筑公司以一辆汽车偿还债务。该项汽车的账面原价为 200 000 元,已提折旧 50 000 元,办理过户手续及相关税收费用 2 000 元,计提的减值准备为 10 000 元。

(1)某建筑公司的会计处理:
固定资产清理的会计处理:略
"固定资产清理"科目余额 = 150 000 + 2 000 - 10 000 = 142 000(元)

借:应付票据	140 000
营业外支出——债务重组损失	2 000
贷:固定资产清理	142 000

(2)A 公司会计处理:

借:固定资产	140 000
贷:应收票据	140 000

5. 债务人以无形资产清偿债务

如果债务人以无形资产清偿债务,债务人应当按照应付债务的账面价值结转,应付债务的账面价值大于无形资产账面价值加上应支付的相关税费之和的差额,计入资本公积;应付债务的账面价值小于无形资产账面价值加上应支付的相关税费之和的差额,计入营业外支出。债权人应当按照应收债权的账面价值加上应支付的相关税费,作为接受无形资产的入账价值,如果所接受的无形资产价值已经发生减值,在重组日可暂不考虑,应当在年末计提减值准备时计提。

【例 15-9】 2003 年 3 月 1 日,某建筑公司向 A 公司购买商品价款合计 200 000 元(含税),由于该建筑公司不能按合同规定支付货款,于 2003 年 6 月 1 日,经双方协商,A 公司同意该建筑公司以一项 Z 非专利技术偿还债务。该项 Z 非专利技术的账面价值为 180 000 元,转让 Z 非专利技术应交的营业税等为 10 000 元,该建筑公司对 Z 非专利技术未计提减值准备。A 公司未对债权计提坏账准备,假定不考虑其他相关税费。

(1)某建筑公司的会计处理:

借:应付账款——A 公司	200 000
贷:无形资产	180 000
应交税金——应交营业税等	10 000
资本公积——其他资本公积	10 000

(2)A 公司的会计处理:

借:无形资产	200 000
贷:应收账款——某建筑公司	200 000

6. 以非现金资产抵偿债务涉及补价的

(1)债务人以非现金资产抵偿债务,不足部分补付现金抵偿债务,债务人应当按照应付债务的账面价值减去支付的现金后的余额,作为债务的账面价值;以非现金资产抵偿债务的部分,按非现金资产抵偿债务的原则进行会计处理;债权人应当按照应收债权的账面价值减去接受的现金及可抵扣的增值税进项税额,加上应支付的相关税费后的金额,作为所接受的非现金资产的入账价值,并按上述非现金资产抵偿债务原则进行会计处理。

【例 15-10】 2003 年 7 月 5 日,A 公司销售一批材料给某建筑公司 B 厂含税价为 100 000

元。2003年9月1日,该建筑公司无法按合同规定偿还全部债务,经双方协议,A公司同意该建筑公司B厂用现金20 000元和C原材料抵偿该应收账款。该原材料市价为65 000元(不含增值税),增值税率为17%,C原材料成本为50 000元,计提该存货的跌价准备为500元,A公司未对该应收账款计提坏账准备。

1)A公司的会计处理:

借:银行存款	20 000
应交税金——应交增值税(进项税额)	11 050
库存商品	68 950
贷:应收账款——某建筑公司B厂	100 000

2)某建筑公司B厂的会计处理:

借:应付账款——A公司	100 000
存货跌价准备	500
贷:银行存款	20 000
原材料	50 000
应交税金——应交增值税(销项税额)	11 050
资本公积——其他资本公积	19 450

如果某建筑公司B厂不是增值税一般纳税人,应到当地国税局开具增值税发票,并按小规模纳税人纳税,会计处理同上,应交税金——应交增值税金额应为4 304.72元(65 000×1.17÷1.06×6%),资本公积——其他资本公积金额应为26 185.28元(100 000－20 000－50 000＋500－4 304.72)。

(2)债务人以非现金资产抵偿债务,而债权人支付部分现金的,债务人应当按照应付债务的账面价值加上收到的现金后的金额,与抵偿债务的非现金资产的账面价值的差额,按债务人以非现金资产抵偿债务原则进行会计处理;债权人应当按照应收债权的账面价值加上支付的现金和支付的相关税费,减去可抵扣的增值税进项税额后的金额,作为所接受的非现金资产的入账价值,并按债务人以非现金资产抵偿债务原则进行会计处理。

【例15-11】 接上例,A公司同意某建筑公司B厂用原材料抵偿该应收账款。该原材料市价为100 000元(不含增值税),增值税率为17%,C原材料成本为80 000元,A公司支付给该建筑公司B厂现金20 000元,以减轻其财务困难。其他资料同例【例15-10】。

1)A公司的会计处理:

借:应交税金——应交增值税(进项税额)	17 000
库存商品	103 000
贷:应收账款——该建筑公司B厂	100 000
银行存款	20 000

2)该建筑公司B厂的会计处理:

借:应付账款——A公司	100 000
存货跌价准备	500
银行存款	20 000
贷:原材料	80 000
应交税金——应交增值税(销项税额)	17 000

　　　　资本公积——其他资本公积　　　　　　　　　　　　　23 500

如果某建筑公司B厂不是增值税一般纳税人,应到当地国税局开具增值税发票,并按小规模纳税人纳税,会计处理同上,应交税金——应交增值税金额应为6 622.64元(100 000×1.17÷1.06×6%),资本公积——其他资本公积金额为33 877.36元(20 000+100 000-80 000+500-6 622.64)。

(三)以债务转为资本清偿债务的会计处理

1. 债务人为股份有限公司时

债务人应当将债权人因放弃债权而享有股份的面值总额作为股本,按应付债务的账面价值与股份面值总额和应支付的相关税费的差额,确认为资本公积;债权人应当按应收债权的账面价值加上应支付的相关税费,作为股权投资的初始投资成本。

2. 债务人为其他企业时

债务人应将债权人因放弃债权而享有的股权份额作为实收资本,按应付债务的账面价值与股权份额和应支付的相关税费的差额,确认为资本公积;债权人应当按应收债权的账面价值加上应支付的相关税费,作为股权投资的初始投资成本。

【例15-12】 2003年4月3日,某建筑公司(股份有限公司)欠B公司购货款及税款合计为416 000元,由于该建筑公司无法按合同偿付应付账款,经双方协商,该建筑公司以160 000股每股面值为1元普通股偿还该项债务(不考虑相关税费)。B公司对应收账款提取坏账准备20 000元。假定B公司将债权转为股权后,长期股权投资按照成本法核算。

(1)某建筑公司的会计处理:

应计入资本公积的溢价=416 000-160 000=256 000(元)

　　借:应付账款——B公司　　　　　　　　　　　　　　　416 000
　　　　贷:股本——普通股　　　　　　　　　　　　　　　160 000
　　　　　　资本公积——股本溢价　　　　　　　　　　　256 000

(2)B公司的会计处理:

　　借:长期股权投资——股票投资　　　　　　　　　　　396 000
　　　　坏账准备　　　　　　　　　　　　　　　　　　　　20 000
　　　　贷:应收账款——某建筑公司　　　　　　　　　　416 000

(四)修改其他债务条件的会计处理

1. 不附或有条件的债务重组

不附或有条件的债务重组,是指在债务重组中不存在或有事项的重组协议,在这种情况下,将来应收金额是确定的。如果债权人将来应收金额小于应收债权账面价值的,应调整到将来应收金额,调整的顺序为:首先冲减已计提的坏账准备,冲减已计提的坏账准备后还不足时,再计入营业外支出。

修改其他债务条件后,如果债权人将来应收金额大于应收债权账面价值,但小于应收债权账面余额的,应调整到将来应收金额,按将来应收金额小于应收债权账面余额的差额,冲减已计提的坏账准备。

修改其他债务条件后,如果债权人将来应收金额大于应收债权账面价值,且大于应收债权账面余额的,在债务重组时不作账务处理,但应在备查簿中进行登记。待实际收到债权时,实际收到的金额大于应收债权账面余额的差额,冲减当期财务费用等。如为带息应收债权,应与一般带息应收债权同样进行处理,按期计提利息。

修改其他债务条件后,如果债务人将来应付金额小于债务重组前应付账款账面价值的,债务人应将重组债务的账面价值调整到将来应付金额,调整的金额作为资本公积处理。

修改其他债务条件后,如果债务人将来应付金额大于或等于债务重组前应付账款账面价值的,在债务重组时不作账务处理,但应在备查簿中进行登记。

【例15-13】 某建筑公司2003年12月31日应收A公司账款的账面余额为210 000元,其中10 000元为累计未付的利息,票面利率5%。由于A公司连年亏损,现金流量不足,不能偿付应于2003年12月31日前应支付的应付账款。经双方协商,于2003年末进行债务重组。该建筑公司同意将债务本金减至150 000元;债务人2003年12月31日支付利息5 000元,免去债务人所欠的部分利息;将债务延至2004年12月31日本利一次支付,延期利率从5%降低为3%。该建筑公司已对该应收账款计提了40 000元的坏账准备。

(1)该建筑公司的会计处理:
1)2003年12月31日收到利息时会计处理:
借:银行存款　　　　　　　　　　　　　　　　　5 000
　　贷:应收账款——A公司　　　　　　　　　　　　　5 000
2)将来应收金额=150 000×(1+3%×1)=154 500(元)
应收账款账面价值=210 000-5 000-40 000=165 000(元)
由于将来应收金额小于应收账款账面价值10 500元,因此,首先应冲减已计提的坏账准备40 000元,差额10 500元,作为债务重组损失。
借:坏账准备　　　　　　　　　　　　　　　　　40 000
　　营业外支出——债务重组损失　　　　　　　　　10 500
　　贷:应收账款——A公司　　　　　　　　　　　　　50 500
会计处理后应收账款金额=210 000-5 000-50 500=154 500(元)
3)2004年12月31日偿还本金及一年利息时会计处理:
借:银行存款　　　　　　　　　　　　　　　　　154 500
　　贷:应收账款——A公司　　　　　　　　　　　　　154 500

(2)A公司的会计处理:
1)2003年12月31日支付利息时会计处理:略。
2)应计入资本公积的金额:
　　　　210 000-5 000-[150 000×(1+3%×1)]=50 500(元)
借:应付账款——该建筑公司　　　　　　　　　　50 500
　　贷:资本公积——其他资本公积　　　　　　　　　50 500
3)2004年12月31日偿还本金及一年利息时会计处理:
借:应付账款——该建筑公司　　　　　　　　　　154 500
　　贷:银行存款　　　　　　　　　　　　　　　　　154 500

【例15-14】 某建筑公司2003年12月31日应收A公司账款的账面余额为210 000元,其中10 000元为累计未付的利息,票面利率5%。由于A公司连年亏损,现金流量不足,不能偿付应于2003年12月31日前应支付的应付账款。经双方协商,于2003年末进行债务重组。该建筑公司同意将债务本金减为170 000元;A公司2003年12月31日支付利息 5 000 元,免去债务人所欠的部分利息;将债务延至 2004 年 12 月 31 日本利一次支付,延期利率从 5%降低为 3%。该建筑公司已对该应收账款计提了 40 000 元的坏账准备。

(1)该建筑公司的会计处理:
1)2003 年 12 月 31 日收到利息时的会计处理:略
2)债务重组日的账面价值 = 210 000 - 5 000 - 40 000 = 165 000(元)
将来应收金额 = 170 000×(1 + 3%) = 175 100(元)

以上两者的差额为 10 100 元,将来应收金额(175 100)大于应收债权账面价值(165 000),但小于应收债权账面金额(205 000),两者差额 29 900 元,冲减已计提的坏账准备。

债务重组日(2003 年 12 月 31 日)
借:坏账准备   29 900
    贷:应收账款——A 公司   29 900
3)重组日后一年 2004 年 12 月 31 日 A 公司偿付余款及利息
借:银行存款   175 100
    贷:应收账款——A 公司   175 100

(2)A 公司的会计处理:
1)2003 年 12 月 31 日支付利息时的会计处理:略
2)债务重组日的账面价值 205 000 元(210 000 - 5 000),将来应付金额 175 100 元[170 000×(1 + 3%)],应计入资本公积的金额 29 900 元(205 000 - 175 00)。

借:应付账款——该建筑公司   29 900
    贷:资本公积——其他资本公积   29 900
3)重组后一年(2004 年 12 月 31 日)偿付余款及利息
借:应付账款——该建筑公司   175 100
    贷:银行存款   175 100

2. 附或有条件的债务重组

附或有条件的债务重组,是指在债务重组协议中附有或有支出条件的重组协议。或有支出,是指依未来某种事项出现而发生的支出。如,债务重组协议中债务重组条款涉及或有支出的,债务人在债务重组日不能肯定,具有不确定性。在附或有支出条件的情况下,根据谨慎原则,即在债务重组日,债务人应将或有支出包含在将来应付金额中。债务重组日,应将重组债务的账面余额调整为含有或有支出的将来余额。如果债务人将来应付金额(已含或有支出金额)小于债务重组前应付账款账面价值部分,债务人应将重组债务的账面价值减记为将来应付金额,减记的金额作为资本公积处理。在或有支出实际发生时,作为减少债务的账面余额处理;按债务重组协议规定的日期结清债务时,将未发生的或有支出作为结清债务当期的资本公积。

债权人如果修改后的债务条款中涉及或有收益的,或有收益不包括在债权人的将来应收金额中,在冲减坏账准备和确定债务重组损失时,将来应收金额不应包括或有收益。由于债务重组损失原计入营业外支出,因此,实现的或有收益也应计入当期营业外收入。企业实现的或有收益,直接计入当期营业外收入。

【例 15-15】 2000 年 12 月 30 日,某建筑公司从某银行取得年利率 10%、三年期的贷款

1 000 000元。于2003年12月31日进行债务重组,银行同意延长到期日至2006年12月31日,免除积欠2003年第四季度利息25 000元,本金减至800 000元,利率降为9%,利息按季支付。但附有一条件:债务重组后,该建筑公司自2006年起每季末应还本金200 000元,自2006年起,年利率降至5%,若至2006年12月31日一次还本,则仍维持9%利率(假设不计复利)。

(1)该建筑公司的会计处理:

1)计算计入资本公积的金额:债务重组日,重组债务的账面价值＝本金＋利息＝1 000 000×(1＋10%÷4)＝1 025 000(元)

将来应付金额＝800 000×(1＋9%×3)＝1 016 000(元)

长期借款的账面余额	1 025 000(元)
减:将来应付金额	1 016 000(元)
其中:面值	800 000(元)

应计利息＝(800 000×9%×2)＋(800 000＋600 000＋400 000＋200 000)×5%÷4＝169 000(元)

或有支出＝800 000×9%－(800 000＋600 000＋400 000＋200 000)×5%÷4＝47 000(元)

计入资本公积金额　　　　　　　　　　　　　9 000(元)

由于债务重组后的账面余额含有将来应付本金800 000元,将来应付利息169 000元和47 000元的或有支出,因此,以后各季发生的利息支出和或有支出应作为冲减重组后债务的账面价值处理。

2)会计处理:

①2003年12月31日债务重组时:

借:长期借款　　　　　　　　　　　　　　　　9 000
　　贷:资本公积——其他资本公积　　　　　　　　　　9 000

②2004年3月31日支付利息时:

借:长期借款　　　　　　　　　　　　　　　　18 000
　　贷:银行存款　　　(800 000×9%÷4)　　　　　18 000

2004年和2005年以后各季同上。

由于债务重组后的账面价值含利息支出,因此,利息支出作为冲减债务账面价值处理。

③2006年3月31日该建筑公司仍然不能偿还本金仅支付利息时:

借:长期借款　　　　　　　　　　　　　　　　18 000
　　贷:银行存款　　　(800 000×9%÷4)　　　　　18 000

2006年二、三季支付利息时同上。

④2006年12月31日支付最后一次利息和本金800 000元并支付利息时:

借:长期借款　　(800 000＋800 000×9%÷4)　　818 000
　　贷:银行存款　　(800 000＋800 000×9%÷4)　　818 000

⑤假设2006年3月31日企业财务好转还本金200 000元并支付利息时:

借:长期借款　　(200 000＋800 000×9%÷4)　　218 000
　　贷:银行存款　　(200 000＋800 000×5%÷4)　　210 000

资本公积——其他资本公积	8 000

⑥2006年6月30日还本金200 000元并支付利息时：

借：长期借款	(200 000+800 000×9%÷4)	218 000
贷：银行存款	(200 000+600 000×5%÷4)	207 500
资本公积——其他资本公积		10 500

⑦2006年9月30日还本金200 000元并支付利息时

借：长期借款	(200 000+800 000×9%÷4)	218 000
贷：银行存款	(200 000+400 000×5%÷4)	205 000
资本公积——其他资本公积		13 000

⑧2006年12月31日支付最后一次利息和本金200 000元并支付利息时：

借：长期借款	(200 000+800 000×9%÷4)	218 000
贷：银行存款	(200 000+200 000×5%÷4)	202 500
资本公积——其他资本公积		15 500

(2)银行的账务处理(略)。

【例15-16】 2003年3月1日，某建筑公司向A公司购买商品价款合计250 000元(含税)，由于该建筑公司不能按合同规定支付货款，于2003年6月20日，经双方协商，A公司同意该建筑公司延长到期日至2003年12月20日，免除债务50 000元，本金减至200 000元，每月加收利息3%。但如果甲企业9月盈利，则10月起每月利息提高到5%，若未盈利，则仍维持每月3%利率，2003年12月20日支付一次还本金付息。A公司未计提的坏账准备。

(1)该建筑公司的会计处理：

1)2003年6月30日债务重组日，将应付账款调整到将来应付金额，应调整金额2 000 = 250 000 − {200 000 + (200 000×3%×6) + [200 000×(5% − 3%)×3]}

借：应付账款——A公司	2 000
贷：资本公积——其他资本公积	2 000

2)2003年12月20日，该建筑公司9月有盈利，支付本利时：

借：应付账款——A公司	248 000
贷：银行存款	248 000

3)2003年12月20日，该建筑公司9月无盈利，支付本利时：

借：应付账款——A公司		248 000
贷：银行存款	[200 000(1+3%×6)]	236 000
资本公积——其他资本公积		12 000

(2)A公司的会计处理：

1)2003年6月30日债务重组后应收账款的入账金额，应调整金额14 000[250 000 − 200 000(1+3%×6)]

借：营业外支出——债务重组损失	14 000
贷：应收账款——某建筑公司	14 000

2)2003年12月20日，该建筑公司9月有盈利，支付本利时：

借：银行存款	248 000

贷：应收账款——某建筑公司　　　　　　　　　　　　　　236 000
　　　　营业外收入——债务重组收入　　　　　　　　　　　　 12 000
3）2003年12月20日，某建筑公司9月无盈利，支付本利时：
　　借：银行存款　　　　［200 000(1＋3%×6)］　　　　 236 000
　　贷：应收账款——某建筑公司　　　　　　　　　　　　　　236 000

(五)以混合重组方式清偿债务的会计处理

混合重组方式，是指以现金、非现金资产、债权转为资本和修改其他债务条件等任何两种以上方式组合清偿债务。

混合重组方式主要有以下几种情况：

1. 以现金、非现金资产两种方式的组合清偿某项债务的

债务人应先以支付的现金冲减重组债务的账面价值，再按以非现金资产清偿债务进行债务重组日应遵循的原则进行处理。

债权人应先以收到的现金冲减重组债权的账面价值，再按以非现金资产清偿债务进行债务重组日应遵循的原则进行处理。

2. 以现金、债务转为资本方式的组合清偿某项债务的

债务人应先以支付的现金冲减重组债务的账面价值，再按债务转为资本进行债务重组日应遵循的原则处理。

债权人应以收到的现金冲减重组债权的账面价值，再按债权转为资本进行债务重组日应遵循的原则处理。

3. 非现金资产、债务转为资本方式的组合清偿某项债务的

债务人应先以非现金资产的账面价值冲减重组债务的账面价值，再按债务转为资本进行债务重组日应遵循的原则处理。

债权人应以非现金资产冲减重组债权的账面价值，按债权转为资本进行债务重组日应遵循的原则处理。

4. 以现金、非现金资产、债务转为资本方式的组合清偿某项债务的

债务人应先以支付的现金、非现金资产的账面价值冲减重组债务的账面价值，再按债务转为资本进行债务重组日应遵循的原则处理。

债权人应以收到的现金冲减重组债权的账面价值，再分别按受让的非现金资产和股权的公允价值占其公允价值总额的比例，对重组债权的账面价值减去收到的现金后的余额进行分配，以确定非现金资产、股权的入账价值。

上述重组中，如果涉及多项非现金资产，应在按上款规定计算确定的各自入账价值范围内，就非现金资产公允价值相对比例确定各项非现金资产的入账价值。

5. 以现金、非现金资产、债务转为资本方式的组合清偿某项债务的一部分，并对该项债务的另一部分以修改其他债务条件进行债务重组的

债务人应先以支付的现金、非现金资产的账面价值、债权人享有的账面价值冲减重组债务的账面价值，再按修改其他债务条件进行债务重组日应遵循的原则处理。

债权人应将重组债权的账面价值减去收到的现金后的余额，先分别按受让的非现金资产和股权的公允价值占其公允价值总额的比例，对重组债权的账面价值减去收到的现金后的余额进行分配，以确定非现金资产、股权的入账价值进行处理，再按修改其他债务条件进

行债务重组日应遵循的原则进行处理。

需要说明的是,第一,在混合重组方式下,债务人和债权人在进行财务处理时,应依据债务清偿的顺序。一般情况下,应先考虑以现金清偿,然后是以非现金资产清偿或以债务转为资本方式清偿,最后是修改其他债务条件。修改其他债务条件的结果是,债务实质上还继续存在,因此,将其放在最后考虑是比较合理的。第二,在混合重组方式中,存在以非现金资产、债务转为资本清偿债务的,债权人应考虑采用两者的公允价值相对比例确定各自的入账价值;如果非现金资产或股权不止一项,则须再按同样的方法确定各项非现金资产或股权的入账价值。如果重组协议本身已经明确规定了非现金资产或股权的清偿债务金额或比例,就按协议规定进行账务处理。

【例 15-17】 2003 年 2 月 8 日,A 公司销售一批商品给甲建筑公司 C 厂(股份有限公司),价款 2 000 000 元(含增值税款)。按合同规定,款项应于同年 7 月 5 日之前付清。由于甲建筑公司 C 厂连年亏损,现金流量严重不足,不能在规定的时间内将款项偿付给 A 公司。经双方协商,于同年 7 月 5 日进行债务重组,甲建筑公司 C 厂以一批 Z 产品偿还债务的一部分,剩下的部分转为 A 公司对甲建筑公司 C 厂的投资(A 公司对甲建筑公司投资后,不具有重大影响)。甲建筑公司 C 厂转让的该批产品的成本 600 000 元,市价为 720 000 元;用于抵债的普通股为 200 000 股,每股面值 1 元,股票市价为每股 5.4 元,印花税税率为 0.4%。甲建筑公司 C 厂没有对转让的产品计提跌价准备,A 公司也未对应收债权计提坏账准备。A 公司和甲建筑公司 C 厂均为增值税一般纳税企业,适用的增值税率为 17%。假定不考虑其他相关税费。

(1) A 公司的会计处理:

$$\text{受让的非现金资产入账价值} = \left(\text{重组债权的账面价值} - \text{增值税进项税额} + \text{支付的印花税}\right)$$

$$\times \left[\text{受让的非现金资产的公允价值} \div \left(\text{受让的非现金资产公允价值} + \text{受让的股权的公允价值}\right)\right]$$

$$= (2\,000\,000 - 720\,000 \times 17\% + 4\,320) \times$$
$$[720\,000 \div (720\,000 + 1\,080\,000)]$$
$$= 752\,768(\text{元})$$

$$\text{受让的股权的入账价值} = \left(\text{重组债权的账面价值} - \text{增值税进项税额} + \text{支付的印花税}\right)$$

$$\times \left[\text{受让的股权的公允价值} \div \left(\text{受让的非现金资产公允价值} + \text{受让的股权的公允价值}\right)\right]$$

$$= (2\,000\,000 - 720\,000 \times 17\% + 4\,320)$$
$$\times [1\,080\,000 \div (720\,000 + 1\,080\,000)] = 1\,129\,152(\text{元})$$

借:存货 752 768
  应交税金——应交增值税(进项税额) 122 400
  长期股权投资——其他股权投资 1 129 152
 贷:应收账款——甲建筑公司 C 厂 2 000 000
  银行存款 (200 000×5.4×0.4%) 4 320

(2) 甲建筑公司 C 厂的会计处理

借:应付账款——A公司　　　　　　　　　　　　　　2 000 000
　　贷:产成品　　　　　　　　　　　　　　　　　　　600 000
　　　　应交税金——应交增值税(销项税额)　　　　　122 400
　　　　股本　　　　　　　　　　　　　　　　　　　200 000
　　　　银行存款　　　　　　　　　　　　　　　　　4 320
　　　　资本公积——其他资本公积[2 000 000 - 600 000 - 720 000 × 17% - 4 320 - 200 000]1 073 280

【例15-18】 2003年3月25日,A公司销售一批商品给甲建筑公司(非股份有限公司),价款2 000 000元(含增值税款)。按合同规定,款项应于同年8月25日之前付清。由于甲建筑公司不能在规定的时间内将款项偿付给A公司,经双方协商,于同年8月25日进行债务重组,A公司豁免一部分债务,金额为200 000元;某建筑公司剩余的1 800 000元债务中1 600 000元转为对甲建筑公司的股权投资,另外200 000元以一项账面价值为300 000元的Z无形资产抵偿。假定整个交易没有发生相关的税费,甲建筑公司没有对用于抵债的Z无形资产计提减值准备,A公司也没有对应收债权计提坏账准备。

(1)A公司的会计处理:

由于重组协议中明确规定了非现金资产和股权的偿债份额,因此,非现金资产和股权不必按其公允价值的相对比例来确定各自的入账价值。本例重组协议本身已经明确规定了Z无形资产和股权的清偿债务金额,就按协议规定进行账务处理。受让股权的价值是1 600 000元,其与重组债权的账面价值减去豁免后的债务的差额,即为无形资产Z的入账价值。

借:长期股权投资——其他股权投资　　　　　　　　1 600 000
　　无形资产　　　　　　　　　　　　　　　　　　200 000
　　营业外支出——债务重组损失　　　　　　　　　　200 000
　　贷:应收账款——甲建筑公司　　　　　　　　　　2 000 000

(2)甲建筑公司的会计处理:

借:应付账款——A公司　　　　　　　　　　　　　　2 000 000
　　贷:无形资产　　　　　　　　　　　　　　　　　300 000
　　　　实收资本　　　　　　　　　　　　　　　　　1 600 000
　　　　资本公积——其他资本公积　　　　　　　　　100 000

三、债务重组的披露

1. 债务人应当披露下列与债务重组有关的信息

(1)债务重组方式。债务人应在会计报表附注中披露债务人是以低于债务账面价值的现金清偿债务,还是以非现金资产清偿债务、债务转为资本、修改其他债务条件以及混合重组方式等债务重组方式进行重组。

(2)因债务重组而确认的资本公积总额。债务人因债务重组而确认的资本公积总额,不要求分别披露因债务重组确认的资本公积。

(3)因债务转为资本所导致的股本(实收资本)增加额。债务人应在会计报表附注中披露因债务重组而导致的股本(实收资本)增加额,不要求分别披露每项债务重组所导致的股本(实收资本)增加额。

(4)或有支出。债务人应在会计报表附注中披露因债务重组而导致的或有支出总额,不要求分别披露每项或有支出金额。

2. 债权人应当披露下列与债务重组有关的信息

(1)债务重组方式。债权人应在会计报表附注中披露债务人是以低于债务账面价值的现金清偿债务,还是以非现金资产清偿债务、债务转为资本、修改其他债务条件以及混合重组方式等债务重组方式进行重组。

(2)债务重组损失总额。债权人应在会计报表附注中披露因债务重组而产生的债务重组损失总额,不要求分别披露每项债务重组产生的损失总额。

(3)债权转为股权所导致的长期投资增加额及长期投资占债务人股权的比例。债权人应在会计报表附注中披露因债务转为资本所导致的长期投资增加额,以及长期投资占债务人股权的比例。

(4)或有收益。债权人应在会计报表附注中披露因债务重组而产生的或有收益总额,不要求分别披露每项或有收益金额。

【例15-19】:续【例15-18】资料。

(1)债务人——某建筑公司需要在会计报表附注中披露如下内容:

2003年8月25日与A公司达成如下债务重组协议:本公司以一项无形资产抵偿所欠债务的一部分,剩余的债务转为资本。债务重组(假设本年度内没有发生其他的债务重组)导致实收资本增加1 600 000元,确认100 000元资本公积。

(2)债权人——A公司需要在会计报表附注中披露如下内容:

2003年8月25日某建筑公司与本公司协商,以其债务转为资本和无形资产清偿债务的混合重组方式进行债务重组。债务重组(假设本年度内没有发生其他的债务重组)导致长期股权投资增加了1 600 000元,本公司获得某建筑公司10%的股权和200 000元的无形资产。本公司因该项债务重组而产生200 000元损失。

第十六章 非货币性交易

第一节 概 述

一、非货币性交易的概念

非货币性交易是指交易双方以非货币性资产进行的交换,这种交换不涉及或只涉及少量的货币性资产(即补价)。非货币性交易的交易对象主要是非货币性资产。

所谓货币性资产,指持有的现金及将以固定或可以确定金额的货币收取的资产,包括现金(库存现金、银行存款和其他货币资金)、应收账款和应收票据,以及准备持有至到期的债券投资等。非货币性资产,指货币性资产以外的资产,包括存货、固定资产、无形资产、股权投资以及不准备持有至到期的债券投资等。

非货币性资产有别于货币性资产的最基本特征是:资产在将来为企业带来的经济效益,也就是货币金额,是不固定的或不可确定的。

二、货币性交易与非货币性交易的区别

第一,货币性交易涉及货币性资产的交换,这种交换有现金的流入或流出,或者能在预定的期间内流入或流出现金。这种交易有确定金额,虽然应收账款有收不回的可能性,但在实务中可以估计其可回收金额。而非货币性交易主要是以非货币性资产作为交换对象,也就是说企业主要是以非货币性资产进行交换,不涉及现金的流入或流出,或者只涉及少量的现金流入或流出。为了便于判断,《企业会计制度》规定了25%的参考比例:如果支付的货币性资产占换入资产公允价值的比例(或,占换出资产公允价值与支付的货币性资产之和的比例)不高于25%(小于等于25%),则视为非货币性交易,应根据非货币性交易的核算原则进行处理;如果这一比例高于25%,则视为货币性交易,应根据通常发生的货币性交易的核算原则进行会计处理。

第二,货币性交易所换入的资产成本的计量,是以所放弃的货币性资产金额为基础的;同时货币性资产交易所交换的货币性资产的金额,也是计量企业换出非货币性资产的收益或损失的基础。而非货币性交易因不涉及或只涉及少量的货币性资产,因此换入资产成本的计量基础以及对换出资产损益的计量基础与货币性交易不同,需要运用不同的计量标准。

第二节 非货币性交易核算

一、非货币性交易核算的一般原则

(一)如何计量换入资产的入账价值

在非货币性交易的情况下,无论是一项资产换入一项资产,或者一项资产同时换入多项资产,或者同时以多项资产换入一项资产,或者以多项资产换入多项资产,其取得的资产的实际成本,如果不涉及补价的,通常情况下根据换出资产的账面价值加上应支付的相关税费,作为换入资产的实际成本;在涉及补价的情况下,通常根据换出资产的账面价值加减确认的损益加上应支付的相关税费,加(减)补价,作为资产的实际成本。

(二)如何确认和计量换出资产的损益

无论何种非货币性资产交换,在不涉及补价的情况下,不确认损益,换入资产的入账价值一般按照换出资产的账面价值确定;在涉及补价的情况下,从收到补价的一方看,由于在资产交换过程中部分资产价值的盈利过程已经完成,因此,要确认已实现部分的利润或损失。在确定实现部分的利润或损失时,按照换出资产账面价值中相当于补价占换出资产公允价值的比例来确定,确认的非货币性交易收益作为营业外收入处理,非货币性交易损失作为营业外支出处理。

二、非货币性交易核算

(一)不涉及补价情况下的会计处理

按《企业会计制度》规定,在不涉及补价的情况下,企业一般应以换出资产的账面价值,加上应支付的相关税费,作为换入资产的入账价值。用公式表示为:

换入资产入账价值=换出资产账面价值+应支付的相关税费

这里所讲的"账面价值",一般为资产的账面余额扣除有关资产减值准备金额后的净值。其中,"账面余额"是指账户在期末的实际余额,即,账户未扣除相关资产减值准备之前的余额。例如,存货的账面价值,就是存货的账面余额扣除有关存货跌价损失准备后的金额;不准备持有到期的债券投资的账面价值,就是债券投资的面值,加应收利息,再加(或减)未摊销溢价(或折价)后的金额,扣除有关长期投资减值准备金额后的金额。

【例 16-1】 A建筑公司用一台施工电梯从B建筑公司换入一台塔吊,A公司换出施工电梯的账面原价为 350 000 元,已提折旧 100 000 元,公允价值为 300 000 元,未提减值准备;B公司换出塔吊的账面原价为 400 000 元,已提折旧 150 000 元,公允价值为 300 000 元;另A公司为此项交换用银行存款支付清理费用 15 000 元。

分析:在这项交易中不涉及货币性资产,也不涉及补价,因此,属于非货币性交易。A公司换入的塔吊的实际成本,应按换出的施工电梯的账面价值加上支付的相关费用,即 265 000 万元,作为塔吊的入账价值。

A公司的会计处理为:

(1)将施工电梯转入固定资产清理

借:固定资产清理   250 000

累计折旧	100 000
贷：固定资产	350 000

(2) 支付清理费用

借：固定资产清理	15 000
贷：银行存款	15 000

(3) 换入塔吊的入账价值 = 350 000 − 100 000 + 15 000 = 265 000（元）

借：固定资产	265 000
贷：固定资产清理	265 000

需要说明的是，如果换出资产的公允价值低于其账面价值，仍应以换出资产的账面价值，加上应支付的相关税费，作为换入资产的入账价值，期末再按资产减值的有关规定进行会计处理；如果换入资产的公允价值低于换出资产的账面价值，仍应以换出资产的账面价值，加上应支付的相关税费，作为换入资产的入账价值，期末再按资产减值的有关规定进行会计处理。仍以上述例子为例，假设换入的塔吊的公允价值为 250 000 元，其他条件不变，则换入的塔吊计入固定资产的成本仍然为 265 000 元，换入的塔吊的公允价值 250 000 元低于其入账价值的差额，在期末与其他固定资产一并计提减值准备。

对于非货币性交易中发生的换入的存货所涉及的增值税进项税额，如属可抵扣的，换入资产的入账价值应按换出资产的账面价值扣除可抵扣的增值税进项税额，加上应支付的相关税费，作为换入资产的入账价值。

【例 16-2】 某建筑公司以建筑工地使用的发电机组交换 A 股份有限公司生产的水泥，换入的水泥作为原材料入库。建筑公司为增值税小规模纳税人，换出的发电机组账面原值为 120 000 元，在交换日的累计折旧为 50 000 元，公允价值为 75 000 元，另用银行存款支付运杂费 1 500 元，其换入的水泥作为原材料。A 股份有限公司为增值税一般纳税人，增值税税率为 17%，换出水泥账面价值为 70 000 元，在交换日的公允价值为 75 000 元，计税价格等于公允价值。假设建筑公司没有为固定资产计提资产减值准备；A 股份有限公司没有为库存商品计提存货跌价损失准备，其换入的发电机组作为固定资产进行管理，在整个交易过程中没有发生除增值税以外的其他税费。

建筑公司的会计处理如下：

(1) 将发电机组转入固定资产清理

借：固定资产清理	70 000
累计折旧	50 000
贷：固定资产	120 000

(2) 支付清理费用

借：固定资产清理	1 500
贷：银行存款	1 500

(3) 换入水泥入账

借：原材料	71 500
贷：固定资产清理	71 500

A 股份有限公司的会计处理如下：

根据增值税的有关规定，企业以库存商品换入其他资产，视同销售行为发生，应计算增

值税销项税额,缴纳增值税。换出资产水泥的增值税销项税额为:75 000×17% = 12 750 (元)

借:固定资产 82 750
　　贷:库存商品 70 000
　　　　应交税金——应交增值税——销项税额 12 750

(二)涉及补价情况下的非货币性交易

非货币性交易中如果发生补价,换入资产的入账价值应分别确定。

支付补价的企业,按换出资产的账面价值加上补价和应支付的相关税费,作为换入资产的入账价值。用公式表示为:

换入资产入账价值＝换出资产账面价值＋支付的补价＋应支付的相关税费

收到补价的企业,按换出资产的账面价值减去补价,加上应确认的收益和应支付的相关税费,作为换入资产的入账价值。用公式表示为:

换入资产入账价值＝换出资产账面价值－补价＋应确认的损益＋应支付的相关税费

应确认的损益＝补价－(补价÷换出资产公允价值)×换出资产账面价值－
　　　　　　　(补价÷换出资产公允价值×应交的相关税费)
　　　　　＝(1－换出资产账面价值÷换出资产公允价值)×补价－
　　　　　　　(补价÷换出资产公允价值×应交的相关税费)

换入资产入账价值的计算公式中,减数的经济意义在于,换出资产账面价值中,相当于补价占换出资产公允价值的比例部分,其盈利过程已经完成了;换出资产应交的税费(不包括应交的增值税和所得税)中,相当于补价占换出资产公允价值的比例部分,其盈利过程已经完成了。以换出资产账面价值,扣除盈利过程已完成的成本和应交的税费,加上应支付的相关税费,即为换入资产的入账价值。所收到的补价是与该部分账面价值和应交的相关税费相对应的收益,两相配比,即为应确认的净损益。

【例 16-3】 A 建筑公司与 B 建筑公司达成协议:A 公司用一台装载机交换 B 公司的一台施工升降机。A 公司装载机的账面原价为 160 000 元,在交换日的累计折旧为 20 000 元,公允价值为 130 000 元;B 公司施工升降机的账面原价为 210 000 元,在交换日的累计折旧为 80 000 元,公允价值为 140 000 元。A 公司另外向 B 公司支付银行存款 10 000 元。假设在交换过程中 A 公司发生运杂费 2 000 元,B 公司发生运杂费 3 000 元;两公司都没有为固定资产计提减值准备,在交换中两公司均没有发生相关税费。

(1)A 公司的会计处理如下:

1)计算确定所支付的货币性资产占换出资产公允价值与支付的货币性资产之和的比例:

支付的货币性资产占换出资产公允价值与支付的货币性资产之和的比例＝10 000÷(10 000＋130 000)＝7.14%

由于支付的货币性资产占换出资产公允价值与支付的货币性资产之和的比例为 7.14%,低于 25%,因此,这一交换行为属于非货币性交易,应按非货币性交易的原则进行会计处理。

2)将装载机转入固定资产清理:

借:固定资产清理 140 000

　　　　累计折旧　　　　　　　　　　　　　　　　　　　　　20 000
　　　贷：固定资产　　　　　　　　　　　　　　　　　　　　　160 000
3）支付清理费用：
　　借：固定资产清理　　　　　　　　　　　　　　　　　　　　2 000
　　　贷：银行存款　　　　　　　　　　　　　　　　　　　　　2 000
4）计算确定换入资产的入账价值：
换入资产的入账价值 = 160 000 - 20 000 + 10 000 + 2 000 = 152 000（元）
　　借：固定资产　　　　　　　　　　　　　　　　　　　　　　152 000
　　　贷：固定资产清理　　　　　　　　　　　　　　　　　　　142 000
　　　　　银行存款　　　　　　　　　　　　　　　　　　　　　10 000
（2）B公司的会计处理如下：
1）计算确定收到的货币性资产占换出资产公允价值的比例：
收到的货币性资产占换出资产公允价值的比例 = 10 000 ÷ 140 000 = 7.14%
由于收到的货币性资产占换出资产公允价值的比例为7.14%，低于25%，因此，这一交换行为属于非货币性交易，应按非货币性交易的原则进行会计处理。
2）将升降机转入固定资产清理：
　　借：固定资产清理　　　　　　　　　　　　　　　　　　　　130 000
　　　　累计折旧　　　　　　　　　　　　　　　　　　　　　　80 000
　　　贷：固定资产　　　　　　　　　　　　　　　　　　　　　210 000
3）支付清理费用：
　　借：固定资产清理　　　　　　　　　　　　　　　　　　　　3 000
　　　贷：银行存款　　　　　　　　　　　　　　　　　　　　　3 000
4）计算确定换入资产的入账价值：
应确认的损益 = 10 000 × (1 - 130 000 ÷ 140 000) = 714.29（元）
换入资产入账价值 = 130 000 + 714.29 + 3 000 - 10 000 = 123 714.29（元）
　　借：固定资产清理　　　　　　　　　　　　　　　　　　　　714.29
　　　贷：营业外收入——非货币性交易收益　　　　　　　　　　714.29
　　借：固定资产　　　　　　　　　　　　　　　　　　　　　　123 714.29
　　　　银行存款　　　　　　　　　　　　　　　　　　　　　　10 000
　　　贷：固定资产清理　　　　　　　　　　　　　　　　　　　133 714.29

【例16-4】 A建筑公司与B建筑公司达成协议：A公司用一台推土机交换B公司的一台施工电梯。A公司推土机的账面原价为160 000元，在交换日的累计折旧为20 000元，公允价值为110 000元；B公司施工电梯的账面原价为210 000元，在交换日的累计折旧为80 000元，公允价值为120 000元。A公司另外向B公司支付银行存款10 000元。假设在交换过程中A公司发生运杂费2 000元，B公司发生运杂费3 000元；两公司都没有为固定资产计提减值准备，在交换中两公司均没有发生相关税费。

（1）A公司的会计处理如下：
1）计算确定所支付的货币性资产占换出资产公允价值与支付的货币性资产之和的比例：

支付的货币性资产占换出资产公允价值与支付的货币性资产之和的比例 = 10 000 ÷ (10 000 + 110 000) = 8.33%

由于支付的货币性资产占换出资产公允价值与支付的货币性资产之和的比例为 8.33%,低于 25%,因此,这一交换行为属于非货币性交易,应按非货币性交易的原则进行会计处理。

2)将推土机转入固定资产清理:

借:固定资产清理　　　　　　　　　　　　　140 000
　　累计折旧　　　　　　　　　　　　　　　 20 000
　　贷:固定资产　　　　　　　　　　　　　　　　　160 000

3)支付清理费用:

借:固定资产清理　　　　　　　　　　　　　　2 000
　　贷:银行存款　　　　　　　　　　　　　　　　　2 000

4)计算确定换入资产的入账价值:

换入资产的入账价值 = 160 000 - 20 000 + 10 000 + 2 000 = 152 000(元)

借:固定资产　　　　　　　　　　　　　　　152 000
　　贷:固定资产清理　　　　　　　　　　　　　　 142 000
　　　　银行存款　　　　　　　　　　　　　　　　 10 000

(2)B 公司的会计处理如下:

1)计算确定收到的货币性资产占换出资产公允价值的比例:

收到的货币性资产占换出资产公允价值的比例 = 10 000 ÷ 120 000 = 8.33%

由于收到的货币性资产占换出资产公允价值的比例为 8.33%,低于 25%,因此,这一交换行为属于非货币性交易,应按非货币性交易的原则进行会计处理。

2)将施工电梯转入固定资产清理:

借:固定资产清理　　　　　　　　　　　　　130 000
　　累计折旧　　　　　　　　　　　　　　　 80 000
　　贷:固定资产　　　　　　　　　　　　　　　　　210 000

3)支付清理费用:

借:固定资产清理　　　　　　　　　　　　　　3 000
　　贷:银行存款　　　　　　　　　　　　　　　　　3 000

4)计算确定换入资产的入账价值:

应确认的损益 = 10 000 × (1 - 130 000 ÷ 120 000) = -833.33(元)

换入资产入账价值 = 130 000 - 833.33 + 3 000 - 10 000 = 122 166.67(元)

借:营业外支出——非货币性交易损失　　　　　 833.33
　　贷:固定资产清理　　　　　　　　　　　　　　　 833.33

借:固定资产　　　　　　　　　　　　　　　122 166.67
　　银行存款　　　　　　　　　　　　　　　 10 000
　　贷:固定资产清理　　　　　　　　　　　　　　 132 166.67

(三)非货币性交易中涉及多项资产

1. 未涉及补价

在未涉及补价的情况下,基本原则是按换入各项资产的公允价值与换入资产公允价值总额的比例,对换出资产的账面价值总额与应支付的相关税费之和进行分配,以确定各项换入资产的入账价值。用公式表示为:

换入资产入账价值总额＝换出资产账面价值总额＋应支付的相关税费

换入各项资产入账价值＝换出资产账面价值总额×(换入各项资产公允价值÷换入资产公允价值总额)

【例16-5】 A建筑公司和B建筑公司均为增值税一般纳税人,适用的增值税率均为17%,经协商达成以下协议:A公司用桩机、钢筋与B公司的施工电梯、塔吊进行交换。A公司换出桩机的账面原价为3 000 000元,已提折旧为1 000 000元,公允价值为2 000 000元;钢筋的账面价值为400 000元,公允价和计税价均420 000元。B公司施工电梯的账面原价为400 000元,已提折旧为100 000元,公允价值为250 000元;塔吊的账面原价为2 400 000元,已提折旧为350 000元,公允价值为2 170 000元。假设A、B公司换出资产均未提减值准备,在整个交换过程中没有发生除增值税以外的其他相关税费。A公司换入的B公司的施工电梯、塔吊作为固定资产核算;B公司换入的A公司的桩机作为固定资产核算;换入的A公司的钢筋作为原材料核算。

(1)A公司的会计处理如下:

1)将桩机转入固定资产清理:

借:固定资产清理	2 000 000
累计折旧	1 000 000
贷:固定资产	3 000 000

2)计算A公司应分配的换出资产价值总额:

A公司应分配的换出资产价值总额＝2 000 000＋400 000＋420 000×17%＝2 471 400(元)

计算A公司换入各项资产应分配的价值

A公司换入B公司施工电梯应分配的价值＝250 000÷(250 000＋2 170 000)×2 471 400＝255 309.92(元)

A公司换入B公司塔吊应分配的价值＝2 170 000÷(250 000＋2 170 000)×2 471 400＝2 216 090.08(元)

借:固定资产——施工机械——电梯	255 309.92
——施工机械——塔吊	2 216 090.08
贷:固定资产清理	2 000 000
原材料	400 000
应交税金——应交增值税——销项税额	71 400

(2)B公司的会计处理如下:

1)将施工电梯、塔吊转入固定资产清理:

借:固定资产清理	2 350 000
累计折旧	450 000
贷:固定资产——施工机械——电梯	400 000
——施工机械——塔吊	2 400 000

2) 计算B公司应分配的换出资产价值总额：

B公司应分配的换出资产价值总额 = 300 000 + 2 050 000 - 420 000 × 17% = 2 278 600 (元)

计算B公司换入各项资产应分配的价值

B公司换入A公司桩机应分配的价值 = 2 000 000 ÷ (2 000 000 + 420 000) × 2 278 600 = 1 883 140.50(元)

B公司换入A公司钢筋应分配的价值 = 420 000 ÷ (2 000 000 + 420 000) × 2 278 600 = 395 459.50(元)

借：固定资产　　　　　　　　　　　　　　　1 883 140.50
　　原材料　　　　　　　　　　　　　　　　　395 459.50
　　应交税金——应交增值税——进项税额　　　71 400
　　贷：固定资产清理　　　　　　　　　　　　2 350 000

2. 涉及补价

在涉及补价的多项资产交换时，核算的基本原则与涉及补价的单项资产的会计处理原则基本相同，主要区别是需要按换入各项资产的公允价值占换入资产公允价值总额的比例进行分配，以确定换入各项资产的入账价值。

支付补价的一方应按换入各项资产的公允价值占换入资产公允价值总额的比例，对换出资产账面价值总额与补价和应支付相关税费之和进行分配，以确定换入各项资产的入账价值。公式如下：

换入资产入账价值总额 = 换出资产价值总额 + 支付的补价 + 应支付的相关税费

换入各项资产的入账价值 = 换入资产入账价值总额 × (换入各项资产公允价值 ÷ 换入资产公允价值总额)

收到补价的一方应先按以下公式计算换入资产的入账价值总额和应确认的损益：

换入资产入账价值总额 = 换出资产账面价值总额 + 应确认的损益 + 应支付的相关税费

应确认的损益 = 补价 - (补价 ÷ 换出资产公允价值总额) × 换出资产账面价值总额 - (补价 ÷ 换出资产公允价值总额 × 应交的相关税费)

= (1 - 换出资产账面价值总额 ÷ 换出资产公允价值总额) × 补价 - (补价 ÷ 换出资产公允价值总额 × 应交的相关税费)

然后按换入各项资产的公允价值占换入资产公允价值总额的比例，对换入资产入账价值总额进行分配，以确定换入各项资产的入账价值。公式如下：

换入各项资产的入账价值 = 换入资产入账价值总额 × (换入各项资产公允价值 ÷ 换入资产公允价值总额)

【例16-6】 A建筑公司和B建筑公司均为增值税一般纳税人，适用的增值税率均为17%，经协商以下协议：A公司以一台施工电梯和一辆汽车换入B公司一台塔吊和一批水泥。A公司换出施工电梯的账面原价为400 000元，已提折旧为100 000元，公允价值为270 000元；汽车的账面原价为300 000元，已提折旧为50 000元，公允价值为230 000元。B公司塔吊的账面原价为600 000元，已提折旧为200 000元，公允价值为380 000元；水泥的账面价值为220 000元，公允价和计税价均为220 000元。A公司另外向B公司支付银行存款100 000元。假设A、B公司换出资产均未提减值准备，在整个交换过程中没有发生除增值税以外的其他相关税费。A公司换入的B公司的塔吊作为固定资产核算,换入的B公司的水泥作为原材料核算。B公司换入的A公司的施工电梯、汽车作为固定资产核算。

(1)A公司的会计处理如下:

1)计算确定所支付的货币性资产占换出资产公允价值总额与支付的货币性资产之和的比例:

支付的货币性资产占换出资产公允价值总额与支付的货币性资产之和的比例 = $100\,000 \div (100\,000 + 270\,000 + 230\,000) = 16.67\%$

由于支付的货币性资产占换出资产公允价值总额与支付的货币性资产之和的比例为16.67%,低于25%,因此,这一交换行为属于非货币性交易,应按非货币性交易的原则进行会计处理。

2)将施工电梯、汽车转入固定资产清理:

借:固定资产清理	550 000
累计折旧	150 000
贷:固定资产——施工机械——电梯	400 000
——运输设备——汽车	300 000

3)计算确定换入资产入账价值:

换入资产入账价值总额 = $550\,000 + 100\,000 - 220\,000 \times 17\% = 612\,600$(元)

A公司换入B公司塔吊应分配的价值 = $380\,000 \div (380\,000 + 220\,000) \times 612\,600 = 387\,980$(元)

A公司换入B公司水泥应分配的价值 = $220\,000 \div (380\,000 + 220\,000) \times 612\,600 = 224\,620$(元)

借:固定资产	387 980
原材料	224 620
应交税金——应交增值税——进项税额	37 400
贷:固定资产清理	550 000
银行存款	100 000

(2)B公司的会计处理如下:

1)计算确定所收到的货币性资产占换出资产公允价值总额的比例:

收到的货币性资产占换出资产公允价值总额的比例 = $100\,000 \div (380\,000 + 220\,000) = 16.67\%$

由于收到的货币性资产占换出资产公允价值总额的比例为16.67%,低于25%,因此,这一交换行为属于非货币性交易,应按非货币性交易的原则进行会计处理。

2)将塔吊转入固定资产清理:

借:固定资产清理	400 000
累计折旧	200 000
贷:固定资产	600 000

3)计算确定换入资产入账价值:

应确认的损益 = $100\,000 \times (1 - 620\,000 \div 600\,000) = -3\,333.33$(元)

换入资产入账价值总额 = $620\,000 - 100\,000 - 3\,333.33 + 220\,000 \times 17\% = 554\,066.67$(元)

B公司换入A公司施工电梯应分配的价值 = 270 000 ÷ (270 000 + 230 000) × 554 066.67 = 299 196(元)

B公司换入A公司汽车应分配的价值 = 230 000 ÷ (270 000 + 230 000) × 554 066.67 = 254 870.67(元)

借:固定资产——施工机械——电梯　　　　　　　　　　299 196
　　　　　——运输设备——汽车　　　　　　　　　　254 870.67
　　银行存款　　　　　　　　　　　　　　　　　　　100 000
　　营业外支出——非货币性交易损失　　　　　　　　3 333.33
　贷:固定资产清理　　　　　　　　　　　　　　　　　400 000
　　　原材料　　　　　　　　　　　　　　　　　　　220 000
　　　应交税金——应交增值税——销项税额　　　　　　37 400

(四)非货币性交易的披露

企业应在财务会计报告中披露非货币性交易中换入、换出资产的类别及其金额。

1. 非货币性交易中换入、换出资产的类别

是指企业在非货币性交易中,以什么资产与什么资产相交换。

2. 非货币性交易中换入、换出资产的金额

是指非货币性交易中换入、换出资产的公允价值、补价、应确认的损益、换出资产的账面价值;涉及多项资产的,还应披露各项换入资产的入账价值。

【例16-7】 对于【例16-6】A建筑公司应在会计报表附注中作如下披露:

本公司以一台施工机械和一部运输设备与B建筑公司的一台施工机械和一批原材料进行交换。施工机械的账面原值为400 000元,已提折旧为100 000元,公允价值为270 000元;运输设备的账面价值为300 000元,已提折旧为50 000元,公允价值为230 000元。换入的施工机械的公允价值为380 000元,入账价值为387 980元;换入的原材料的公允价值为220 000元,入账价值为224 620元。同时本公司向B公司支付银行存款100 000元。

对于【例16-6】B建筑公司应在会计报表附注中作如下披露:

本公司以一台施工机械和一批原材料与A建筑公司的一台施工机械和一部运输设备进行交换。施工机械的账面原值为600 000元,已提折旧为200 000元,公允价值为380 000元;原材料的账面价值为220 000元,公允价值为220 000元。换入的施工机械的公允价值为270 000元,入账价值为299 196元;换入的运输设备的公允价值为230 000元,入账价值为254 870.67元。同时本公司收到A公司支付银行存款100 000元,本次交换应确认损失3 333.33元。

第十七章 关联方关系及其交易

第一节 关联方关系及其交易

《关联方关系及其交易的披露》1997年1月1日起在上市公司执行,其他企业可暂不执行。

一、关联方的概念及其特征

关联方是指有关联的各方,关联方关系是指有关联的各方之间存在的内在联系。在财务和经营决策中,如果一方有能力控制另一方或对另一方施加重大影响,它们则被视为关联方。两方或者多方形成关联方关系具有以下特征。

(一)关联方涉及两方或多方

关联方关系必须存在于两方或多方之间,任何单独的个体不能构成关联方关系。

(二)关联方以各方之间的影响为前提

这种影响包括控制或被控制,共同控制或被共同控制,施加重大影响或被施加重大影响。因此建立控制、共同控制和施加重大影响是关联方存在的主要特征。

(三)关联方的存在可能会影响交易的公允性

企业在日常的经济业务交往中,当相互间存在关联方关系时,关联方之间的交易可能不是建立在公平交易的基础上,而在某些不正常的情况下,关联方之间通过虚假交易可以达到粉饰经营业绩的目的。即使关联方交易是在公平交易基础上进行的,重要关联交易的披露也是有用的,因为它提供了未来可能再发生,而且很可能以不同形式发生的交易类型的信息。

二、与关联方有关的几个概念

(一)控制与母公司和子公司

1. 控制

是指有权决定一个企业的财务和经营政策,并能据以从该企业的经营活动中获取利益。这种控制不仅包括纵向的,也包括横向的。控制具有以下特点:

(1)决定一个企业的财务和经营政策是控制的主要标志。当企业或个人能够决定某个企业的财务和经营政策时,可认为该企业或个人能够控制这个企业。

(2)获取经济利益是控制的主要目的。除了获取正当的经济利益以外,有些也可能是为粉饰经营业绩,从而达到谋取非法的经济利益的目的。

一般来说,要达到控制的目的,主要的途径有:1)以所有权方式达到控制的目的。比如一方拥有另一方半数以上的表决权资本,就可对企业实施直接控制、间接控制、直接和间接控制。2)以所有权和其他方式达到控制的目的。比如一方拥有另一方表决权资本的比例虽然未超过半数,但通过其拥有的表决权资本和其他方式达到控制。包括:通过与其他投资者的协议,拥有另一方半数以上表决权资本的控制权;根据章程或协议,有权控制另一方的财务和经营政策;有权任免董事会等类似权力机构的多数成员;在董事会或类似权力机构会议上有半数以上投票权。3)以法律或协议形式达到控制的目的。比如一方虽然不拥有另一方表决权资本的控制权,但通过法律或协议形式实质上能够控制另一方的财务和经营政策。

2. 母公司和子公司

母公司是指能直接或间接控制其他企业的企业。子公司是指被母公司控制的企业。如果一方直接、间接、直接和间接拥有另一方半数以上表决权资本,或虽然一方拥有另一方表决权资本的比例不超过半数,但通过其他方式达到控制另一方时,投资企业即为被投资企业的母公司,被投资企业为投资企业的子公司。

因此,可以说控制与被控制关系的存在,是确定是否存在母子公司关系的关键,而母子公司关系的存在又是以投资与被投资关系作为先决条件的。即当一方与另一方具有投资与被投资关系,并且具有控制与被控制关系时,才构成母子公司关系。

(二)共同控制和合营企业

共同控制是指按合同约定对某项经济活动所共有的控制。共同控制的基本特征是:(1)两方或多方共同决定某项经济活动的财务和经营政策,合营中的任何一方都不能单方面作出决定。(2)共同控制的基本方式是:合营各方所持表决权资本的比例相同,并按合同约定共同控制;合营各方虽然所持表决权资本的比例不同,但按合同约定共同控制。(3)共同控制是以合营合同来约束的。

合营企业是指按合同规定经济活动由投资双方或若干方共同控制的企业。可见,合营企业与共同控制相联系,其特点在于投资各方均不能对被投资企业的财务和经营政策单独作出决策,必须由投资各方共同作出决策,并且由合同约束投资各方的行为。因此,合营企业是以共同控制为前提的,投资企业通过与其他投资企业一起达到共同控制合营企业的目的。

(三)重大影响和联营企业

重大影响是指对一个企业的财务和经营政策有参与决策的权力,但并不决定这些政策。参与决策的主要途径有:在董事会或类似的权力机构中派有代表;参与政策的制定过程;互相交换管理人员;或使其他企业依赖于本企业的技术资料等。当一方拥有另一方20%或以上至50%表决权资本,或者一方虽然只拥有另一方20%以下表决权资本,但实际上具有参与财务和经营决策的能力,一般认为对另一方具有重大影响。

三、关联方关系的判断标准

按照企业会计制度的规定,判断关联方关系的标准是:在企业财务和经营决策中,如果一方有能力直接或间接控制、共同控制另一方或对另一方施加重大影响,则他们之间存在关联方关系;如果两方或多方同受一方控制,则他们之间也存在关联方关系。从以上判断标准我们可以得出:

(一)关联方关系特点

1. 关联方关系包括纵向和横向的关系

纵向的关联方关系包括一方能够控制、共同控制另一方,或能对另一方施加重大影响;

横向的关系包括两方或多方同受一方控制,则该两方或多方之间的关系也视为关联方关系。

2. 控制、共同控制或重大影响是关联方关系存在的前提条件

对于纵向的关联方关系来说,控制、共同控制和重大影响任何一种情况下均视为关联方;对于横向的关联方关系来讲,仅当控制的情况才视为关联方,共同控制和重大影响,则不视为关联方。

虽然控制、共同控制和施加重大影响是关联方关系存在的主要特征,但在实际判断关联方关系时,则应当遵守实质重于形式的原则。

(二)关联方关系存在的形式

按照企业会计制度的规定,关联方关系存在的主要形式有:

(1)母子公司之间、同一母公司下的各个子公司之间。
(2)不存在投资关系,但存在控制和被控制关系的企业之间。
(3)企业与其合营企业。
(4)企业与其联营企业。
(5)主要投资者个人、关键管理人员或与其关系密切的家庭成员。

主要投资者个人是指直接或间接地控制一个企业10%或以上表决权资本的个人投资者,主要投资者个人包括自然人和法定代表人。

关键管理人员是指有权力并负责进行计划、指挥和控制企业的人员,主要指董事、总经理、总会计师、财务总监、主管各项事务的副总经理,以及行使类似政策职能的人员,不包括董事会秘书、非执行董事、监事等。

关系密切的家庭成员是指在处理与企业的交易时有可能影响某人或受其影响的家庭成员,包括父母、配偶、兄弟、姐妹和子女。由于主要投资者个人、关键管理人员或与其关系密切的家庭成员在处理与企业的交易时,能影响企业或受其影响。所以,企业会计制度中将其视为关联方。

(三)主要投资者个人、关键管理人员或与其关系密切的家庭成员构成的关联方关系的主要形式

(1)企业与其主要投资者个人之间的关系。
(2)企业与其关键管理人员之间的关系。
(3)企业与其主要投资者个人关系密切的家庭成员之间的关系。
(4)企业与其关键管理人员关系密切的家庭成员之间的关系。

(四)受主要投资者个人、关键管理人员或与其关系密切的家庭成员直接控制的其他企业的关系

(1)企业与受该企业主要投资者个人直接控制的其他企业之间的关系。
(2)企业与受该企业关键管理人员直接控制的其他企业之间的关系。
(3)企业与受该企业主要投资者个人关系密切的家庭成员直接控制的其他企业之间的关系。
(4)企业与受该企业关键管理人员关系密切的家庭成员直接控制的其他企业之间的关系。

(五)判断是否存在关联方关系时,应注意的问题

(1)关联方关系存在于企业与企业之间、企业与个人之间、企业与部门(或单位)之间,不

包括部门(或单位)与部门(或单位)之间。部门(或单位)与部门(或单位)之间的关系不是企业会计制度所规范的范畴。

(2)共同控制或重大影响通常仅指直接共同控制或直接重大影响,不包括间接共同控制或间接重大影响。

(3)同受一方控制的两方或多方之间视为关联方,但同受共同控制的两方或多方之间以及同受重大影响的两方或多方之间,通常不视为关联方。

(4)国家控制的企业间不应仅仅因为彼此同受国家控制而成为关联方,但企业间如果存在控制、共同控制、重大影响,以及受同一关键管理人员或与其关系密切的家庭成员直接控制时,彼此应视为存在关联方关系。

(5)与企业仅发生日常往来而不存在其他关联方关系的资金提供者、公用事业部门、政府部门和机构,以及仅仅由于与企业发生大量交易而存在经济依存性的单个购买者、供应商或代理商,通常不视为存在关联方关系。

(6)在判断是否存在关联方关系时,应当看其关系的实质,即在处理与企业的交易时,是否存在着有碍公平交易的因素,交易结果是否影响投资者和债权人的利益等。

四、关联方关系的披露要求

关联方关系披露的原则为:

(一)应予以披露的

当关联方之间为企业,并且存在控制和被控制关系时,无论关联方之间有无交易,均应在会计报表附注中披露如下资料:

(1)企业经济性质和类型、名称、法定代表人、注册地、注册资本及其变化。这里的"注册资本"应当披露年初数、本年增加数、本年减少数和年末数。

(2)企业的主营业务。主要是指营业执照注明的主营业务。

(3)所持股份或权益及其变化。应当披露金额和所持股份或权益的比例,并要求披露年初数、本年增加数、本年减少数和年末数。

(二)不发生交易不披露,发生交易应予披露的

当存在共同控制、重大影响时,在没有发生交易的情况下,可以不披露关联方关系;在发生交易时,应当披露关联方关系的性质。这里的"关联方关系的性质"是指关联方与本企业的关系,即关联方为本企业的子公司、合营企业、联营企业、主要投资者个人、关键管理人员、主要投资者个人或关键管理人员关系密切的家庭成员等。

第二节 关联方交易及其披露

一、关联方交易

关联方交易是指在关联方之间转移资源或义务的事项,而不论是否收取价款。这一定义的要点有:

(1)按照关联方的判断标准,构成关联方关系的企业之间、企业与个人之间的交易,即通常是在关联方关系已经存在的情况下,关联各方之间的交易。

(2)资源或义务的转移是关联方交易的主要特征。通常情况下,在资源或义务转移的同时,风险和报酬也相应转移。

(3)关联方之间资源或义务的转移价格是了解关联方交易的关键。关联方交易通常能在一般商业条款中使参与双方受益。但在另外一些情况下,关联交易是为了使交易的一方受益而进行的。也可能按为减少企业由于另一国家税收或关税而引起的财务负担而设计的条款定价。

二、关联方交易的类型

判断是否属于关联方交易,应以交易是否发生为依据,而不以是否收取价款为前提。关联方交易的类型主要有:

(1)购买或销售商品。这是关联方交易较常见的交易事项。
(2)购买或销售除商品以外的其他资产。
(3)提供或接受劳务。如关联方之间相互提供和接受劳务。
(4)代理。如按合同,一方为另一方代理销售货物等等。
(5)租赁。主要是指关联方之间的经营租赁或融资租赁。
(6)提供资金,包括以现金或实物形式提供的贷款或权益性资金。
(7)担保和抵押。如一方为另一方提供信贷,经济合同等经济活动中所需的担保或抵押。
(8)管理方面的合同。如按合同约定,一方委托另一方对其财务和日常经营进行管理等。
(9)研究与开发项目的转移。
(10)许可协议。
(11)关键管理人员报酬。

三、关联方交易的披露

(一)关联方之间的交易按照重要性原则分别情况处理

1. 零星的关联方交易

如果对企业财务状况和经营成果影响较小的或几乎没有影响的,可以不予披露。如零星的商品买卖,小至几百元,大至几千元,年累计只有几万元,或不到企业销售收入的10%,这种影响很小或没有影响的可以不披露。

2. 交易金额较大的

销售给关联方产品的销售收入占本企业销售收入10%及以上的,对企业财务状况和经营成果有影响的重大交易,应当分别各个关联方以及交易类型披露。

3. 类型相同的非重大交易

如果关联方之间属于非重大交易,类型相同的非重大交易可以合并披露,但以不影响财务会计报告使用者正确理解企业财务状况、经营成果为前提。

(二)应予披露的交易要素

在企业与关联方发生交易的情况下,企业应当在会计报表附注中披露关联方关系的性质、交易类型及其交易要素。这些要素包括:

1. 交易的金额或相应比例

在披露时要求披露两年期的比较数据,也就是指各期的实际发生额或各期实际发生额占该类交易金额的比例。如果两年比较资料中有一年属于重大交易,另一年属于非重大交易,应视为重大交易分别关联方和交易类型予以披露,不能采用合并披露的方法。

2. 未结算项目的金额或相应比例

在披露时要求披露至本期期末止的关联方交易累计未结算的金额或相应比例,并披露其两年期的比较数据。但不需要披露本期发生额。

3. 定价政策(包括没有金额或只有象征性金额的交易)

如甲公司是乙公司(母公司)的子公司,甲公司销售的汽车配件的价格由乙公司(母公司)来定。

4. 关联方之间签订的交易协议或合同涉及当期和以后各期的

应当在签订协议或合同的当期和以后各期披露协议或合同的主要内容、交易总额以及当期的交易数量及金额。

(三) 不需要披露的关联方交易

(1)在正确编制的合并会计报表中,集团内部成员之间的交易在合并时已经抵销,因此不需要披露。但集团成员间的关系要披露。

(2)在与合并会计报表一同提供的母公司会计报表中披露关联方交易。在合并会计报表中,有的被抵消,有的已经如实反映,因此,与合并会计报表一起提供的母公司的会计报表在这种情况下并不是很重要,所以不必披露。

第三节 关联方交易的会计处理

关联方交易的公允性一直是公众关注的焦点,有关各方对关联交易的公允性均有各自的判断。例如,公司管理当局应对其关联交易的公允性做出说明,注册会计师从审计风险等角度对公司关联交易的公允性作出判断,而证券监管部门从监管角度也应对关联交易的公允性作出估计,社会公众对上市公司披露的关联交易及其定价政策的公允性也有自己的评判。如何评判关联交易价格的公允性,主要应当看与非关联交易之间的交易条款、交易方式、交易价格的确定、付款方式等是否一致,如果存在明显有失公允的,则可认为是显失公允的关联交易。

为了抑止利用显失公允的关联交易来粉饰经营成果的行为,我国对显失公允的关联交易行为出台了相关的会计处理规定,即对上市公司与关联方之间的交易,除非有确凿证据表明交易价格是公允的,否则,对显失公允的交易价格部分,一律不得确认为当期利润,而作为关联方对企业的捐赠,计入资本公积,并单独设置"关联交易差价"明细科目进行核算。对显失公允关联交易形成的资本公积,不得用于转增资本或弥补亏损。并从以下几个方面进行规范:

一、企业出售资产给关联方的会计处理

企业出售资产给关联方的交易,区别正常的商品销售(含提供劳务)交易与非正常商品销售(含除商品销售以外出售的其他资产)。

正常商品销售主要指与企业日常经营业务有关的商品销售或提供劳务,如建筑企业承接建筑工程劳务、销售其生产产品等。所谓正常商品销售,其判断的标准是其通常交易的频率历年无大的波动,即使有较大波动,也完全是由于市场经济或政治环境所致。而非正常商品销售,一般是指偶然的、非经常性发生的,并且销售收入占全部销售收入比重较大的,包括除正常商品销售的商品销售、转移应收债权、出售固定资产、无形资产和长期股权投资,以及不属于企业经营业务范围内所实现的商品销售收入等。因此,可以说,企业除商品销售区别为正常和非正常外,其他的包括出售固定资产、无形资产、股权或债权投资、转移或出售债权等,全部属于非正常销售行为。

(一)正常的商品销售

企业对关联方进行正常商品销售的,按以下情况分别处理:

(1)当期对非关联方的销售量占该商品总销售量的较大比例(通常为20%及以上)时,应按对非关联方销售的加权平均价格作为对关联方之间同类交易的计价基础,并据以确认为收入;实际交易价格超过确认为收入的部分,计入资本公积(关联交易差价)。

【例17-1】 某建筑公司2003年度销售10 000t钢材给联营企业,每吨售价为2 100元(不含增值税,下同),当年度该建筑公司销售给非关联企业的钢材分别为:按每吨2 000元价格出售5 000t,每吨1 800元价格出售12 000t,按每吨1 900元价格出售18 000t。假定符合收入确认条件,销售钢材的款项尚未收到,假定该建筑公司销售钢材的增值税率为17%,并按实际销售价格计算增值税销项税额。

综上所述,该建筑公司出售给关联方10 000t钢材,按2 100元价格计算共获收入2 100万元,按对非关联方销售的加权平均价格计算,销售给关联方钢材每吨销售价格为1 880元[(5 000×2 000+12 000×1 800+18 000×1 900)÷35 000],该建筑公司当年销售给关联方应确认的销售收入共计1 880万元,该建筑公司当年度销售给关联方不能确认收入的金额为220万元(2 100×10 000-18 800 000),这部分应作为关联方对该建筑公司的捐赠,计入资本公积。该建筑公司的会计处理:

借:应收账款	24 570 000
贷:其他业务收入	18 800 000
应交税金——应交增值税(销项税额)	3 570 000
资本公积——关联交易差价	2 200 000

(2)商品的销售限于企业与其关联方之间,或者与非关联方之间的商品销售未达到商品总销售量的较大比例的(通常为20%以下),在这种情况下,通常表明不存在与非关联方之间商品销售或虽存在与非关联方之间商品销售,但因交易量较小,与非关联方之间的交易价格不足以表明价格的公允性,因此,应当分别情况处理。

实际交易价格不超过商品账面价值120%的,按实际交易价格确认为收入。

【例17-2】 某建筑公司2003年度生产的预制构件全部销售给X构件销售有限公司(子公司),所销售构件的账面价值为20 000万元,未计提减值准备。构件销售有限公司(子公司)按照23 600万元的价格出售。假定符合收入确认条件,销售产品的款项尚未收到。子公司销售产品的增值税税率为17%,并按实际销售价格计算增值税销项税额。

该建筑公司销售给关联方的产品销售价格未超过该产品账面价值20%(23 600万元<20 000×120%=24 000万元),则按实际交易价格23 600万元确认为其他业务收入。会计

处理：

借：应收账款	276 120 000
贷：其他业务收入	236 000 000
应交税金——应交增值税(销项税额)	40 120 000

(3)实际交易价格超过所销售商品账面价值120%的,将商品账面价值的120%确认为收入,实际交易价格超过确认为收入的部分,计入资本公积(关联交易差价),即表明如果商品的销售仅限于企业与其关联方之间,或者与非关联方之间的商品销售未达到商品总销售量的较大比例的,则假定销售商品的成本利润率为20%,并以此为计算确认收入的依据。

假如【例17-2】的子公司将构件按25 000万出售,则某建筑公司销售给关联方的产品销售价格超过该产品账面价值120%(25 000>20 000×120%=24 000),则按24 000万元确认为其他业务收入,实际交易价格25 000万元,大于确认为其他业务收入的部分1 000万元,计入资本公积。该建筑公司的会计处理：

借：应收账款	292 500 000
贷：其他业务收入	240 000 000
应交税金——应交增值税(销项税额)	42 500 000
资本公积——关联交易差价	10 000 000

如果有确凿证据(例如,历史资料、同行业同类商品销售资料等)表明企业销售该产品的成本利润率高于20%的,则应按合理的方法计算的金额确认为收入,例如,该商品账面价值加上最近2年历史资料等确定的加权平均成本利润率与账面价值的乘积计算的金额确认为收入(计算公式为：销售商品账面价值+确定的加权平均成本利润率×销售商品账面价值),实际交易价格超过确认为收入的部分,计入资本公积(关联交易差价)。这里的成本利润率是指商品销售毛利与商品销售成本计算的比率,计算公式为：成本利润率=(商品销售收入-商品销售成本)÷商品销售成本。

(二)非正常商品销售及其他销售

1. 非正常商品销售

企业销售商品给关联方,如果没有确凿证据表明交易价格是公允的,应按出售商品的账面价值确认为收入,实际交易价格超过商品账面价值的部分,计入资本公积(关联交易差价)。

2. 转移应收债权

企业将其应收债权转移给其关联方,应按实际交易价格超过应收债权账面价值的差额,计入资本公积(关联交易差价)。

【例17-3】 某建筑公司应收其他单位账款的账面余额为5 000万元,已提坏账准备3 000万元,2003年12月10日,该建筑公司的母公司以5 000万元购入该建筑公司的应收债权,款项已经支付。

在上述关联交易中,该建筑公司账面应收债权的可变现净值约2 000万元,而该建筑公司的母公司却以应收债权账面余额5 000万元购买该债权,除非有充分的证据表明该交易是公允的,否则只能理解为该建筑公司的母公司为解决其现金流量所给予的支持,再则,如果允许该建筑公司已提的坏账准备3 000万元转回,那么将增加当年利润3 000万元。因此,企业会计制度规定,企业将应收债权转移给其关联方的,不能转回已计提的坏账准备,而应按实际转移价格超过应收债权账面价值的差额,作为关联方对企业的捐赠,计入资本公积(关联交易差价)。该建筑公司的会计处理:

  借:银行存款　　　　　　　　　　　　　　　　　　　　50 000 000
  　　坏账准备　　　　　　　　　　　　　　　　　　　　30 000 000
  　　贷:应收账款　　　　　　　　　　　　　　　　　　　　　50 000 000
  　　　　资本公积——关联交易差价　　　　　　　　　　　　30 000 000

3.出售固定资产、无形资产、长期投资和其他资产,或者同时出售资产、负债(即净资产)。企业将其持有的固定资产、无形资产、长期投资和其他资产出售给关联方,或者将净资产出售给关联方,按照上述转移债权同一原则处理,即实际交易价格超过相关资产、负债账面价值的差额,计入资本公积(关联交易差价)。

二、关联方之间承担债务或费用(不包括债务重组)的会计处理

关联方之间一方为另一方承担债务或费用主要包括:(1)一方为另一方偿还债务;(2)一方为另一方支付货款;(3)一方为另一方支付费用;(4)关联方以其他方式为另一方承担债务或支付费用。从会计核算原则来看,企业的债务应当由其自行承担偿还义务,而企业支付的各项费用如果属于其经营活动中所必需的支出,则应当反映在其有关成本费用中,而不应当由关联方承担。如果由关联方为企业承担债务或费用的,视为企业的关联方所给予的捐赠。因此,企业会计制度规定:关联方之间一方为另一方承担债务的,承担方应按所承担的债务,计入营业外支出(承担关联方债务);被承担方应按承担方实际承担的债务,计入资本公积(关联交易差价)。

【例17-4】 2003年12月21日,某建筑公司的母公司为该建筑公司支付拖欠的购货款320万元,则该建筑公司和母公司的会计分录如下:
(1)该建筑公司的会计处理:
  借:应付账款　　　　　　　　　　　　　　　　　　　　3 200 000
  　　贷:资本公积——关联交易差价　　　　　　　　　　　　3 200 000
(2)该建筑公司的母公司的会计处理:
  借:营业外支出——承担关联方债务　　　　　　　　　　3 200 000
  　　贷:银行存款　　　　　　　　　　　　　　　　　　　　3 200 000

债权人对债务人豁免的债务,仍按债务重组的规定进行处理。

如果关联方之间一方为另一方承担费用的,若这些费用是被承担方经营活动所必需的支出,被承担方收到承担方支付的款项,计入资本公积(关联交易差价);若承担方直接将承担的费用支付给其他单位的,被承担方应按承担方实际支付的金额,计入资本公积(关联交易差价)。承担方承担的费用,直接计入当期营业外支出(承担关联方费用)。

【例17-5】 某建筑公司因印刷广告,拟推销自营开发的房地产商品房,要求其关联子公司承担其中的费用25万元,子公司将费用直接支付给某日报社广告公司。

因广告费是为该建筑公司生产经营所必需的,应当计入该建筑公司的当期费用。会计处理:

该建筑公司分录:
  借:营业费用　　　　　　　　　　　　　　　　　　　　250 000

        贷:资本公积——关联交易差价   250 000
    该建筑公司的子公司分录:
        借:营业外支出——承担关联方费用   250 000
            贷:银行存款   250 000

三、关联方之间委托及受托经营的会计处理

(一)上市公司接受关联方委托,为关联方经营资产或经营企业

上市公司接受关联方委托,受托经营关联方提供的资产或企业,上市公司依据托管协议可获得一定的报酬,获得报酬主要方式有:(1)收取固定收益,即无论受托经营的资产或企业的业绩如何,均可获得固定回报;(2)根据受托经营的资产或企业的经营业绩,按经营业绩的一定比例收取受托经营收益,或受托经营企业实现的利润或亏损均由委托方享有或承担;(3)如果受托经营的资产或企业发生损失或亏损,受托方仍能获得一定的受托经营收益,但需承担部分亏损;(4)以其他方式计算获得受托经营收益。

上市公司接受关联方委托,受托经营关联方的资产或企业的。首先应当确认是否为受托经营资产或受托经营企业提供经营管理服务,如果上市公司实质上并未对受托经营资产或受托经营企业提供经营管理服务,则取得的受托经营收益不能确认为收入,而作为关联方给予上市公司的捐赠。如果上市公司实质上对受托经营资产或受托经营企业提供了经营管理服务,则取得的受托经营收益分别情况处理。

1. 受托经营资产

上市公司接受关联方委托,经营关联方委托的资产,上市公司应取得的委托经营收益,确认为其他业务收入,所发生的受托经营费用如由上市公司承担的,则作为其他业务支出处理。如果所取得的受托经营收益超过按受托资产账面价值总额与1年期银行存款利率110%的乘积计算的金额,则应按受托资产账面价值总额与1年期银行存款利率110%的乘积计算的金额,确认为其他业务收入,超过部分计入资本公积(关联交易差价)。

【例17-6】 2003年7月1日,某上市建筑公司接受其子公司委托,经营子公司委托的部分资产。受托经营资产的账面价值为2 000万元,按托管协议规定,该上市建筑公司每年可收取108万元的固定回报。2003年12月30日,该上市建筑公司已收到当年度的固定回报54万元。

该上市建筑公司受托经营资产的账面价值为2 000万元,假定2003年1年期银行存款利率为3.5%,该上市建筑公司最多能够确认的收入金额为38.5万元(2 000×3.5%×110%×6/12),该上市建筑公司实际取得的受托经营收益54万元,与上述确认为收入的金额38.5万元相比超过15.5万元(假定不考虑税费),计入资本公积。该上市建筑公司的会计处理:

    借:银行存款   540 000
        贷:其他业务收入   385 000
            资本公积——关联交易差价   155 000

2. 受托经营企业

上市公司接受关联方委托,经营关联方委托的企业,上市公司应按以下三者孰低的金额,确认为其他业务收入,取得的受托经营收益超过确认为收入的金额,计入资本公积(关联交易差价),三者孰低的金额是:

(1)受托经营协议确定的收益。
(2)受托经营企业实现的净利润。
(3)受托经营企业净资产收益率超过10%,按净资产的10%计算的金额。

【例17-7】 2002年1月1日,某上市建筑公司接受关联方——B企业的委托,经营B企业的全资子公司——C企业,C企业的账面净资产为10 000万元。按照托管经营协议规定,该上市建筑公司受托经营C企业4年,每年可获得1 500万元的固定收益。C企业2002年实现净利润900万元(不考虑其他因素)。该上市建筑公司已于12月23日收到当年度的受托经营收益。

该上市建筑公司受托经营每年可获固定收益1 500万元,2002年C企业的净利润为900万元,净资产收益率未超过10%,按照孰低原则,甲公司2002年可确认的受托经营收益为900万元,1 500万元与900万元的差额按规定计入资本公积。该上市建筑公司会计处理:

借:银行存款　　　　　　　　　　　　　　　　15 000 000
　　贷:其他业务收入　　　　　　　　　　　　　　9 000 000
　　　　资本公积——关联交易差价　　　　　　　6 000 000

但是,如果有以下情况发生,则必须按以下规定处理:

(1)如果按照托管协议规定,上市公司受托经营企业发生净亏损时需承担部分亏损的,则应承担的亏损额直接计入当期管理费用。

(2)假定托管协议规定,上市公司受托经营企业发生净亏损时,仍能获得受托经营收益的,即受托方不承担亏损而只收取托管经营费用,则上市公司取得的受托经营收益全额直接计入资本公积(关联交易差价)。

(3)假定托管协议规定,上市公司受托经营企业发生净亏损需承担部分亏损,同时仍能获得受托经营收益的,则上市公司取得的委托经营收益先冲减应承担的亏损额,取得的受托经营收益超过应承担的亏损额部分,计入资本公积(关联交易差价),具体的仍按上述孰低原则处理。

(二)上市公司委托关联方经营资产或经营企业

上市公司委托其关联方,将部分资产交由关联方经营,或将其拥有的子公司或其他企业由关联方经营,上市公司支付委托经营费用,直接计入当期管理费用(托管费用)。如果按托管协议规定,上市公司委托其他单位经营其部分资产或企业的,可获得定额收益或按实现利润的一定比例等收取委托经营收益的,则按上述上市公司接受其关联方委托经营资产或企业相同的原则进行会计处理。

四、上市公司与关联方之间占用资金的会计处理

上市公司的关联方以支付资金使用费的形式占用上市公司的资金,上市公司应按取得的资金使用费,冲减当期财务费用;如果取得的资金使用费超过1年期银行存款利率计算的金额,应将相当于1年期银行存款利率计算的部分,冲减当期财务费用,超过按1年期银行存款利率计算的部分,计入资本公积(关联交易差价)。

【例17-8】 某上市建筑公司的母公司占用该上市建筑公司1 000万元资金,母公司每年支付该上市建筑公司资金使用费80万元。该上市建筑公司于2002年12月5日收到当

年度资金使用费。

由于母公司支付的资金使用费80万元,超过1 000万元按1年期银行存款利率3.5%(假定)计算的利息35万元;该上市建筑公司应将35万元冲减当期财务费用,取得的资金使用费与冲减财务费用的部分对比超过的45万元,计入资本公积(关联交易差价)。该上市建筑公司的会计处理:

借:银行存款   800 000
 贷:财务费用   350 000
  资本公积——关联交易差价   450 000

上市公司与其关联方之间发生出售资产等交易在进行会计处理时,还应当注意以下几个问题:

第一,上述凡需确认为收入的事项,在确认收入时,必须满足收入确认的条件,如果未满足收入确认条件的,则不应确认为任何收入。

第二,如果上市公司与关联方之间出售资产的,实际价格低于或等于所出售资产或转移债权账面价值的,仍按有关企业会计制度的规定进行处理;如果实际交易价格超过相关资产账面价值的,除市场上存在更客观、明确、公允的价格外,均按上述原则进行会计处理。

第三,上市公司出售资产给关联方的,在确定与非关联方之间交易价格时,必须有确凿证据表明交易价格的公允性,并提供相关可靠的证据,如果缺乏可靠的证据,则应按与关联方之间交易进行处理。

第四,上市公司与关联方之间交易,按会计处理规定确认的收入与税法规定不同的,则按会计处理规定确认收入,按税法规定计算纳税。例如,上市公司对关联方销售的价格远远高于对非关联方销售的价格,在确认收入时,按照会计处理规定计算确认,在计算交纳增值税时,如果税法规定按实际交易价格计算增值税销项税额的,则应按实际交易价格计算增值税销项税额,而不能按照确认收入的金额计算增值税销项税额。

第五,上市公司出售相关资产之前,应先按照企业会计制度的规定计提相关资产的减值准备;资产出售时,已计提的资产减值准备一并结转。短期投资按投资类别或投资总体计提跌价准备的,也应按合理的方法估计已计提的跌价准备,例如,按计提跌价准备时的市价与成本金额计算已计提的短期投资跌价准备,或按一定的比例分摊已计提的短期投资跌价准备等。

第六,上市公司对向关联方出售资产、承担债务或费用、委托或受托经营企业、关联方占用资金等交易,应当在会计报表附注中充分披露。

第十八章 会计政策、会计估计变更和会计差错更正

第一节 会计政策变更

一、会计政策变更

会计政策变更,是指企业对相同的交易或事项由原来采取的会计政策改用另一会计政策的行为。也就是说,在不同的会计期间执行不同的会计政策。

《企业会计制度》规定,企业应当按照会计准则和会计制度规定的原则和方法进行核算,各期采用的会计原则和方法应当保持一致,不得任意变更。否则,势必削弱会计信息的可比性,使会计报表的使用者在比较企业的经营业绩时发生困难。

但是,会计政策也不是不能变更的,由于情况发生了变化,或者掌握了新的信息,使得变更会计政策能够更好地反映企业的财务状况、经营成果和现金流量,则可以变更会计政策。企业若确实需要变更会计政策,则应当将变更的情况、变更的原因及其对企业财务状况和经营成果的影响,在财务报表附注中加以说明。

如果符合国家统一的会计制度规定的条件,企业可以变更会计政策,一般来说要符合下列条件之一:

第一,法律或会计准则等行政法规、规章要求变更。这种情况是指,按照《企业会计准则》、全国统一会计制度以及其他法规、规章的规定,要求企业采用新的会计政策,则应按照法规、规章的规定改变原会计政策,按新的会计政策执行。如,发布实施了收入和投资会计准则,对收入确认、短期投资计价采用新的会计政策;又如,《企业会计制度》要求企业对固定资产、无形资产等的期末计价,由账面净值(或账面摊余价值)改为账面价值与可回收金额孰低计价,同时计提资产减值准备。

第二,变更会计政策以后,能够使所提供的企业财务状况、经营成果和现金流量信息更为可靠、更为相关。这一情况是指,由于经济环境、客观情况的改变,使企业原采用的会计政策所提供的会计信息,已不能恰当地反映企业的财务状况、经营成果和现金流量等情况。在这种情况下,就需要改变原有会计政策,按变更后新的会计政策进行核算,以对外提供更可靠、更相关的会计信息。如,企业原来采用先进先出法进行存货领用和发出的计价,由于价格持续上涨,采用后进先出法进行计价更能真实反映存货的当前价格,从而与体现市价的收入配比,这表明,只有改变原来的会计政策,才能提供更为可靠、更为相关的信息。

需要注意的是,除法律或会计制度、会计准则等行政法规、规章要求变更会计政策应当按照规定执行和披露外,企业因满足上述第二个条件要求变更会计政策时,必须有充分、合理的证据表明其变更的合理性,并说明变更会计政策后,能够提供关于企业财务状况、经营

成果和现金流量等更可靠、更相关的会计信息的理由。

在会计实务中,企业应当分清哪些情形属于会计政策变更,哪些不属于会计政策变更。下列两种情况不属于会计政策变更:

(1)当期发生的交易或事项与以前相比具有本质差别,而采用新的会计政策。因为会计政策总是针对特定类型的交易或事项,如果发生的交易或事项与其他交易或事项有本质区别,那么,企业实际是为新的交易或事项选择适当的会计政策,并没有改变原有的会计政策。如,企业以往租入设备都是为了满足临时经营需要,企业按经营租赁会计处理方法核算。当年租入新设备,或续租原设备,根据租赁合同有关条款中规定的租赁期、租金的计算以及租赁期满时设备的处理等因素考虑,都属于融资租赁,因而采用了融资租赁会计处理方法。由于新的租赁合同或续租合同与以往合同相比,已经发生了本质变化,从经营租赁变为融资租赁,在这种情况下改变会计处理方法,则不属于会计政策变更。

(2)对初次发生的或不重要的交易或事项采用新的会计政策。与第一种情况相类似,初次发生某类交易或事项,采用适当的会计政策,并没有改变原有的会计政策。如,企业以前没有建造合同业务,当年承接的建造合同则属于初次发生的交易,企业采用完工百分比法进行核算,并不是会计政策变更。又如,某企业对领用工具用具,均作为期间费用处理。后来改变会计处理方法,决定将其资本化即部分工具用具改列为固定资产,根据使用年限计提折旧。由于工具用具在费用总额中所占的比重不大,按照重要性原则,如果不按会计政策变更的会计方法进行处理,并不会影响会计信息的可比性,不影响会计信息质量,不会引起会计信息使用者的误会,所以不作为会计政策的变更。

企业变更会计政策,并不意味着以前期间的会计政策是错误的,如果以前期间的会计政策的运用是错误的,则属于会计差错,应按会计差错更正的会计处理方法进行处理。

二、会计政策变更的会计处理方法

对会计政策变更的会计处理有两种方法,即,追溯调整法和未来适用法。

(一)追溯调整法

追溯调整法,指对某项交易或事项变更会计政策时,如同该交易或事项初次发生时就开始采用新的会计政策,并以此对相关项目进行调整的方法。即,应当计算会计政策变更的累积影响数,并相应调整变更年度的期初留存收益,会计报表的相关项目也相应进行调整。

采用追溯调整法时,如果提供比较会计报表,对于比较会计报表期间的会计政策变更,应调整比较期间各期的净损益各项目和会计报表其他相关项目,视同该政策在比较会计报表期间一直采用;对于比较会计报表可比期间以前的会计政策变更的累积影响数,应调整比较会计报表最早期间的期初留存收益,会计报表其他相关项目的数字也应一并调整,但不需要重新编制以前年度的会计报表。

追溯调整法的运用通常由以下几个步骤构成:

第一步,计算会计政策变更的累积影响数;

第二步,进行相关的账务处理,一般无需通过"以前年度损益调整"科目,而是直接通过"利润分配——未分配利润"科目核算;

第三步,调整会计报表相关项目,主要是调整会计政策变更当年的资产负债表的年初

数、利润表和利润分配表的上年数;

第四步,附注说明。

上述第一步的会计政策变更的累积影响数,指按变更后的会计政策对以前各期追溯计算的变更年度期初留存收益应有的金额与现有的金额之间的差额。会计政策变更的累积影响数,是假设与会计政策变更相关的交易或事项在初次发生时即采用新的会计政策,而得出的变更年度期初留存收益应有的金额,与现有的金额的差额。会计政策变更的累积影响数,是对变更会计政策所导致的对净损益的累积影响,以及由此导致的对利润分配及未分配利润的累积影响金额,不包括分配的利润或股利。这里的留存收益包括"法定盈余公积"、"法定公益金"、"任意盈余公积"和"未分配利润"各项目。

会计政策变更的累积影响数等于以下两个金额之间的差额:

(1)在变更会计政策的当年,按变更后的会计政策对以前各期追溯计算,所得到的年初留存收益金额;

(2)变更会计政策当年年初原有的留存收益金额。

其中第二项变更会计政策当年年初原有的留存收益金额,即为上年资产负债表所反映的留存收益年末数(不考虑因会计差错等原因对年初数的调整),可以从上年资产负债表项目中获得;需要计算的是第一项,即,按变更后的会计政策对以前各期追溯计算,得到新的年初留存收益。上述的留存收益金额,都是指所得税后的净额。即,按新的会计政策计算确定留存收益时,应当考虑由于损益变化所导致的补计所得税或减计所得税,即,留存收益是税后数。

累积影响数通常可以通过以下各步计算获得:

第一步,根据新的会计政策重新计算受影响的前期交易或事项;

第二步,计算两种会计政策下的差异;

第三步,计算差异的所得税影响金额;

第四步,确定以前各期的税后差异;

第五步,计算会计政策变更的累积影响数。

【例18-1】 某建筑公司根据会计制度规定,自2003年1月1日起对不需用固定资产由原来的不提折旧改为计提折旧,并按追溯调整法进行处理,公司对固定资产按平均年限法计提折旧,有关固定资产资料见表18-1,公司所得税率为33%,公司每年按实现净利润的10%提取法定盈余公积,按实现净利润的5%提取法定公益金,所得税采用应付税款法核算。

固定资产资料 表18-1

单位:元

固定资产	增加日期	转入不需用日期	原价	使用年限	净残值
A	1997.6.20	2000.12.31	420 000	10年	20 000
B	1997.12.8	2000.6.2	210 000	10年	10 000
C	2001.12.10	2002.6.20	300 000	6年	0

会计处理为:

(1)计算确定会计政策变更的累积影响数,列表计算如表18-2:

累积影响数计算表

表 18-2

单位:元

年 度	按原会计政策确认的应提折旧	按变更后的会计政策计算的应提折旧	所得税前差异	所得税影响	累积影响数
2000	50 000	60 000	−10 000	0	−10 000
2001	0	60 000	−60 000	0	−60 000
2002	25 000	110 000	−85 000	0	−85 000
合计	75 000	230 000	−155 000	0	−155 000

(2)进行相关的账务处理:

调整会计政策变更累积影响数:

借:利润分配——未分配利润　　　　　　　　　　　　155 000
　　贷:累计折旧　　　　　　　　　　　　　　　　　　　　　155 000

调整利润分配

借:盈余公积——法定盈余公积　　　　　　　　　　15 500
　　盈余公积——法定公益金　　　　　　　　　　　7 750
　　贷:利润分配——未分配利润　　　　　　　　　　　　　23 250

(3)调整会计报表相关项目:

在会计政策变更的当年,应当调整资产负债表年初留存收益数,以及利润表及利润分配表上年数栏有关项目。

公司在编制2003年度会计报表时,应当调增资产负债表年初留存收益数、长期股权投资数,即调减盈余公积23 250元,调减未分配利润131 750元,调增累计折旧155 000元。同时调减上年利润及利润分配表中的年初未分配利润,即调增管理费用85 000,调减年初未分配利润59 500元。报表如表18-3、表18-4。

资产负债表(局部)

表 18-3

编制单位:某建筑公司　　　　2002年12月31日　　　　　　单位:元

资 产	年 初 数			负债和所有者权益	年 初 数		
	调整前	调增(减)	调整后		调整前	调增(减)	调整后
累计折旧	900 000	155 000	1 055 000	盈余公积	76 935	−23 250	53 685
				未分配利润	702 565	−131 750	570 815

利润表(局部)

表 18-4

编制单位:某建筑公司　　　　2002年12月31日　　　　　　单位:元

项 目	上 年 数		
	调整前	调增(减)	调整后
二、主营业务利润	3 153 000	0	3 153 000
减:营业费用	123 000	0	123 000
管理费用	850 000	85 000	935 000

续表

项目	上年数		
	调整前	调增(减)	调整后
财务费用	210 000	0	210 000
三、营业利润	1 970 000	-85 000	1 885 000
加:投资收益	50 000	0	50 000
营业外收入	100 000	0	100 000
减:营业外支出	70 000	0	70 000
四、利润总额	2 050 000	-85 000	1 965 000
减:所得税	676 500	0	676 500
五、净利润	1 373 500	-85 000	1 288 500
加:年初未分配利润	436 500	-59 500	377 000(注)
六、可供分配的利润	1 810 000	-144 500	1 665 500
减:提取法定盈余公积	137 350	-8 500	128 850
提取法定公益金	68 675	-4 250	64 425
七、可供股东分配的利润	1 603 975	-131 750	1 472 225
减:应付普通股股利	901 410	0	901 410
八、未分配利润	702 565	-131 750	570 815

注:377 000 = 调整前年初未分配利润 + 2000 年和 2001 年的累积影响数 × 85% = 436 500 - 70 000 × 85%。

(二)未来适用法

未来适用法,指对某项交易或事项变更会计政策时,新的会计政策适用于变更当期及未来期间发生的交易或事项。即,不计算会计政策变更的累积影响数,也不必调整变更当年年初的留存收益,只在变更当期采用新的会计政策。根据披露要求,企业应计算确定会计政策变更对当期净利润的影响数。

【例 18-2】 某建筑公司原对钢材采用先进先出法,近期由于物价持续上涨,从 2003 年 1 月 1 日起改用后进先出法。2003 年 1 月 1 日钢材价值 1 500 000 元,公司实际购进成本 13 000 000 元,2003 年 12 月 31 日按后进先出法计算确定的钢材价值为 1 300 000 元,所得税税率为 33%。2003 年 12 月 31 日按先进先出法计算的钢材价值为 2 500 000 元。

某建筑公司由于经济环境发生变化而改变会计政策,由于存货收发历史资料不全,对该项会计政策变更,无法合理确定其累积影响数,因而采用未来适用法,即对钢材采用后进先出法从 2003 年及以后才适用,不需要计算 2003 年 1 月 1 日以前按后进先出法计算存货应有的余额,以及对留存收益的影响金额。

按后进先出法计算的本年使用钢材成本 = 1 500 000 + 13 000 000 - 1 300 000 = 13 200 000(元)

按先进先出法计算的本年使用钢材成本 = 1 500 000 + 13 000 000 - 2 500 000 = 12 000 000(元)

会计政策变更对当期净利润的影响数 = (12 000 000 - 13 200 000) × (1 - 33%) = -804 000(元)

三、会计政策变更的会计处理方法的选择

对于会计政策变更,企业应当根据具体情况分别采用不同的会计处理方法:

(1)企业依据法律或会计准则等行政法规、规章的要求变更会计政策,分别以下情况处理:

国家发布相关的会计处理办法,则按照国家发布的相关会计处理规定进行处理。《企业会计准则》和有关会计制度在发布时,一般都会同时规定新旧制度的衔接办法,企业按衔接办法的有关规定进行会计处理即可。例如,1993年我国会计改革,会计政策发生了较大的变动,因此,国家有关部门对各行业都制定了相关的新旧会计制度衔接处理办法,各行业在执行新制度过程中对于会计政策变更的处理,就应按照该衔接办法的规定进行处理。又如,税制改革后,增值税由价内税改为价外税,其核算的会计政策相应也要改变,国家在发布增值税会计处理办法的同时,又发布了有关的衔接办法。

国家没有发布相关的会计处理办法,则采用追溯调整法进行会计处理。

(2)由于经济环境和客观情况发生改变,为使会计信息更为可靠、更为相关,而改变会计政策,则应当采用追溯调整法进行会计处理。

(3)如果会计政策变更的累积影响数不能合理确定,无论是属于法规、规章要求而变更会计政策,还是因经营环境、客观情况的改变而变更会计政策,均采用未来适用法进行会计处理,例如,存货的计价方法由其他方法改为后进先出法时,如果改用后进先出法的那一年度的年初存货价值很难再按后进先出法进行调整,在这种情况下,变更年度的基期存货余额一般只能是变更前按其他方法计算出来的结果,难以计算会计政策变更后的累积影响数。在这种情况下,会计政策的变更可以采用未来适用法进行处理,但应当根据会计准则的规定披露无法合理确定会计政策变更累积影响数的原因。

四、会计政策变更的披露

在会计报表附注中披露如下与会计政策变更的有关事项:

(一)会计政策变更的内容和理由

包括对会计政策变更的简要阐述、变更的日期,变更前采用的会计政策和变更后所采用的新会计政策及会计政策变更的原因。例如,依据法律或会计准则等行政法规、规章的要求变更会计政策时,在会计报表附注中应当披露所依据的文件,如是由于执行《企业会计准则》而发生的变更,应在会计报表附注中说明:"依据《企业会计准则——××》的要求变更会计政策……"。

(二)会计政策变更的影响数

包括以下几个方面:

(1)采用追溯调整法时,计算出的会计政策变更的累积影响数;

(2)会计政策变更对本期以及比较会计报表所列其他各期净损益的影响金额;

(3)比较会计报表最早期间期初留存收益的调整金额。

(三)累积影响数不能合理确定的理由

包括在会计报表附注中披露累积影响数不能合理确定的理由以及由于会计政策变更对当期经营成果的影响金额。

【例18-3】 对于【例18-1】所述情形,应做如下说明:

本公司根据会计制度规定,自2003年1月1日起对不需用固定资产由原来的不提折旧改为计提折旧,此项会计政策变更已采用追溯调整法,调整了期初留存收益及累计折旧的期初数;利润及利润分配表的上年数栏,已按调整后的数字填列,此项会计政策变更的累积影响数为-155 000元;2002年度的净利润调减了85 000元;调减2002年期初留存收益70 000元,其中,调减未分配利润59 500元;调减2003年利润表及利润分配表上年数栏的年初未分配利润59 500元;调增2003年资产负债表年初数栏中的累计折旧155 000元,调减2003年资产负债表年初数栏中的留存收益155 000元。

【例18-4】 对于【例18-2】所述情形,应做如下说明:

本公司对存货原采用先进先出法计价,由于本年度物价持续上涨,改用后进先出法计价。由于存货收发历史资料不全,对该项会计政策变更,无法合理确定其累积影响数,因而采用未来适用法。由于该项会计政策变更,当期净利润减少804 000元。

第二节 会计估计变更

一、会计估计变更

由于企业经营活动中内在的不确定因素的影响,某些会计报表项目不能精确地计量,而只能加以估计,如果赖以进行估计的基础发生了变化,或者由于取得了新的信息,积累了更多的经验以及后来的发展变化,可能需要对会计估计进行变更。会计估计变更,并不意味着以前期间的会计估计是错误的,只是由于情况发生了变化,使得变更会计估计能够更好地反映企业的财务状况和经营成果。如果以前期间的会计估计是错误的,则属于会计差错,按会计差错更正的会计处理方法详见后。

企业进行会计估计变更的原因有:

第一,赖以进行估计的基础发生了变化。企业进行会计估计,总是依赖于一定的基础,如果所依赖的基础发生了变化,则会计估计也应相应作出变化。

第二,取得了新的信息,积累了更多的经验。企业进行会计估计是就现有的资料对未来所作的判断,随时间的推移,企业有可能取得新的信息,积累更多的经验,在这种情况下,也需要对会计估计进行修订。

二、会计估计变更的会计处理

对于会计估计变更,企业应采用未来适用法。即,在会计估计变更当期及以后期间,采用新的会计估计,不改变以前期间的会计估计,也不调整以前期间的报告结果。为使不同期间的财务报表能够可比,如果以前期间的会计估计变更的影响数计入日常经营活动损益,则以后期间也应计入日常经营活动损益;如果以前期间的会计估计变更的影响数计入特殊项目,则以后期间也应相应计入特殊项目。具体来说,如果会计估计变更仅影响变更当期,有关估计变更的影响应于当期确认;如果会计估计变更既影响变更当期又影响未来期间,有关估计变更的影响在当期以及以后各期确认。

【例18-5】 某建筑公司2000年12月31日购入一台管理设备,原值100 000元,原估计使用年限为9年,预计净残值10 000元,按直线法计提折旧。由于技术进步等因素,已不能继续按原定年限计提折旧,于2003年1月1日将该设备折旧年限改为6年,预计净残值为6 000元。所得税率为33%。

公司对上述估计变更的处理方法如下:
(1)不调整以前各期折旧,也不计算累积影响数;
(2)变更日以后发生的经济业务改按新估计使用年限提取折旧;

截止2003年1月1日,公司的管理设备已提折旧2年,累计折旧20 000元,固定资产净值80 000元。2003年1月1日起,改按新的使用年限计提折旧,每年折旧费用为:(80 000 - 6 000)÷(6 - 2) = 18 500(元)

2003年12月31日,公司应编制如下会计分录:

借:管理费用　　　　　　　　　　　　　　　　　　　　　18 500
　　贷:累计折旧　　　　　　　　　　　　　　　　　　　　　18 500

在具体实务中,应正确划分会计政策变更和会计估计变更,并按不同的方法来进行相关的会计处理。但有时很难区分会计估计变更和会计政策变更,则应按会计估计变更进行会计处理。如,某企业原按应收账款余额的5%计提坏账准备,假如按国家新发布的会计制度规定改按账龄分析法计提坏账准备,逾期三年以上尚未收回的应收账款按20%计提坏账准备,逾期二年至三年尚未收回的应收账款按10%计提坏账准备,逾期二年以下未收回的应收账款按5%计提坏账准备。对于这一事项,坏账准备由应收账款余额百分比法改为账龄分析法,属于会计政策变更;但从计提比例看,计提坏账准备的比例发生了变化,属于会计估计变更。在这种不易区别的情况下,可均视为会计估计变更,用会计估计变更的会计处理方法。

【例18-6】 某建筑公司于2000年1月1日购入一套财务管理软件,采购价格100 000元,计入无形资产,按5年进行摊销。到2003年1月1日,由于企业管理结构发生改变,此套软件已不适合公司继续使用,公司决定将未摊销的余额40 000元全部在当月予以摊销。

对于上述会计变更,无法区分是会计政策变更还是会计估计变更,从摊销方法改为一次摊销看,是会计政策的变更;从摊销年限缩短看是会计估计的变更,因此作为会计估计变更处理。2003年1月1日,公司应做如下会计处理:

借:管理费用　　　　　　　　　　　　　　　　　　　　　40 000
　　贷:无形资产　　　　　　　　　　　　　　　　　　　　　40 000

三、会计估计变更的会计披露

对于会计估计变更,应在会计报表附注中披露以下事项:
(1)会计估计变更的内容和理由,主要包括变更的内容、变更日期以及为什么要变更会计估计。
(2)会计估计变更的影响数,主要包括会计估计变更对当期损益的影响金额,以及对其他各项目的影响金额。
(3)会计估计变更的影响数不能合理确定的理由。

【例18-7】 对于【例18-5】应在会计报表附注中作如下披露:
本公司一台管理设备,原始价值100 000元,原预计使用年限为9年,预计净残值10 000

元,按直线法计提折旧。由于新技术的发展,该设备已不能按原预计使用年限计提折旧,本公司于2003年1月1日变更该设备的预计使用年限为6年,预计净残值为6 000元,以反映该设备的真实预计使用年限和净残值。该估计变更影响本年度净利润减少数为5 695元[(18 500 – 10 000)×(1 – 33%)]。

第三节 会计差错更正

一、会计差错概述

会计差错是指在会计核算时,由于确认、计量、记录等方面出现的错误。在日常会计核算中,可能由于多种原因造成会计差错。具体来说,企业产生会计差错常见的原因有以下几点:

第一,会计政策使用上的差错,即采用了法律或国家统一会计制度等行政法规、规章所不允许的会计政策。如,按照我国会计制度规定,为购建固定资产而发生的借款费用,在固定资产达到预定可使用状态前发生的,满足一定条件的应予资本化,计入所购建固定资产的成本;在固定资产达到预定可使用状态后发生的,计入当期损益。如果企业固定资产已达到预定可使用状态后发生的借款费用,也计入该项固定资产的价值,予以资本化,则属于采用法律或会计准则等行政法规、规章所不允许的会计政策。

第二,账户分类以及计算错误。如,企业购入的五年期国债,意图长期持有,但在记账时记入了短期投资,导致账户分类上的错误,并导致在资产负债表上流动资产和长期投资的分类也有误。

第三,会计估计错误。如,企业在估计固定资产的使用年限和预计净残值时,发生错误;又如,国家规定企业可以根据应收账款年末余额的一定比例计提坏账准备,企业有可能在年末多计提或少计提坏账准备,从而影响损益的计算。

第四,在期末应计项目与递延项目未予调整。如,企业应在本期摊销的摊销费用在期末时未予摊销,对预提费用在期末未按规定预提。

第五,漏记已完成的交易。如,企业购买一批原材料,材料和发票已经收到,材料款已支付,但企业在期末时未将已收到的材料入账。

第六,对事实的忽视和误用。如,企业对某项建造合同应按《企业会计准则——建造合同》规定的方法确认营业收入,但该企业按确认商品销售收入的原则确认收入。

第七,提前确认尚未实现的收入或不确认已实现的收入。如,按《企业会计准则——建造合同》规定,已满足确认条件,而企业出于某种因素的考虑,没有将其确认为收入。

第八,资本性支出与收益性支出划分差错,等等。如,施工企业发生的生产人员的工资一般作为收益性支出,而发生的技术改造工程、大修理工程生产人员工资一般作为资本性支出。如果企业将发生的技术改造等工程人员工资计入了当期损益,则属于资本性支出与收益性支出的划分差错。

企业发生的会计差错有重大会计差错与非重大会计差错之分。其中重大会计差错是指企业发现的使公布的会计报表不再具有可靠性的会计差错;非重大差错是指不足以影响会计报表使用者对企业财务状况、经营成果和现金流量作出正确判断的会计差错。

重大会计差错一般是指金额比较大,通常某项交易或事项的金额占该类交易或事项的金额10%及以上,则认为金额比较大,如某企业提前确认未实现的营业收入占全部营业收入的10%及以上,则认为是重大会计差错。企业发现的重大会计差错,如不加以调整,会使公布的会计报表所反映的信息不可靠,并有可能误导投资者、债权人及其他会计报表阅读者的决策或判断。因此,重大会计差错应调整期初留存收益,及会计报表其他相关项目的期初数。

二、会计差错更正的会计处理

企业发现在日常的会计核算中的会计差错时,应当根据差错的性质及时纠正。《企业会计制度》中有关会计差错更正的会计处理方法,不包括年度资产负债表日至财务会计报告批准报出日之间发现的报告年度的会计差错,以及报告年度前的非重大会计差错,关于这部分会计差错的处理应按照《企业会计制度》中有关资产负债表日后事项的规定进行处理。

对于会计差错,企业应按不同情况分别加以处理:

(一)当期发现的属于本期的会计差错

对于本期发生的会计差错,应当调整本期相关项目。

【例18-8】 某建筑公司2003年12月31日发现一台搅拌机本年度少提折旧576元。

企业会计处理如下:

借:工程施工　　　　　　　　　　　　　　　　　　　　　576
　　贷:累计折旧　　　　　　　　　　　　　　　　　　　　　　　576

(二)本期发现的,属于以前年度的会计差错

按以下原则处理:

1. 非重大差错

对于本期发现的,属于与前期相关的非重大会计差错,不调整会计报表相关项目的期初数,但应调整发现当期与前期相同的相关项目,属于影响损益的,应直接计入本期与上期相同的净损益项目;属于不影响损益的,应调整本期与前期相同的相关项目。

【例18-9】 某建筑公司于2003年发现,2002年收回A公司应收账款20 000元误记入B公司账户。

2003年发现时更正此项差错的会计处理如下:

借:应收账款——B公司　　　　　　　　　　　　　　　　20 000
　　贷:应收账款——A公司　　　　　　　　　　　　　　　　　　20 000

2. 重大会计差错

对于本期发现的,属于与前期相关的重大会计差错,如影响损益,应将其对损益的影响数调整发现当期的期初留存收益,会计报表其他相关项目的期初数也应一并调整;如不影响损益,应调整会计报表相关项目的期初数。

在编制比较会计报表时,对于比较会计报表期间的重大会计差错,应调整各该期间的净损益和其他相关项目,视同该差错在产生的当期已经更正;对于比较会计报表期间以前的重大会计差错,应调整比较会计报表最早期间的期初留存收益,会计报表其他相关项目的数字也应一并调整。

【例18-10】 某建筑公司2003年发现2002年应计入在建的公司办公大楼成本的利息

费用 300 000 元(该工程尚未完工),计入了 2002 年度的损益。企业所得税税率为 33%,公司按净利润的 10%提取法定盈余公积,按净利润的 5%提取法定公益金。假定税法允许调整应交所得税。

公司应会计处理如下:

分析:2002 年在建工程少计 300 000 元,少计利润总额 300 000 元,少计所得税 99 000 元,少计净利润 201 000 元,少提盈余公积 30 150 元。

(1)补计在建工程:

借:在建工程　　　　　　　　　　　　　　　　　　　　　300 000
　　贷:以前年度损益调整　　　　　　　　　　　　　　　　　　　300 000

(2)调整应交所得税:

借:以前年度损益调整　　　　　　　　　　　　　　　　　　99 000
　　贷:应交税金——应交所得税　　　　　　　　　　　　　　　　99 000

(3)将以前年度损益调整科目余额转入利润分配:

借:以前年度损益调整　　　　　　　　　　　　　　　　　　201 000
　　贷:利润分配——未分配利润　　　　　　　　　　　　　　　　201 000

(4)调整利润分配的有关数字:

借:利润分配——未分配利润　　　　　　　　　　　　　　　30 150
　　贷:盈余公积——法定盈余公积　　　　　　　　　　　　　　　20 100
　　　　　　　——法定公益金　　　　　　　　　　　　　　　　　10 050

(5)调整报表:如表 18-5 及表 18-6 所示。

资产负债表(局部)　　　　　　　　　　　　　表 18-5

编制单位:某建筑公司　　　2003 年 12 月 31 日　　　　单位:元

资产	年初数			负债和所有者权益	年初数		
	调整前	调增(减)	调整后		调整前	调增(减)	调整后
在建工程	900 000	300 000	1 200 000	应交税金	49 500	99 000	148 500
				盈余公积	76 935	30 150	107 085
				未分配利润	702 565	170 850	873 415

利润表(局部)　　　　　　　　　　　　　　表 18-6

编制单位:某建筑公司　　　2002 年 12 月 31 日　　　　单位:元

项目	上年数		
	调整前	调增(减)	调整后
二、主营业务利润	3 353 000	0	3 353 000
减:营业费用	123 000	0	123 000
管理费用	850 000	0	850 000
财务费用	410 000	−300 000	110 000
三、营业利润	1 970 000	300 000	2 270 000
加:投资收益	50 000	0	50 000

续表

项 目	上　　年　　数		
	调整前	调增(减)	调整后
营业外收入	100 000	0	100 000
减:营业外支出	70 000	0	70 000
四、利润总额	2 050 000	300 000	2 350 000
减:所得税	676 500	99 000	775 500
五、净利润	1 373 500	201 000	1 574 500
加:年初未分配利润	436 500	0	436 500
六、可供分配的利润	1 810 000	201 000	2 011 000
减:提取法定盈余公积	137 350	20 100	157 450
提取法定公益金	68 675	10 050	78 725
七、可供股东分配的利润	1 603 975	170 850	1 774 825
减:应付普通股股利	901 410	0	901 410
八、未分配利润	702 565	170 850	873 415

三、会计差错更正的披露

会计报表附注中应披露如下与会计差错有关的事项:

(1)重大会计差错的内容,包括重大会计差错的事项、原因和更正方法。

(2)重大会计差错的更正金额,包括重大会计差错对净损益的影响金额以及对其他项目的影响金额。

【例18-11】 对于例【18-10】所述情形,应在会计报表附注中做如下说明:

本年度发现2002年应计入在建工程成本的利息费用300 000元,在编制2002年和2003年比较报表时,已对该差错进行了更正。更正后,调增2002年净利润和留存收益201 000元,调增在建工程300 000元。

四、滥用会计政策、会计估计及其变更

滥用会计政策、会计估计及其变更,指企业在具体运用国家统一的会计制度所允许选用的会计政策,以及企业在具体运用会计估计时,未按照规定正确运用或随意变更,从而不能恰当地反映企业的财务状况和经营成果的情形。

滥用会计政策和会计估计及其变更的主要表现形式有:

第一,对按国家统一的会计制度规定应计提的各项资产减值准备,未按合理的方法估计各项资产的可收回金额(或可变现净值),从而多计提资产减值准备的。在实际执行过程中,有的公司滥用会计制度给予的会计政策,不按规定的方法估计资产可能产生的损失,在上一年度大量计提各项资产损失准备,有的公司甚至不针对债务单位的实际情况,对应收款项全额计提坏账准备。公司这样做的意图在于,待本年度再转回资产减值准备,由此可以增加本年度的利润。这实质上是企业利用会计政策、会计估计及其变更设置秘密准备,以达到操纵利润的目的。

第二,企业随意变更其所选择的会计政策。企业对其所选择的固定资产折旧方法、发出存货实际成本的确定方法等,未按照会计政策变更的条件随意变更会计政策。如,有些企业因当年利润未达到预定目标,或者有的上市公司当年度预计将发生亏损,为了达到预定的利润目标或不发生亏损,而变更折旧政策,将原采用加速折旧法计提固定资产折旧的方法改为按照年限平均法计提折旧,从而减少当期折旧费用,增加利润。

第三,企业随意调整费用等的摊销期限。如,有些企业随意调整无形资产的摊销期限。无形资产通常应按照企业会计制度规定的期限摊销,但有的企业却视经营状况摊销,如果当期利润完成得好,则多摊;如果当期利润未完成或亏损,则不摊或少摊。

第四,属于滥用会计政策和会计估计的其他情形。如,随意调增或调减折旧年限等。

企业滥用会计政策、会计估计及其变更将导致企业财务状况和经营成果不实,从而导致会计信息缺乏可靠性。对于滥用会计政策、会计估计及其变更,应当作为重大会计差错予以更正。也就是说,当期发现的与前期相关的重大会计差错,如影响损益,应将其对损益的影响数调整发现当期的期初留存收益,会计报表其他相关项目的期初数也应一并调整;如不影响损益,应调整会计报表相关项目的期初数。当期发现与当期相关的重大会计差错,应调整本期相关项目。

企业应按照《企业会计制度》的规定,恰当地选择和运用会计政策、会计估计及其变更,真实地反映企业的财务状况、经营成果和现金流量情况。

第十九章 或有事项

第一节 或有事项

一、或有事项的概念和特征

(一)或有事项的概念

企业在会计核算中经常面临某些不确定的情形,需要会计人员做出职业分析和判断。其中,有些情形,其最终结果须以未来事项的发生或不发生来加以证实。如企业对销售的商品承诺三包服务,如果发生退换货或返修服务,企业将产生资产损失。但是否会产生资产损失,以及损失金额的大小,则视将来三包的内容和工作量的大小而定。按照权责发生制原则及谨慎性原则,应该由现在的事项承担的费用,但尚未发生又不确定的费用,应该在资产负债表日对三包义务费用发生的可能性及金额大小作出判断,这种事项称为或有事项。

或有事项,是指过去的交易或事项形成的一种状况,其结果须由未来不确定事件的发生或不发生加以证实。或有事项主要有:

(1)商业承兑汇票背书转让或贴现;(2)未决诉讼和仲裁;(3)产品质量保证;(4)债务担保。

(二)或有事项的特征

1. 由过去的交易或事项形成的一种状况

或有事项作为一种状况,是过去已经发生,在资产负债表日依然存在的事项。它的结果对企业是有利影响还是不利影响,或虽已知是有利影响或不利影响,但影响多大,只能由未来发生的事件加以证实,现在尚不能完全肯定。例如,根据国家法律规定,对承建的工程提供保修,是指对已经竣工,并办理工程决算的产品提供的保修,这种保修是现存的一种状况,不是将要存在的某种状况。

2. 具有不确定性,企业无法控制

或有事项具有不确定性,是指或有事项的结果具有不确定性。正因为结果的不确定性,所以企业无法控制,因为企业无法控制,其结果才具有不确定性,两者是互为相倚的。例如:为其他单位的银行借款提供连带责任保证,如果被担保方到期无力归还借款,提供担保的单位将承担还款的连带责任。这对于担保方来讲,担保所引起的可能发生的连带责任就构成了或有事项。但是,担保方是否需要履行连带责任,在担保协议签定完成时是不能确定的。其次,或有事项的结果即使预计会发生,但具体发生的时间或发生的金额具有不确定性。如对工程的屋面防水提供保修,虽然返修可能性较大,但何时返修,返修的面积和发生的金额多大具有不确定性,这也是企业事前无法控制的。这种不确定性,是或有事项区别于其他不确定性会计事项的重要特征。

3. 只能由未来发生的事件加以确定

或有事项的结果,在其发生时,是难以证实的。如未决诉讼,在判决结果出来前,是无法确定的,只有最终判决后才能加以确定。

二、或有负债与或有资产

作为过去的交易或事项形成的一种状况,或有事项有可能导致经济利益的流入或流出。

导致经济利益流入的称为或有资产,是指过去的交易或事项形成的潜在资产,其存在须通过未来不确定事项的发生或不发生予以证实。根据谨慎性原则,或有资产是不需确认的。但会计人员需根据或有资产形成的可能性大小,作出职业判断,决定在会计报表附注中披露或不披露。

导致经济利益流出的称为或有负债,是指过去的交易或事项形成的潜在义务,其存在须通过未来不确定事项的发生或不发生予以证实;或过去的交易或事项形成的现时义务,履行该义务不是很可能导致经济利益流出企业或该义务的金额不能可靠地计量。如果或有事项的结果很可能导致经济利益流出企业,同时满足负债确认的条件,那么企业应确认为负债,作为预计负债核算。如果不能满足确认条件,则不需确认,但应在会计报表附注中披露。

第二节 或有事项的会计处理

一、或有事项的确认

作为或有事项的确认,实际上只有预计负债才需要确认。确认为预计负债时,需同时符合以下三个条件:

(一)该义务是企业承担的现时义务

是指义务已经发生,必须立即承担。例如,根据保证合同,某建筑公司为一房地产企业提供200万元贷款担保,该房地产企业到期无法归还贷款,银行已向法院提起诉讼,由于该房地产公司资不抵债,至2003年12月31日,法院尚未判决,但建筑公司很可能承担连带责任,要替被担保方归还该笔贷款200万元,因此,某建筑公司的一项现时义务已经产生。

(二)该义务的履行很可能导致经济利益流出企业

这是指企业履行因或有事项而承担的现时义务导致利益流出企业的可能性超过50%。企业对可能性的这种概率作职业分析和判断时,一般分为基本确定($<100\%>95\%$)、很可能($\leqslant 95\%>50\%$)、可能($\leqslant 50\%>5\%$)、极小可能($\leqslant 5\%>0$)四种情况,一般只有前两种情况才需作出预计。

(三)该义务的金额能够可靠地计量

虽然或有事项产生的现时义务的金额具有不确定性,需要予以估计。但只有在其金额能够合理地估计,并同时满足其他两个条件时,企业才能加以确认。例如上述担保借款额200万元,加逾期罚息,银行已经在起诉书上指出是236万元,这就可以估算出预计负债的金额。

二、或有事项的计量

如前所述,或有事项的计量,实际上只是预计负债的计量。当符合预计负债确认的三项条件时,如何合理估计入账金额,应是清偿该负债所需支出的最佳估计数。此外,企业因履行或有事项所形成的义务,还可能从第三方或其他方获得补偿。因此,或有事项的计量主要涉及两个问题,一是最佳估计数的确定;二是预期可获补偿的处理。

(一)最佳估计数的确定

企业因或有事项而确认的负债的金额,应是补偿该负债所需支出的最佳估计数。如果最佳所需支出在一个金额区间,则最佳估计数取其上下限金额的平均数确定;如果不存在一个金额区间,则最低估计数要分项目,根据各种可能发生额及其发生概率计算确定。例如上述200万元借款担保,基本确定法院判决某建筑公司归还借款本息236万元,但某建筑公司已经提起诉讼,诉讼标的为其担保的某房地产公司的尚未销售的商品房五套,法院已经对该标的五套商品房采取强制措施,准备拍卖,预计拍卖收入80万元至120万元间,因此该建筑公司在资产负债表中确认的金额为$[236-(120+80)\div 2]=136$万元。

(二)预期可获得补偿的处理

如果企业清偿因或有事项而确认的负债所需支出全部或部分预期由第三方或其他方补偿,则此补偿金额只有在基本确定能收到时,才能作为资产单独确认,确认的补偿金额不能超过所确认负债的账面价值。预期可能获得补偿的情况通常有:发生交通事故等情况时,企业通常可以从保险公司获得合理赔偿;在某些索赔诉讼中,企业可通过反诉的方式对索赔人或第三方另行提出赔偿要求;在债务担保业务中,企业在履行担保义务的同时,通常可向被担保企业提出追偿要求。

三、或有事项的披露

(一)因或有事项而确认的负债的披露,亦即对预计负债的披露

在资产负债表中,对或有事项确认的负债(预计负债)应单独反映,同时还应在会计报表附注中对各项预计负债形成的原因及金额作相应披露,以使会计报表使用者获得充分、详细的或有事项信息。如果企业基本确定能获得补偿,那么企业在利润表中反映因或有事项确认的费用或支出时,应将这些补偿预先抵减。

(二)或有负债的披露

或有负债无论作为潜在义务,还是现时义务,均不符合负债的确认条件,因而不予确认。但是,如果或有负债符合某些条件,则应予以披露。其基本原则是极小可能导致经济利益流出企业的或有负债一般不予披露。但对某些经常发生或对企业的财务状况和经营成果有较大影响的或有负债,即使其导致经济利益流出企业的可能性极小,也应予以披露,以确保会计信息使用者获得足够充分和详细的信息。这些或有负债主要有:已贴现的商业承兑汇票形成的或有负债,未决诉讼、仲裁形成的或有负债以及为其他单位提供债务担保形成的或有负债。披露内容包括或有负债形成的原因和预计产生的财务影响以及获得补偿的可能性。

(三)或有资产的披露

根据谨慎性原则,或有资产虽然不作确认,但如果或有资产很可能($>50\%\leqslant 95\%$)会给企业带来经济利益时,则应在会计报表中披露。披露的内容包括或有资产形成的原因和预期对企业财务可能产生的影响等。

(四)预计负债会计处理举例

预计负债的概念及其核算方法详见本书第九章有关流动负债的内容介绍。下面举例阐

述建筑企业常见的预计负债会计处理。

【例 19-1】 某建筑公司诉某房地产公司拖欠工程款,诉讼标的 1 500 万元,预计诉讼费 25 万元,建筑公司负担一半。2003 年 12 月 31 日作如下会计处理:

  借:管理费用——预计诉讼费   125 000
    贷:预计负债——未决诉讼   125 000

【例 19-2】 某建筑公司对其承建的房屋屋面进行保修,2003 年 12 月 31 日,已对现场进行评估,并作出修复预算需 250 000 元,会计处理:

  借:管理费用——工程保修费   250 000
    贷:预计负债——工程保修费   250 000

【例 19-3】 某建筑公司替某房地产公司的银行借款 2 000 000 元提供担保,该房地产公司逾期无法还贷,同时经营状况已经恶化,资不抵债。其贷款银行已对某房地产公司提起诉讼,该建筑公司作为连带责任人也被起诉,根据法院已受理的起诉书,该建筑公司可能要归还为其担保的银行借款 2 000 000 元,预计诉讼费 15 000 元,罚息 360 000 元,同时预计没有其他补偿的可能,会计处理:

  借:管理费用——预计诉讼费   15 000
    营业外支出——担保损失   2 000 000
       ——罚息   360 000
    贷:预计负债——未决诉讼   2 375 000

【例 19-4】 某建筑公司承建的已竣工并交付使用的房屋前廊雨披发生坍塌,致使一人重伤,该使用单位 2003 年 12 月 26 日已起诉该建筑公司,要求赔偿工程质量损失 200 000 元,同时赔偿医药费等 180 000 元,2003 年 12 月 30 日法院已受理。根据现场勘察和伤员的情况,预计修复费用在 150 000—200 000 元间,预计伤员医药费等在 100 000—180 000 元间,预计诉讼费 10 000 元,会计处理:

  借:营业外支出——赔偿支出   315 000
     [(150 000 + 200 000)÷2 + (100 000 + 180 000)÷2]
    管理费用——预计诉讼费   10 000
    贷:预计负债——未决诉讼   325 000

第二十章 所得税的核算

第一节 所得税概述

一、概述

建筑企业的利润,要根据国家所得税的规定,按照应税所得计算上缴所得税。但是,会计利润与应税所得不同。会计利润又称"税前利润",是根据会计制度所确认的收入总额,减除成本费用后的差额计算而得。应税所得又称"应税利润"、"纳税所得",是根据税法规定所确认的收入总额,减除准予扣除项目金额(即可扣除的费用)的总额计算而得。财务会计根据会计制度规定,通过对会计事项的确认、记录、计量、披露,为会计信息使用者提供与决策有用的信息。税法是以课税为目的,根据"公平税负,促进竞争"的原则来确定应税所得,以保证国家机构正常运转所需的财政收入。由于会计制度与税法规定的目的不同,二者对收益、费用等确认和计量的口径、时间不同,从而导致会计利润与应税所得之间产生了永久性差异和时间性差异。

二、永久性差异和时间性差异

(一)时间性差异

时间性差异,是指税法与会计制度在确认收益、费用或损失时的时间不同而产生的税前会计利润与应纳税所得额的差异。时间性差异发生于某一会计期间,但在以后一期或若干期内能够转回。时间性差异主要有以下几种类型:

(1)企业获得的某项收益,按照会计制度规定应当确认为当期收益,但按照税法规定需要待以后期间确认为应税所得,从而形成应纳税时间性差异。这里的应纳税时间性差异是指未来应增加应纳税所得额的时间性差异。如权益法下的投资收益,只有在被投资企业会计账务上实际做利润分配处理时,企业才确认为应税所得。

(2)企业发生的某项费用或损失,按照会计制度规定应当确认为当期费用或损失,但按照税法规定待以后期间从应税所得中扣减,从而形成可抵减时间性差异。这里的可抵减时间性差异是指未来可以从应纳税所得额中扣除的时间性差异。如工程点交时预提的工程保修费。

(3)企业获得的某项收益,按照会计制度规定应当于以后期间确认收益,但按照税法规定需计入当期应税所得,从而形成可抵减时间性差异。如租赁业务预收的租金在收到时应计入应税所得,但会计上要实际提供服务时才确认为收益。

(4)企业发生的某项费用或损失,按照会计制度规定应当于以后期间确认为费用或损失,但按照税法规定可以从当期应税所得中扣减,从而形成应纳税时间性差异。如计提折旧税收上采用加速折旧法,会计上采用直线折旧法。

时间性差异的特征是会计与税收对某项收益或费用、损失确认的口径一致,但确认的时间不一致。时间性差异采用一定的方法进行账务调整,可以前后各期相互抵减的。

(二)永久性差异

永久性差异,是指某一会计期间,由于会计制度和税法在计算收益、费用或损失时的口径不同,所产生的税前会计利润与应纳税所得额之间的差异。这种差异在本期发生,不会在以后各期转回。永久性差异有以下几种类型:

(1)按会计制度规定核算时作为收益计入会计报表,在计算应税所得时不确认为收益。如国债利息收入。

(2)按会计制度规定核算时不作为收益计入会计报表,在计算应税所得时作为收益,需要交纳所得税。如建筑企业自产自用产品,会计上规定不作销售处理,按成本结转,而税法规定应视同对外销售处理。

(3)按会计制度规定核算时确认为费用或损失计入会计报表,在计算应税所得时则不允许扣减。如违法经营的罚款、税收滞纳金、超过税收规定标准支付的招待费、公益救济性捐赠等。

(4)按会计制度规定核算时不确认为费用或损失,在计算应税所得时则允许扣减。如对企业前5年内未弥补的亏损,税法规定可用当年利润弥补。

第二节 所得税的会计处理

一、科目设置

(一)"所得税"科目

本科目核算企业按规定从本期损益中扣除的所得税。借方核算企业计入本期损益的所得税费用,贷方核算转入"本年利润"科目的所得税费用,期末结转本年利润后,"所得税"科目无余额。

(二)"递延税款"科目

采用纳税影响会计法的企业使用。本科目核算企业由于时间性差异产生的税前会计利润与应税所得额之间的差异影响所得税的金额,以及以后各期转回的金额。贷方核算企业本期税前会计利润大于纳税所得产生的时间性差异影响所得税的金额,以及本期转回已确认的时间性差异对纳税影响的借方金额;借方核算企业本期税前会计利润小于纳税所得产生的时间性差异影响所得税的金额,以及本期转回已确认的时间性差异对纳税影响的贷方金额;期末贷方或借方余额,分别反映已确认但尚未转回的时间性差异影响纳税的金额。企业应按照时间性差异的性质、时间,分别在"递延税款"一级科目下设置明细科目进行明细分类核算。

二、会计处理方法

企业的所得税核算应当根据具体情况,按规定采用下列适合的方法进行账务调整处理,可以采用应付税款法和纳税影响会计法。

（一）应付税款法

应付税款法是指企业不确认时间性差异对所得税的影响金额,按照当期计算的应交所得税确认为当期所得税费用的方法。在这种方法下,当期所得税费用等于应交的所得税。

应交所得税 =［税前利润 ± 永久性差异 ± 时间性差异］× 所得税率
　　　　　= 所得税费用

【例 20-1】 某建筑公司某项设备,税法规定可按 3 年折旧,但会计处理按 6 年折旧,该项固定资产的原价为 1 200 000 元,按直线法计提折旧(不考虑净残值的因素)。假设该企业前 3 年每年实现利润 5 000 000 元,后 3 年每年实现利润 6 000 000 元,前 2 年所得税率为 33%,从第 3 年起所得税率改为 30%,应作如下会计处理:

第一年:
按 3 年提折旧,每年折旧 400 000 元
按 6 年提折旧,每年折旧 200 000 元
时间性差异 200 000 元
应税所得额 = 5 000 000 - 200 000 = 4 800 000 元
所得税率 33%
本期应交所得税 1 584 000 元
本期所得税费用 1 584 000 元

借:所得税　　　　　　　　　　　　　　　　　　1 584 000
　　贷:应交税金——应交所得税　　　　　　　　　　　　1 584 000

第二年会计处理同上。

第三年:
应税所得额 = 5 000 000 - 200 000 = 4 800 000(元)
所得税率 30%
本期应交所得税 1 440 000 元
本期所得税费用 1 440 000 元

借:所得税　　　　　　　　　　　　　　　　　　1 440 000
　　贷:应交税金——应交所得税　　　　　　　　　　　　1 440 000

第四年:
应税所得额 = 6 000 000 + 200 000 = 6 200 000(元)
所得税率 30%
本期应交所得税 1 860 000 元
本期所得税费用 1 860 000 元

借:所得税　　　　　　　　　　　　　　　　　　1 860 000
　　贷:应交税金——应交所得税　　　　　　　　　　　　1 860 000

第五年、第六年会计处理同上。

在应付税款法下,本期发生的时间性差异不作跨期转回,与永久性差异同样处理,均按税法规定调整为应税所得,计算出应交的所得税,作为本期所得税费用,会计处理比较简便。

（二）纳税影响会计法

纳税影响会计法,是指企业确认时间性差异对所得税的影响金额,按照当期应交所得

和时间性差异对所得税影响金额的合计,确认为当期所得税费用的方法。在这种方法下,时间性差异对所得税的影响金额,递延和分配到以后各期;永久性差异对所得税影响的金额,在发生的当期调整所得税费用。

纳税影响会计法又分为"递延法"和"债务法"两种。在所得税税率不变的情况下,两种核算方法其结果相同;但在所得税税率变动的情况下,两种核算方法的结果不同。

1. 递延法

递延法是把本期由于时间性差异而产生的影响所得税的金额,保留到这一差异发生相反变化的以后期间予以转回。当税率变更或开征新税,不需要调整由于税率的变更或新税的征收对"递延税款"余额的影响。发生在本期的时间性差异影响所得税的金额,用现行税率计算;以前各期发生的而在本期转回的各项时间性差异影响所得税的金额,按照原发生时的税率计算转回。

采用递延法时,应按税前会计利润加减发生的永久性差异后的金额计算所得税费用,按照纳税所得计算应交所得税,按照所得税费用与应交所得税之间的差额,作为递延税款。即:

所得税费用 = (税前利润 ± 永久性差异) × 所得税率

应交所得税 = [(税前会计利润 ± 永久性差异) ± 时间性差异] × 所得税率

递延税款 = 应交所得税 − 所得税费用
　　　　 = 时间性差异 × 所得税率

以【例20-1】说明

第一年:

按3年提折旧,每年折旧400 000元

按6年提折旧,每年折旧200 000元

时间性差异 200 000元

应交所得税 = (5 000 000 − 200 000) × 33% = 1 584 000(元)

所得税费用 = 5 000 000 × 33% = 1 650 000(元)

时间性差异影响纳税的金额 = 1 584 000 − 1 650 000 = − 66 000(元)

借:所得税　　　　　　　　　　　　　　　　　　　　　1 650 000
　　贷:递延税款　　　　　　　　　　　　　　　　　　　　66 000
　　　　应交税金——应交所得税　　　　　　　　　　　1 584 000

第二年会计处理同上。

第三年所得税税率为30%

应交所得税 = (5 000 000 − 200 000) × 30% = 1 440 000(元)

所得税费用 = 5 000 000 × 30% = 1 500 000(元)

时间性差异影响的金额 = 1 440 000 − 1 500 000 = − 60 000(元)

借:所得税　　　　　　　　　　　　　　　　　　　　　1 500 000
　　贷:递延税款　　　　　　　　　　　　　　　　　　　　60 000
　　　　应交税金——应交所得税　　　　　　　　　　　1 440 000

第四年:

应交所得税 = (6 000 000 + 200 000) × 30% = 1 860 000(元)

转销时间性差异影响的金额=200 000×33%=66 000(元)

所得税费用=1 860 000-66 000=1 794 000(元)

借:所得税　　　　　　　　　　　　　　　　　　　1 794 000
　　递延税款　　　　　　　　　　　　　　　　　　　　66 000
　　　贷:应交税金——应交所得税　　　　　　　　　　　　　1 860 000

第五年会计处理同上。

第六年:

应交所得税=(6 000 000+200 000)×30%=1 860 000(元)

转销时间性差异影响的金额=200 000×30%=60 000(元)

所得税费用=1 860 000-60 000=1 800 000(元)

借:所得税　　　　　　　　　　　　　　　　　　　1 800 000
　　递延税款　　　　　　　　　　　　　　　　　　　　60 000
　　　贷:应交税金——应交所得税　　　　　　　　　　　　　1 860 000

采用递延法时,资产负债表上列示的递延所得税余额,是按照产生时间性差异时期所适用的所得税率计算的,而不是用现行税率计算的,在税率变动或开征新税时,对递延税款的账面余额不作调整,因此并不代表收款的权利或付款的义务,通常称为递延所得税贷项或借项。

2. 债务法

债务法是把本期由于时间性差异而产生的影响纳税的金额,保留到这一差额发生相反变化时转销。在税率变更或开征新税时,递延税款的余额要按照税率的变动或新征税款进行调整。

企业采用债务法时,应按税前会计利润加减发生的永久性差异后的金额计算所得税费用,按照纳税所得计算应交所得税,按照所得税费用与应交所得税之间的差额,作为递延税款。按照计算税率变更或开征新税调整的递延所得税资产或负债,调整递延税款余额。即:

所得税费用=(税前利润±永久性差异)×现行所得税率

应交所得税=[(税前会计利润±永久性差异)±时间性差异]×现行所得税率

递延税款=应交所得税-所得税费用
　　　　=时间性差异×现行所得税率

税率变更或开征新税调整的递延所得税资产或负债=已确认递延税款金额的累计时间性差异×(现行所得税率-原所得税率)

仍以【例20-1】说明:

第一年、第二年的会计处理同递延法。

第三年的会计处理如下:

应交所得税=(5 000 000-200 000)×30%=1 440 000(元)

所得税费用=5 000 000×30%=1 500 000(元)

时间性差异影响的金额=1 440 000-1 500 000=-60 000(元)

调整由于前二年按33%的所得税率计算对纳税的影响
　=400 000×(30%-33%)=-12 000(元)

借:所得税　　　　　　　　　　　　　　　　　　　1 500 000

    贷:递延税款   60 000
       应交税金——应交所得税   1 440 000
同时,
  借:递延税款   12 000
     贷:所得税   12 000
第四年:
应交所得税=(6 000 000+200 000)×30%=1 860 000(元)
所得税费用=6 000 000×30%=1 800 000(元)
时间性差异影响纳税的金额=1 860 000-1 800 000=60 000(元)
  借:所得税   1 800 000
     递延税款   60 000
     贷:应交税金——应交所得税   1 860 000
第五、六年的会计处理同上。

采用债务法时,在税率变动或开征新税时,对递延税款科目的余额要进行相应的调整。本期产生或转回的时间性差异的所得税影响金额均按现行所得税税率计算。本期时间性差异预计对未来所得税的影响金额,在资产负债表上作为未来应付税款的债务或作为代表预付未来税款的资产。

在纳税影响会计法下,对本期发生的永久性差异影响所得税的金额,调整当期所得税费用;对时间性差异影响所得税的金额,单独设置"递延税款"科目核算,不直接调整所得税费用,而是在以后期间转回。在这种方法下,所得税作为一项费用,应随同有关的收入和费用计入同一期内,以达到收入与费用的配比。纳税影响会计法的运用要比应付税款法难。

需要注意的是,正常情况下纳税影响会计法适用于所有的时间性差异,但在时间性差异所产生的递延税款借方金额的情况下,为了慎重起见,如在以后转回时间性差异的时期内(一般为三年),有足够的应纳税所得额予以转回的,才能作为递延税款的借方反映,否则应采用应付税款法进行会计处理。

企业应当设置"递延税款备查登记簿",详细记录每项时间性差异发生的原因、金额、预计转回期限、已转回金额等。

(三)年终结账后的会计处理

资产负债表日后调整事项,调整的内容影响纳税所得的,在所得税汇算清缴之前的,应调整应交所得税;在所得税汇算清缴之后的,不调整应交所得税。其会计处理要视企业采用的所得税核算方法不同而不同,有以下三种情况:

(1)企业所得税汇算清缴前发生的资产负债表日后调整事项,需要调整报告年度的应纳税所得。调整账务后,还应调整报告年度资产负债表有关项目的年末数和利润表及利润分配表本年数,同时调整发生当年资产负债表的年初数和利润表及利润分配表的上年数。有以下两种方法:1)采用应付税款法核算所得税的企业,影响到应纳税所得额的应调整应交税金和所得税费用。2)采用纳税影响会计法核算所得税的企业,影响到应纳税所得额可以调整应交税金。应将资产负债表日后调整事项所属的永久性差异金额,调整报告年度的应交所得税和所得税费用;时间性差异金额,在进行日后事项调整时予以转回或调整。

【例20-2】 某建筑公司2003年,财务报告对外批准报出日为2004年3月30日。企业尚未完成年度所得税汇算清缴工作,所得税率为33%,在今后3年内有足够的应纳税所得额用以抵减可抵减时间性差异。该公司所属预制件厂于2003年9月30日销售产品给C公司,价款1 710 000元,增值税销项税额290 000元,成本1 310 000元,货款于2003年12月31日尚未收到,为此计提坏账准备200 000元,税务机关批准税前扣除坏账准备10 000元。2004年2月30日,C公司因产品质量问题,要求退货,该公司收到退回的产品以及增值税发票发票联和抵扣联。(假设不考虑其他相关税费和会计报表相关项目的数字调整)会计处理如下:

1)采用应付税款法核算:

调整销售收入

借:以前年度损益调整　　　　　　　　　　　　　　　1 710 000
　　应交税金——应交增值税(销项)　　　　　　　　　290 000
　　贷:应收账款——C公司　　　　　　　　　　　　　　2 000 000

调整坏账准备

借:坏账准备　　　　　　　　　　　　　　　　　　　　200 000
　　贷:以前年度损益调整　　　　　　　　　　　　　　　200 000

调整销售成本

借:库存商品　　　　　　　　　　　　　　　　　　　　1 310 000
　　贷:以前年度损益调整　　　　　　　　　　　　　　　1 310 000

调减应交所得税和所得税费用

借:应交税金——应交所得税　　　　　　　　　　　　　128 700
　　贷:以前年度损益调整　　　　　　　　　　　　　　　128 700

[(1 710 000 - 1 310 000 - 10 000)×33%]

2)采用纳税影响会计法核算:

调整该销售退回产品的收入、成本以及所提的坏账准备的会计处理同上。

调整原已确认的递延税款

借:以前年度损益调整　　　　　　　　　　　　　　　　62 700
　　贷:递延税款　　　　　　　　　　　　　　　　　　　62 700

[(200 000 - 10 000)×33%]

调减应交所得税和所得税费用

借:应交税金——应交所得税　　　　　　　　　　　　　128 700
　　贷:以前年度损益调整　　　　　　　　　　　　　　　128 700

[(1 710 000 - 1 310 000 - 10 000)×33%]

(2)企业所得税汇算清缴后发生的资产负债表日后调整事项,作为会计调整事项账务处理后,还应同时调整会计报表相关项目数字。但不需要调整报告年度的应税所得,而应作为当年的纳税调整事项进行账务处理。有以下两种方法:1)采用应付税款法的,不调整报告年度应交所得税,在报告次年计算应交所得税。2)采用纳税影响会计法的,不调整报告年度的应交所得税,应通过"递延税款"科目,将该税金作为时间性差异递延到下一年处理。

以【例20-2】资料,若该公司2003年度企业所得税汇算清缴工作已经完成。会计处理如下:

1)采用应付税款法核算:
调整销售收入

借:以前年度损益调整	1 710 000
应交税金——应交增值税(销项)	290 000
贷:应收账款——C公司	2 000 000

调整坏账准备

借:坏账准备	200 000
贷:以前年度损益调整	200 000

调整销售成本

借:库存商品	1 310 000
贷:以前年度损益调整	1 310 000

2)采用应纳税影响会计法核算:
调整该销售退回产品的收入、成本以及所提的坏账准备的会计处理同上。
调整原已确认的递延税款

借:以前年度损益调整	62 700
贷:递延税款	62 700

调整2004年应交所得税金额而确认的递延税款

借:递延税款	128 700
贷:以前年度损益调整	128 700

(3)企业所得税汇算清缴前,财务报告报出后发生的调整事项,不作为会计日后调整事项,但影响到应纳税所得额可以调整应交税金。可按以前年度会计差错处理,金额较大的作为重大会计差错更正,调整发现当期的期初留存收益,会计报表其他相关项目的期初数也应调整;金额较小的可视为非重大会计差错,按当年纳税事项予以处理。

仍以【例20-2】资料,若年度财务报告已报出,所得税汇算清缴工作尚未完成,该公司于2004年4月5日收到退回产品。会计处理如下:
1)采用应付税款法核算:
调整销售收入

借:其他业务收入	1 710 000
应交税金——应交增值税(销项)	290 000
贷:应收账款——C公司	2 000 000

调整坏账准备

借:坏账准备	200 000
贷:管理费用	200 000

调整销售成本

借:库存商品	1 310 000
贷:其他业务支出	1 310 000

调减应交所得税和所得税费用

借:应交税金——应交所得税	128 700
贷:以前年度损益调整	128 700

2)采用应纳税影响会计法核算:
调整该销售退回产品的收入、成本以及所提的坏账准备的会计处理同上。
调整原已确认的递延税款
借:以前年度损益调整 62 700
　　贷:递延税款 62 700
调减应交所得税和所得税费用
借:应交税金——应交所得税 128 700
　　贷:以前年度损益调整 128 700

第二十一章　财务会计报告

第一节　财务会计报告概述

一、财务会计报告的定义及其构成

建筑企业财务会计报告,是指建筑企业对外提供的反映企业某一特定日期的财务状况和某一会计期间经营成果、现金流量的文件。建筑企业财务会计报告分为年度、半年度、季度和月度财务会计报告。年度、半年度财务会计报告应当包括会计报表、会计报表附注和财务情况说明书。其中会计报表应当包括资产负债表、利润表、现金流量表及相关附表。季度和月度财务会计报告通常仅指会计报表,会计报表至少应当包括资产负债表和利润表。

二、财务会计报告编制的基本要求

建筑企业编制的财务会计报告应当满足下列要求:

(一)数字真实

建筑企业应当根据真实的交易、事项以及完整、准确的账簿记录等资料,并按照国家统一的会计制度规定的编制基础、编制依据、编制原则和方法编制财务会计报告。建筑企业财务会计报告要真实地反映经济业务事项的实际发生情况,不能人为地扭曲。

(二)内容完整

建筑企业提供的财务会计报告要符合国家统一的会计制度规定的格式和内容,不得漏报,更不得任意取舍。

(三)报送及时

建筑企业应当依照法律、行政法规和国家统一的会计制度有关财务会计报告提供期限的规定,及时对外提供财务会计报告。

(四)说明清晰

为了方便报告使用者理解建筑企业的财务会计报告,对于财务报表中需要说明的项目、对各项财务指标具有重大影响的因素,应当详尽说明。

三、财务会计报告编制前的准备工作

建筑企业在编制财务会计报告前,应当按照有关规定,做好下列工作:

(一)清查财产物资

在编制财务会计报告之前,建筑企业必须对各项资产、物资进行清查盘点。通过清查,查明财产物资的实存数量与账面数量是否一致,材料物资的实际储备情况,各项投资是否达到预期目的,固定资产的使用情况及其完好程度等,将清查的结果及其处理方法向企业的董

事会或者相应机构报告,并根据国家统一的会计制度的规定进行相应的会计处理。

(二)核实债权债务

在编制财务会计报告之前,建筑企业必须对结算款项进行核实,核实应收款项、应付款项、应交税金等是否存在,与债务、债权单位的相应债务债权金额是否一致,将核实的结果及其处理方法向企业的董事会或者相应机构报告,发现的坏账应按规定程序报经批准核销。

(三)正确计算已完工程量

建筑企业应按规定正确计算已完工程量,以此作为与发包单位结算工程价款的依据。

(四)做好期末结账工作

在编制财务会计报告之前,建筑企业应核对各会计账簿记录与会计凭证的内容、金额等是否一致,记账方向是否相符。依照企业财务会计报告条例规定的结账日进行结账,结出有关会计账簿的余额和发生额,并核对余额,试算平衡。

四、会计报表对外提供的形式

建筑企业应按国家统一的会计制度规定的格式、内容和提供期限及时对外提供真实、完整的财务会计报告。企业对外提供的财务会计报告应当依次编定页数,加具封面,装订成册,加盖公章。封面上应当注明:企业名称、企业统一代码、组织形式、地址、报表所属年度或者月份、报出日期,并由企业负责人和主管会计工作的负责人、会计机构负责人(会计主管人员)签名并盖章;设置总会计师的企业,还应当由总会计师签名并盖章。

第二节 资产负债表

一、资产负债表的定义及其格式概述

资产负债表是反映企业在某一特定日期财务状况的会计报表,它是根据"资产=负债+所有者权益"公式,采用账户式结构,左方列示资产,右上方列示负债,右下方列示所有者权益,用于总括反映企业在某一特定日期(月末、季末、半年末、年末)拥有的各项资产、承担的各种负债和所有者拥有的各种性质的权益。为了提供企业各项资产的流动性信息和偿债能力,企业会计制度规定的资产项目和负债项目是按其流动性分类分项列示,所有者权益则按其内容构成分项列示。资产负债表的每个项目又分"年初数"和"期末数"两栏,用于进行对比分析(其格式见后)。

二、建筑企业资产负债表的编制方法

(一)资产负债表"年初数"的填列方法

资产负债表"年初数"栏内各项数字,根据上年末资产负债表"期末数"栏内各项数字填列,如果本年度资产负债表规定的各个项目的名称和内容同上年度不相一致,则按编报当年的口径对上年年末资产负债表各项目的名称和数字进行调整,填入本表"年初数"栏内。

(二)资产负债表"期末数"的填列方法

资产负债表"期末数"栏内各项数字根据会计期末各总账账户及所属明细账户的余额填列,《企业会计制度》已作详细说明,这里不再赘述。下面仅就涉及建筑施工企业特性的项目

作如下说明：

1."存货"项目

反映企业期末在建施工合同已完工但尚未办理结算的价款和在库、在途及在加工中的各项存货的可变现净值,包括各种材料、产品、在产品、半成品、周转材料、低值易耗品等。本项目应根据"物资采购"、"原材料"、"低值易耗品"、"周转材料"、"采购保管费"、"委托加工材料"、"辅助生产"等科目的期末余额合计,减去"存货跌价准备"科目期末余额后的金额,和"工程施工"与"工程结算"科目余额分析填列。材料采用计划成本核算的企业,还应按加"材料成本差异"科目的期末借方余额或减"材料成本差异"科目的期末贷方余额后的金额填列。

"其中：已完工尚未结算款"项目,反映企业期末在建工程中已完工部分但尚未办理结算的价款。本项目应根据"工程施工"所属明细科目的期末借方余额,减去相对应的"工程结算"所属明细科目期末贷方余额后的金额填列。

2."其他长期资产"项目

本项目应根据有关科目的期末余额填列。如其他长期资产价值较大的,应在会计报表附注中披露其内容和金额。

"其中：临时设施"项目,反映企业期末临时设施的摊余价值、尚未清理完毕临时设施的价值以及清理净收入。本项目应根据"临时设施"科目和"临时设施清理"科目的期末余额合计减去"临时设施摊销"科目的期末余额后的金额填列。

3."预收账款"项目

反映企业按照工程合同规定预收发包单位的工程价款和预收购货单位的货款。本项目应根据"预收账款"科目所属各有关明细科目的期末贷方余额合计填列。如"预收账款"科目所属有关明细科目有借方余额的,应在本表"应收账款"项目内填列；如"应收账款"科目所属明细科目有贷方余额的,也应包括在本项目内。已结算尚未完工工程,也包括在本项目内。

"其中：已结算尚未完工工程"项目,反映企业期末在建工程中未完工部分但已办理了结算的价款。本项目应根据在建施工合同"工程结算"所属明细科目期末贷方余额减去相对应的"工程施工"所属明细科目期末借方余额后的金额填列。

三、资产负债表编制举例

【例 21-1】

(一)资料

(1)某建筑公司为增值税一般纳税人,增值税税率为17%,营业税税率为3%,城市维护建设税税率为7%,教育费附加税率为4%,企业所得税税率为33%。2003年正在施工的工程项目有甲、乙、丙三项,其中：甲工程、乙工程2002年开工,2003年底止尚未竣工；丙工程2003年开工,2003年竣工。该建筑公司2003年1月1日有关会计科目的余额见表21-1。

科目余额表

表 21-1

单位：元

会计科目名称	借方余额	会计科目名称	贷方余额
现金	1 060.00	短期借款	3 000 000.00
银行存款	1 918 710.00	应付票据	1 351 000.00

续表

会计科目名称	借方余额	会计科目名称	贷方余额
其他货币资金	170 000.00	应付账款	500 000.00
短期投资	107 500.00	预收账款	1 200 000.00
短期投资跌价准备	−3 000.00	工程结算	2 200 000.00
其中:股票投资	−3 000.00	其中:甲工程	1 500 000.00
应收票据	6 000 000.00	乙工程	700 000.00
应收股利	23 000.00	其他应付款	32 500.00
应收利息	7 000.00	应付工资	
应收账款	3 170 000.00	应付股利	116 000.00
坏账准备	−1 700.00	应付福利费	183 000.00
其中:应收账款	−1 585.00	应交税金	187 200.00
其他应收款	−115.00	其他应交款	2 400.00
预付账款	80 000.00	预提费用	60 000.00
其他应收款	230 000.00	长期借款	2 090 000.00
物资采购	0.00	应付债券	3 600 000.00
原材料	3 550 000.00	其中:债券面值	3 000 000.00
工程施工	2 157 000.00	应计利息	600 000.00
其中:甲工程	1 577 000.00	实收资本	11 000 000.00
乙工程	580 000.00	资本公积	26 000.00
存货跌价准备	−35 000.00	盈余公积	187 000.00
其中:原材料	−35 000.00	其中:法定公益金	37 000.00
低值易耗品	98 000.00	本年利润	
周转材料	1 330 000.00	利润分配	193 000.00
周转材料摊销	−510 000.00	其中:提取法定盈余公积	
材料成本差异	109 530.00	提取法定公益金	
待摊费用	106 000.00	分配普通股股利	
长期股权投资	200 000.00	未分配利润	193 000.00
长期债权投资	287 000.00		
其中:债券投资(面值)	250 000.00		
债券投资(应计利息)	37 000.00		
长期投资减值准备	−20 000.00		
其中:长期股权投资	−20 000.00		
固定资产	3 916 000.00		
固定资产减值准备	−510 000.00		
其中:机器设备	−510 000.00		
累计折旧	−1 200 000.00		
在建工程	2 700 000.00		

续表

会计科目名称	借方余额	会计科目名称	贷方余额
无形资产	1 800 000.00		
无形资产减值准备	-330 000.00		
其中:专利权	-330 000.00		
临时设施	927 000.00		
临时设施摊销	-350 000.00		
合计	25 928 100.00	合计	25 928 100.00

(2)该建筑公司2003年主要经济业务如下：

1)收到工程款11 800 000元。

2)收到销售材料款234 000元(含增值税34 000元)。

3)收到前期销售材料未收款(已挂账应收账款)1 170 000元。

4)用银行存款支付前期销售材料本期退回款35 100元(含增值税5 100元)。

5)收到的税费返还60 000元。

6)收到的罚款收入3 000元。

7)收到的个人赔偿30 000元(已挂账其他应收款)。

8)结算工程款19 000 000元(其中:甲工程5 000 000元、乙工程11 000 000元、丙工程3 000 000元)。

9)销售材料351 000元(含增值税51 000元),收到商业承兑汇票一张。

10)购买材料936 000元(含增值税136 000元),用银行存款支付351 000元,余款585 000元未付。

11)购买材料12 519 000元(含增值税1 819 000元),开出商业承兑汇票一张1 000 000元,余款用银行存款支付。

12)支付前期购买材料未付账款500 000元。

13)用银行存款支付到期的商业承兑汇票1 351 000元。

14)用银行存款预付购买材料款600 000元。

15)支付工资2 070 000元。其中:支付给在建工程人员250 000元,支付给公司管理人员50 000元,支付给生产工人及一线管理人员1 770 000元。

16)用银行存款支付退休人员费用80 360元。

17)用银行存款支付养老保险金、失业保险金和住房公积金852 840元(其中:在建工程人员103 000元)。

18)支付给职工以及为职工支付的各项福利费用160 000元。

19)用银行存款支付各项税费748 600元,其中:营业税670 000元,城市维护建设税53 600元,印花税3 000元,教育费附加22 000元。

20)支付差旅费、业务招待费、保险费等110 000元。

21)银行收到出售某项短期投资款48 000元。该项短期投资本金57 500元,已提跌价准备1 500元,投资损失8 000元。

22)银行收到转让长期股权投资款205 000元,该长期股权投资的账面价值200 000元,已提减值准备 20 000 元,投资收益 25 000 元。

23)银行收到转让长期债券投资款 196 000 元,该长期债券投资的面值 150 000 元,应计未收利息 26 000 元,投资收益 20 000 元。

24)银行收到出售临时设施款 22 000 元,该临时设施的账面原值 300 000 元,已提摊销 288 000 元,收益 10 000 元。

25)银行收到报废固定资产净收入 13 000 元,该固定资产的账面原值 350 000 元,已提折旧 325 000 元,损失 12 000 元。

26)用银行存款支付购置设备款 132 600 元。

27)用银行存款支付购买股票款 326 000 元。

28)用银行存款支付购买债券款 171 000 元。

29)收到发行债券款 5 000 000 元。

30)借入短期借款 1 000 000 元。

31)借入长期借款 2 000 000 元。

32)用银行存款支付到期债券本金 3 000 000 元和利息 600 000 元。

33)用银行存款归还长期借款本金 1 200 000 元和利息 150 000 元。

34)用银行存款支付短期借款本金 3 000 000 元,支付短期借款利息(已预提)36 000 元。

35)用银行存款支付现金股利 116 000 元。

36)现金支付捐款 8 000 元。

37)用银行存款支付机械租赁费 390 000 元,其中:甲工程 100 000 元,乙工程 230 000 元,丙工程 60 000 元。

38)用银行存款支付材料转运费 23 700 元,其中:甲工程 8 000 元,乙工程 15 700 元。

39)收到应收票据贴现款 5 922 100 元。应收票据面值 6 000 000 元,支付贴现息 77 900 元。

40)用银行存款支付保险费(列入待摊费用)120 000 元。

41)预提短期借款利息 28 000 元。

42)预提长期借款利息 190 000 元。

43)周转材料摊销 370 000 元,其中:甲工程 90 000 元,乙工程 210 000 元,丙工程 70 000 元。

44)计提折旧 173 000 元,其中:计入管理费用 53 000 元,计入工程施工 120 000 元(其中:甲工程 30 000 元,乙工程 70 000 元,丙工程 20 000 元)。

45)临时设施摊销 130 000 元,其中:甲工程 30 000 元,乙工程 75 000 元,丙工程 25 000 元。

46)收到出让无形资产款 227 000 元,该项无形资产账面摊余价值 270 000 元,已提减值准备 50 000 元,收益 7 000 元。

47)在建工程完工转入固定资产 2 100 000 元。

48)摊销固定资产大修理费 50 000 元,其中:甲工程 15 000 元,乙工程 25 000 元,丙工程 10 000 元。摊销待摊费用(印花税)31 000 元。

49)摊销无形资产 183 000 元。

50)分配工资 2 070 000 元,其中:计入在建工程 250 000 元,管理费用 50 000 元,工程施工 1 770 000 元(其中:甲工程 450 000 元,乙工程 1 020 000 元,丙工程 300 000 元)。

51)提取福利费 289 800 元,其中:计入在建工程 35 000 元,管理费用 7 000 元,工程施工 247 800 元(其中:甲工程 63 000 元,乙工程 142 800 元,丙工程 42 000 元)。

52)提取工会经费 41 400 元(其中:在建工程 5 000 元,管理费用 36 400);提取教育经费 31 050 元(其中:在建工程 3 750 元,管理费用 27 300 元)。

53)结转材料采购成本,计划成本 12 920 000 元,实际成本 13 300 000 元,材料成本差异 380 000 元。

54)工程耗用原材料 12 580 000 元,耗用低值易耗品 70 000 元。其中:甲工程 3 300 000 元,乙工程 7 500 000 元,丙工程 1 850 000 元。

55)分配材料成本差异 418 500 元,其中:甲工程 110 000 元,乙工程 242 500 元,丙工程 66 000 元。

56)确认 2003 年合同收入、合同费用和合同毛利如表 21-2。

2003 年合同收入、合同费用、合同毛利表

表 21-2

单位:元

工程项目	合同收入	合同费用	合同毛利
甲工程	5 000 000.00	4 196 000.00	804 000.00
乙工程	11 000 000.00	9 531 000.00	1 469 000.00
丙工程	3 000 000.00	2 443 000.00	557 000.00
合计	19 000 000.00	16 170 000.00	2 830 000.00

57)按确认的工程合同收入提取税金及附加 632 700 元,其中:营业税 570 000 元,城市维护建设税 39 900 元,教育费附加 22 800 元。

58)计提坏账准备 3 000 元(其中:应收账款 3 015 元,其他应收款 -15 元)。

59)计提存货跌价准备 58 000 元。

60)计提长期投资减值准备(股权投资)22 000 元。

61)已计提减值准备的固定资产价值又得以恢复 11 000 元。

62)前期销售本期退回的材料成本 27 000 元。

63)结转本期销售材料成本 450 000 元。

64)提取销售材料税金及附加 7 700 元,其中:城市维护建设税 4 900 元,教育费附加 2 800 元。

65)预提租金 67 000 元。

66)用银行存款支付广告费用 86 100 元。

67)收到银行存款利息 28 300 元。

68)结转各项收入到本年利润,其中:主营业务收入 19 000 000 元,其他业务收入 470 000 元,投资收益 15 000 元,营业外收入 20 000 元。

69)结转各项支出到本年利润,其中:主营业务成本 16 170 000 元,主营业务税金及附加 572 700 元,其他业务支出 430 700 元,营业费用 86 100 元,管理费用 1 458 900 元,财务费用 77 600 元,营业外支出 9 000 元。

70)计算并结转应交所得税 231 000 元。

71)本年利润结转到利润分配 469 000 元。

72)提取法定盈余公积 46 900 元,提取法定公益金 23 450 元,分配普通股股利 60 000 元。

73)将利润分配各明细科目的余额转入"未分配利润"明细科目。

74)用银行存款交纳所得税 198 000 元。

75)预收工程款 300 000 元。

76)丙工程已完工,结转合同成本 2 443 000 元和合同毛利 557 000 元。

(二)编制会计分录(略)

(三)有关会计科目余额

根据上述资料,该建筑公司 2003 年 12 月 31 日有关会计科目的余额见表21-3。

科目余额表　　　　　　　　　表 21-3

单位:元

会计科目名称	借方余额	会计科目名称	贷方余额
现金	1 060.00	短期借款	1 000 000.00
银行存款	2 260 810.00	应付票据	1 000 000.00
其他货币资金	170 000.00	应付账款	585 000.00
短期投资	50 000.00	预收账款	1 500 000.00
短期投资跌价准备	-1 500.00	工程结算	18 200 000.00
其中:股票投资	-1 500.00	其中:甲工程	6 500 000.00
应收票据	351 000.00	乙工程	11 700 000.00
应收股利	23 000.00	其他应付款	104 950.00
应收利息	7 000.00	应付工资	0.00
应收账款	9 200 000.00	应付股利	60 000.00
坏账准备	-4 700.00	应付福利费	312 800.00
其中:应收账款	-4 600.00	应交税金	55 300.00
其他应收款	-100.00	其他应交款	6 000.00
预付账款	680 000.00	预提费用	119 000.00
其他应收款	200 000.00	长期借款	2 930 000.00
物资采购	0.00	应付债券	5 000 000.00
原材料	3 467 000.00	其中:债券面值	5 000 000.00
工程施工	18 157 000.00	应计利息	0.00
其中:甲工程	6 077 000.00	实收资本	11 000 000.00
乙工程	12 080 000.00	资本公积	26 000.00
存货跌价准备	-93 000.00	盈余公积	257 350.00
其中:原材料	-93 000.00	其中:法定公益金	60 450.00
低值易耗品	28 000.00	本年利润	0.00
周转材料	1 330 000.00	利润分配	531 650.00
周转材料摊销	-880 000.00	其中:提取法定盈余公积	0.00

续表

会计科目名称	借方余额	会计科目名称	贷方余额
材料成本差异	71 030.00	提取法定公益金	0.00
待摊费用	145 000.00	分配普通股股利	0.00
长期股权投资	326 000.00	未分配利润	531 650.00
长期债权投资	282 000.00		
其中:债券投资(面值)	271 000.00		
债券投资(应计利息)	11 000.00		
长期投资减值准备	-22 000.00		
其中:长期股权投资	-22 000.00		
固定资产	5 798 600.00		
固定资产减值准备	-499 000.00		
其中:机器设备	-499 000.00		
累计折旧	-1 048 000.00		
在建工程	1 186 750.00		
无形资产	1 347 000.00		
无形资产减值准备	-280 000.00		
其中:专利权	-280 000.00		
临时设施	627 000.00		
临时设施摊销	-192 000.00		
合计	42 688 050.00	合计	42 688 050.00

(四)编制比较资产负债表

根据上述资料,首先对"工程施工"、"工程结算"科目所属明细科目余额调整计算(见表21-4),填列"已完工尚未结算款"项目和"已结算尚未完工工程"项目的金额,然后再编制资产负债表(见表21-5)。

工程施工、工程结算余额调整计算表　　　　表21-4

单位:元

项目	工程施工借方余额	工程结算贷方余额	工程施工借方余额大于工程结算贷方余额(小于"-"号表示)	列入资产负债表"已完工尚未结算款"项目	列入资产负债表"已结算尚未完工工程"项目
期初余额					
甲工程	1 577 000.00	1 500 000.00	77 000.00	77 000.00	
乙工程	580 000.00	700 000.00	-120 000.00		120 000.00
小计	2 157 000.00	2 200 000.00	-43 000.00	77 000.00	120 000.00
期末余额					
甲工程	6 077 000.00	6 500 000.00	-423 000.00		423 000.00
乙工程	12 080 000.00	11 700 000.00	380 000.00	380 000.00	
小计	18 157 000.00	18 200 000.00	-43 000.00	380 000.00	423 000.00

资产负债表

表 21-5

编制单位：某建筑公司　　　　2003年12月31日　　　　单位：元

资产	行次	年初数	期末数	负债及所有者权益	行次	年初数	期末数
流动资产：				流动负债：			
货币资金	1	2 089 770.00	2 431 870.00	短期借款	68	3 000 000.00	1 000 000.00
短期投资	2	104 500.00	48 500.00	应付票据	69	1 351 000.00	1 000 000.00
应收票据	3	6 000 000.00	351 000.00	应付账款	70	500 000.00	585 000.00
应收股利	4	23 000.00	23 000.00	预收账款	71	1 320 000.00	1 923 000.00
应收利息	5	7 000.00	7 000.00	其中：已结算尚未完工工程	72	120 000.00	423 000.00
应收账款	6	3 168 415.00	9 195 400.00	应付工资	73		
其他应收款	7	229 885.00	199 900.00	应付福利费	74	183 000.00	312 800.00
预付账款	8	80 000.00	680 000.00	应付股利	75	116 000.00	60 000.00
应收补贴款	9			应交税金	80	187 200.00	55 300.00
存货	10	4 619 530.00	4 303 030.00	其他应交款	81	2 400.00	6 000.00
其中：已完工尚未结算款		77 000.00	380 000.00	其他应付款		32 500.00	104 950.00
待摊费用	11	106 000.00	145 000.00	预提费用	82	60 000.00	119 000.00
一年内到期的长期债券投资	21			预计负债	83		
其他流动资产	24			一年内到期的长期负债	86		
流动资产合计	31	16 428 100.00	17 384 700.00	其他流动负债	90		
长期投资：							
长期股权投资	32	180 000.00	304 000.00	流动负债合计	100	6 752 100.00	5 166 050.00
长期债权投资	34	287 000.00	282 000.00	长期负债：			
长期投资合计	38	467 000.00	586 000.00	长期借款	101	2 090 000.00	2 930 000.00
固定资产：				应付债券	102	3 600 000.00	5 000 000.00
固定资产原价	39	3 916 000.00	5 798 600.00	长期应付款	103		
减：累计折旧	40	1 200 000.00	1 048 000.00	专项应付款	106		
固定资产净值	41	2 716 000.00	4 750 600.00	其他长期负债	108		
减：固定资产减值准备	42	510 000.00	499 000.00	长期负债合计	110	5 690 000.00	7 930 000.00
固定资产净额	43	2 206 000.00	4 251 600.00	递延税项：			
工程物资	44			递延税款贷项	111		
在建工程	45	2 700 000.00	1 186 750.00				
固定资产清理	46			负债合计	114	12 442 100.00	13 096 050.00

续表

资产	行次	年初数	期末数	负债及所有者权益	行次	年初数	期末数
固定资产合计	50	4 906 000.00	5 438 350.00	所有者权益：			
无形资产及其他资产：				实收资本	115	11 000 000.00	11 000 000.00
无形资产	51	1 470 000.00	1 067 000.00	减:已归还投资	116		
长期待摊费用	52			实收资本净额	117	11 000 000.00	11 000 000.00
其他长期资产	53	577 000.00	435 000.00	资本公积	118	26 000.00	26 000.00
其中:临时设施		577 000.00	435 000.00	盈余公积	119	187 000.00	257 350.00
无形资产及其他资产合计	60	2 047 000.00	1 502 000.00	其中:法定公益金	120	37 000.00	60 450.00
递延税项：				未分配利润	121	193 000.00	531 650.00
递延税款借项	61			所有者权益合计	122	11 406 000.00	11 815 000.00
资产总计	67	23 848 100.00	24 911 050.00	负债及所有者权益总计	135	23 848 100.00	24 911 050.00

四、资产减值准备明细表

资产减值准备明细表,是反映企业一定会计期间各项资产减值准备的增减变动情况的报表。它包括在年度会计报表中,是资产负债表的附表。

企业会计制度规定,企业应当定期或者至少于每年年度终了,对各项资产进行全面检查,并根据谨慎原则的要求,合理地预计各项资产可能发生的损失,对可能发生的各项资产损失计提减值准备。在资产负债表中,企业的各项资产是以扣除了减值准备的账面价值列示的。为了反映各项资产减值准备的计提及其增减变动情况,方便报表使用者分析资产减值情况,企业会计制度要求企业编制资产减值准备明细表。资产减值准备明细表各项目应根据"坏账准备"、"短期投资跌价准备"、"存货跌价准备"、"长期投资减值准备"、"固定资产减值准备"、"无形资产减值准备"、"在建工程减值准备"、"委托贷款减值准备"等科目的记录分析填列。

根据【例21-1】资料,编制资产减值准备明细表(见表21-6)。

资产减值准备明细表

表21-6

编制单位:某建筑公司　　　　　　　2003年度　　　　　　　　　　单位:元

项目	年初余额	本年增加数	本年减少数	年末余额
一、坏账准备合计	1 700.00	3 015.00	15.00	4 700.00
其中:应收账款	1 585.00	3 015.00		4 600.00
其他应收款	115.00		15.00	100.00
二、短期投资跌价准备合计	3 000.00		1 500.00	1 500.00

续表

项目	年初余额	本年增加数	本年减少数	年末余额
其中:股票投资	3 000.00		1 500.00	1 500.00
债券投资				0.00
三、存货跌价准备合计	35 000.00	58 000.00		93 000.00
其中:库存商品				0.00
原材料	35 000.00	58 000.00		93 000.00
四、长期投资减值准备合计	20 000.00	22 000.00	20 000.00	22 000.00
其中:长期股权投资	20 000.00	22 000.00	20 000.00	22 000.00
长期债权投资				0.00
五、固定资产减值准备合计	510 000.00		11 000.00	499 000.00
其中:房屋、建筑物				0.00
机器设备	510 000.00		11 000.00	499 000.00
六、无形资产减值准备	330 000.00		50 000.00	280 000.00
其中:专利权	330 000.00		50 000.00	280 000.00
商标权				
七、在建工程减值准备				
八、委托贷款减值准备				

五、股东权益增减变动表

股东权益(或所有者权益,下同)增减变动表,是反映企业在某一特定日期股东权益增减变动情况的报表。它包括在年度会计报表中,是资产负债表的附表。股东权益增减变动表全面反映了企业的股东权益在年度内的变化情况,方便会计报表使用者分析企业股东权益的增减变化情况,并进而对企业的资产保值增值情况作出正确判断。股东权益增减变动表各项目应根据"股本(实收资本)"、"资本公积"、"盈余公积"、"未分配利润"等科目的记录分析填列。

根据【例21-1】资料,编制股东权益增减变动表(见表21-7)。

股东权益增减变动表

表21-7

编制单位:某建筑公司　　　　　　　　2003年度　　　　　　　　　　单位:元

项目	年初余额	本年增加数	本年减少数	年末余额
一、实收资本	11 000 000.00			11 000 000.00
二、资本公积	26 000.00			26 000.00
三、法定和任意盈余公积	150 000.00	46 900.00		196 900.00
四、法定公益金	37 000.00	23 450.00		60 450.00
五、未分配利润	193 000.00	469 000.00	130 350.00	531 650.00

第三节 利润表和利润分配表

一、利润表的格式和编制方法

(一)利润表的定义及其格式概述

建筑企业的利润表是反映建筑企业在一定会计期间生产经营成果的会计报表。是建筑企业会计报表的基本报表之一,属于动态报表。它既是企业经营业绩的综合体现,又是进行利润分配的主要依据。《企业会计制度》规定,利润表采用多步式,即通过对一定时期的收入、费用支出项目加以归类、汇总和排列后,计算出利润的构成并形成利润总额和净利润。利润表的每个项目通常分为"本月数"和"本年累计数"两栏分别填列。

(二)建筑企业利润表的编制方法

(1)利润表"本月数"栏反映各项目的本月实际发生数;在编报中期和年度财务会计报告时,将"本月数"栏改成"上年数"栏,填列上年同期累计实际发生数。如果上年度利润表的项目名称和内容与本年度利润表不相一致,则对上年度利润表项目的名称和数字按本年的规定进行调整,填入本表"上年数"栏。

利润表"本年累计数"栏反映各项目自年初起至报告期末止的累计实际发生数。

(2)报表各项目主要根据各损益类科目的发生额分析填列。

二、利润分配表的格式和编制方法

(一)利润分配表的定义及其格式概述

利润分配表,是反映建筑企业一定会计期间对实现净利润以及以前年度未分配利润的分配或者亏损弥补的报表。利润分配表包括在年度会计报表中,是利润表的附表。利润分配表按照利润分配各个项目分类分项列示。利润表设置了"本年实际"和"上年实际"两个栏目,以方便进行纵向比较。

(二)建筑企业利润分配表的编制方法

1. 利润分配表"上年实际"栏的填列方法

利润分配表"上年实际"栏根据上年"利润分配表"填列。如果上年度利润分配表的项目名称和内容与本年度利润分配表不一致,则对上年度利润表项目的名称和数字按本年的规定进行调整,填入本表"上年实际"栏内。

2. 利润分配表"本年实际"栏的填列方法

利润分配表的"本年实际"栏,根据本年"本年利润"及"利润分配"科目及其所属明细科目的记录分析填列。

三、利润表和利润分配表的编制实例

【例21-2】 某建筑公司2003年有关损益科目的发生额如表21-8。

损益类科目发生额表　　　　　　　　　　　　　　表 21-8

单位:元

会计科目名称	借方发生额	贷方发生额
主营业务收入		19 000 000.00
主营业务成本	16 170 000.00	
主营业务税金及附加	572 700.00	
营业费用	86 100.00	
其他业务收入		470 000.00
其他业务支出	430 700.00	
管理费用	1 458 900.00	
财务费用	77 600.00	
投资收益		15 000.00
营业外收入		20 000.00
营业外支出	9 000.00	
所得税	231 000.00	

该建筑公司 2003 年年初未分配利润贷方余额 193 000 元,2003 年提取法定盈余公积 46 900 元,提取法定公益金 23 450 元,分配普通股股利 60 000 元。

根据上述资料,编制 2003 年年度利润表和利润分配表。该建筑公司 2003 年度利润表如表 21-9 所示,利润分配表如表 21-10 所示。

利　润　表　　　　　　　　　　　　　　表 21-9

编制单位:某建筑公司　　　　2003 年度　　　　　　　　单位:元

项　　目	行次	本月数(略)	本年累计数
一、主营业务收入	1		19 000 000.00
减:主营业务成本	4		16 170 000.00
主营业务税金及附加	5		572 700.00
二、主营业务利润(亏损以"-"号填列)	10		2 257 300.00
加:其他业务利润(亏损以"-"号填列)	11		39 300.00
减:营业费用	14		86 100.00
管理费用	15		1 458 900.00
财务费用	16		77 600.00
三、营业利润(亏损以"-"号填列)	18		674 000.00
加:投资收益(损失以"-"号填列)	19		15 000.00
补贴收入	22		0.00
营业外收入	23		20 000.00
减:营业外支出	25		9 000.00
四、利润总额(亏损总额以"-"号填列)	27		700 000.00

续表

项　目	行次	本月数(略)	本年累计数
减:所得税	28		231 000.00
五、净利润(净亏损以"－"号填列)	30		469 000.00

补充资料:

项　目		上年实际数	本年累计数
1. 出售、处置部门或被投资单位所得收益			
2. 自然灾害发生的损失			
3. 会计政策变更增加(或减少)利润总额			
4. 会计估计变更增加(或减少)利润总额			
5. 债务重组损失			
6. 其他			

利润分配表　　　　　　　　　　　表 21-10

编制单位:某建筑公司　　　2003 年度　　　　　　　单位:元

项　目	行次	上年实际(略)	本年实际
一、净利润	1		469 000.00
加:年初未分配利润	2		193 000.00
其他转入	4		0.00
二、可供分配的利润	8		662 000.00
减:提取法定盈余公积	9		46 900.00
提取法定公益金	10		23 450.00
三、可供投资者分配的利润	16		591 650.00
减:应付优先股股利	17		0.00
提取任意盈余公积	18		0.00
应付普通股股利	19		60 000.00
转作资本(或股本)的普通股股利	20		0.00
四、未分配利润	25		531 650.00

第四节　现金流量表

现金流量表是反映企业一定会计期间内现金和现金等价物流入和流出信息的会计报表,属于动态报表。现金流量表是以现金为基础编制的,这里的现金包括库存现金、可以随时用于支付的存款以及现金等价物。

一、现金流量的分类

建筑企业和其他企业一样,在一定时期内产生的现金流量分为三类:

(一)经营活动产生的现金流量

经营活动是指建筑企业投资活动和筹资活动以外的所有交易和事项。经营活动产生的现金流入项目主要有:承包工程、销售商品或提供劳务收到的现金,收到的税费返还,收到的其他与经营活动有关的现金;经营活动产生的现金流出项目主要有:发包工程、购买商品、接受劳务支付的现金,支付给职工以及为职工支付的现金,支付的各项税费,支付的其他与经营活动有关的现金。

(二)投资活动产生的现金流量

投资活动是指建筑企业长期资产的购建和不包括在现金等价物范围内的投资及其处置活动。投资活动产生的现金流入项目主要有:收回投资所收到的现金,取得投资收益所收到的现金,处置固定资产、无形资产和其他长期资产所收回的现金净额,收到的其他与投资活动有关的现金;投资活动产生的现金流出项目主要有:购建固定资产、无形资产和其他长期资产所支付的现金,投资所支付的现金,支付的其他与投资活动有关的现金。

(三)筹资活动产生的现金流量

筹资活动是指导致建筑企业资本及债务规模和构成发生变化的活动。筹资活动产生的现金流入项目主要有:吸收投资所收到的现金,借款所收到的现金,收到的其他与筹资活动有关的现金;筹资活动产生的现金流出项目主要有:偿还债务所支付的现金,分配股利、利润或偿付利息所支付的现金,支付的其他与筹资活动有关的现金。

二、建筑企业现金流量表的基本格式和编制方法

(一)建筑企业现金流量表的基本格式

建筑企业现金流量表应当按照经营活动、投资活动和筹资活动的现金流量分类分项列示。现金流量表分为正表和补充资料两部分,其基本格式见后文表21-18。

(二)建筑企业现金流量表的编制方法

经营活动产生的现金流量的编制方法有两种:直接法和间接法。直接法是指按现金收入和现金支出的主要类别直接反映企业经营活动产生的现金流量。流量表正表部分采用直接法编制。间接法是指以净利润为起算点,调整不涉及现金的收入、费用、营业外收支等有关项目,据此计算出经营活动产生的现金流量。流量表补充资料部分采用间接法编制。

建筑企业现金流量表各项目内容及填列方法与其他企业相类似,《企业会计制度》会计报表部分已有详细说明,这里不再介绍。

三、建筑企业现金流量表的编制方法举例

具体编制现金流量表时,可以采用工作底稿法,也可以采用T形账户法,还可以直接根据有关账户记录分析填列。

(一)工作底稿法

采用工作底稿法编制现金流量表,就是以工作底稿为手段,以利润表和资产负债表数据为基础,对每一项目进行分析并编调整分录,从而编制出现金流量表(工作底稿的基本格式见后文表21-16)。

采用工作底稿法编制现金流量表的程序是:

第一步,将资产负债表的期初数和期末数过入工作底稿的期初数栏和期末数栏;

第二步,对当期业务进行分析并编制调整分录。调整分录主要有以下几类:第一类涉及利润表中的收入、成本和费用项目以及资产负债表中的资产、负债及所有者权益项目,通过调整,将权责发生制下的收入费用转换为现金基础;第二类是涉及资产负债表和现金流量表中的投资、筹资项目,反映投资和筹资活动的现金流量;第三类是涉及利润表和现金流量表中的投资和筹资项目,目的是将利润表中有关投资和筹资方面的收入和费用列入到现金流量表投资、筹资现金流量中去。此外,还有一些调整分录并不涉及现金收支,只是为了核对资产负债表项目的期末期初变动。

在调整分录中,有关现金和现金等价物的事项,并不直接借记或贷记现金,而是分别记入"经营活动产生的现金流量"、"投资活动产生的现金流量"、"筹资活动产生的现金流量"有关项目,借记表明现金流入,贷记表明现金流出;

第三步,将调整分录过入工作底稿中的相应部分;

第四步,核对调整分录,借贷合计应当相等,资产负债表项目期初数加减调整分录中的借贷金额以后,应当等于期末数;

第五步,根据工作底稿中的现金流量表项目部分编制正式的现金流量表。

(二)T形账户法

采用T形账户法,就是以T形账户为手段,以利润表和资产负债表数据为基础,对每一项目进行分析并编制调整分录,从而编制出现金流量表。采用T形账户法编制现金流量表的程序如下:

第一步,为所有的非现金项目(包括资产负债表项目和利润表项目)分别开设T形账户,并将各自的期末期初变动数过入各该账户;

第二步,开设一个大的"现金及现金等价物"T形账户,每边分为经营活动、投资活动和筹资活动三个部分,左边记现金流入,右边记现金流出。与其他账户一样,过入期末期初变动数;

第三步,以利润表项目为基础,结合资产负债表分析每一个非现金项目的增减变动,并据此编制调整分录;

第四步,将调整分录过入各T形账户,并进行核对,该账户借贷相抵后的余额与原先过入的期末期初变动数应当一致;

第五步,根据大的"现金及现金等价物"T形账户编制正式的现金流量表。

【例21-3】 根据【例21-1】和【例21-2】提供的资料,用工作底稿法编制2003年某建筑公司现金流量表如下:

第一步,将资产负债表的期初数和期末数过入工作底稿的期初数栏和期末数栏;

第二步,对2003年经济业务进行分析并编制调整分录。编制调整分录时,要以利润表项目为基础,从"主营业务收入"开始,结合资产负债表项目逐一进行分析。

(1)分析调整主营业务收入:

利润表中的主营业务收入是按权责发生制反映的,应调整为现金制的。编制表21-11调整主营业务收入。

承包工程、销售商品、提供劳务收到的现金计算表

表 21-11

编制单位:某建筑公司　　　2003 年度　　　单位:元

项目	金额	备注
主营业务收入	19 000 000.00	根据利润表"主营业务收入"项目数字填列
加:其他业务收入	470 000.00	根据"其他业务收入"科目发生额填列(应扣减因销售退回而冲减的收入 30 000 元)
预收账款的增加(减:减少)	300 000.00	根据"预收账款"科目期末余额(1 500 000)减去期初余额(1 200 000)后的金额填列
增值税销项税额的增加(减:减少)	79 900.00	根据"应交税金——应交增值税(销项税额)"科目的贷方发生额填列
减:应收账款的增加(加:减少)	6 030 000.00	根据"应收账款"科目期末余额(9 200 000)减去期初余额(3 170 000)后的金额填列
应收票据的增加(加:减少)	-5 649 000.00	根据"应收票据"科目期末余额(351 000)减去期初余额(6 000 000)后的金额填列
承包工程、销售商品、提供劳务收到的现金	19 468 900.00	19 000 000 + 470 000 + 300 000 + 79 900 - 6 030 000 - (-5 649 000)

根据计算表编制调整分录:

借:经营活动现金流量——承包工程、销售商品、
　　提供劳务收到的现金　　　　　　　　　　　　19 468 900
　　应收账款　　　　　　　　　　　　　　　　　 6 030 000
　贷:主营业务收入　　　　　　　　　　　　　　　19 000 000
　　　其他业务收入　　　　　　　　　　　　　　　　 470 000
　　　预收账款　　　　　　　　　　　　　　　　　　 300 000
　　　应交税金　　　　　　　　　　　　　　　　　　　79 900
　　　应收票据　　　　　　　　　　　　　　　　　 5 649 000

(2)分析调整主营业务成本:

利润表中的主营业务成本也是按权责发生制反映的,也应调整为现金制的。编制表21-12调整主营业务成本。

发包工程、购买商品、接受劳务支付的现金计算表

表 21-12

编制单位:某建筑公司　　　2003 年度　　　单位:元

项目	金额	备注
主营业务成本	16 170 000.00	根据利润表"主营业务成本"项目数字填列
加:其他业务支出	423 000.00	根据"其他业务支出"科目发生额分析填列(应扣减因销售退回而冲减的成本 27 000 元),不包含税金及附加。
预付账款的增加(减:减少)	600 000.00	根据"预付账款"科目期末余额(680 000)减去期初余额(80 000)后的金额填列
存货的增加(减:减少)	-258 500.00	根据资产负债表"存货"项目期末余额(4 303 030)减去期初余额(4 619 530)后的金额,加上当年提取的存货跌价准备(58 000)填列
增值税进项税额的增加(减:减少)	136 000.00	根据"应交税金——应交增值税(进项税额)"科目的借方发生额填列

续表

项 目	金 额	备 注
减:应付账款的增加(加:减少)	85 000.00	根据"应付账款"科目期末余额(585 000)减去期初余额(500 000)后的金额填列
应付票据的增加(加:减少)	-351 000.00	根据"应付票据"科目期末余额(1 000 000)减去期初余额(1 351 000)后的金额填列
包含在预收账款中的"已结算尚未完工工程"项目的增加(加:减少)	303 000.00	根据资产负债表"已结算尚未完工工程"项目期末余额(423 000)减去期初余额(120 000)后的金额填列
发包工程、购买商品、接受劳务支付的现金	17 033 500.00	16 170 000 + 423 000 + 600 000 + (-258 500) + 136 000 - 85 000 - (-351 000) - 303 000

根据计算表编制调整分录:

借:主营业务成本　　　　　　　　　　　　　　　　　16 170 000
　　其他业务支出　　　　　　　　　　　　　　　　　　423 000
　　预付账款　　　　　　　　　　　　　　　　　　　　600 000
　　应交税金　　　　　　　　　　　　　　　　　　　　136 000
　　应付票据　　　　　　　　　　　　　　　　　　　　351 000
　　贷:经营活动现金流量——发包工程、
　　　　购买商品、接受劳务支付的现金　　　　　　　17 033 500
　　　　存货　　　　　　　　　　　　　　　　　　　　258 500
　　　　应付账款　　　　　　　　　　　　　　　　　　 85 000
　　　　预收账款(其中:已结算尚未完工工程)　　　　　303 000

(3)计算营业费用付现:

利润表中所列营业费用全部是现金支付的,所以直接列入经营活动现金流量流出。

借:营业费用　　　　　　　　　　　　　　　　　　　　86 100
　　贷:经营活动现金流量
　　　　——支付的其他与经营活动有关的现金　　　　　 86 100

(4)调整本年主营业务税金及附加和其他业务利润:

利润表中所列主营业务税金及附加 572 700 元,是本年提取 632 700 元减现金收到税费返还 60 000 元,现金收到税费返还列入经营活动现金流量流入。提取税金及附加不涉及现金收支,只调整应交税金和其他应交款。

借:主营业务税金及附加　　　　　　　　　　　　　　　572 700
　　经营活动现金流量
　　　　——收到的税费返还　　　　　　　　　　　　　 60 000
　　贷:应交税金　　　　　　　　　　　　　　　　　　 609 900
　　　　其他应交款　　　　　　　　　　　　　　　　　 22 800

利润表中所列其他业务利润是其他业务收入减去其他业务支出的差额。其他业务收入和其他业务支出中的成本部分在分录(1)、分录(2)已调整。其他业务支出中的提取税金及附加 7 700 元,不涉及现金收支,只调整应交税金等相关科目。

借:其他业务支出　　　　　　　　　　　　　　　　　　　7 700

贷:应交税金　　　　　　　　　　　　　　　　　　　　　　　4 900
　　　　其他应交款　　　　　　　　　　　　　　　　　　　　　2 800
　(5)调整管理费用:
　　利润表所列管理费用中包含着不涉及现金支出的项目,此笔分录先将扣除支付给职工以及为职工支付的费用 749 840 元后的管理费用 709 060 元全额转入"经营活动现金流量——支付的其他与经营活动有关的现金"项目中,至于不涉及现金支出的项目再分别进行调整。但管理费用中包含着支付给职工以及为职工支付的费用,应转入"经营活动现金流量——支付给职工以及为职工支付的现金"项目中(其中支付的工资在调整应付工资时调整)。
　　借:管理费用　　　　　　　　　　　　　　　　　　　　　1 458 900
　　　贷:经营活动现金流量
　　　　　——支付的其他与经营活动有关的现金　　　　　　　　709 060
　　　　经营活动现金流量
　　　　　——支付给职工以及为职工支付的现金　　　　　　　　749 840
　(6)分析调整财务费用:
　　利润表中所列财务费用 77 600 元,一是支付的票据贴现利息 77 900 元,由于在调整应收票据时已全额计入"经营活动现金流量——承包工程、销售商品、提供劳务收到的现金",所以在此冲回;二是预提短期借款利息 28 000 元,不涉及现金支出,所以只调整预提费用;三是银行存款利息收入 28 300 元,冲减财务费用,应列入投资活动现金流量流入。
　　借:财务费用　　　　　　　　　　　　　　　　　　　　　　77 600
　　　　投资活动现金流量
　　　　　——取得投资收益所收到的现金　　　　　　　　　　　28 300
　　　贷:经营活动现金流量——承包工程、
　　　　　销售商品、提供劳务收到的现金　　　　　　　　　　　77 900
　　　　预提费用　　　　　　　　　　　　　　　　　　　　　　28 000
　(7)分析调整投资收益:
　　利润表中所列投资收益涉及投资活动,在此要与资产负债表中各项投资的减少结合起来调整。编制投资收益现金流量调整计算表(表21-13)。

处置投资现金流量调整计算表　　　　　　　　　　　表 21-13

编制单位:某建筑公司　　　　　　2003 年度　　　　　　　　　　单位:元

处置项目	面值	应计利息	长期投资减值准备(或短期投资跌价准备)	投资损失	投资收益	处置投资所收到的现金	其中:收回投资所收到的现金	其中:取得投资收益所收到的现金
1	2	3	4	5	6	7=2+3-4-5+6	8=2-4-5	9=7-8
1. 短期投资	57 500		1 500	8 000		48 000	48 000	0
2. 长期股权投资	200 000		20 000		25 000	205 000	180 000	25 000
3. 长期债权投资	150 000	26 000		20 000		196 000	150 000	46 000

续表

处置项目	面值	应计利息	长期投资减值准备(或短期投资跌价准备)	投资损失	投资收益	处置投资所收到的现金	其中:收回投资所收到的现金	其中:取得投资收益所收到的现金
合计	407 500	26 000	21 500	8 000	45 000	449 000	378 000	71 000

根据计算表,编制调整分录:

借:投资活动现金流量
  ——取得投资收益所收到的现金 71 000
 投资活动现金流量
  ——收回投资所收到的现金 378 000
 短期投资跌价准备 1 500
 长期投资减值准备 20 000
 贷:投资收益 37 000
  短期投资 57 500
  长期股权投资 200 000
  长期债权投资 176 000

另外,投资收益借方发生额是计提长期投资减值准备22 000元,不涉及现金收支,只调整相关会计科目。

借:投资收益 22 000
 贷:长期投资减值准备 22 000

(8)分析调整营业外收入和营业外支出:

利润表中所列营业外收入,一是现金收到罚款收入3 000元;二是处置资产过程中收到的现金收益17 000元。现金收到罚款收入,应直接列入经营活动现金流量的流入。

借:经营活动现金流量——收到的其他
  与经营活动有关的现金 3 000
 贷:营业外收入 3 000

利润表中所列营业外支出9 000元,一是现金支付捐款8 000元;二是报废固定资产损失12 000元;三是已计提减值准备的固定资产价值又得以恢复回冲11 000元。现金支付捐款,应直接列入经营活动现金流量流出。

借:营业外支出 8 000
 贷:经营活动现金流量——支付的其
  他与经营活动有关的现金 8 000

已计提减值准备的固定资产价值又得以恢复,不涉及现金收支,所以只调整相关会计科目。

借:固定资产减值准备 11 000
 贷:营业外支出 11 000

处置资产过程中投资活动现金流量的调整,编制处置资产现金流量调整计算表(表21-14)。

处置资产现金流量调整计算表

表 21-14

编制单位：某建筑公司　　　　　　　　　2003 年度　　　　　　　　　　　单位：元

调整项目	原值（或摊余价值）	减：折旧（或摊销）	减：减值准备	加：营业外收入	减：营业外支出	处置固定资产、无形资产和其他长期资产收到的现金净额
1	2	3	4	5	6	7＝2－3－4＋5－6
1．处置固定资产	350 000.00	325 000.00			12 000.00	13 000.00
2．处置无形资产	270 000.00		50 000.00	7 000.00		227 000.00
3．处置临时设施	300 000.00	288 000.00		10 000.00		22 000.00
4．处置其他长期资产						0.00
合计	920 000.00	613 000.00	50 000.00	17 000.00	12 000.00	262 000.00

根据计算表，编制调整分录：
借：投资活动现金流量——处置固定资产、无形资产
　　和其他长期资产收到的现金净额　　　　　　　　262 000
　　累计折旧　　　　　　　　　　　　　　　　　　325 000
　　临时设施摊销　　　　　　　　　　　　　　　　288 000
　　无形资产减值准备　　　　　　　　　　　　　　 50 000
　　营业外支出　　　　　　　　　　　　　　　　　 12 000
　贷：营业外收入　　　　　　　　　　　　　　　　 17 000
　　　固定资产　　　　　　　　　　　　　　　　　350 000
　　　无形资产　　　　　　　　　　　　　　　　　270 000
　　　临时设施　　　　　　　　　　　　　　　　　300 000

(9) 分析调整所得税：

利润表中所列所得税费用 231 000 元不涉及现金收支，只调整应交税金科目。
借：所得税　　　　　　　　　　　　　　　　　　　231 000
　贷：应交税金　　　　　　　　　　　　　　　　　231 000

(10) 分析调整短期投资：

短期投资期末余额比期初余额减少 57 500 元，短期投资跌价准备期末余额比期初余额减少 1 500 元，均是出售短期投资，该项业务在分录(7)已调整。

(11) 分析调整坏账准备、存货跌价准备、待摊费用、累计折旧、无形资产、临时设施摊销、应付福利费、其他应付款、预提费用、长期待摊费用：

资产负债表中，坏账准备、存货跌价准备、待摊费用、累计折旧、无形资产、临时设施摊销、应付福利费、其他应付款和预提费用等的贷方发生额反映计提（或摊销）进入成本费用的各项费用，均属于不涉及现金支出的费用，一部分在计提和摊销时列入管理费用，而管理费用在分录(5)中已全额转入"经营活动现金流量——支付的其他与经营活动有关的现金"项目中，所以在此调回。另一部分在计提和摊销时列入工程施工，进而计入主营业务成本和存货，而主营业务成本和存货在分录(2)中已全额转入"经营活动现金流量——发包工程、购买商品、接受劳务支付的现金"项目中，所以在此也调回。而在摊销时列入在建工程的费用，则直接调整"在建工程"科目的借方金额。

上述不涉及现金流出的费用汇总编制调整计算表(表21-15)。

不涉及现金流出的费用调整计算表 表21-15

编制单位:某建筑公司　　　　　　　2003年度　　　　　　　　　　　单位:元

调整项目	应调整贷方金额的会计科目名称	成本、费用负担对象			
		合计	管理费用	工程施工	在建工程
1. 计提坏账准备	坏账准备	3 000.00	3 000.00		
2. 计提存货跌价准备	存货跌价准备	58 000.00	58 000.00		
3. 摊销待摊费用	待摊费用	81 000.00	31 000.00	50 000.00	
4. 计提折旧	固定资产折旧	173 000.00	53 000.00	120 000.00	
5. 摊销无形资产	无形资产	183 000.00	183 000.00		
6. 摊销临时设施	临时设施摊销	130 000.00		130 000.00	
7. 提取福利费	应付福利费	289 800.00	7 000.00	247 800.00	35 000.00
8. 提取工会经费	其他应付款	41 400.00	36 400.00		5 000.00
9. 提取教育经费	其他应付款	31 050.00	27 300.00		3 750.00
10. 预提成本费用	预提费用	67 000.00	67 000.00		
11. 摊销长期待摊费用	长期待摊费用				
合计		1 057 250.00	465 700.00	547 800.00	43 750.00

根据计算表编制调整分录:

借:经营活动现金流量
　　——支付的其他与经营活动有关的现金　　　　　465 700
　　经营活动现金流量——发包工程、
　　　购买商品、接受劳务支付的现金　　　　　　　547 800
　　在建工程　　　　　　　　　　　　　　　　　　 43 750
　贷:坏账准备　　　　　　　　　　　　　　　　　 3 000
　　　存货跌价准备　　　　　　　　　　　　　　　 58 000
　　　待摊费用　　　　　　　　　　　　　　　　　 81 000
　　　累计折旧　　　　　　　　　　　　　　　　　173 000
　　　无形资产　　　　　　　　　　　　　　　　　183 000
　　　临时设施摊销　　　　　　　　　　　　　　　130 000
　　　应付福利费　　　　　　　　　　　　　　　　289 800
　　　其他应付款　　　　　　　　　　　　　　　　 72 450
　　　预提费用　　　　　　　　　　　　　　　　　 67 000

(12)分析调整待摊费用:

待摊费用期末余额比期初余额增加39 000元,一是本年摊销费用81 000元,在分录(11)已调整;二是本年支付保险费120 000元列入待摊费用,应列入经营活动现金流量流出。

借:待摊费用　　　　　　　　　　　　　　　　　　120 000
　贷:经营活动现金流量——支付的其他
　　　与经营活动有关的现金　　　　　　　　　　　120 000

(13)分析调整长期投资：

长期股权投资期末余额比期初余额增加 124 000 元，一是现金购买股票 326 000 元；二是现金转让投资 200 000 元同时转出减值准备 20 000 元；三是计提长期投资减值准备 22 000 元。

长期债权投资期末余额比期初余额减少 5 000 元，一是现金购买债券 171 000 元，二是现金收回债券本金 150 000 元和利息 26 000 元。

现金购买股票和债券，应列入投资活动现金流量流出。

借：长期股权投资　　　　　　　　　　　　　　326 000
　　长期债权投资　　　　　　　　　　　　　　171 000
　　贷：投资活动现金流量——投资所支付的现金　　497 000

转让长期股权投资和转出减值准备、收回债券本金和利息、计提长期投资减值准备这三项业务在分录(7)已调整。

(14)分析调整固定资产和累计折旧：

固定资产期末余额比期初余额增加 1 882 600 元，一是现金购入设备 132 600 元，应列入投资活动现金流量流出；二是在建工程完工转入 2 100 000 元，不涉及现金支出，只调整"在建工程"科目。三是报废固定资产 350 000 元，在分录(8)已调整。

借：固定资产　　　　　　　　　　　　　　　　2 232 600
　　贷：投资活动现金流量——购建固定资产、
　　　　无形资产和其他长期资产所支付的现金　　132 600
　　　　在建工程　　　　　　　　　　　　　　　2 100 000

累计折旧期末余额比期初余额减少 152 000 元，一是计提折旧增加 173 000 元，在分录(11)已调整。二是报废固定资产减少累计折旧 325 000 元，在分录(8)已调整。

(15)分析调整在建工程：

在建工程期末余额比期初余额减少 1 513 250 元，其中在建工程借方增加 586 750 元，一是现金支付工资 250 000 元和支付养老保险金、失业保险金、住房公积金等 103 000 元，应列入投资活动现金流量流出；二是提取应付福利费和工会经费教育经费等 43 750 元，在分录(11)已调整；三是预提长期借款利息 190 000 元，不涉及现金支出，应调整"长期借款"科目。

借：在建工程　　　　　　　　　　　　　　　　543 000
　　贷：投资活动现金流量——购建固定资产、无
　　　　形资产和其他长期资产所支付的现金　　353 000
　　　　长期借款　　　　　　　　　　　　　　190 000

在建工程减少 2 100 000 元，是在建工程完工转入固定资产，在分录(14)已调整。

(16)分析调整无形资产、临时设施和临时设施摊销：

无形资产期末余额比期初余额减少 403 000 元，一是现金出售无形资产 270 000 元，同时转出已计提的减值准备 50 000 元，在分录(8)已调整；二是摊销无形资产 183 000 元，在分录(11)已调整。

临时设施期末余额比期初余额减少 142 000 元，一是现金出售临时设施 300 000 元，同时转出已计提的临时设施摊销 288 000 元，在分录(8)已调整；二是摊销临时设施 130 000 元，在分录(11)已调整。

(17)分析调整短期借款：

短期借款期末余额比期初余额减少2 000 000元,一是借入短期借款1 000 000元,应列入筹资活动现金流量流入。二是现金归还短期借款本金3 000 000元,应列入筹资活动现金流量流出。

　　借:筹资活动现金流量——借款所收到的现金　　　　　　1 000 000
　　　　贷:短期借款　　　　　　　　　　　　　　　　　　　　1 000 000
　　借:短期借款　　　　　　　　　　　　　　　　　　　　　　3 000 000
　　　　贷:筹资活动现金流量——偿还债务所支付的现金　　　3 000 000

(18)分析调整应付工资:

应付工资期末、期初余额没有变动,但本年现金支付工资2 070 000元,其中:支付给在建工程人员的工资250 000元已在分录(15)调整。所以在此只调整工资1 820 000元。

　　借:应付工资　　　　　　　　　　　　　　　　　　　　　　1 820 000
　　　　贷:经营活动现金流量
　　　　　　——支付给职工以及为职工支付的现金　　　　　　1 820 000

工资分配计入管理费用50 000元和计入工程施工1 770 000元,管理费用在分录(5)中已全额转入"经营活动现金流量——支付的其他与经营活动有关的现金"项目中,所以在此调回;计入工程施工,进而计入主营业务成本或存货,主营业务成本和存货在分录(2)中已全额转入"经营活动现金流量——购买商品、接受劳务支付的现金"项目中,所以在此也调回。

　　借:经营活动现金流量——发包工程、
　　　　购买商品、接受劳务支付的现金　　　　　　　　　　　1 770 000
　　　　经营活动现金流量
　　　　　　——支付的其他与经营活动有关的现金　　　　　　50 000
　　　　贷:应付工资　　　　　　　　　　　　　　　　　　　　1 820 000

(19)分析调整应收股利、应收利息和其他应收款:

应收股利和应收利息期末、期初余额没有变动,也没有发生涉及现金收支的业务,在此不做调整。

其他应收款期末余额比期初余额减少29 985元,一是现金收到的个人赔偿款30 000元,应列入经营活动现金流量流入;冲减已计提的坏账准备15元,在分录(11)已调整。

　　借:经营活动现金流量
　　　　　　——收到的其他与经营活动有关的现金　　　　　　30 000
　　　　贷:其他应收款　　　　　　　　　　　　　　　　　　　30 000

(20)分析调整其他应付款、应付股利:

其他应付款期末余额比期初余额增加72 450元,是提取的工会经费和教育经费,在分录(11)已调整,本年没有发生涉及现金收支的业务,在此不做调整。

应付股利期末余额比期初余额减少56 000元,一是现金支付的现金股利116 000元,应列入筹资活动现金流量流出;二是分配股利60 000元,在提取盈余公积及分配股利时调整。

　　借:应付股利　　　　　　　　　　　　　　　　　　　　　　116 000
　　　　贷:筹资活动现金流量——分配股利、利
　　　　　　润或偿付利息所支付的现金　　　　　　　　　　　116 000

(21)分析调整应付福利费：

应付福利费期末余额比期初余额增加 129 800 元,一是提取福利费 289 800 元,在分录(11)已调整;二是现金支付给职工以及为职工支付的各项福利费用 160 000 元,应列入经营活动现金流量流出。

借:应付福利费　　　　　　　　　　　　　　　　160 000
　　贷:经营活动现金流量
　　　　——支付给职工以及为职工支付的现金　　160 000

(22)分析调整应交税金、其他应交款：

应交税金期末余额比期初余额减少 131 900 元,其他应交款期末余额比期初余额增加 3 600元,其中计提的税金 845 800 元及教育费附加 25 600 元在分录(4)、分录(9)已调整;现金收到的增值税销项税额 79 900 元,在分录(1)已调整;现金支付的增值税进项税额 136 000元,在分录(2)已调整;现金支付的营业税 670 000 元、城市维护建设税 53 600 元、所得税 198 000 元、教育费附加 22 000 元共计 943 600 元根据应交税金和其他应交款各个明细科目的借方发生额分析汇总,列入经营活动现金流量流出。现金支付的印花税 3 000 元,由于支付时直接计入管理费用,而管理费用在分录(5)中已全额转入"经营活动现金流量——支付的其他与经营活动有关的现金"项目中,所以在此调回。

借:应交税金　　　　　　　　　　　　　　　　　921 600
　　其他应交款　　　　　　　　　　　　　　　　 22 000
　　经营活动现金流量
　　　　——支付的其他与经营活动有关的现金　　　3 000
　　贷:经营活动现金流量——支付的各项税费　　946 600

(23)分析调整预提费用：

预提费用期末余额比期初余额增加 59 000 元,一是预提的短期借款利息 28 000 元,在分录(6)已调整;二是预提租金 67 000 元,在分录(11)已调整;三是现金归还已预提的短期借款利息 36 000 元,列入筹资活动现金流量流出。

借:预提费用　　　　　　　　　　　　　　　　　 36 000
　　贷:筹资活动现金流量
　　　　——分配股利、利润或偿付利息所支付的现金　36 000

(24)分析调整长期借款和应付债券：

长期借款期末余额比期初余额增加 840 000 元,一是举借长期借款 2 000 000 元,列入筹资活动现金流量流入;二是预提长期借款利息 190 000 元,在分录(15)已调整;三是以现金归还长期借款本金 1 200 000 元和利息 150 000 元,列入筹资活动现金流量流出。

应付债券期末余额比期初余额增加 1 400 000 元,一是发行债券 5 000 000 元,应列入筹资活动现金流量流入;二是以现金偿还债券本金 3 000 000 元和利息 600 000 元,列入筹资活动现金流量流出。

借:筹资活动现金流量——借款所收到的现金　　 2 000 000
　　筹资活动现金流量——吸收投资所收到的现金　5 000 000
　　贷:长期借款　　　　　　　　　　　　　　　 2 000 000
　　　　应付债券　　　　　　　　　　　　　　　 5 000 000

```
借:长期借款                                    1 350 000
   应付债券                                    3 600 000
   贷:筹资活动现金流量
      ——偿还债务所支付的现金                    4 200 000
      筹资活动现金流量
      ——分配股利、利润或偿付利息所支付的现金      750 000
```

(25)结转净利润:

```
借:净利润                                        469 000
   贷:未分配利润                                  469 000
```

(26)提取盈余公积及分配股利:

提取法定盈余公积46 900元和法定公益金23 450元,分配普通股股利60 000元,不涉及现金收支,只调整相关会计科目。

```
借:未分配利润                                    130 350
   贷:盈余公积                                    70 350
      应付股利                                    60 000
```

(27)最后调整现金净变化额:

```
借:银行存款                                      342 100
   贷:现金净增加额                                342 100
```

第三步,将调整分录过入工作底稿中的相应部分,见表21-16。

现金流量表工作底稿　　　　　　　　　表21-16

编制单位:某建筑公司　　　2003年度　　　　　　单位:元

项目	期初数	调整分录 借方		调整分录 贷方		期末数
一、资产负债表项目						
借方项目:						
货币资金	2 089 770.00	(27)	342 100.00			2 431 870.00
短期投资	107 500.00			(7)	57 500.00	50 000.00
应收股利	23 000.00					23 000.00
应收利息	7 000.00					7 000.00
应收票据	6 000 000.00			(1)	5 649 000.00	351 000.00
应收账款	3 170 000.00	(1)	6 030 000.00			9 200 000.00
其他应收款	230 000.00			(19)	30 000.00	200 000.00
预付账款	80 000.00	(2)	600 000.00			680 000.00
存货	4 654 530.00			(2)	258 500.00	4 396 030.00
待摊费用	106 000.00	(12)	120 000.00	(11)	81 000.00	145 000.00
长期股权投资	200 000.00	(13)	326 000.00	(7)	200 000.00	326 000.00
长期债权投资	287 000.00	(13)	171 000.00	(7)	176 000.00	282 000.00
固定资产原价	3 916 000.00	(14)	2 232 600.00	(8)	350 000.00	5 798 600.00

续表

项目	期初数	调整分录 借方		调整分录 贷方		期末数
在建工程	2 700 000.00	(11)	43 750.00	(14)	2 100 000.00	1 186 750.00
		(15)	543 000.00			
无形资产	1 800 000.00			(8)	270 000.00	1 347 000.00
				(11)	183 000.00	
长期待摊费用						0.00
其他长期资产	927 000.00				300 000.00	627 000.00
其中:临时设施	927 000.00			(8)	300 000.00	627 000.00
借方项目合计	26 297 800.00					27 051 250.00
贷方项目:						
短期投资跌价准备	3 000.00	(7)	1 500.00			1 500.00
坏账准备	1 700.00			(11)	3 000.00	4 700.00
存货跌价准备	35 000.00			(11)	58 000.00	93 000.00
长期投资减值准备	20 000.00	(7)	20 000.00	(7)	22 000.00	22 000.00
固定资产减值准备	510 000.00	(8)	11 000.00			499 000.00
无形资产减值准备	330 000.00	(8)	50 000.00			280 000.00
累计折旧	1 200 000.00	(8)	325 000.00	(11)	173 000.00	1 048 000.00
临时设施摊销	350 000.00	(8)	288 000.00	(11)	130 000.00	192 000.00
短期借款	3 000 000.00	(17)	3 000 000.00	(17)	1 000 000.00	1 000 000.00
应付票据	1 351 000.00	(2)	351 000.00			1 000 000.00
应付账款	500 000.00			(2)	85 000.00	585 000.00
预收账款	1 320 000.00			(1)	300 000.00	1 923 000.00
				(2)	303 000.00	
其他应付款	32 500.00			(11)	72 450.00	104 950.00
应付工资	0.00	(18)	1 820 000.00	(18)	1 820 000.00	0.00
应付福利费	183 000.00	(21)	160 000.00	(11)	289 800.00	312 800.00
应付股利	116 000.00	(20)	116 000.00	(26)	60 000.00	60 000.00
应交税金	187 200.00	(2)	136 000.00	(1)	79 900.00	55 300.00
		(22)	921 600.00	(4)	609 900.00	
				(4)	4 900.00	
				(9)	231 000.00	
其他应交款	2 400.00	(22)	22 000.00	(4)	22 800.00	6 000.00
				(4)	2 800.00	
预提费用	60 000.00	(23)	36 000.00	(6)	28 000.00	119 000.00
				(11)	67 000.00	

续表

项 目	期初数	调整分录 借方		调整分录 贷方		期末数
长期借款	2 090 000.00	(24)	1 350 000.00	(15)	190 000.00	2 930 000.00
				(24)	2 000 000.00	
应付债券	3 600 000.00	(24)	3 600 000.00	(24)	5 000 000.00	5 000 000.00
实收资本	11 000 000.00					11 000 000.00
资本公积	26 000.00					26 000.00
盈余公积	187 000.00			(26)	70 350.00	257 350.00
未分配利润	193 000.00	(26)	130 350.00	(25)	469 000.00	531 650.00
贷方项目合计	26 297 800.00					27 051 250.00
二、利润表项目						
主营业务收入	0.00			(1)	19 000 000.00	19 000 000.00
主营业务成本	0.00	(2)	16 170 000.00			16 170 000.00
主营业务税金及附加	0.00	(4)	572 700.00			572 700.00
其他业务利润	0.00	(2)	423 000.00	(1)	470 000.00	39 300.00
		(4)	7 700.00			
营业费用	0.00	(3)	86 100.00			86 100.00
管理费用		(5)	1 458 900.00			1 458 900.00
财务费用		(6)	77 600.00			77 600.00
投资收益		(7)	22 000.00	(7)	37 000.00	15 000.00
营业外收入				(8)	3 000.00	20 000.00
				(8)	17 000.00	
营业外支出		(8)	8 000.00	(8)	11 000.00	9 000.00
		(8)	12 000.00			
所得税		(9)	231 000.00			231 000.00
净利润		(25)	469 000.00			469 000.00
三、现金流量表项目						
(一)经营活动产生的现金流量:						
承包工程、销售商品、提供劳务收到的现金		(1)	19 468 900.00	(6)	77 900.00	19 391 000.00
收到的税费返还		(3)	60 000.00			60 000.00
收到的其他与经营活动有关的现金		(8)	3 000.00			33 000.00
		(19)	30 000.00			
现金流入小计						19 484 000.00

续表

项 目	期 初 数	调 整 分 录 借 方		调 整 分 录 贷 方		期 末 数
发包工程、购买商品、接受劳务支付的现金		(11)	547 800.00	(2)	17 033 500.00	14 715 700.00
		(18)	1 770 000.00			
支付给职工以及为职工支付的现金				(5)	749 840.00	2 729 840.00
				(18)	1 820 000.00	
				(21)	160 000.00	
支付的各种税费				(22)	946 600.00	946 600.00
支付的其他与经营活动有关的现金		(11)	465 700.00	(3)	86 100.00	404 460.00
		(18)	50 000.00	(5)	709 060.00	
		(22)	3 000.00	(8)	8 000.00	
				(12)	120 000.00	
现金流出小计						18 796 600.00
经营活动产生的现金流量净额						687 400.00
(二)投资活动产生的现金流量:						
收回投资所收到的现金		(7)	378 000.00			378 000.00
取得投资收益所收到的现金		(6)	28 300.00			99 300.00
		(7)	71 000.00			
处置固定资产、无形资产和其他长期资产而收到的现金净额		(8)	262 000.00			262 000.00
收到的其他与投资活动有关的现金						0.00
现金流入小计						739 300.00
购建固定资产、无形资产和其他长期资产所支付的现金				(14)	132 600.00	485 600.00
				(15)	353 000.00	
投资所支付的现金				(13)	497 000.00	497 000.00
支付的其他投资活动有关的现金						0.00
现金流出小计						982 600.00
投资活动产生的现金流量净额						-243 300.00
(三)筹资活动产生的现金流量:						
吸收投资所收到的现金		(24)	5 000 000.00			5 000 000.00

续表

项目	期初数	调整分录 借方		调整分录 贷方		期末数
借款所收到的现金		(17)	1 000 000.00			3 000 000.00
		(24)	2 000 000.00			
收到的其他与筹资活动有关的现金						0.00
现金流入小计						8 000 000.00
偿还债务所支付的现金				(17)	3 000 000.00	7 200 000.00
				(24)	4 200 000.00	
分配股利、利润或偿付利息所支付的现金				(20)	116 000.00	902 000.00
				(23)	36 000.00	
				(24)	750 000.00	
支付的其他与筹资活动有关的现金						0.00
现金流出小计						8 102 000.00
筹资活动产生的现金流量净额						-102 000.00
（四）现金及现金等价物净增加额				(27)	342 100.00	342 100.00
调整分录借贷合计			73 422 600.00		73 422 600.00	

第四步，核对调整分录，借贷合计均为 73 422 600 元，已经相等，资产负债表项目期初数加减调整分录中的借贷金额以后，也已等于期末数。

第五步，编制补充资料"将净利润调节为经营活动的现金流量"各项目。

补充资料"将净利润调节为经营活动的现金流量"各项目，可以根据有关资料，编制"补充资料分析计算表"（表 21-17），将没有实际发生现金流入和流出的项目和投资、筹资的项目调整出来，通过对这些项目的调整，即可将净利润调节为经营活动的现金流量。

补充资料分析计算表　　　　　　　表 21-17

编制单位：某建筑公司　　　　2003 年度　　　　单位：元

	项目		金额	备注
实际没有支付现金的费用	计提资产减值准备	坏账准备	3 000.00	根据"管理费用"科目的记录分析填列
		存货跌价准备	58 000.00	根据"管理费用"科目的记录分析填列
		长期投资减值准备	22 000.00	根据"投资收益"科目的记录分析填列
		固定资产减值准备	-11 000.00	根据"营业外支出"科目的记录分析填列
		小计	72 000.00	
	固定资产折旧		173 000.00	根据"累计折旧"科目的贷方发生额分析填列（不包括计入在建工程）
	无形资产摊销		183 000.00	根据"无形资产"科目的贷方发生额分析填列（不包括计入在建工程）

续表

项	目	金 额	备 注
实际没有支付现金的费用	临时设施摊销	130 000.00	根据"临时设施摊销"科目的贷方发生额分析填列(不包括计入在建工程)
	待摊费用减少	-39 000.00	根据资产负债表"待摊费用"项目的期末数小于年初数的差额填列(应剔除不属于经营活动的待摊费用增减差额)
	预提费用增加	67 000.00	根据资产负债表"预提费用"项目的期末数(119 000)大于年初数(60 000)的差额 59 000 元减去不属于经营活动的预提费用增(预提短期借款利息 28 000 元)减(归还短期借款利息 36 000 元)差额(-8 000)填列
不属于经营活动的损益	处置固定资产、无形资产和其他长期资产的损失(减:收益)	处置无形资产	-7 000.00	根据"营业外收入""营业外支出"科目的记录分析填列
		处置其他长期资产	-10 000.00	
		小计	-17 000.00	
	固定资产报废损失	12 000.00	根据"营业外收入""营业外支出"科目的记录分析填列
	财务费用	收银行存款利息	-28 300.00	属于投资活动或筹资活动的财务费用。根据"财务费用"科目的本期借方发生额分析填列。不考虑属于经营活动的"支付票据贴现息"77 900 元
		预提短期借款利息	28 000.00	
		小计	-300.00	
	投资损失(减:收益)	短期投资损失	8 000.00	根据"投资收益"科目的记录分析填列
		长期股权投资收益	-25 000.00	
		长期债券投资收益	-20 000.00	
		小计	-37 000.00	
经营性应收应付项目的增减变化	存货的减少(减:增加)	258 500.00	根据资产负债表中"存货"项目的期末数(4 303 030)小于年初数(4 619 530)的差额 316 500 减去存货跌价准备 58 000元填列(因为资产负债表中"存货"项目包含存货跌价准备,而在调整"计提资产减值准备"项目中已调整过存货跌价准备)
	经营性应收项目的减少(减:增加)	应收账款	-6 030 000.00	根据"应收账款"科目的年初数(3 170 000)减去期末数(9 200 000)后的金额填列
		其他应收款	30 000.00	根据"其他应收款"科目的年初数(230 000)减去期末数(200 000)后的金额填列
		应收票据	5 649 000.00	根据资产负债表中"应收票据"项目的年初数(6 000 000)减去期末数(351 000)后的金额填列
		预付账款	-600 000.00	根据资产负债表中"预付账款"项目的年初数(80 000)减去期末数(680 000)后的金额填列
		小计	-951 000.00	

续表

项　目			金　额	备　注
经营性应收应付项目的增减变化	经营性应付项目的增加(减:减少)	应付票据	-351 000.00	根据资产负债表中"应付票据"项目的期末数(1 000 000)减去期初数(1 351 000)后的金额填列
		应付账款	85 000.00	根据资产负债表中"应付账款"项目的期末数(500 000)减去期初数(585 000)后的金额填列
		预收账款	603 000.00	根据资产负债表中"预收账款"项目的期末数(1 923 000)减去期初数(1 320 000)后的金额填列
		应付福利费	94 800.00	根据资产负债表"应付福利费"项目的期末数(312 800)减去期初数(183 000)后的金额,减去计入在建工程的提取福利费(35 000)的金额填列
		应交税金	-131 900.00	根据资产负债表"应交税金"项目的期末数(55 300)减去期初数(187 200)后的金额填列
		其他应交款	3 600.00	根据资产负债表"其他应交款"项目的期末数(6 000)减去期初数(2 400)后的金额填列
		其他应付款	63 700.00	根据资产负债表"其他应付款"项目的期末数(104 950)减去期初数(32 500)后的金额,再减去计入在建工程的提取工会经费教育经费(8 750)的金额填列
		小计	367 200.00	

第六步,根据工作底稿中的现金流量表项目部分和"补充资料分析计算表"编制正式的现金流量表(表21-18)。

现金流量表　　　　　　　　　　　　　　　表 21-18

编制单位:某建筑公司　　　　2003 年度　　　　　　单位:元

项　目	行次	金　额	项　目	行次	金　额
一、经营活动产生的现金流量:			现金流出小计	20	18 796 600.00
承包工程、销售商品、提供劳务收到的现金	1	19 391 000.00	经营活动产生的现金流量净额	21	687 400.00
收到的税费返还	3	60 000.00	二、投资活动产生的现金流量:		
收到的其他与经营活动有关的现金	8	33 000.00	收回投资所收到的现金	22	378 000.00
现金流入小计	9	19 484 000.00	取得投资收益所收到的现金	23	99 300.00
发包工程、购买商品、接受劳务支付的现金	10	14 715 700.00	处置固定资产、无形资产和其他长期资产而收到的现金净额	25	262 000.00
支付给职工以及为职工支付的现金	12	2 729 840.00	收到的其他与投资活动有关的现金	28	0.00
支付的各种税费	13	946 600.00	现金流入小计	29	739 300.00
支付的其他与经营活动有关的现金	18	404 460.00	购建固定资产、无形资产和其他长期资产所支付的现金	30	485 600.00

续表

项目	行次	金额	项目	行次	金额
投资所支付的现金	31	497 000.00	临时设施摊销		130 000.00
支付的其他与投资活动有关的现金	35	0.00	待摊费用减少	64	-39 000.00
现金流出小计	36	982 600.00	预提费用增加	65	67 000.00
投资活动产生的现金流量净额	37	-243 300.00	处置固定资产、无形资产和其他长期资产的损失(减:收益)	66	-17 000.00
三、筹资活动产生的现金流量:			固定资产报废损失	67	12 000.00
吸收投资所收到的现金	38	5 000 000.00	财务费用	68	-300.00
借款所收到的现金	40	3 000 000.00	投资损失(减:收益)	69	-37 000.00
收到的其他与筹资活动有关的现金	43	0.00	递延税款贷项(减:借项)	70	
现金流入小计	44	8 000 000.00	存货的减少(减:增加)	71	258 500.00
偿还债务所支付的现金	45	7 200 000.00	经营性应收项目的减少(减:增加)	72	-951 000.00
分配股利、利润或偿付利息所支付的现金	46	902 000.00	经营性应付项目的增加(减:减少)	73	367 200.00
支付的其他与筹资活动有关的现金	52	0.00	其他	74	0.00
现金流出小计	53	8 102 000.00	经营活动产生的现金流量的净额	75	687 400.00
筹资活动产生的现金流量净额	54	-102 000.00	2. 不涉及现金收支的投资和筹资活动		
四、汇率变动对现金的影响额	55	0.00	债务转为资本	76	0.00
五、现金及现金等价物净增加额	56	342 100.00	一年内到期的可转换公司债券	77	0.00
补充资料:			融资租入固定资产	78	0.00
1. 将净利润调为经营活动的现金流量:			3. 现金及现金等价物净增加情况:		0.00
净利润	57	469 000.00	现金的期末余额	79	2 431 870.00
加:计提资产减值准备	58	72 000.00	减:现金的期初余额	80	2 089 770.00
固定资产折旧	59	173 000.00	加:现金等价物的期末余额	81	0.00
无形资产摊销	60	183 000.00	减:现金等价物的期初余额	82	0.00
长期待摊费用摊销	61		现金及现金等价物净增加额	83	342 100.00

第五节 会计报表附注和财务情况说明书

一、会计报表附注

(一)会计报表附注的作用

会计报表附注是为了便于会计报表使用者理解会计报表的内容而对会计报表的编制基础、编制依据、编制原则和方法及主要项目等所作的解释。会计报表附注是企业财务会计报告的重要组成部分,是对会计报表的补充说明,它主要对于会计报表不能包括的内容,或者披露不详尽的内容,作进一步的解释说明,从而有助于企业会计报表使用者理解和使用会计信息。

(二)会计报表附注应披露的主要内容

企业会计制度规定,企业的年度会计报表附注至少应当披露下列内容:

1. 不符合会计核算前提的说明

从略。

2. 重要会计政策和会计估计的说明

从略。

3. 重要会计政策和会计估计变更的说明,以及重大会计差错更正的说明

主要包括以下事项:

(1)会计政策变更的内容和理由;

(2)会计政策变更的影响数;

(3)累积影响数不能合理确定的理由;

(4)会计估计变更的内容和理由;

(5)会计估计变更的影响数;

(6)会计估计变更影响数不能合理确定的理由;

(7)重大会计差错的内容;

(8)重大会计差错的更正金额。

4. 或有事项的说明

企业需要披露或有负债的类型及其影响,包括:

(1)已贴现商业承兑汇票形成的或有负债;

(2)未决诉讼、仲裁形成的或有负债;

(3)为其他单位提供债务担保形成的或有负债;

(4)其他或有负债(不包括极小可能导致经济利益流出企业的或有负债);

(5)或有负债预计产生的财务影响(如无法预计,应说明理由);

(6)或有负债获得补偿的可能性。

如果或有资产很可能会给企业带来经济利益时,则应说明其形成的原因及其产生的财务影响。

5. 资产负债表日后事项的说明

企业应说明股票和债券的发行、对一个企业的巨额投资、自然灾害导致的资产损失以及

外汇汇率发生较大变动等非调整事项的内容,估计对财务状况、经营成果的影响;如无法作出估计,应说明其原因。

6. 关联方关系及其交易的说明

企业应分别以下情况分别作出说明:

(1)在存在控制关系的情况下,关联方如为企业时,不论他们之间有无交易,都应说明如下事项:企业经济性质或类型、名称、法定代表人、注册地、注册资本及其变化;企业的主营业务;所持股份或权益及其变化。

(2)在企业与关联方发生交易的情况下,企业应说明关联方关系的性质、交易类型及其交易要素:交易的金额或相应比例;未结算项目的金额或相应比例;定价政策(包括没有金额或只有象征性金额的交易)。

(3)关联方应分别关联方以及交易类型予以说明,类型相同的关联方交易,在不影响会计报表使用者正确理解的情况下可以合并说明。

(4)对于关联方交易价格的确定如果高于或低于一般交易价格的,应说明其价格的公允性。

7. 重要资产转让及其出售的说明

资产是企业从事生产经营活动的物质基础。如果企业转让、出售重要资产,势必会影响企业今后的发展及盈利能力,为使投资者、债权人及时了解企业资产的变动情况,客观上要求企业提供重要资产的转让及其出售情况的信息。

8. 企业合并、分立的说明

由于企业合并、分立是企业生产经营活动中的重大事项,因此,披露这方面的信息有助于财务会计报告使用者及时了解企业的变化情况。

9. 会计报表重要项目的说明

会计报表由于形式的限制,它只能非常概括地反映各主要项目,至于各项目内部的具体情况及其背景情况,往往难以在表内反映,所以,需要在会计报表附注中提供有关重要项目的明细资料。通常,会计报表的重要项目有:应收款项、存货、投资、固定资产、无形资产等。

(1)应收款项(不包括应收票据,下同)及计提坏账准备的方法

企业应主要说明坏账的确认标准,以及坏账准备的计提方法和计提比例,并重点说明:本年度全额计提坏账准备,或计提坏账准备的比例较大的(计提比例一般超过40%及以上的,下同),应单独说明计提的比例及其理由;以前年度已全额计提坏账准备,或计提坏账准备的比例较大的,但在本年度又全额或部分收回的,或通过重组等其他方式收回的,应说明其原因,原估计计提比例的理由,以及原估计计提比例的合理性;对某些金额较大的应收款项不计提坏账准备,或计提坏账比例较低(一般为5%或低于5%)的理由;本年度实际冲销的应收款项及其理由,其中,实际冲销的关联交易产生的应收款项应单独披露。应收款项的披露格式如表21-19。

应收款项项目明细表　　　　　　　　表21-19

账龄	期初余额			期末余额		
	金额	比例(%)	坏账准备	金额	比例(%)	坏账准备
1年以内						
1-2年						

续表

账 龄	期 初 余 额			期 末 余 额		
	金 额	比例(%)	坏账准备	金 额	比例(%)	坏账准备
2-3年						
3年以上						
合 计						

(2) 存货核算方法

企业应主要说明存货分类、取得、发出、计价以及低值易耗品和包装物的摊销方法,计提存货跌价准备的方法以及存货可变现净值的确定依据。说明在建施工合同累计已发生的成本、累计已确认的毛利以及累计已结算的价款。存货的披露格式如表21-20。

存货项目明细表　　　　　　　　　　　　　　　表21-20

项 目	期 初 余 额	期 末 余 额
原 材 料		
库存商品		
低值易耗品		
包 装 物		
……		
合 计		

(3) 投资的核算方法

企业应主要说明当期发生的投资净损益,其中重大的投资净损益项目应单独说明;说明短期投资、长期股权投资和长期债权投资的期末余额,其中长期股权投资中属于对子公司、合营企业、联营企业投资的部分,应单独说明;说明当年提取的投资损失准备、投资的计价方法、以及短期投资的期末市价;说明投资总额占净资产的比例;采用权益法核算时,还应说明投资企业与被投资单位会计政策的重大差异;说明投资变现及投资收益汇回的重大限制;股权投资差额的摊销方法、债券投资溢价和折价的摊销方法以及长期投资减值准备的计提方法。

短期投资、长期投资、长期股票投资、长期债券投资的披露格式分别如表21-21、表21-22、表21-23、表21-24。

短期投资项目明细表　　　　　　　　　　　　　　表21-21

项 目	期 初 余 额	本期增加数	本期减少数	期 末 余 额
一、股权投资合计				
其中:股票投资				
二、债券投资				
其中:国债投资				
其他债券				
三、其他投资				
合 计				

长期投资项目明细表　　　　　　　　　　表21-22

项目	期初余额	本期增加数	本期减少数	期末余额
一、长期股权投资				
其中:对子公司投资				
对合营企业投资				
对联营企业投资				
二、长期债权投资				
其中:国债投资				
三、其他股权投资				
合　　计				

长期股票投资明细表　　　　　　　　　　表21-23

被投资单位名称	股份类别	股票数量	占被投资单位股权的比例	初始投资成本

长期债券投资明细表　　　　　　　　　　表21-24

债券种类	面值	年利率	初始投资成本	到期日	本期利息	累计应收或已收利息

(4)固定资产项目

企业应主要说明固定资产的标准、分类、计价方法和折旧方法,各类固定资产的预计使用年限、预计净残值率和折旧率,如有在建工程转入、出售、置换、抵押和担保等情况的,应明确说明。固定资产的披露格式如表21-25。

固定资产项目明细表　　　　　　　　　　表21-25

项目	期初余额	本期增加数	本期减少数	期末余额
一、原价合计				
其中:房屋、建筑物				
机器设备				
运输工具				
……				
二、累计折旧合计				
其中:房屋、建筑物				
机器设备				
运输工具				
……				
三、固定资产净值合计				
其中:房屋、建筑物				
机器设备				
运输工具				
……				

(5)无形资产的计价和摊销方法

企业应主要披露各类无形资产的摊销年限;各类无形资产当期期初和期末余额、变动情况及其原因;当期确认的无形资产减值准备。

对于土地使用权,企业还应披露土地使用权的取得方式和取得成本。

无形资产的披露格式如表21-26。

无形资产项目明细表　　　　　　　　　　　　　　　表21-26

种类	实际成本	期初余额	本期增加数	本期转出数	本期摊销数	期末余额

(6)长期待摊费用的摊销方法

长期待摊费用的披露格式如表21-27。

长期待摊费用明细表　　　　　　　　　　　　　　　表21-27

种　类	期　初　数	本　期　增　加	本　期　摊　销	期　末　数

(7)临时设施的核算方法

企业应主要披露临时设施的摊销方法、临时设施的原价、累计摊销额以及清理情况。

(8)工程结算的核算方法

企业应主要披露在建施工合同已结算的价款、累计已发生的成本和累计已确认的毛利。

10.收入

企业应主要说明当期确认的下列各项收入的金额,以及确认收入所采用的会计政策:

(1)建造合同收入、合同费用以及确定合同完工进度的方法;

(2)提供劳务的收入;

(3)利息收入;

(4)使用费收入;

(5)本期分期收款确认的收入。

11.所得税的会计处理方法

企业应主要说明所得税的会计处理是采用应付税款法,还是纳税影响会计法;如果采用纳税影响会计法,应说明是采用递延法还是债务法。

12.合并会计报表的说明

企业应主要说明合并范围的确定原则;本年度合并报表范围如发生变更,企业应说明变更的内容和理由。

13.有助于理解和分析会计报表需要说明的其他事项

从略。

二、财务情况说明书

(一)财务情况说明书的作用

财务情况说明书是对企业一定会计期间内生产经营、资金周转和利润实现及分配等情况的综合性说明,是财务会计报告的重要组成部分。它全面扼要地提供企业和其他单位生产经营、财务活动情况,分析总结经营业绩和存在的不足,是财务会计报告使用者了解和考核企业生产经营和业务活动开展情况的重要资料。

(二)财务情况说明书的内容

企业会计制度规定,财务情况说明书至少应说明下列事项:

1. 企业生产经营的基本情况

企业应说明下列企业生产经营的基本情况:企业主营业务的范围及经营情况;企业所处的行业以及在本行业中的地位;企业员工的数量和专业素质情况;经营中出现的问题与困难及解决方案;对企业业务有影响的知识产权的有关情况;经营环境的变化;新年度的业务发展计划;开发、在建项目的预期进度;配套资金的筹措计划;需要披露的其他业务情况与事项。

2. 利润实现和分配情况

企业应说明下列与利润实现和分配情况有关的事项:企业本年度实现的净利润数额;本年度累计可供分配的利润数额;本年度提取的法定盈余公积金和法定公益金数额;本年度可供投资者分配的利润数额。此外,企业还应反映资金公积金转增实收资本(或股本,下同)的情况。如果在本年度内没有发生利润分配情况或资本公积金转增实收资本情况,则企业需要在财务情况说明书中明确说明。企业利润的实现和分配情况,对于判断企业未来发展前景至关重要,所以,需要企业披露有关利润实现和分配情况方面的信息。

3. 资金增减和周转情况

资金增减和周转情况主要应说明年度内企业各项资产、负债、所有者权益、利润构成项目的增减情况及其增减原因,这对于财务会计报告使用者了解企业的资金变动情况具有非常重要的意义。

4. 对企业财务状况、经营成果和现金流量有重大影响的其他事项

从略。

第六节 外币会计报表折算

一、外币会计报表折算方法

外币会计报表折算方法可以分为单一汇率法和多种汇率法两大类。前者主要以现行汇率对会计报表各项目进行折算,所以又称为现行汇率法。后者指以不同汇率分别对会计报表有关项目进行折算,具体又进一步分为流动与非流动项目法、货币性与非货币性项目法以及时态法。

二、外币会计报表折算差额

外币会计报表折算时,由于各项目采用不同汇率进行折算,从而产生了折算差额。

外币会计报表折算差额的会计处理,有不同选择。主要有两种方法:一是递延处理,二是计入当期损益。

在递延处理的情况下,将折算差额列入所有者权益,并单列项目反映。递延处理有利于保持会计报表有关项目原有的比例关系,便于进行财务比率分析。

将折算差额计入损益,则主要考虑会计报表有关项目所承受的汇率风险是客观存在的,只有将折算差额计入当期损益,才能真实反映企业所承受的汇率风险。这样做的不足是将折算差额反映在损益中,将未实现的损益计入当期损益,可能会引起会计报表使用者对会计报表的误解。

此外,对折算差额的会计处理也有一些变通方法,比如,将折算差额借方发生额,即折算损失,计入损益;折算差额贷方发生额,即折算收益,加以递延,计入所有者权益,这种方法更为谨慎与稳健。

三、我国外币会计报表折算方法

我国外币会计报表折算,包括外商投资企业以外币表示的会计报表的折算,我国企业在国外子公司以外币表示的会计报表的折算,以及国内子公司采用与母公司记账本位币不同的货币编报的会计报表的折算。我国在《合并会计报表暂行规定》中,对外币会计报表的折算方法作出了规定。

(一)资产负债表的折算

(1)资产、负债类项目应当按照资产负债表日的汇率折算;

(2)所有者权益类项目除"未分配利润"项目外,均按照发生时的市场汇率折算;

(3)"未分配利润"项目以折算后利润分配表中该项目的金额直接填列;

(4)折算后资产类项目与负债类项目和所有者权益类项目合计数的差额,作为外币会计报表折算差额,在"未分配利润"项目下单列项目反映;

(5)年初数按照上年折算后的资产负债表有关项目金额列示。

(二)利润表和利润分配表的折算

(1)利润表所有项目和利润分配表有关反映发生额的项目,采用平均汇率或会计报表日的汇率折算。

平均汇率根据当期期初、期末市场汇率计算确定,也可以采用其他方法计算确定。平均汇率计算方法一经采用,不得随意变更。如果确需变更,应当在会计报表附注中说明变更理由及变更对会计报表的影响;

(2)利润分配表中"净利润"项目按折算后利润表中该项目的数额列示;

(3)利润分配表中"年初未分配利润"项目,以上期折算后会计报表"未分配利润"项目期末数列示;

(4)利润分配表"未分配利润"项目,根据折算后的利润分配表其他各项目金额计算确定;

(5)上年实际数按照上年折算后利润表和利润分配表有关数字填列。

【例21-4】 某建筑公司以人民币为记账本位币。有一境外子公司,其会计报表编报货币为美元,期初汇率为1美元=8.2元人民币,期末汇率为1美元=8.4元人民币,当期平均汇率为1美元=8.3元人民币。子公司接受投资时的市场汇率为1美元=8元人民币。该子公司上年外币会计报表中股本为4 000 000美元,折算为人民币金额为32 000 000元;盈余公积为500 000美元,折算为人民币金额为4 030 000元;未分配利润为900 000美元,折算为人民币金额为7 400 000元。

根据上述资料,将该子公司外币会计报表折算为以人民币表示的会计报表(见表21-28、

表21-29)。

利润表及利润分配表(折算前后)

表 21-28
单位:元

项目	折算前(美元)	折算汇率	折算后(人民币)
一、主营业务收入	11 000 000	8.3	91 300 000
减:主营业务成本	8 000 000	8.3	66 400 000
主营业务税金及附加	400 000	8.3	3 320 000
二、主营业务利润	2 600 000	—	21 580 000
减:管理费用	1 100 000	8.3	9 130 000
财务费用	200 000	8.3	1 660 000
三、营业利润	1 300 000	—	10 790 000
加:投资收益	200 000	8.3	1 660 000
营业外收入	300 000	8.3	2 490 000
减:营业外支出	100 000	8.3	830 000
四、利润总额	1 700 000		14 110 000
减:所得税	500 000	8.3	4 150 000
五、净利润	1 200 000	—	9 960 000
加:年初未分配利润	900 000	—	7 400 000
六、可供分配的利润	2 100 000		17 360 000
减:提取法定盈余公积	300 000	8.3	2 490 000
应付利润	800 000	8.3	6 640 000
七、未分配利润	1 000 000		8 230 000

资产负债表(折算前后)

表 21-29
单位:元

资产	折算前(美元)	折算汇率	折算后(人民币)	负债及所有者权益	折算前(美元)	折算汇率	折算后(人民币)
流动资产:				流动负债:			
货币资金	800 000	8.4	6 720 000	短期借款	500 000	8.4	4 200 000
应收账款	2 000 000	8.4	16 800 000	应付账款	2 700 000	8.4	22 680 000
存货	2 900 000	8.4	24 360 000	其他流动负债	1 300 000	8.4	10 920 000
其他流动资产	1 000 000	8.4	8 400 000	长期负债:			
长期投资:				长期借款	1 500 000	8.4	12 600 000
长期股权投资	2 200 000	8.4	18 480 000	应付债券	1 100 000	8.4	9 240 000
长期债权投资				其他长期负债	1 700 000	8.4	14 280 000
固定资产:				所有者权益:			
固定资产原价	5 500 000	8.4	46 200 000	实收资本	4 000 000	8.0	32 000 000
减:累计折旧	2 000 000	8.4	16 800 000	资本公积			
固定资产净值	3 500 000	8.4	29 400 000	盈余公积	800 000	—	6 520 000

续表

资产	折算前(美元)	折算汇率	折算后(人民币)	负债及所有者权益	折算前(美元)	折算汇率	折算后(人民币)
在建工程	700 000	8.4	5 880 000	未分配利润	1 000 000	—	8 230 000
无形资产及其他资产:				外币会计报表折算差额			1 970 000
无形资产	600 000	8.4	5 040 000				
其他长期资产	900 000	8.4	7 560 000				
资产总计	14 600 000	—	122 640 000	负债及所有者权益总计	14 600 000	—	122 640 000

上表中,盈余公积的折算后金额 6 520 000 元,是上年外币会计报表中折算数额 4 030 000元,加上本年利润表及利润分配表中"提取盈余公积"300 000 美元折算的人民币 2 490 000元。"未分配利润"的折算后余额 8 230 000 元,是本年利润表及利润分配表中"未分配利润"的折算数额。外币会计报表折算差额 1 970 000 元 ,是折算后的资产总额减去折算后的负债总额和所有者权益之和后的差额。

第七节 企业汇总会计报表简介

一、汇总会计报表概述

汇总会计报表是指建筑企业以其所属内部单位报送的会计报表为基础,对其各项目进行加总编制而成的会计报表。企业汇总会计报表的编报范围,主要是以企业的财务隶属关系作为确定的依据,即以企业是否归其管理,是否是其下属企业作为编报范围的依据,凡属于其下属非法人企业,在财务上归其管理,则包括在汇总会计报表的编报范围之内。汇总会计报表主要采用简单加总方法编制。

二、汇总会计报表的编制方法

(一)编制汇总工作底稿

在汇总工作底稿中,对总公司和纳入汇总范围的所属企业的个别会计报表各项目的数额进行汇总和抵消处理,最终计算得出汇总会计报表各项目的汇总数。

(二)汇总会计报表的抵消项目

在汇总资产负债表时,主要抵消处理"内部往来"项目和"上级拨入资金"项目与"拨付所属资金"项目 。在编制会计报表前,对总公司和纳入汇总范围的所属企业之间的往来账必须互相核对,对于汇总后不能抵消的内部往来余额,应查明原因,属于未达款项,应按企业会计制度规定,并入"其他应收款"项目反映。总公司的"拨付所属资金"项目和所属企业的"上级拨入资金"项目必须核对相符,汇总后必须抵消。

在汇总利润表和利润分配表时,对于总公司的"收到所属企业上缴利润"项目和所属企业的"上缴总公司利润"项目必须核对相符,汇总后必须抵消。

在汇总现金流量表时,对于总公司和所属企业之间的现金流入、流出,必须另列项目反映,汇总后必须抵消。

第二十二章 合并报表

第一节 合并会计报表的概述

一、合并会计报表的概念和作用

合并会计报表指以母公司和子公司组成的企业集团为一会计主体,以母公司和子公司单独编制的个别会计报表为基础,由母公司编制的综合反映企业集团财务状况、经营成果和现金流量的会计报表。它可以弥补母公司个别会计报表的不足,满足企业集团的投资者、债权人等有关方面对会计信息的需要。

合并会计报表的作用主要表现在:能够对外提供反映企业集团整体经营情况的会计信息,避免企业集团利用控股关系,人为操纵利润,人为粉饰会计报表的现象,有利于真实反映企业集团的财务状况,有利于正确反映企业集团的经营成果和经营规模。

二、合并会计报表的特点

合并会计报表是由母公司编制的综合反映企业集团财务状况、经营成果和现金流量的会计报表。其特点表现在:它是反映经济意义上的会计主体,而不是法律意义上的主体,由企业集团中的控股公司或母公司编制,是以个别会计报表为基础编制,不需要单独设置一套账簿体系。它不是简单的加总汇编,而是在对纳入合并范围的企业个别会计报表进行加总的基础上,通过编制抵销分录,将企业集团的内部的经济业务,如内部投资、内部交易、内部债权债务等事项对个别会计报表的影响因素抵销后编制而成的。

三、合并会计报表的合并范围

根据《合并会计报表暂行规定》,凡设立于我国境内,拥有一个或一个以上子公司的母公司,应当将其所控制的境内外所有子公司纳入合并会计报表的范围,具体如下:

(一)母公司拥有其半数以上(不包括半数)的权益性资本的被投资企业

1. 母公司直接拥有一个企业的半数以上的权益性资本

例如,甲公司直接持有乙公司普通股股份的60%。

2. 母公司间接拥有一个企业半数以上的权益性资本

母公司可能通过其子公司而拥有其子公司的子公司的半数以上的权益性资本,在这种情况下,子公司的子公司也应纳入合并范围。例如,甲公司持有乙公司90%的股份,而乙公司又持有丙公司80%的股份,则甲公司通过乙公司而间接持有丙公司80%的股份,或者说通过乙公司而间接取得了对丙公司的控制权。在这种情况下,丙公司也应纳入甲公司所编合并会计报表的范围。

3. 母公司直接和间接方式合计拥有一个企业半数以上的权益性资本

如果一个企业虽然只直接拥有另一个企业的半数以下的权益性资本,但又通过其他方式(如通过子公司)拥有该企业一定数量的权益性资本,两者合计共拥有被投资企业半数以上的权益性资本,则也应该将被投资企业视为投资企业的子公司,纳入合并范围。例如,甲公司拥有乙公司60%的股份,并拥有丙公司40%的股份,而乙公司又拥有丙公司30%的股份,则甲公司通过乙公司间接拥有丙公司30%的股份,甲公司直接和间接拥有丙公司的股份合计为70%,超过半数。更确切地说,甲公司直接和间接拥有丙公司70%的表决权,因而实际控制了丙公司。在这种情况下,丙公司也应纳入合并会计报表的编制范围。

(二)其他被母公司控制的被投资企业

母公司虽然未拥有被投资企业半数以上的权益性资本,但母公司通过其他方法对被投资企业的经营活动能够实施控制时,这些被母公司所控制的企业,也应纳入合并会计报表的范围。有以下四种情况:

(1)通过与被投资企业的其他投资者之间的协议,持有该被投资企业半数以上的表决权。

(2)根据章程或协议,母公司有权控制被投资企业的财务和经营政策。

(3)有权任免被投资企业董事会等类似权力机构的多数成员。

(4)在被投资企业的董事会或类似权力机构会议上有半数以上的投票权。

(三)不纳入合并范围的子公司

母公司虽然拥有子公司半数以上的权益性资本,但由于某些特殊原因,母公司可能无法有效地对子公司实施控制,或者对子公司的控制权受到限制。母公司在编制合并会计报表时,可以不将其纳入合并会计报表的合并范围。有以下几种情况:

(1)已准备关停并转的子公司。

(2)按照破产程序已宣告被清理整顿的子公司。

(3)已宣告破产的子公司。

(4)准备近期售出而短期持有其半数以上的权益性资本的子公司。

(5)非持续经营的所有者权益为负数的子公司。

(6)受所在国外汇管制及其他管制、资金调度受到限制的境外子公司。

四、合并会计报表编制的前期准备事项

编制合并会计报表必须做好以下几项前期基础工作:

(1)统一母公司与子公司的会计报表决算日和会计期间。当母公司与子公司会计报表决算日和会计期间不一致时,母公司应要求子公司按照母公司的要求编报相同会计期间的会计报表,也可以通过对最近会计期间的会计报表进行调整,依据调整后的子公司会计报表编制合并会计报表。

(2)统一母公司和子公司所采用的会计政策。在编制合并会计报表前应统一集团公司的会计政策,使母公司、子公司之间的会计报表各项目所反映的内容一致,便于加总。

(3)我国现行准则和制度规定,母公司对子公司的股权投资必须采用权益法进行核算,并以此编制个别会计报表。

(4)对于境外子公司以外币表示的会计报表,母公司应当将境外子公司的会计报表折算

为按母公司记账本位币反映的会计报表,并据以编制合并会计报表。

第二节 合并会计报表的编制

一、合并会计报表的种类及编制原则

(一)合并会计报表的种类

合并会计报表主要包括:合并资产负债表、合并利润及利润分配表和合并现金流量表。

(二)合并会计报表的编制原则

合并会计报表的编制,除了必须遵循的会计报表编制的一般原则和要求外,还应当遵循以下原则和要求:

1. 以个别会计报表为编制基础

合并会计报表并不是直接根据账簿编制,而是利用母公司与子公司的个别会计报表,通过合并会计报表的特有方法编制。

2. 一体性原则

编制合并会计报表时,将母公司和所有子公司作为整体来看待,对于母公司与子公司、子公司相互间发生的经济业务,作为企业集团这一会计主体的内部会计业务处理,反映由多个法人企业组成的企业集团整体的财务状况和经营成果。

3. 重要性原则

由于母子公司的经营活动范围很广,涉及行业千差万别,要综合反映企业集团的财务情况,在编制合并会计报表时,必须运用重要性原则,对企业集团内部的经济业务进行取舍,以简化合并工作手续。

二、合并会计报表的编制程序

合并会计报表的编制程序如下:

(一)先将个别会计报表的数据过入合并工作底稿

将母公司和纳入合并范围内的子公司的个别资产负债表、利润表及利润分配表各项目的数据过入合并工作底稿,并进行加总,计算出各项目的合计数。

(二)编制抵销分录

进行抵销处理是合并会计报表编制的关键,将母子公司个别会计报表的加总数据中的重复因素予以抵销剔除,是抵销企业集团内部经济业务对合并会计报表的影响,使合并会计报表真实地反映企业集团的财务状况。

(三)计算合并会计报表各项目的合并数额

将合并工作底稿中各项目的合计数,加上或减去抵销分录的发生数,即得出合并会计报表各项目的合并数。

(四)填列合并会计报表

根据合并工作底稿中计算出的资产负债表、利润表及利润分配表各项目的合并数,填列正式的合并会计报表。

三、合并资产负债表的编制

合并资产负债表是反映母公司和子公司所组成的企业集团整体财务状况的会计报表，是以母公司和参与合并的子公司的个别资产负债表为基础编制的。编制合并资产负债表时，需要进行抵销处理的各主要项目如下：

(一)母公司长期股权投资与子公司所有者权益的抵销

母公司对子公司进行投资时，其个别资产负债表上除了反映某种资产的减少，同时也表现为长期股权投资的增加；子公司在接受母公司投资时，增加了资产和实收资本，但从企业集团整体看，母公司对子公司的投资，实际上只是母公司将资产拨付给子公司，不会由此引起整个企业集团的资产、负债和所有者权益的增减变动。因此，在编制合并资产负债表时，应将母公司长期股权投资项目与子公司所有者权益项目予以抵销。

1. 母公司与全资子公司间的抵销

母公司对子公司长期股权投资的数额和子公司所有者权益各项目的数额应全额抵销，当母公司对子公司权益性资本投资的数额与子公司所有者权益总额不一致时，差额作为合并价差。编制抵销分录时，应借记"实收资本"、"资本公积"、"盈余公积"、"未分配利润"，或借或贷"合并价差"项目，贷记"长期股权投资"项目。

"合并价差"项目，当母公司对子公司长期股权投资的数额大于子公司所有者权益中母公司拥有的数额时，应当按照该差额，借记"合并价差"项目；当母公司对子公司长期股权投资的数额小于子公司所有者权益中母公司拥有的数额时，应当按照该差额，贷记"合并价差"项目。按照《合并会计报表暂行规定》，合并价差属于长期投资项目的调整项目，在长期投资项目下单独列示。

【例 22-1】 某母公司对 A 子公司股权投资 424 000 元，拥有 A 子公司 100%的股份，2003 年 12 月 31 日 A 子公司所有者权益总额 424 000 元，其中股本总额 400 000 元，资本公积 6 000 元，盈余公积 8 000 元，未分配利润 10 000 元，则抵销分录如下：

```
借：实收资本                    400 000
    资本公积                      6 000
    盈余公积                      8 000
    未分配利润                   10 000
  贷：长期股权投资               424 000
```

【例 22-2】 某母公司对 A 子公司股权投资 500 000 元，拥有 A 子公司 100%的股份，2003 年 12 月 31 日 A 子公司所有者权益总额 424 000 元，其中股本总额 400 000 元，资本公积 6 000 元，盈余公积 8 000 元，未分配利润 10 000 元，则抵销分录如下：

```
借：实收资本                    400 000
    资本公积                      6 000
    盈余公积                      8 000
    未分配利润                   10 000
    合并差价                     76 000  (500 000 - 424 000)
  贷：长期股权投资               500 000
```

【例 22-3】 某母公司对 A 子公司股权投资 380 000 元，拥有 A 子公司 100%的股份，

2003年12月31日A子公司所有者权益总额424 000元,其中股本总额400 000元,资本公积6 000元,盈余公积8 000元,未分配利润10 000元,则抵销分录如下:

　　借:实收资本　　　　　　　　　　　　400 000
　　　　资本公积　　　　　　　　　　　　　6 000
　　　　盈余公积　　　　　　　　　　　　　8 000
　　　　未分配利润　　　　　　　　　　　 10 000
　　　贷:长期股权投资　　　　　　　　　　380 000
　　　　合并差价　　　　　　　　　　　　 44 000　(424 000－380 000)

2. 母公司与非全资子公司间的抵销

当母公司拥有子公司部分股权时,母公司对子公司长期股权投资的数额只和子公司所有者权益中属于母公司的数额相抵销。对于子公司所有者权益中不属于母公司的数额,在合并会计报表中列作"少数股东权益",而当母公司对子公司长期股权投资的数额与子公司所有者权益中母公司拥有的数额不一致时,其差额在合并会计报表中列作"合并价差"。编制抵销分录时,应借记"实收资本"、"资本公积"、"盈余公积"、"未分配利润",或借或贷"合并价差"项目,贷记"长期股权投资"和"少数股东权益"项目。

"少数股东权益"项目反映除母公司以外的其他投资者在子公司中所拥有的权益,表示其他投资者在子公司所有者权益中所拥有的份额。根据《合并会计报表暂行规定》,"少数股东权益"在合并资产负债表中,应当在"负债"和"所有者权益"两类项目之间单列一类反映,单独列示。

【例22-4】 某母公司拥有某B子公司80%的股份,2003年12月31日母公司资产负债表中对该子公司的长期投资为354 000元,而B子公司所有者权益总额424 000元,其中股本400 000元,资本公积6 000元,盈余公积8 000元,未分配利润10 000元,则抵销分录如下:

　　借:实收资本　　　　　　　　　　　　400 000
　　　　资本公积　　　　　　　　　　　　　6 000
　　　　盈余公积　　　　　　　　　　　　　8 000
　　　　未分配利润　　　　　　　　　　　 10 000
　　　　合并差价　　　　　　　　　　　　 14 800　(354 000－424 000×80%)
　　　贷:长期股权投资　　　　　　　　　　354 000
　　　　少数股东权益　　　　　　　　　　 84 800　(424 000×20%)

上述抵销分录中,子公司所有者权益424 000元全额抵销,长期股权投资是母公司报告期末账面余额,母公司对子公司长期股权投资额354 000元与其在子公司所有者权益总额中所拥有的339 200元(424 000×80%)之间的差额,作为合并价差。子公司所有者权益总额中20%的部分,属于其他投资者在子公司中的权益,抵销时作为少数股东权益。

(二)内部债权与内部债务的抵销

内部债权与内部债务项目包括母公司与子公司、子公司相互之间的应收账款与应付账款、预收账款与预付账款、其他应收款与其他应付款等项目。这些项目企业集团成员单位在其个别资产负债表中,一方表现为资产,另一方表现为负债。从企业集团整体来看,这些内部债权与内部债务是由于内部资金运动而形成的,就集团整体而言不会引起资产和负债的增减变动。因此,在编制合并资产负债表时,应当在母子公司个别资产负债表数据简单加总的基础上,将内部债权与内部债务项目予以抵销,主要包括:

(1)应收账款与应付账款;
(2)应收票据与应付票据;
(3)预付账款与预收账款;
(4)长期债权投资与应付债券;
(5)应收股利与应付股利;
(6)应收利息与应付利息;
(7)其他应收款与其他应付款。

对内部债权和内部债务项目进行抵销处理时,应借记"应付账款、应付票据、预收账款、应付债券、应付股利、应付利息、其他应付款",贷记"应收账款、应收票据、预付账款、长期债权投资、应收股利、应收利息、其他应收款"。在采用备抵法计提坏账准备的情况下,随着内部应收账款和内部其他应收款的抵销,还应借记"坏账准备",贷记"管理费用"。对于从证券市场购进的企业集团成员的内部债券,长期债权投资与发行债券企业的应付债券抵销时,可能出现差额,此差额应作为合并价差处理。

【例22-5】 2003年12月31日某母公司应收账款期末余额中30 000元为子公司的应付账款,应收票据60 000元全部为子公司的应付票据,预付账款20 000元为子公司的预收账款,母公司发行企业债券时,子公司直接购买了80 000元,母公司计提的应付利息中有500元应付给其子公司,母公司的其他应收款中有100 000元为子公司的其他应付款,子公司的应付股利中30 000元应付母公司。公司按5‰的比例提取坏账准备。则抵销分录如下:

  借:应付账款　　　　　　　　　　30 000
   贷:应收账款　　　　　　　　　　　　30 000
  借:应付票据　　　　　　　　　　60 000
   贷:应收票据　　　　　　　　　　　　60 000
  借:预收账款　　　　　　　　　　20 000
   贷:预付账款　　　　　　　　　　　　20 000
  借:应付债券　　　　　　　　　　80 000
   贷:长期债权投资　　　　　　　　　　80 000
  借:应付利息　　　　　　　　　　500
   贷:应收利息　　　　　　　　　　　　500
  借:应付股利　　　　　　　　　　30 000
   贷:应收股利　　　　　　　　　　　　30 000
  借:其他应付款　　　　　　　　　100 000
   贷:其他应收款　　　　　　　　　　　100 000
  借:坏账准备　　　　　　　　　　650　(30 000 + 100 000) × 5‰
   贷:管理费用　　　　　　　　　　　　650

抵销处理后,合并资产负债表中整项剔除了内部债权与内部债务的影响,合并利润表则剔除了减少的内部应收账款和内部其他应收款所对应的多提的坏账准备。

(三)内部交易事项中未实现内部销售利润的抵销(包括存货、固定资产、无形资产等)

在企业集团内部购销活动中,卖方将集团内部的销售作为收入确认,结转销售成本并计算销售利润;而买方则是以支付的购货款作为其成本入账,买方企业存在多种入账方式,或作为固定资产自行使用,或先作为存货再销售,或作为无形资产购进,无论买方如何出账,其入账价值中都包含有卖方企业的内部销售利润。从整个企业集团来看,集团成员单位间的内部商品购销活动实际上只是企业的内部物资调拨,这些物资在向集团外部销售前,既不会增加商品价值,也不会产生利润。因此,在编制合并资产负债表时,应当在母子公司个别资产负债表数据简单加总的基础上,将存货、固定资产、无形资产价值中包含的未实现内部销售利润予以抵消,编制抵销分录时,应借记"主营业务收入",贷记"主营业务成本"和"存货、固定资产、无形资产"。

【例22-6】 2003年某母公司当年从其子公司购入产品80 000元,子公司的销售成本为60 000元。母公司购入产品后,当年仅实现对外销售20%,其余的80%形成期末存货。则抵销分录如下:

借:主营业务收入　　　　　　　　16 000　(80 000×20%)
　　贷:主营业务成本　　　　　　　16 000　(80 000×20%)
借:主营业务收入　　　　　　　　64 000　(80 000×80%)
　　贷:主营业务成本　　　　　　　48 000　(60 000×80%)
　　　　存货　　　　　　　　　　16 000　(80 000−60 000)×80%

【例22-7】 2003年12月某母公司从其子公司购入设备10 000元,子公司的销售成本为8 000元。该设备当期投入使用,本期未提折旧。则抵销分录如下:

借:主营业务收入　　　　　　　　10 000
　　贷:主营业务成本　　　　　　　8 000
　　　　固定资产　　　　　　　　2 000　(10 000−8 000)

(四)盈余公积抵消的恢复

集团成员各企业的盈余公积是根据公司法的规定,按照各自当期实现的净利润计算提取,但前面我们在母公司长期股权投资与子公司所有者权益的抵销时,已将子公司提取的盈余公积全部抵销。因此,需要将已经抵销的提取盈余公积的数额恢复。编制抵销分录时,应借记"提取盈余公积",贷记"盈余公积"。

【例22-8】 2003年12月某母公司拥有子公司40%的权益,该子公司当期提取盈余公积20 000元,则抵销分录如下:

借:提取盈余公积　　　　　　　　8 000　(20 000×40%)
　　贷:盈余公积　　　　　　　　　8 000

上述抵销分录中的"提取盈余公积"、"盈余公积"均指母公司恢复提取已经抵销的子公司的盈余公积中,母公司应占有的股权比例。

四、合并利润表及利润分配表的编制

合并利润表及利润分配表,是反映企业集团整体在一定会计期间内经营成果及其利润分配情况的会计报表。它是以母公司和纳入合并范围的子公司的个别利润表及利润分配表为基础编制的,需要将这些报表中重复的项目予以抵消,抵销的项目主要有:

(一)内部销售收入和内部销售成本的抵销

1. 集团内部存货购销的抵销

(1)当期内部购进商品形成存货的抵销处理

在企业集团内部企业间发生内部购销业务的情况下,各成员企业都从自身的角度,以自身独立的会计主体进行会计核算,反映损益情况。卖方企业确认收入,结转成本;买方企业或将购进商品作为资产,或转手销售。但从企业集团整体看,这一销售业务只是内部业务,以个别利润表的数额为基础进行合并时,必须将重复反映的内部销售收入予以抵销。内部销售收入的抵销包括以下情况:

1)在集团企业内部购入的商品当期全部实现对外销售的情况下,从企业集团整体看,这一购销业务实际只实现一次销售,应当将内部销售收入与内部销售成本全额抵销。编制抵销分录时,应借记"主营业务收入",贷记"主营业务成本"。

【例22-9】 2003年某母公司当年从其子公司购入产品610 000元,子公司的销售成本为500 000元。母公司购入产品后,当年以750 000元的价格全额销售到集团外部。则抵销分录如下:

借:主营业务收入　　　　　　　　　610 000
　　贷:主营业务成本　　　　　　　　　　　610 000

上述抵销分录中的"主营业务收入"是子公司确认的收入,"主营业务成本"是母公司对外销售时结转的成本。经过抵销后,合并利润表中保留了子公司对母公司实现销售时结转的成本500 000元,以及母公司对外销售时确认的收入750 000元。

2)在买方企业内部购入商品当期全部未对外售出而形成期末存货的情况下,买方企业的存货成本中包含卖方企业实现的利润。从企业集团角度看,这一购销业务既没有实现利润,也未增加存货价值。因此,需要将卖方企业确认的内部销售收入和内部销售成本,以及买方企业期末存货价值中包含的内部销售利润予以抵销。编制抵销分录时,应借记"主营业务收入",贷记"主营业务成本"和"存货"。

【例22-10】 2003年某母公司当年从其子公司购入产品610 000元,子公司的销售成本为500 000元。母公司购入产品后,由于市场原因,当年均未实现对外销售。则抵销分录如下:

借:主营业务收入　　　　　　　　　610 000
　　贷:主营业务成本　　　　　　　　　　　500 000
　　　　存货　　　　　　　　　　　　　　　110 000　(610 000 - 500 000)

上述抵销分录中的"主营业务收入"是子公司确认的收入,"主营业务成本"是子公司销售时结转的成本,"存货"是母公司存货中包含的内部销售利润。经过抵销后,合并利润表中保留了子公司对母公司实现销售时减少存货500 000元,以及母公司购入产品增加存货原来的价值500 000元。

3)在买方企业内部购入商品当期部分实现对外销售,部分形成期末存货的情况下,应对已实现对外销售部分和未实现对外销售而转入期末存货的部分,分别并按照上述两种情况进行抵销处理。

【例22-11】 2003年某母公司当年从其子公司购入产品610 000元,子公司的销售成本为500 000元。母公司购入产品后,当年仅实现对外销售60%,其余的40%形成期末存货。

则抵销分录如下：

　　借：主营业务收入　　　　　　　　366 000　（610 000×60%）
　　　　贷：主营业务成本　　　　　　366 000　（610 000×60%）
　　借：主营业务收入　　　　　　　　244 000　（610 000×40%）
　　　　贷：主营业务成本　　　　　　200 000　（500 000×40%）
　　　　　　存货　　　　　　　　　　 44 000　（610 000－500 000）×40%

(2) 连续编制合并会计报表时内部购进商品的抵销处理

在上期从集团企业内部购入商品形成期末存货的情况下，由于上期编制合并会计报表时抵销的内部购进存货中包含了内部销售利润，对本期的年初未分配利润了产生影响，因此应首先将上期抵销的存货价值中所包含的内部销售利润对本期期初未分配利润的影响予以抵销，调整本期的期初未分配利润，借记"年初未分配利润"，贷记"主营业务成本"或"存货"，然后再对本期从集团企业内部购进形成的存货中包含的内部销售利润进行抵销处理，借记"主营业务收入"，贷记"主营业务成本"和"存货"。

【例22-12】 2003年某母公司从其子公司购入产品50 000元，子公司的销售成本为40 000元。母公司购入产品后，由于市场原因，当年均未实现对外销售。则抵销分录如下：

　　借：主营业务收入　　　　　　　　50 000
　　　　贷：主营业务成本　　　　　　40 000
　　　　　　存货　　　　　　　　　　10 000　（50 000－40 000）

若第二年母公司该笔存货仍未实现对外销售，则抵销分录如下：

　　借：年初未分配利润　　　　　　　10 000
　　　　贷：存货　　　　　　　　　　10 000

若第二年母公司该笔存货全部实现对外销售，则抵销分录如下：

　　借：年初未分配利润　　　　　　　10 000
　　　　贷：主营业务成本　　　　　　10 000

若第二年母公司从其子公司又购入产品20 000元，子公司的销售成本16 000元，则第二年该业务抵销分录如下：

　　借：主营业务收入　　　　　　　　20 000
　　　　贷：主营业务成本　　　　　　16 000
　　　　　　存货　　　　　　　　　　 4 000　（20 000－16 000）

2. 集团内部固定资产购销业务的抵销

内部固定资产交易是指企业集团成员单位间发生的交易中，购入方作为固定资产使用的购销业务。

(1) 未提折旧的固定资产内部交易业务的抵销处理

在企业集团内部，企业间发生一方以其生产的产品销售给另一方作为固定资产的情况下，从企业集团看，此项购销业务只是集团内部资产形态的变化，不会使集团企业产生利润，因此，需要将销售企业确认的内部销售收入及其销售成本，以及购买企业确认的固定资产价值中包含的内部销售利润，予以抵销。编制抵销分录时，应借记"主营业务收入"，贷记"主营业务成本"和"固定资产"。

【例22-13】 2003年12月某母公司从其子公司购入设备20 000元，子公司的销售成本

为 14 000 元。该设备当期投入使用,本期未提折旧。则抵销分录如下:

  借:主营业务收入   20 000
   贷:主营业务成本   14 000
    固定资产   6 000 (20 000 - 14 000)

  上述抵销分录中的"主营业务收入"是子公司确认的收入,"主营业务成本"是子公司销售时结转的成本,"固定资产"是母公司固定资产中包含的内部销售利润。经过抵销后,合并利润表中保留了子公司对母公司实现销售时减少存货成本 14 000 元,以及母公司购入集团产品增加固定资产的原有价值 14 000 元。

  (2)已提折旧的固定资产内部交易业务的抵销处理

  企业集团的固定资产内部交易不仅影响本期合并会计报表的编制,还影响以后年度合并会计报表的编制,由于固定资产使用企业折旧的提取,还得考虑报告期计提折旧对企业集团合并损益的影响。因此除了将内部固定资产交易以前会计期间的累计折旧抵消,并调整期初未分配利润外,还要将本期提取的固定资产折旧予以抵销。下面就企业集团内部固定资产交易业务分阶段说明合并抵销的处理。

  1)当期购买并计提折旧的内部固定资产交易的抵销

  先将企业集团内部固定资产交易确认的收入、成本以及固定资产原值中包含的内部销售利润予以抵销,应借记"主营业务收入",贷记"主营业务成本"和"固定资产";再将内部交易形成的固定资产在报告期计提的折旧抵销,借记"累计折旧",贷记"管理费用"。

  【例 22-14】 2003 年 1 月某母公司从其子公司购入设备 20 000 元,子公司的销售成本为 14 000 元。该设备当期投入使用,折旧年限为 5 年,预计残值为零。则抵销分录如下:

  借:主营业务收入   20 000
   贷:主营业务成本   14 000
    固定资产   6 000 (20 000 - 14 000)
  借:累计折旧   1 100 (6 000÷5)÷12×11
   贷:管理费用   1 100 (6 000÷5)÷12×11

  上述抵销分录中的"主营业务收入"是子公司确认的收入,"主营业务成本"是子公司销售时结转的成本,"固定资产"是母公司固定资产中包含的未实现的销售利润。"累计折旧"和"管理费用"则是抵销内部固定资产交易当期使用多计提的折旧,母公司当年实际折旧额为 20 000÷12×11,即 18 333 元。合并会计报表时只需抵销减少的固定资产价值 6 000 元对应的多计提的折旧。

  2)企业集团内部固定资产交易在以后会计期间的抵销

  先将以前年度的企业集团内部交易的固定资产原值中包含的内部销售利润予以抵销,应借记"年初未分配利润",贷记"固定资产";再将企业集团内部固定资产交易以前会计期间计提的累计折旧抵销,调整期初未分配利润,借记"累计折旧",贷记"年初未分配利润";最后将企业集团内部固定资产交易在报告期计提的折旧抵销,借记"累计折旧",贷记"管理费用"。

  【例 22-14-1】 续上例,第二年编制合并会计报表时,则抵销分录如下:

借：年初未分配利润　　　　　　6 000　　（上年抵销的内部固定资产原值）
　　贷：固定资产　　　　　　　6 000
借：累计折旧　　　　　　　　　1 100　　（上年抵销的内部固定资产累计折旧）
　　贷：年初未分配利润　　　　1 100
借：累计折旧　　　　　　　　　1 200　　（6 000÷5）(抵销当期多计提折旧)
　　贷：管理费用　　　　　　　1 200

第三年编制合并会计报表时，则抵销分录如下：
借：年初未分配利润　　　　　　6 000
　　贷：固定资产　　　　　　　6 000
借：累计折旧　　　　　　　　　2 300　　（1 100+1 200）
　　贷：年初未分配利润　　　　2 300
借：累计折旧　　　　　　　　　1 200
　　贷：管理费用　　　　　　　1 200

第四年编制合并会计报表时，则抵销分录如下：
借：年初未分配利润　　　　　　6 000
　　贷：固定资产　　　　　　　6 000
借：累计折旧　　　　　　　　　3 500　　（1 100+1 200+1 200）
　　贷：年初未分配利润　　　　3 500
借：累计折旧　　　　　　　　　1 200
　　贷：管理费用　　　　　　　1 200

第五年编制合并会计报表时，则抵销分录如下：
借：年初未分配利润　　　　　　6 000
　　贷：固定资产　　　　　　　6 000
借：累计折旧　　　　　　　　　4 700　　（1 100+1 200+1 200+1 200）
　　贷：年初未分配利润　　　　4 700
借：累计折旧　　　　　　　　　1 200
　　贷：管理费用　　　　　　　1 200

第六年仍然继续使用，则第六年编制合并会计报表时，抵销分录如下：
借：年初未分配利润　　　　　　6 000
　　贷：固定资产　　　　　　　6 000
借：累计折旧　　　　　　　　　5 900　　（1 100+1 200+1 200+1 200+1 200）
　　贷：年初未分配利润　　　　5 900
借：累计折旧　　　　　　　　　100　　（6 000÷5）÷12×1
　　贷：管理费用　　　　　　　100

第七年仍然继续使用，则第七年编制合并会计报表时，抵销分录如下：
借：年初未分配利润　　　　　　6 000　　（以前年度抵销的内部固定资产原值）
　　贷：固定资产　　　　　　　6 000
借：累计折旧　　　　　　　　　6 000　　（1 100+1 200+1 200+1 200+1 200+100）
　　贷：年初未分配利润　　　　6 000

3)内部交易的固定资产清理期间的抵销

固定资产清理报废时,固定资产原值中包含的内部销售利润计入当期损益,体现在"营业外收入"或"营业外支出"科目上,而内部交易的固定资产在报告期计提的折旧也计入损益,体现在"营业外收入"或"营业外支出"科目上。

【例 22-14-2】 续上例,假设第五年12月对该固定资产报废清理,该固定资产清理净收入5 000元,则第五年编制合并会计报表时,抵销分录如下:

借:年初未分配利润　　　　　6 000　（以前年度抵销的内部固定资产原值）
　　贷:营业外收入　　　　　　6 000
借:营业外收入　　　　　　　4 700　（1 100+1 200+1 200+1 200）
　　贷:年初未分配利润　　　　4 700　（以前年度抵销的累计折旧）
借:营业外收入　　　　　　　1 200　（6 000÷5）（抵销当期多计提折旧）
　　贷:管理费用　　　　　　　1 200

(二)集团内部应收账款计提的坏账准备的抵销

(1)初次编制合并会计报表时的抵销处理

编制合并资产负债表时,应将内部应收账款与内部应付账款相互抵销,与此相关的内部应收账款所对应的多提的坏账准备也应予以抵销,编制抵销分录时,应借记"坏账准备",贷记"管理费用"。

【例 22-15】 2003年12月某建筑公司应收账款期末余额中对其子公司的应收账款为80 000元,该公司按5‰的比例提取坏账准备。则抵销分录如下:

借:应付账款　　　　　　　　80 000
　　贷:应收账款　　　　　　　80 000
借:坏账准备　　　　　　　　400　（80 000×5‰）
　　贷:管理费用　　　　　　　400　（80 000×5‰）

上述抵销分录中的"应付账款"是子公司期末应付母公司的内部债务,"应收账款"是某建筑公司母公司期末应收子公司的内部债权,经过抵销后,合并资产负债表中整项剔除了内部应收应付款项,合并利润表则剔除了减少的内部应收账款所对应的多提的坏账准备。

(2)连续编制合并会计报表时的抵销处理

连续编制合并会计报表进行抵销处理时,要看当年应收账款期末余额与上年应收账款余额之间的关系,对坏账准备作不同的会计处理。具体分三种情况:1)本期应收账款余额与上年应收账款余额相等时,应抵销上年抵销内部应收款计提坏账准备对本年的年初未分配利润的影响,借记"坏账准备",贷记"年初未分配利润"。2)本期应收账款余额大于上年应收账款余额时,先按上年末应收内部账款的余额计提的坏账准备,借记"坏账准备",贷记"年初未分配利润";然后将本期多冲减的内部应收账款对应的坏账准备冲销,借记"坏账准备",贷记"管理费用"。3)本期应收账款余额小于上年应收账款余额时,先按上年末应收内部账款的余额计提的坏账准备,借记"坏账准备",贷记"年初未分配利润";然后将本期少冲减内部应收账款对应的坏账准备补提,借记"管理费用",贷记"坏账准备"。

【例 22-16】 2003年12月某建筑公司仅有一家子公司,应收账款期末余额中对其子公司的应收账款为60 000元,该公司按5‰的比例提取坏账准备。若该建筑公司上年应收账

款余额对子公司的应收账款也为 60 000 元,则抵销分录如下:

  借:应付账款   60 000
    贷:应收账款   60 000
  借:坏账准备   300 (60 000×5‰)
    贷:年初未分配利润   300 (60 000×5‰)

  假定第二年 12 月该建筑公司应收账款期末余额中对其子公司的应收账款为 80 000 元,则第二年的抵销分录如下:

  借:应付账款   80 000
    贷:应收账款   80 000
  借:坏账准备   300 (60 000×5‰)
    贷:年初未分配利润   300
  借:坏账准备   100 (80 000−60 000)×5‰
    贷:管理费用   100

  假定第三年 12 月该建筑公司应收账款期末余额中对其子公司的应收账款为 70 000 元,则第三年的抵销分录如下:

  借:应付账款   70 000
    贷:应收账款   70 000
  借:坏账准备   400 (80 000×5‰)
    贷:年初未分配利润   400
  借:管理费用   50 (80 000−70 000)×5‰
    贷:坏账准备   50

(三)内部利息收支的抵销

  企业集团内部,企业间发生购买对方发行的债券时,发行债券的企业需要支付的利息,确认财务费用,而购买债券的企业增加长期债权投资的利息收入,确认投资收益。从企业集团看,这一业务仅相当于同一主体的内部资金调拨,应将内部债券的投资收益与债券利息支出的财务费用相抵销。编制抵销分录时,应借记"投资收益",贷记"财务费用"。

  【例 22-17】 2003 年某母公司发行到期一次还本付息的企业债券总额 20 000 000 元,其子公司购买了 4 000 000 元。子公司当年的投资收益中有 10 000 元为确认的应收母公司发行企业债券的利息,母公司已全额提取当年应计的应付债券利息,则抵销分录如下:

  借:投资收益   10 000
    贷:财务费用   10 000
  借:应付债券   4 000 000
    贷:长期债权投资   4 000 000
  借:应付利息   10 000
    贷:应收利息   10 000

  上述抵销分录中的"投资收益"是子公司确认的购买母公司发行企业债券的应收利息,"财务费用"是母公司确认的本期应付债券利息中子公司持有部分的应付债券利息。经过抵销后,合并利润表中整项剔除了集团内部利息收入和内部利息支出的影响。

(四)母公司内部投资收益与子公司利润分配的抵销

子公司对股东分配的利润,实际上是母公司净利润的一个来源,因此子公司分配的利润应当予以抵销。子公司提取的盈余公积,是子公司本身的积累,同时也是企业集团积累的一部分,因此可以视作母公司利润分配的一部分。所以,子公司的利润分配各项目,包括提取盈余公积、分配股利和期初未分配利润的数额,都必须予以抵销。

由于母公司对子公司的长期投资是采用权益法进行核算,子公司的期初未分配利润已经包括在母公司长期股权投资的账面余额中,因此,必须抵销子公司的期初未分配利润。母公司确认的对子公司长期股权投资的投资收益,实际上就是该子公司当期实现的净利润与母公司占有股权比例的乘积,因此,必须将母公司对子公司的投资收益予以抵销。编制抵销分录时,应借记"投资收益"、"年初未分配利润"、"少数股东收益(此科目在非全资子公司的情况下使用)",贷记"提取盈余公积"、"应付利润"、"未分配利润"。

【例22-18】 2003年12月某母公司拥有子公司100%的权益,该子公司期初未分配利润10 000元,本期净利润60 000元,提取盈余公积12 000元,分配股利40 000元,期末未分配利润18 000元,则抵销分录如下:

    借:投资收益   60 000
      年初未分配利润   10 000
      贷:提取盈余公积   12 000
        应付利润   40 000
        未分配利润   18 000

【例22-19】 2003年12月某母公司拥有子公司60%的权益,该子公司期初未分配利润10 000元,本期净利润60 000元,提取盈余公积12 000元,分配股利40 000元,期末未分配利润18 000元,则抵销分录如下:

    借:投资收益   36 000   (60 000×60%)
      年初未分配利润   10 000
      少数股东收益   24 000   (60 000×40%)
      贷:提取盈余公积   12 000
        应付利润   40 000
        未分配利润   18 000

上述抵销分录中的"投资收益"是母公司期末确认的对该子公司长期股权投资的投资收益的账面数,即60 000×60%,"少数股东收益"是指其他投资单位应占有的权益部分,即60 000×40%,"年初未分配利润"、"提取盈余公积"、"应付股利"、"未分配利润"均为子公司的利润表实际数。

(五)盈余公积抵销的恢复

1. 初次编制合并会计报表时的抵销处理

子公司当年提取的盈余公积,是子公司本身的积累,同时也是企业集团积累的一部分,因此可以视作母公司利润分配的一部分。所以,合并利润表中必须将已经抵销的提取盈余公积的数额恢复,编制抵销分录时,应借记"提取盈余公积",贷记"盈余公积"。

【例22-20】 2002年某建筑公司与其他企业合资设立一子公司,该建筑公司拥有子公司60%的股份,该子公司当期提取盈余公积50 000元,则抵销分录如下:

借:提取盈余公积　　　　　　　　30 000　（50 000×60%）
　　　贷:盈余公积　　　　　　　　　　　　　30 000

2. 连续编制合并会计报表时的抵销处理

子公司的盈余公积是其历年提取盈余公积的累计结余数,可以将报告期末的盈余公积,分解为以前年度提取的盈余公积和本年提取的盈余公积两部分。由于上一会计年度子公司提取的盈余公积,在编制合并会计报表时已作抵销处理,结果是减少合并会计报表中未分配利润的数额,从而影响下一会计年度的年初未分配利润的数额,因此,对于子公司以前年度提取的盈余公积,必须按照母公司所拥有的子公司的权益比例,抵销子公司的期初盈余公积数额,调整合并期初未分配利润的数额。借记"年初未分配利润",贷记"盈余公积"。

【例22-20-1】　续上例,假定2003年12月该子公司当年提取盈余公积为10 000元,则抵销分录如下:

　　借:年初未分配利润　　　　　　　30 000
　　　贷:盈余公积　　　　　　　　　　　　　30 000
　　借:提取盈余公积　　　　　　　　 6 000　（10 000×60%）
　　　贷:盈余公积　　　　　　　　　　　　　 6 000

上述抵销分录中的"提取盈余公积"、"盈余公积"均指母公司恢复提取已经抵销的子公司的盈余公积中母公司应占有的股权比例。

五、合并现金流量表的编制

合并现金流量表是综合反映由母公司及其子公司组成的企业集团在一定会计期间现金流入流出及其增减变动情况的会计报表。合并现金流量表的编制有两种方法,一种方法是以合并资产负债表和合并利润及利润分配表为基础,采用与个别现金流量表的相同的方法编制。另一种方法是以纳入合并范围的母公司及其子公司的个别现金流量表为基础,通过分析合并资产负债表、合并利润及利润分配表的合并抵消分录,以及集团内部经济业务的具体情况,通过合并工作底稿,将集团内部经济业务对个别现金流量表的影响予以抵消,从而编制出合并现金流量表。

编制合并现金流量表时,需要注意以下几个方面的问题。

(1)子公司支付的股利,其中支付给母公司的部分,属于企业集团内部的现金转移,不影响企业集团的现金流量。子公司支付给少数股东的股利,与母公司支付的股利一样,属于企业集团筹资活动的现金流出量。

(2)母公司本年新购入子公司股份是否属于企业集团的现金流出,要视具体情况商定。如果母公司是从证券市场上购入子公司的股份,则应属于企业集团投资活动的现金流出;如果母公司是直接从子公司购入新的股份,则属于集团内部的现金转移,不是企业集团的现金流出。

(3)母公司从证券市场上购入其子公司发行的债券,则属于企业集团的现金流出。由于在编制合并报表时将这种交易视为债券的提前偿还,因而在合并现金流量表中应将其列作筹资活动的现金流出。

(4)由于编制合并利润表、确定合并净利润时,实际上是将少数股东损益视为企业集团的一项费用,从利润中予以扣除,而少数股东净利润并未减少企业集团的现金,因而在采用间接法确定企业集团经营活动的现金流量时,应将其视为不支付现金的费用,在合并净利润的基础上调增现金流量。如为少数股东净损失,在编制合并利润表时,将其视为企业集团的一项收益增加合并净利润,但少数股东净损失并未增加企业集团的现金流入,因而在编制合并现金流量表时,应将其视为不增加经营活动现金流入量的收益,从合并净利润中予以扣除,以求得经营活动的现金流量。

第三节 合并报表的编制举例

为了详细说明合并会计报表的编制全过程,现就合并资产负债表和合并利润表及利润分配表的编制,举例说明如下:

【例22-21】 某建筑公司共拥有A、B、C三家子公司,其中拥有A公司60%的股权,B公司、C公司为全资子公司。母子公司均按5‰的比例提取坏账准备,均按本企业当期净利润的10%的比例提取法定公积金和法定公益金。

母、子公司的个别资产负债表及利润表的资料如表22-1所列。

某建筑公司母、子公司个别资产负债表及利润表 表22-1

项　　　目	母公司	A公司	B公司	C公司
主营业务收入	986 000	200 000	468 000	
主营业务成本	630 000	160 000	310 000	
主营业务税金及附加	30 000	6 000	29 500	
投资收益	56 600			
管理费用	257 000	24 800	46 800	
财务费用	6 600	200	2 600	
利润总额	119 000	9 000	79 100	
所得税	26 000	3 000	26 100	
净利润	93 000	6 000	53 000	
年初未分配利润	80 000	1 000	16 000	-2 310 000
提取盈余公积	8 000	1 200	10 600	
应付股利	50 000	4 000		
未分配利润	115 000	1 800	58 400	-2 310 000
货币资金	826 000	234 000	349 456	1 300
应收股利	2 400			
应收账款	350 000	180 000	281 250	170 000
减:坏账准备	1 750	900	1 406	
存货	360 000	100 900	264 000	14 000
长期股权投资	674 950			
固定资产原值	612 400	210 000	156 300	58 300
减:累计折旧	110 000	106 000	12 500	13 000
短期借款	100 000	0	200 000	200 000
应付账款	290 000	50 000	359 000	870 000
预收账款		19 750		

续表

项 目	母公司	A公司	B公司	C公司
应付福利费	80 000	6 000	42 000	2 600
应付股利		4 000		
应交税金	41 000	35 000	63 100	668 000
实收资本	2 000 000	500 000	300 000	800 000
盈余公积	88 000	1 450	14 600	
未分配利润	115 000	1 800	58 400	-2 310 000

母公司与A子公司间的内部经济事项如下:2003年A公司向母公司提供商品混凝土150 000元,成本90 000元,母公司将其中30 000元用于修建仓库,仓库已完工投入使用,母公司已支付货款90 000元。截至2003年年末母公司账面应付账款290 000元,其中应付A公司60 000元(上年末母公司应付账款中应付A公司50 000元)。A公司的应付股利中有2 400元应付母公司。A公司所有者权益中,盈余公积1 450元,其中当年提取盈余公积1 200元。

母公司与B公司间内部经济事项如下:2002年母公司从B子公司购入产品50 000元,B子公司成本40 000元,由于市场原因,母公司至2003年底该笔产品仍未实现对外销售。2003年母公司又从B子公司购入产品20 000元,B子公司成本16 000元,两笔业务款项均已付清。

C公司由于经营不善,资不抵债,处于停业状态,2003年2月被吊销工商营业执照。

某建筑公司编制合并会计报表时,首先应当根据实际情况确定合并范围,由于C子公司处于非持续经营且所有者权益为负数状况,已被吊销营业执照,不纳入合并范围。确认的合并范围是:某建筑公司、A公司、B公司。然后根据母子公司之间发生的内部经济业务,编制相应的抵销分录进行抵销处理,编制抵销分录如下:

(1)借:主营业务收入　　　　120 000　(150 000-30 000)
　　贷:主营业务成本　　　　120 000　(150 000-30 000)
(2)借:主营业务收入　　　　30 000
　　贷:主营业务成本　　　　18 000　90 000÷(150 000÷30 000)
　　　　固定资产　　　　　　12 000　(30 000-18 000)
(3)借:年初未分配利润　　　10 000
　　贷:存货　　　　　　　　10 000
　　借:主营业务收入　　　　20 000
　　贷:主营业务成本　　　　16 000
　　　　存货　　　　　　　　4 000
(4)借:应付账款　　　　　　60 000　(150 000-90 000)
　　贷:应收账款　　　　　　60 000　(150 000-90 000)
(5)借:坏账准备　　　　　　300　(60 000×5‰)
　　贷:年初未分配利润　　　250　(50 000×5‰)
　　　　管理费用　　　　　　50　(60 000-50 000)×5‰
(6)借:投资收益　　　　　　56 600　(6 000×60%)+53 000

年初未分配利润　　　　　　　　17 000　（1 000＋16 000）
　　少数股东收益　　　　　　　　　2 400　（6 000×40%）
　　贷：提取盈余公积　　　　　　　11 800　（1 200＋10 600）
　　　　应付股利　　　　　　　　　4 000
　　　　未分配利润　　　　　　　　60 200　（1 800＋58 400）
（7）借：年初未分配利润　　　　　4 150　[（1 450－1 200）×60%＋14 600－10 600]
　　　　提取盈余公积　　　　　　　11 320　（1 200×60%）＋10 600
　　贷：盈余公积　　　　　　　　　15 470　（1 450×60%）＋14 600
（8）借：实收资本　　　　　　　　800 000　（500 000＋300 000）
　　　　盈余公积　　　　　　　　　16 050　（1 450＋14 600）
　　　　未分配利润　　　　　　　　60 200　（1 800＋58 400）
　　　　合并差价　　　　　　　　　　　0　（674 950－503 250×60%－373 000）
　　贷：长期股权投资　　　　　　　674 950
　　　　少数股东权益　　　　　　　201 300　（503 250×40%）
（9）借：应付股利　　　　　　　　2 400　（4 000×60%）
　　贷：应收股利　　　　　　　　　2 400　（4 000×60%）

　　在上述抵销分录的基础上，以母子公司的个别会计报表为基础，编制合并工作底稿，并将抵销分录过入合并工作底稿，从而计算出合并利润分配表和合并资产负债表。需要特别说明的是，合并资产负债表中的"未分配利润"项目的数额，来自合并利润分配表中最后计算得出的"年末未分配利润"。根据以上资料及抵销分录，编制合并工作底稿如表22-2。

　　在合并工作底稿完成后，应对合并计算的结果进行试算平衡检查，以检验合并结果是否正确。首先，合并资产负债表中的"未分配利润"项目的数额，应等于合并利润分配表中计算得出的"年末未分配利润"。其次，合并资产负债表的资产合计应等于负债及所有者权益合计。最后，应对合并后相关项目进行检查。如：合并后的实收资本应等于母公司的实收资本；合并后的盈余公积，应等于母公司拥有的各子公司盈余公积的权益比例之和，加上母公司本身的盈余公积；母公司的长期股权投资应已全额抵销等。

合并工作底稿　　　　　　　　　　　　表 22-2

金额：元

项　　目	母公司	A公司	B公司	调整与抵消分录		合 并 数
				借　方	贷　方	
（利润表及利润分配表）						
主营业务收入	986 000	200 000	468 000	（1）120 000 （2）30 000 （3）20 000		1 484 000
主营业务成本	630 000	160 000	310 000		（1）120 000 （2）18 000 （3）16 000	946 000
主营业务税金及附加	30 000	6 000	29 500			65 500
投资收益	56 600			（6）56 600		0
管理费用	257 000	24 800	49 200		（5）　　50	328 550
财务费用	6 600	200	26 000			9 400
所得税	2 600	3 000	26 100			55 100

续表

项 目	母公司	A公司	B公司	调整与抵消分录 借方	调整与抵消分录 贷方	合 并 数
少数股东收益				(6) 2 400		2 400
净利润	93 000	6 000	53 000			77 050
年初未分配利润	80 000	1 000	16 000	(3) 10 000	(5) 250	66 100
				(6) 17 000		
				(7) 4 150		
可供分配的利润	173 000	7 000	69 000			143 150
提取盈余公积	8 000	1 200	10 600	(7) 11 320	(6) 11 800	19 320
应付利润	50 000	4 000			(6) 4 000	50 000
年末未分配利润	115 000	1 800	58 400	(8) 60 200	(6) 60 200	73 830
（资产负债表）		合计		331 670	226 300	
货币资金	826 000	234 000	349 456			1 409 456
应收股利	2 400				(9) 2 400	0
应收账款	350 000	180 000	281 250		(4) 60 000	751 250
减：坏账准备	1 750	900	1 406	(5) 300		3 756
存货	360 000	100 900	264 000	(3) 10 000		710 900
				(3) 4 000		
长期股权投资	674 950				(8) 674 950	0
合并价差						0
固定资产原价	612 400	210 000	156 300		(2) 12 000	966 700
减：累计折旧	110 000	106 000	12 500			228 500
资产总计	2 714 000	618 000	1 037 100			3 606 050
短期借款	100 000		200 000			300 000
应付账款	290 000	50 000	359 000	(4) 60 000		639 000
预收账款		19 750				19 750
应付福利费	80 000	6 000	42 000			128 000
应付股利		4 000		(9) 2 400		1 600
应交税金	41 000	35 000	63 100			139 100
长期负债						
少数股东权益					(8) 201 300	201 300
实收资本	2 000 000	500 000	300 000	(8) 800 000		2 000 000
盈余公积	88 000	1 450	14 600	(8) 16 050	(7) 15 470	103 470
未分配利润	115 000	1 800	58 400			73 830
负债与所有者权益总计	2 714 000	618 000	1 037 100			3 606 050

最后根据合并工作底稿的计算结果,编制合并资产负债表如表22-3和合并利润及利润分配表如表22-4：

合并资产负债责　　　　　　表22-3

编制单位：某建筑公司　　　　2003年12月31日　　　　金额单位：元

资 产	年 初 数	期 末 数	负债及权益	年 初 数	期 末 数
货币资金		1 409 456	短期借款		300 000
短期投资			应付票据		
应收票据			应付账款		639 000
应收股利			预收账款		19 750
应收账款		751 250	应付工资		

续表

资　产	年初数	期末数	负债及权益	年初数	期末数
减:坏账准备		3 756	应付福利费		128 000
其他应收款			应付股利		1 600
预付账款			应交税金		139 100
存货		710 900	其他应交款		
待摊费用			其他应付款		
待处理流动资产净损失			预提费用		
其他流动资产			其他流动负债		
流动资产合计		2 867 850	流动负债合计		1 227 450
长期股权投资			长期借款		
长期债权投资			应付债券		
合并价差			长期应付款		
长期投资合计			专项应付款		
固定资产原价		966 700	其他长期负债		
减:累计折旧		228 500	长期负债合计		
减:固定资产减值准备			递延税款贷项		
固定资产净额		738 200	负债合计		1 227 450
在建工程					
固定资产清理					
待处理固定资产净损失			少数股东权益		201 300
固定资产合计		738 200	实收资本		2 000 000
无形资产			资本公积		
长期待摊费用			盈余公积		103 470
其他长期资产			未分配利润		73 830
无形及其他资产合计			所有者权益合计		2 378 600
资产总计		3 606 050	负债和所有者权益总计		3 606 050

合并利润及利润分配表　　　　　　　　　　　　　　　表22-4

编制单位:某建筑公司　　　　2003年度　　　　金额单位:元

项　　目	上期累计数	本期累计数
一、主营业务收入		1 484 000
减:主营业务成本		946 000
主营业务税金及附加		65 500
二、主营业务利润		472 500
加:其他业务利润		
减:营业费用		
管理费用		328 550
财务费用		9 400
三、营业利润		134 550
加:投资收益		
补贴收入		
营业外收入		
减:营业外支出		
四、利润总额		134 550
减:所得税		55 100
少数股东收益		2 400
五、净利润		77 050
加:年初未分配利润		66 100

续表

项 目	上 期 累 计 数	本 期 累 计 数
盈余公积补亏		
六、可供分配的利润		143 150
减:提取盈余公积		19 320
七、可供投资者分配的利润		123 830
减:应付优先股股利		
提取任意盈余公积		
应付普通股股利(应付利润股利)		50 000
转作股本的普通股股利		
八、年末未分配利润		73 830

应该注意的是:合并会计报表是连续编制的,合并抵销过程中对"年初未分配利润"项目的抵销处理,并不会影响期初合并利润及利润分配的年末未分配利润的数额,因为报告期对年初未分配利润的抵销处理,实际在上年的合并过程中已作抵销处理,因此在连续编制合并会计报表时,上年末的年末未分配利润应当等于当年的年初未分配利润。

如果合并范围的母子公司本期存在以前年度损益调整项目,即合并范围的母子公司的年初未分配利润,不等于上年末的年末未分配利润,则应调整本期合并会计报表的相关年初数。

如果当年是初次编制合并会计报表,为保证合并会计报表的同期可比,除当年合并范围的母子公司按上述方法编制外,还应将合并范围的母子公司的上年数,以同样的方法进行合并抵销处理,求得合并会计报表的年初数。

如果合并范围存在以外币表示的子公司的会计报表,母公司应当将境外子公司的会计报表折算为按母公司记账本位币反映的会计报表,并据以编制合并会计报表。

第二十三章　资产负债表日后事项

第一节　资产负债表日后事项概念和内容

一、资产负债表日后事项的概念

资产负债表日后事项,指资产负债表日至财务报告批准报出日之间发生的需要调整或说明的有利或不利事项。资产负债表日通常指年度资产负债表日,我国年度资产负债表日为12月31日。财务报告批准日,指董事会或类似机构批准财务报告报出的日期。

需要注意的是,并不是说发生在资产负债表日后期间的会计事项就是资产负债表日后事项,而是在资产负债表日已经存在,在日后得到证实的事项;或与资产负债表日无关,但对财务状况有重大影响的事项。

二、资产负债表日后事项涵盖的期间

资产负债表日后事项所涵盖的期间,是资产负债表日后至财务报告批准报出日之间。

三、资产负债表日后事项的内容

资产负债表日后事项包括两类,一类是调整事项,另一类是非调整事项。

调整事项是指资产负债表日后至财务报告批准报出日之间发生的,为资产负债表日已经存在的情况提供了新的或进一步证据,有助于对资产负债表日存在情况有关的金额作出重新估计的事项。如在资产负债表日后期间发生上年售出的商品退回;固定资产漏提折旧;提起的诉讼以不同于资产负债表日中登记的金额结案等。以上事项表明资产负债表日提供的财务信息与事实不相符,应依据新的追加证据对资产负债表日所确认的资产、负债和所有者权益,以及资产负债表日所属期间的收入、费用等进行调整。

调整事项的特点是:(1)在资产负债表日或以前已经存在,日后得以证实的事项;(2)必须是重大事项。

非调整事项是指资产负债表日后至财务报告批准报出日之间才发生的,不影响资产负债表日的存在情况,但不加以说明将会影响财务报告使用者做出正确估计和决策的事项。如在资产负债表日后期间发生,对一个企业的巨额投资;股票和债券的发行;自然灾害导致的资产损失等。这类事项在资产负债表日并不存在而是期后才发生,不需要对资产负债表日编制的会计报表进行调整,但由于事项重大,为了对外提供的会计信息更有用,应在会计报表附注中加以披露。

非调整事项的特点是:(1)在资产负债表日或以前并未发生或不存在的事项;(2)必须是重大事项。

这两类事项的区别在于：在资产负债表日或以前是否发生或存在。如果在资产负债表日或以前已经存在，作为调整事项处理；如果不存在，作为非调整事项处理。两者的共同点在于：都必须是重大事项，对报告年度的财务报告所反映的企业财务状况、经营成果都将产生重大影响。

第二节 调整事项的处理原则及方法

一、调整事项的处理原则

资产负债表日后发生的调整事项，应当如同资产负债表所属期间发生的事项一样，作出相关账务处理，并对资产负债表日已编制的会计报表作相应的调整。这里的会计报表包括资产负债表、利润表及其相关附表和现金流量表的补充资料内容，但不包括现金流量表。资产负债表日后调整事项，应当分别以下情况进行账务处理：

(1) 涉及损益的事项，通过"以前年度损益调整"科目核算。"以前年度损益调整"科目的贷方或借方余额，转入"利润分配——未分配利润"科目。

(2) 涉及利润分配调整的事项，直接在"利润分配——未分配利润"科目核算（除根据董事会批准的利润分配方案分配利润外）。

(3) 不涉及损益以及利润分配的事项，调整相关科目。

(4) 通过上述账务处理后，还应同时调整会计报表相关项目数字，包括：1) 资产负债表日编制的会计报表相关项目的数字；2) 当期编制的会计报表相关项目的年初数；3) 提供比较会计报表时，还应调整相关会计报表的上年数。

二、会计处理方法

下面举例说明调整事项的会计处理：

【例23-1】 某建筑公司2003年度财务会计报告，于2004年4月15日对外报出。企业采用应付税款法核算所得税，适用所得税率33%。2004年4月15日前发生以下调整事项：

(1) 已证实资产发生减损的会计处理

资产负债表日后期间发生已证实某项资产在资产负债表日已减值，或为该项资产已确认的减值损失需要调整，则应对资产负债表日所作的估计予以修正。

【例23-2】 依前例，该公司承建C公司开发的商品房，2003年9月，因C公司财务状况不佳，未付工程款，到年末积欠工程款1 200 000元，该企业已按应收账款的10%提取120 000元坏账准备（假设计提坏账准备可以从税前扣除），到2004年1月5日收到通知C公司已破产，无法偿还所欠工程款。会计处理如下：

2004年1月5日：

①补提坏账准备

借：以前年度损益调整　　　　　　　1 080 000
　　贷：坏账准备　　　　　　　　　　　　1 080 000
　　　（1 200 000－1 200 000×10%）

②发生坏账

借:坏账准备	1 200 000	
贷:应收账款——C公司		1 200 000

③调整应交所得税

借:应交税金——应交所得税	356 400	
贷:以前年度损益调整		356 400
	(1 080 000×33%)	

(2)销售退回的会计处理

资产负债表日后期间发生资产负债表日或以前所销售的商品退回,属于调整事项。需要注意的是资产负债表日后期间销售的商品退回,则不作为调整事项,而应直接冲减退回当期的收入、成本。

【例23-3】 依前例,2004年2月20日,该公司发现下属构件预制厂(增值税一般纳税人),于2003年11月5日销售给A公司的预制板,因发生质量问题而退回,同时收到了退回的增值税专用发票的发票联和税款抵扣联(不考虑其他相关税费)。企业销售该批预制板的原销售收入400 000元,销售成本200 000元,增值税销项税额为68 000元,该产品价款在销售时已经收到,退回的预制板已入库,应退的产品价款尚未支付。会计处理如下:

2004年2月20日:

①调整销售收入

借:以前年度损益调整	400 000	
应交税金——应交增值税(销项)	68 000	
贷:其他应付款——A公司		468 000

②调整销售成本

借:库存商品	200 000	
贷:以前年度损益调整		200 000

③调整所得税

借:应交税金——应交所得税	66 000	
贷:以前年度损益调整		66 000
	(200 000×33%)	

(3)已确定获得的赔偿和已确定支付的赔偿的会计处理

资产负债表日后已确定获得的赔偿和已确定支付的赔偿,应该按确定的金额对资产负债表日预计的金额进行调整。需要注意的是支付的赔偿和收到的赔偿不调整报告年度资产负债表的货币资金,也不调整报告年度现金流量表的有关数字。

【例23-4】 依前例,2003年10月8日,企业货运汽车运输途中发生车祸毁损,考虑到该汽车已向保险公司投保,基本确定可以从保险公司获得赔偿30 000元,12月31日尚未取得相关赔偿证明。2004年1月10日,从保险公司取得赔偿款26 000元。

①2004年1月10日收回赔偿款

借:银行存款	26 000	
贷:其他应收款——××保险公司		26 000
借:以前年度损益调整	4 000	
贷:其他应收款——××保险公司		4 000

②调整所得税

借:应交税金——应交所得税　　　　　1 320
　　贷:以前年度损益调整　　　　　　　　　　1 320
　　　　　　　　　　　　　　　　　(4 000×33%)

【例 23-5】 依前例,该公司因建造的 B 公司仓库质量问题,致使 B 公司库存产品发生重大经济损失。2003 年 11 月被 B 公司提起诉讼,要求赔偿 1 000 000 元。至 12 月 31 日,法院尚未作出判决。该公司预计此项诉讼很可能败诉,赔偿金额估计在 700 000 元。2004 年 3 月 20 日,法院判决该公司向 B 公司赔偿 850 000 元,该公司同意如此结案。会计处理如下:

2004 年 3 月 20 日:

借:以前年度损益调整　　　　　　　　150 000
　　预计负债——未决诉讼　　　　　　　700 000
　　贷:其他应付款——B 公司　　　　　　　850 000
借:应交税金——应交所得税　　　　　　49 500
　　贷:以前年度损益调整　　　　　　　　　　49 500
　　　　　　　　　　　　　　　　　(150 000×33%)

(4)资产负债表日后发现会计差错的会计处理

资产负债表日后期间发现报告年度和报告年度以前年度的会计差错,都属于调整事项。需要注意的是:1)资产负债表日后期间发现报告年度和报告年度以前年度的非重大会计差错,也按日后调整事项处理。2)属于比较会计报表期间以前的重大会计差错,应调整比较会计报表最早期间的期初留存收益,同时调整会计报表其他相关项目的数字。

【例 23-6】 依前例,公司在 2003 年签订了一项总金额 2 000 000 元的建造合同,合同规定的建设期为 2 年,预计工程成本 1 600 000 元,该企业用完工百分比法核算长期合同的收入和成本。在编制 2003 年度资产负债表时,估计已完成工程的 30%,并按此估计计算收益。在 2004 年 2 月 25 日,企业收到修订后的工程进度报告,指出该工程在 2003 年 12 月 31 日已完成合同的 40%(假设不考虑其他相关税费)。会计处理如下:

2004 年 2 月 25 日:

①根据工程进度报告,至 2003 年末已完工 40%,应调增 10% 的收入、成本

借:以前年度损益调整　　　　　　　　160 000
　　　　　　　　　　　　　(1 600 000×10%)
　　工程施工——合同毛利　　　　　　　40 000
　　贷:以前年度损益调整　　　　　　　　　200 000
　　　　　　　　　　　　　(2 000 000×10%)

②调整所得税

借:以前年度损益调整　　　　　　　　 13 200
　　贷:应交税金——应交所得税　　　　　　 13 200
　　　　　　　　　　　　　　　　　(40 000×33%)

【例 23-7】 依前例,2004 年 4 月 5 日,企业发现应由 2001 年 1 月一次性计入管理费用的开办费 200 000 元,误分 5 年摊销,按会计制度规定,更正后将开办费全额计入 2001 年度

损益。会计处理如下:

①补 2001 年开办费摊销

借:以前年度损益调整　　　　　　　　160 000
　　贷:长期待摊费用——开办费　　　　　　160 000

②调整 2002 年开办费摊销

借:长期待摊费用——开办费　　　　　40 000
　　贷:以前年度损益调整　　　　　　　　　40 000

③调整 2003 年开办费摊销

借:长期待摊费用——开办费　　　　　40 000
　　贷:以前年度损益调整　　　　　　　　　40 000

注:对于以前年度会计差错,更正时涉及损益所属的时间性差异和永久性差异,不调整应交所得税;涉及损益不形成任何差异的,即会计制度与税法规定的处理方法相同的,应调整应交所得税。

(5)以前年度损益调整科目余额分别转入利润分配

【例 23-8】 将 2001 年至 2002 年调整分录及 2003 年调整分录所发生的"以前年度损益调整"科目余额分别转入"利润分配——未分配利润"科目。

2002 年:

借:利润分配——未分配利润　　　　　120 000
　　贷:以前年度损益调整　　　　　　　　　120 000

调整利润分配:

借:盈余公积——法定公积金　　　　　12 000
　　　　　　　(120 000×10%)
　　　　——法定公益金　　　　　　　　6 000
　　　　　　　(120 000×5%)
　　贷:利润分配——未分配利润　　　　　18 000

2003 年:

借:利润分配——未分配利润　　　　　893 980
　　贷:以前年度损益调整　　　　　　　　　893 980

调整利润分配:

借:盈余公积——法定公积金　　　　　89 398
　　　　　　　(893 980×10%)
　　　　——法定公益金　　　　　　　　44 699
　　　　　　　(893 980×5%)
　　贷:利润分配——未分配利润　　　　　134 097

(6)调整会计报表相关项目

【例 23-9】 依前例,调整会计报表相关项目。1)将上述属于 2001 年的调整分录,除 2003 年度利润分配表的上年数栏中年初未分配利润项目外,不需要作任何调整。2)将上述属于 2002 年的调整分录,调整 2003 年度资产负债表的年初数和利润及利润分配表的上年数。3)将上述属于 2003 年的调整分录,调整 2003 年度利润表及利润分配表相关项目的本年数,同时调整资产负债表相关项目的年末数。会计报表相关项目调整的数字如下表所示:

2003 年度资产负债表相关项目调整表 表 23-1

项目	上年数	本年数
资产		
应收账款		-1 200 000
减:坏账准备		-120 000
其他应收款		-4 000
存货		+240 000
长期待摊费用	-120 000	+40 000
合计	-120 000	-804 000
负债		
应交税金		-528 020
其他应付款		+1 318 000
预计负债		-700 000
合计		+89 980
所有者权益		
盈余公积	-18 000	-134 097
未分配利润	-102 000	-759 883
合计	-120 000	-893 980

2003 年度利润及利润分配表相关项目调整表 表 23-2

项目	上年数	本年数
一、主营业务收入		-200 000
减:主营业务成本		-40 000
二、主营业务利润		-160 000
减:管理费用	-40 000	+1 040 000
三、营业利润	+40 000	-1 200 000
加:营业外收入		-4 000
减:营业外支出		+150 000
四、利润总额	+40 000	-1 354 000
减:所得税		-460 020
五、净利润	+40 000	-893 980
加:年初未分配利润	-160 000	
减:提取法定盈余公积	-12 000	-89 398
提取法定公益金	-6 000	-44 699
六、未分配利润	-102 000	-759 883

备注:①调增以"+"号表示,调减以"-"号表示;
②本年度发现应由 2001 年一次性计入损益的开办费,未摊销 120 000 元;2003 年少确认主营业务收入 200 000 元,少结转成本 160 000 元。在编制 2002 年与 2003 年可比的会计报表时,已对上述差错进行了更正。由此错误的影响,2002 年虚增留存收益 120 000 元,长期待摊费用少摊销 120 000 元。

第三节 非调整事项处理原则及方法

资产负债表日后至财务报告批准报出日之间才发生的,不影响资产负债表日的存在情况,不需要对资产负债表日已编制的会计报表进行调整。但由于这类事项可能重大,如不加以说明,将会影响财务会计报告使用者作出正确估计和决策,因此,应在会计报表附注中说明事项的内容,估计对财务状况、经营成果的影响,来补充资产负债表日编制的会计报表的信息。

资产负债表日后发生的非调整事项,应当在会计报表附注中说明事项的内容,估计对财务状况、经营成果的影响;如无法作出估计,应当说明无法估计的理由。

以下是非调整事项的例子:

(1)发行股票和债券

【例23-10】 某建筑(股份)公司于2004年3月发行债券。在2003年度会计报表附注中应作如下说明:

本公司在2004年3月5日至20日期间,以面值向社会公众公开发行了期限为5年;年利率为6%,总额为18 000 000元的公司债券,扣除债券发行手续、佣金等费用,此次发行债券共筹得资金17 200 000元,是为了充实企业的流动资金。

(2)资本公积转增资本

【例23-11】 某建筑(股份)公司2004年3月10日,经股东会议决定资本公积转增资本。在2003年度会计报表附注中应作如下说明:

本公司于2004年3月10日召开的2003年度股东大会上,审议并通过了董事会申请资本公积转增股本23 000 000元的提案,转增资本后股本由927 000 000元增加到950 000 000元。

(3)对外巨额举债

【例23-12】 某建筑公司于2004年1季度向银行贷款55 000 000元。在2003年度会计报表附注中应作如下说明:

本公司于2004年1月17日从工商银行某分行,取得短期贷款25 000 000元;2月28日从兴业银行某分行,取得短期贷款30 000 000元。资金使用投向与W房地产公司共同开发的20亩高档住宅区,建造商品住宅楼。一季度已支付土地征用及前期工程费32 000 000元。

(4)对外巨额投资

【例23-13】 某建筑(股份)公司2004年1季度,发生重大投资活动。在2003年度会计报表附注中应作如下说明:

本公司2003年配股募集资金使用投向某高速公路建设工程,计划投资额258 000 000元。2004年1季度出资8 200 000元,该项目的前期工作和审批手续已经就绪,已按计划进行施工。

(5)发生巨额亏损

【例23-14】 某建筑(股份)公司2004年1季度发生严重亏损。在2003年度会计报表附注中应作如下说明:

本公司2004年1季度,因一全资子公司遭受水灾造成存货净损失4 800 000元;向农村某希望小学捐赠300 000元,冲销了公司的营业利润,导致亏损3 400 000元。

(6)自然灾害导致资产发生重大损失

【例23-15】 某建筑公司C仓库所在地2004年3月2日发生地震,造成重大损失。在2003年度会计报表附注中应作如下说明:

本公司一仓库在3月2日发生的地震灾害中,库房倒塌,存货均毁损,预计直接净损失约为4 200 000元。

(7)外汇汇率或税收政策发生重大变化

【例23-16】 假设××××年1月美元外汇汇率变动。某建筑股份有限公司在该年的上一个年度会计报表附注中应作如下说明:

本公司长期借款1 000 000美元,在编制年度会计报表时,已按年末汇率1美元兑换8.00元人民币进行折算。××××年1月1日人民币对美元的汇率为1美元兑换8.50元人民币。按当日汇率折算,调整了相关账户的余额,长期借款由1 000 000美元折合人民币8 000 000元,调增到1 000 000美元折合人民币8 500 000元,汇兑损失500 000元,计入××××年度损益。

(8)发生重大企业合并或处置子公司

【例23-17】 某建筑(股份)公司于2004年第一季度,以82 000 000元,收购了AB公司的80%股权。在2003年度会计报表附注中应作如下说明:

本公司于2004年第一季度出资82 000 000元收购了AB公司80%的股权,成为该公司的第一大股东,获得了对该公司的控股权。AB公司是高科技产业,其高新智能化电子产品在国内乃至国际遥遥领先,市场定位以国内为主,部分销往欧美。合并后可能与本公司结成战略合作伙伴,使本公司的主营业务与AB公司业务实现优势互补,共同发展。本项收购的全部款项均已支付。

(9)对外提供重大担保

【例23-18】 某建筑公司2004年1季度对外提供担保。在2003年度会计报表附注中应作如下说明:

本公司于1月20日,与H建筑公司签订协议,承诺为H建筑公司的短期银行借款15 000 000元,提供全额担保,对方以其房产提供反担保。

(10)对外签订重大抵押合同

【例23-19】 某建筑公司2004年1季度对外签订抵押合同。在2003年度会计报表附注中应作如下说明:

本公司于2004年2月18日,与兴业银行某分行签订抵押合同,以公司的15层综合楼1-10层的房产权作抵押,该幢楼的固定资产账面原值为人民币31 000 000元,取得二年期借款13 000 000元。于2004年3月3日,与招商银行某分行签订抵押合同,以所属A公司净值为人民币8 200 000元的设备作抵押,取得短期借款5 000 000元。

(11)发生重大诉讼、仲裁或承诺事项

【例23-20】 2004年2月某建筑(股份)公司发生重大诉讼事项。在2003年度会计报表附注中应作如下说明:

2004年1月3日,C公司状告本公司开发生产的新产品侵犯了其专利权,要求赔偿

10 000 000元。2004年3月25日法院根据有关分析、测试情况及国家法律有关规定,认为本公司的新产品侵犯了C公司的专利权,判处赔偿C公司7 500 000元,双方同意法院判决。于3月31日支付赔偿款5 000 000元。

(12)发生重大会计政策变更

【例23-21】 某建筑(股份)公司2004年1月,对SR公司长期股权的核算由成本法改为权益法。在2003年度会计报表附注中应作如下说明:

本公司按企业会计制度规定,对SR公司的股权投资原按成本法核算,从2004年起改按权益法核算,此项会计政策的变更已采用追溯调整法。此项会计政策变更的累积影响数为200 000元,其中,2003年度的净利润调增60 000元;期初留存收益调增140 000元。

资产负债表日后至财务报告批准报出日之间由董事会或类似机构所制定利润分配方案中分配的股利(或分配给投资者的利润,下同),应按如下方式予以处理:

①现金股利在资产负债表所有者权益中单独列示;

②股票股利在会计报表附注单独披露。

参 考 文 献

1. 财政部. 企业会计制度 2001. 北京:经济科学出版社. 2000
2. 财政部会计司. 企业会计制度讲解. 北京:中国财政经济出版社. 2001
3. 财政部. 施工企业会计核算办法. 2003
4. 李明主编. 施工企业会计核算办法解读. 北京:中国物价出版社. 2004
5. 财政部. 企业会计准则 2003. 北京:经济科学出版社. 2004
6. 中国注册会计师协会. 2005 年度注册会计师全国统一考试辅导教材《会计》. 北京:中国财政经济出版社. 2005
7. 刘元方. 施工企业会计. 北京:中国财政经济出版社. 2004
8. 杨中和主编. 施工企业会计. 辽宁大连:东北财经大学出版社. 2004
9. 内部会计控制课题组. 内部会计控制制度讲解. 北京:北京科学技术出版社. 2004
10. 王瑞龙. 中级财务会计. 重庆:重庆大学出版社. 2004